Bettina König, Markus Sauerwein, Anna-Maria Seemann (Hg.)

Handbuch
Ganztag in der Grundschule

Bettina König, Markus Sauerwein,
Anna-Maria Seemann (Hg.)

Handbuch
Ganztag in der Grundschule

WOCHEN
SCHAU
VERLAG

debus
PÄDAGOGIK

BETTINA KÖNIG, MARKUS SAUERWEIN,
ANNA-MARIA SEEMANN

Einleitung

Im Jahr 2018 nahm bundesweit erstmals die Mehrheit der Kinder im Grundschulalter einen Platz in einer Ganztagsschule oder ein Angebot in einer Tagesbetreuung (Hort) in Anspruch. Im Jahr 2023 sind es laut aktueller Datenlage bereits 56 % und damit über 1,8 Millionen Grundschulkinder (Huschik et al., 2024), die ein Ganztags- oder Hortangebot wahrnehmen, bei weiterhin stetig steigender Entwicklung. Zur Erinnerung: Vor rund 20 Jahren waren hier noch deutliche Unterschiede zwischen den ost- und westdeutschen Bundesländern zu konstatieren. In den westdeutschen Ländern waren – anders als in den ostdeutschen – Kinder, die ein ganztägiges Bildungs- und Betreuungsangebot besuchten, noch eine Ausnahme. Nur 18 % der Kinder konnten als „Ganztagskinder" gezählt werden (Sekretariat der Ständigen Konferenz der Kultusminister der Länder in der Bundesrepublik, 2008; Huschik et al., 2024; Huschik et al., 2023; Sekretariat der Ständigen Konferenz der Kultusminister der Länder in der Bundesrepublik Deutschland, 2024).

Auch als Organisationsform dominieren Ganztagsgrundschulen mittlerweile klar, denn etwa drei Viertel aller Grundschulen sind als Ganztagsschule organisiert. Gleichwohl sagt die Organisationsform nur wenig über die konkrete Gestaltung und die Angebote des Ganztags einer Schule aus. Insbesondere in der ersten Dekade nach dem Investitionsprogramm *Zukunft Bildung und Betreuung (IZBB)* (Bundesministerium für Bildung und Forschung (BMBF)), welches der Bund im Jahr 2003 für den Ganztagsschulausbau mit vier Milliarden Euro aufgelegt hatte und welches das bis dato größte Investitionsprogramm im Bildungsbereich darstellte, wurden Ganztagsschulen in drei Modelle differenziert: Gebundene Ganztagsschulen bieten allen Kindern ein ganztägiges Bildungsangebot verpflichtend an, offene Ganztagsschulen stellen eine freiwillige Teilnahme am Ganztag bereit und teilgebundene Schulen haben zumeist für einzelne Klassen einen (gebundenen) Ganztag, während die übrigen Schüler:innen nicht für den Ganztag der Schule angemeldet sind (s. auch Seemann in diesem Band). Die KMK hatte dafür Festlegungen getroffen und damit Mindestanforderungen insbesondere hinsichtlich des zeitlichen Rahmens bestimmt, die zudem eingehalten werden mussten, um Mittel aus dem IZBB abzurufen. Nach der bis heute gültigen KMK-Definition muss ein ganztägiges Angebot im Umfang von mindestens sieben Zeitstunden an mindestens drei Tagen sowie die Bereitstellung eines Mittagessens vorhanden sein, damit eine Schule sich als Ganztagsschule bezeichnen kann. Der Ganztag muss dabei „unter der Aufsicht und Verantwortung der Schulleitung organisiert und in enger Kooperation mit der Schulleitung durchgeführt werden sowie in einem konzeptionellen Zusammenhang mit dem Unterricht stehen" (Sekretariat der Ständigen Konferenz der Kultusminister der Länder in der Bundesrepublik Deutschland, 2024, S. 5). Die Formulierung „konzeptioneller Zusammenhang mit dem Unterricht" ist eine Referenz auf Rhythmisierung. Unter Rhythmisierung wird die Vorstellung subsumiert, dass sich Lernzeiten/Unterricht und Erholungsphasen bzw. extracurriculare Lernprozesse über den Tag verteilt abwechseln. Dies setzt im Kern aber gebundene Formen des Ganztags voraus, was aktuell nur an einer geringen Anzahl an Schulen praktiziert wird. Laut aktueller KMK-Statistik (Sekretariat der Ständigen Konferenz der Kultusminister der Länder in der Bundesrepublik Deutschland, 2024) waren im Jahr 2022 nur 375 Grundschulen in voll gebundener Form organisiert, was einem Anteil von 2,4 % entspricht. In den vergangenen Jahren gab es hier keine substanziellen Veränderungen in der Quantität. Gleichwohl wird konzeptionell in vielen offenen Ganztagsschulen versucht, das im Unterricht gelernte mit den Angeboten (am Nachmittag) zu verbinden, insbesondere in Form von individualisierten Lernzeiten (Gaiser & Kielblock, 2019; StEG-Konsortium, 2019; Gaiser et al., 2020; Holtappels et al., 2021; Brisson & Theis, 2020) oder in Projekten.

Im Jahr 2015 wurde die oben aufgeführte Definition ergänzt, dass ebenso als offene Ganztagsschule diejenigen Angebote gezählt werden, „bei denen [...] die Schulleitung auf der Basis eines gemeinsamen pädagogischen Konzeptes mit einem außerschulischen Träger kooperiert und eine Mitverantwortung der Schulleitung für das Angebot besteht" (Sekretariat der Ständigen Konferenz der Kultusminister der Länder in der Bundesrepublik Deutschland, 2024, S. 6). Berücksichtigt von Seiten der Schul- und Bildungsministerien wird damit nun explizit, dass der Ganztag oftmals von Trägern aus dem Bereich der Jugendhilfe durchgeführt und organisiert wird.

Diese Definition mit ihrer Ergänzung aus dem Jahr 2015 besteht bis heute (Sekretariat der Ständigen Konferenz der Kultusminister der Länder in der Bundesrepublik Deutschland, 2024), hat allerdings schon nach dem Auslaufen des IZBB an „strukturbindender Kraft" (StEG-Konsortium, 2015, S. 106) verloren. Aus heutiger Sicht wirkt der vorgegebene zeitliche Rahmen von drei Tagen für sieben Zeitstunden unzureichend, insbesondere wenn die Vereinbarkeit von Beruf und Familie für die Eltern und Sorgeberechtigten angestrebt wird. Der Rechtsanspruch auf Ganztagsbetreuung ab dem Schuljahr 2026/27 wird für fünf Tage in der Woche im Umfang von acht Zeitstunden gelten und übersteigt damit die KMK-Definitionen deutlich (Graßhoff & Sauerwein, 2021a). Umgekehrt werden im GaFöG (Bundesrepublik Deutschland, 2021) kaum Hinweise zur Organisation des Ganztags gegeben. Gesetzlich verankert ist der Rechtsanspruch im SGB VIII. Er fällt damit in den Aufgabenbereich der Kinder- und Jugendhilfe, wobei Angebote der Schule mitberücksichtigt werden und ggf. Vorrang haben. Eltern müssten ihren Rechtsanspruch dennoch gegenüber den Jugendhilfeträgern geltend machen. Deutlich wird damit allerdings: Ganztag wird von Schule und Trägern der Kinder- und Jugendhilfe gemeinsam organisiert und durchgeführt.

Insgesamt ist zu beobachten, dass anfängliche Vorstellungen, Halbtagsschulen würden sich zu offenen Ganztagsschulen und von dort zu gebundenen Ganztagsschulen weiterentwickeln, nicht in der Breite eingetreten sind. Gebundene Ganztagsschulen sind bis dato die Ausnahme geblieben. Eltern präferieren Flexibilität (Killus & Tillmann, 2017; Bertelsmann Stiftung, 2016; s. hierzu auch Fritzler & Wild in diesem Band), was es auch politisch schwer macht, gebundene Ganztagsformen durchzusetzen.

Die Typologie der KMK scheint entsprechend die vielfältige heutige Ganztagsschullandschaft nur partiell in zufriedenstellender Weise abbilden zu können. Hierfür sprechen zahlreiche Versuche, die Ganztagsschulen anders zu strukturieren, um auch die pädagogische Konzeption stärker aufzugreifen, aber auch die von den jeweiligen Akteursperspektiven abhängigen Bezeichnungen zu berücksichtigen. In Berlin ist beispielsweise der „Hort" laut amtlicher Statistik in Ganztagsschulen überführt worden, die Eltern nutzen allerdings nach wie vor den Begriff Hort, um die Nachmittagsbetreuung zu bezeichnen (u.a. Rauschenbach et al., 2013; Sauerwein, Hannemann & Rollett, 2018; Autorengruppe Fachkräftebarometer, 2021). Im aktuellen GaFög-Bericht (Huschik et al., 2024) wird in vier Organisationsformen unterschieden, die den Ganztag verantworten: Schule und Kindertagesstätte gemeinsam und eng verzahnt, Schule und Kindertagesstätte getrennt und weitestgehend unabhängig voneinander, Kindertagesstätte ausschließlich sowie Schule ausschließlich. Die Idee, die vielfältige Ganztagslandschaft mit Kategorien abzubilden, die sowohl die pädagogische Organisation als auch die organisatorische Verantwortung beschreiben, wird sicherlich auch zukünftig fortbestehen, bis eine zufriedenstellende Lösung gefunden wird.

Ein Blick auf die Betreuungsformen und Betreuungsquoten der Kinder im Ganztag genügt, um konstatieren zu können, dass der Ganztag regional höchst unterschiedlich organisiert wird: In Ostdeutschland besteht eine Hort-Tradition mit hohen Inanspruchnahmen, in Stadtstaaten sind Betreuungsangebote stärker ausgebaut als in Flächenländern und innerhalb der Flächenländer besuchen in den Städten mehr Kinder den Ganztag als in ländlichen Regionen (StEG-Konsortium, 2019; Huschik et al., 2024; Huschik et al., 2023). Hinzu kommen landesspezifische Programme und Strategien (Kopp & Meiner-Teubner, 2020), die nach Auslaufen des IZBB-Programms die Ganztagsschullandschaft weiter diversifizierten: In Hessen wird beispielsweise nicht zwischen (teil-)gebundenen und offenen Schulen unterschieden, sondern zwischen drei Profilen (Fischer & Kuhn, 2021); in Bayern bestehen mit den Mittagsbetreuungen und den sogenannten Kurzgruppen an offenen Ganztagsgrundschulen zeitlich kürzere Angebote (Koller, Seemann & Titel, 2015); in Brandenburg (Diskowski & Sauerwein, 2021) gibt es (wie auch in anderen Bundesländern) verlässliche Halbtagsgrundschulen – ein Hinweis darauf, dass sich auch in Ostdeutschland die Ganztagsangebote verändern.

Diese Heterogenität gilt es beim Blick auf die Ganztagsgrundschule zu berücksichtigen, denn es gibt nicht „die" Ganztagsgrundschule als fest geformte Institution, sondern eine Vielzahl an Modellen und Ausformungen, die nebeneinander bestehen (Seemann in diesem Band). Dabei gilt es, drei Fixpunkte in die Diskussion zur Ganztags(grund)schule einzubeziehen: In Westdeutschland waren Ganztagsschulen eher ein (reformpädagogisches) Nischenprojekt, welches zudem mit Gesamtschulen verbunden in traditionell von der SPD regierten Bundesländern in den 1970er Jahren vorangetrieben wurde (Hagemann, 2009; Hagemann in diesem Band). In Ostdeutschland wurde und wird ganztägige Bildung und Betreuung von Grundschulkindern nach wie vor meist über Horte organisiert. Nach der Wiedervereinigung gab es in Ostdeutschland zunächst einen geringfügigen Abbau der Infrastruktur, die Betreuungsquoten blieben allerdings weiterhin um ein Vielfaches höher als in Westdeutschland. Mit dem IZBB ab dem Jahr 2003 entstanden insbesondere in Westdeutschland Ganztagsschulen in nennenswerter Anzahl, allerdings mit veränderten Zielsetzungen: Zentrales politisches Ziel war nun die Ermöglichung der Erwerbstätigkeit beider Eltern (Hagemann, 2009), die Erhöhung der Chancengleichheit und die Kompensation von Bildungsungerechtigkeiten gerieten dadurch in den Hintergrund. Und obwohl vor dem Hintergrund der PISA-Studien (Baumert, 2001) der Ausgleich von herkunftsbedingten Disparitäten eine der zentralen Begründungen für Ganztagsschulen bleibt, zeigen empirische Analysen, dass dieses Ziel insgesamt nicht erreicht wird (Steinmann & Strietholt, 2019; Sauerwein et al., 2019; Schmitz, 2022), zumindest mit Blick auf schulfachbezogene Kompetenzen.

Soziale und emotionale Kompetenzen können sich hingegen positiv entwickeln, wenn die Qualität der Angebote stimmt (Sauerwein, 2017; Rother in diesem Band; Theis & Schlicht-Schmälzle in diesem Band). Aktuelle Befunde der IGLU-Studie (McElvany et al., 2023) und des IQB-Bildungstrends (Stanat et al., 2022) zeigen zudem, dass Bildungsungleichheiten nach wie vor eine der zentralen Herausforderungen im deutschen Bildungssystem sind. Gleichwohl droht diese Zielsetzung aber im Kontext des Rechtsanspruchs auf Ganztagsbetreuung im Grundschulalter und wegen der damit einhergehenden fehlenden personellen Ressourcen (Graßhoff & Sauerwein, 2024; Rauschenbach et al., 2021; Bock-Famulla et al., 2022) ins Hintertreffen zu geraten, da gegenwärtige Diskussionen in erster Linie auf die (quantitative) Erfüllung des Rechtsanspruchs ausgerichtet sind und somit weniger die Qualität und Wirkungen ganztägiger Bildung und Betreuung fokussieren (Seemann & Titel, 2023).

Aufgrund der unterschiedlichen Gestaltung in den Ländern, aber auch des Involvierens von öffentlichen und freien Trägern der Jugendhilfe erweist sich der Terminus Ganztagsschule inzwischen als unpräzise, sogar eher als Notlösung, so scheint es. Meist wird aktuell nur von „Ganztag" gesprochen, damit Modelle wie Schule plus Hort einbezogen sind. Offen bleibt dabei allerdings häufig die Zeitstruktur und Organisation, da der Begriff „Ganztag" allein kaum etwas darüber aussagt, ob der ganze Tag gemeint ist oder nur der außerunterrichtliche Teil adressiert wird.

Grundsätzlich sind Ganztagsschulen ohne Kooperationen nicht denkbar (Zipperle, 2015; Coelen & Rother, 2014). Mit der Schule und der Trägerlandschaft der Kinder- und Jugendhilfe sind in der Regel zudem mindestens zwei Akteure bei der Gestaltung des Ganztags involviert (Graßhoff & Sauerwein, 2020). Ganztagsschulen sind längst keine monoprofessionellen Organisationen mehr (in denen nur Lehrkräfte als pädagogisches Personal arbeiten). Veränderungsprozesse für das System (Ganztags-)Schule wurden insbesondere durch den Einzug sozialpädagogischer Konzepte und Ideen in den vergangenen zwei Jahrzehnten angeregt (s. Seemann in diesem Band). Ganztagsschulen sind umfassendere Bildungsinstitutionen: Sie bieten mehr als eine auf den Unterricht beschränkte Wissensvermittlung an, fokussieren eine Verzahnung der Expertise verschiedener Professionen und Institutionen im Sinne einer ganztägigen Bildung und fügen Lernen und Leben in einem Bildungsort zusammen. Diesem Gedanken folgt die Idee der Ganztagsbildung (Coelen, 2002; Bollweg et al., 2020; s. hierzu Bremerich et al. in diesem Band), ein Konzept der Öffnung von Schule in den Sozialraum, das die Verbindung von Ausbildung und Persönlichkeitsbildung als gemeinsamen konzeptionellen Rahmen versteht, unabhängig von der Schulstufe und damit nicht nur Ganztagsgrundschulen tangierend. Formelles und non-formelles Lernen (Coelen et al., 2016; Harring, Witte & Burger, 2018) sollen im Ganztag ermöglicht werden (s. Anderka & Drechsel in diesem Band). In diesem Sinne integrieren Ganztagsschulen das gemeinsame Essen als Kultur des Miteinanders und des Erlernens von Selbstfürsorge (s. Renner in diesem Band). Unter formellem Lernen wird traditionell zertifizierendes, verpflichtendes Lernen verstanden, das in der Schule oder Hochschule stattfindet, während non-formales Lernen auch institutionell gerahmte, aber überwiegend freiwillige Bildungsprozesse z.B. in Jugendzentren und Sportvereinen berücksichtigt, die für gewöhnlich nicht zertifiziert werden. Informelles Lernen meint demgegenüber nicht geplante Bildungsprozesse, die beispielsweise in der Peergroup stattfinden (Bundesministerium für Familie, Senioren, Frauen und Jugend, 2005; Düx & Rauschenbach, 2016). Um diese Bildungsprozesse zu vereinen, sind Ganztagsgrundschulen aufgefordert, sich in den Sozialraum zu öffnen, als Teil einer kommunalen Bildungslandschaft oder eines Bildungsnetzwerks die eigene Schule weiterzuentwickeln und Kooperationen zu Vereinen, Jugendhilfeeinrichtungen und weiteren zivilgesellschaftlichen Akteuren aufzubauen (Spies & Wolter, 2018; Steiner et al., 2024). Damit sind Schulen nun auch formal nicht mehr alleinverantwortlich für die Bildung der Schüler:innen, sondern es besteht eine gemeinsame Verantwortung der beteiligten Institutionen und der jeweiligen pädagogisch Tätigen.

Diese vielfältigen und erweiterten Aufgabenfelder machen eine Beteiligung und Kooperation verschiedener pädagogischer Berufsgruppen unabdingbar. Längst sind neben Lehrkräften (s. König in diesem Band), unterschiedlich intensiv, weitere pädagogische Berufsgruppen im Ganztag eingebunden. Diese werden häufig unter der Globalkategorie „weiteres pädagogisch tätiges Personal“ subsumiert bzw. als nicht-lehrendes Personal in der Differenz zu Lehrkräften genannt. Allerdings verbirgt sich hinter dieser Kategorie eine immense Bandbreite von Berufsgruppen mit unterschiedlichen Ausbildungswegen: akademisch qualifizierte Sonderpädagog:innen, Sozialarbeiter:innen, Sozial-, Kindheits- und Heilpädagogen:innen, an Fachschulen ausgebildete Erzieher:innen, Heilerziehungspfleger:innen und Sozialassistent:innen, bis hin zu nicht einschlägig pädagogisch qualifiziertem Personal (Graßhoff & Sauerwein, 2021b, 2024; Tillmann, 2020; s. auch Rohde, Bock & Danner diesem Band; Graßhoff & Sauerwein in diesem Band). Diese unterschiedlichen Berufsgruppen sind aufgefordert, miteinander zu kooperieren. Hierbei bestehen zwei Perspektiven, die empirische Belege finden und somit jeweils zutreffend sind. Einerseits wird argumentiert, dass durch die Kooperation die Arbeitszufriedenheit steigt, aber insbesondere es zu einer Angleichung und Verzahnung der pädagogisch Tätigen kommt, wodurch sich insgesamt ihre Kompetenzen verbessern. Andererseits wird aufgeführt, dass durch Kooperation Zuständigkeiten der unterschiedlichen pädagogischen Berufsgruppen neu verhandelt werden müssen. Sowohl Sozialpädagogen:innen und Erzieher:innen als auch Lehrkräfte unterstützen, zeigen, sorgen und kümmern sich um Heranwachsende. Im Ganztag überlagern sich Verantwortlichkeiten und fachliche Expertise. Dadurch kann es zu Konflikten kommen, auch weil Statusunterschiede zwischen den Berufsgruppen wahrgenommen werden, die im Kontext Ganztagsgrundschule kritisch diskutiert werden müssen (Thieme, 2021; Hopmann, Böhm-Kasper & Lütje-Klose, 2019; Bock, Reinisch & Idel, 2024; Schuldt in diesem Band). Sich der eigenen Profession und der damit verbundenen Expertise bewusst zu werden (s. König in diesem Band), schafft für alle Beteiligten inklusive der Schülerschaft und ihren Familien klare Ansprechpersonen für individuelle Belange. Forschungsbefunde, die „Wirkungen“ von Kooperation bei den Lern-, Entwicklungs- und Bildungsprozessen bei den Schüler:innen aufzeigen, fehlen hingegen bislang (Schuldt in diesem Band; Hochfeld und Rothland, 2022).

Durch die oben beschriebenen Veränderungen und die Öffnung der Schulen hat sich das Lernen an Ganztagsgrundschulen in den vergangenen Jahren verändert respektive sollte es sich verändert haben. Reh et al. (2015b) beschrieben schon frühzeitig eine Transformation der Lernkulturen in Ganztagsschulen (Reh et al., 2015a), in denen die traditionellen – und sicher immer schon zugespitzt formulierten – Zuschreibungen von Schule = Zeigen, Jugendhilfe = Helfen und Familie = Sorgen (Hummrich & Graßhoff, 2011) verwischen und nicht mehr einzelnen Berufsgruppen oder Institutionen zugeschrieben werden können. In Ganztags(grund)schulen unterstützen Erzieher:innen Schüler:innen bei den Hausaufgaben, während Lehrkräfte auch Ansprechpersonen für nicht schulische Themen der Schüler:innen sind. Stärker noch als im Sekundarbereich gilt dies, auch aufgrund des Alters und der nochmals heterogeneren Schülerschaft, für die Grundschule. Deshalb finden sich viele (vermeintliche) „Ganztagsthemen“ (ob Erziehung, Projektorientierung, Lernen im Spiel oder Individualität) in der Grundschulpädagogik schon länger (Götz et al., 2024).

Die Verlagerung sozialpädagogischer Bildungsangebote in den Raum Schule wird bisweilen auch kritisch diskutiert. Argumentiert wird, dass sich ein zentraler Strukturaspekt wie Freiwilligkeit unter einem schulischen Rahmenkonzept nicht umsetzen lässt und dadurch die anderen – sozialpädagogischen – Zugänge zu Kindern verlorengehen können. Entsprechend wird nach Möglichkeiten gesucht, innerhalb der Ganztagsschule sozialpädagogische Ideen beizubehalten und den erweiterten zeitlichen Rahmen auch im Sinne eines bewertungsfreien und erweiterten pädagogischen Rahmens zu nutzen. Hierzu zählen beispielsweise die Fragen, wie ein an den Lebenswelten orientierter Zugang zu den Kindern beibehalten werden kann und wie Ganztagsangebote trotz schulischer Anwesenheitspflicht von Kindern nicht als Wahlpflichtfach wahrgenommen, sondern aus eigenem Interesse ausgesucht werden können (Sauerwein, 2021; Gosse, 2020; Gosse in diesem Band; Graßhoff & Sauerwein in diesem Band). Sozialpädagog:innen unterlaufen im Ganztag oftmals schulische Regeln und Vorgaben und versuchen so ein anderes Verhältnis zu den Kindern aufzubauen (Gosse, 2020).

Das Verhältnis der unterschiedlichen Akteure ist elementar für die Organisation, Gestaltung und (Schul-)Entwicklung des Ganztags, aber auch der Jugendhilfe (s. hierzu Kielblock & Kielblock in diesem Band; Berkemeyer & Hermstein in diesem Band; Rahn in diesem Band) sowie der Gestaltung und der Qualität von Ganztagsangeboten (s. hierzu Theis & Schlicht-Schmälzle in diesem Band). Anders formuliert: Ein qualitätsvoller Ganztag kann nur erreicht werden, wenn Schulentwicklungsprozesse und Jugendhilfeplanung einander zur Kenntnis nehmen, dabei aber auch offen für die Eigenheiten und Kompetenzen der jeweils anderen sind. Die empirischen Beobachtungen des Unterlaufens schulischer Vorgaben durch Erzieher:innen und Sozialpädagogen:innen ist auch als Ausdruck zu deuten, dass eine wechselseitige Akzeptanz – wie z.B. in Konzepten wie Ganztagsbildung gefordert – noch nicht hinreichend umgesetzt werden.

Diese hier nur knapp skizzierten Anforderungen und Gemengelagen zeigen, dass es sich bei Ganztagsgrundschulen um komplexe Institutionen handelt. Die dort Tätigen benötigen sowohl entsprechendes Wissen als auch Kompetenzen, um die gemeinsamen schulstufenspezifischen und entwicklungsbezogenen Aufgaben bewältigen zu können. Sie sollen die Stärken ihres eigenen professionellen Blicks einbringen und dabei zugleich offen sein für die Zugänge anderer Berufsgruppen. Trotz der schon lange währenden Entwicklung der Ganztags(grund)schulen sind tradierte Denk- und Handlungsarten im System Schule, die Disziplinen und entsprechende Qualifizierungswege, eingeschliffen. Lehrkräfte, Erzieher:innen und Sozialpädagogen:innen werden meist in getrennten Seminaren auf ihre Arbeitsfelder vorbereitet. Multiprofessionelle Kooperation könnte entsprechend schon an den Hochschulen und Fachschulen in gemeinsamen professionsübergreifenden Seminaren eingeübt werden.[1] Vor

1 S. z.B. ein Seminar an der Universität Bielefeld und der Hochschule Nordhausen: https://stifterverband.org/pressemitteilungen/2023_05_25_hochschulperle_inklusionssensible_lehrkraeftebildung (Zugriff: 5.9.2025).

dem Hintergrund personeller (Graßhoff & Sauerwein, 2024), finanzieller und räumlicher (s. hierzu Seydel in diesem Band) Herausforderungen ist es oft schwierig, einen guten Ganztag zu gestalten. Vorhandene Best Practice-Lösungen können zwar Impulse liefern, aber oft nicht einfach von einer Ganztagsgrundschule auf die andere übertragen werden. Die Zusammensetzung der pädagogischen Akteur:innen vor Ort, die räumliche Ausstattung, die rechtlichen Rahmungen, mögliche Kooperationspartner:innen vor Ort und insbesondere die Kinder und Familien mit ihren Bedürfnissen und Wünschen unterscheiden sich zwischen Schulen. Wie die Professionen in den jeweiligen Ganztagsschulen ihre Aufgaben definieren, darf und kann sich entsprechend unterscheiden. Wichtig ist jedoch, dass nicht ein Verständnis gegen das andere ausgespielt wird, sondern die Gestaltung des Ganztags sich an Zielen von Ganztagsbildung (s. Bremerich et al. in diesem Band) und an dem Wohlbefinden der Kinder (Fischer & Stahl in diesem Band) orientiert. Angesichts der organisatorischen Herausforderungen und Belastungen der Verantwortlichen ist der Fokus jedoch oftmals auf das reine, möglichst reibungslose Funktionieren (Buchna et al., 2017; Rother, Sauerwein & Fischer, 2024) gerichtet. Konkreter: Viele Ganztagsgrundschulen sind froh, wenn sie überhaupt genügend Personal, Räume und Kooperationspartner zusammentragen können, die sich auf die Altersgruppe einlassen – ambitionierte Zielvorstellungen, wie etwa der Abbau von Benachteiligungen (s. hierzu Rother in diesem Band), geraten dadurch ins Hintertreffen. Gerade deshalb ist es bedeutsam, die Perspektiven von Kindern auf den Ganztag gezielt zu thematisieren und wahrzunehmen. Der Ganztag ist Lebensort von Kindern geworden, an dem sie einen Großteil ihrer Zeit verbringen. Die pädagogischen Akteur:innen im Ganztag benötigen aber Methoden, um die Perspektiven von Kindern sichtbarzumachen, sowie den Willen, sich auf die Perspektiven von Kindern einzulassen – um den Ganztag gezielt verändern zu können (Deinet et al., 2018; Walther, Nentwig-Gesemann & Fried, 2021; Deinet & Reutlinger in diesem Band). Insbesondere die Beziehungsarbeit stellt sich als zentraler Aspekt für das schulische Wohlbefinden der Kinder im Ganztag heraus. Wohlbefinden ist entsprechend als eine relevante Variable im Ganztag zu diskutieren, insbesondere für die Kinder (Fischer & Stahl in diesem Band).

Neben den Kindern sind die Eltern als weitere zentrale Akteur:innen zu berücksichtigen (Killus & Tillmann, 2017; Fritzler & Wild in diesem Band). Eltern wünschen sich vom Ganztag neben umfassenden und flexiblen Betreuungszeiten oftmals eine Entlastung bei der Hausaufgabenbegleitung bzw. beim schulischen Lernen und eine individuelle Förderung ihres Grundschulkindes. Hausaufgaben werden im Ganztag idealiter aber nicht mehr als Hausaufgaben konzipiert, sondern als Lernzeiten – auch dies ist im Ganztag mit verbindlichen Zeiten für alle Kinder leichter umzusetzen (Brisson & Theis, 2020; Gaiser & Kielblock, 2019; Maschke, Schulz-Gade & Stecher, 2019; s. Wildgruber in diesem Band). Dies erfordert ein Um- und Überdenken der traditionell eingefahrenen Systeme von Unterricht mit Vor- und Nachbereitungsaufgaben, aber auch fachlich qualifizierte Ansprechpartner außerhalb des Unterrichts, um der Bildungsungleichheit einerseits und der starken Abhängigkeit des Bildungserfolgs vom sozialen Status der Familie andererseits entgegenzuwirken. Die Einbindung der Familien bleibt damit weiterhin wichtig, aber nicht im Sinne von zusätzlichen Erklärungen und schulischer Aufgabenbewältigung.

Ganztags(grund)schulen sind komplexe Arenen mit vielfältigen Aufgaben und Anforderungen an die dort Tätigen. Gerade deshalb ist ein Rückbezug respektive eine Vergewisserung auf zentrale pädagogische Kategorien bedeutsam, was sich für das Personal im Ganztag in der Auseinandersetzung unter anderem mit folgenden Fragen zeigen kann: Was bedeutet Lernen und Fördern? Was ist Erziehung und Bildung? Welchen Stellenwert erhält Betreuung im pädagogischen Gefüge? Kinder, die im Ganztag sozial eingebunden sind und die Möglichkeiten haben, sich kompetent und selbstbestimmt erleben zu können, haben eine bessere Voraussetzung für selbstbestimmte Motivation und damit letztlich bessere Voraussetzungen für das Lernen. Lernentwicklungsgespräche, wie sie in vielen Grundschulen bereits etabliert sind, können im gelungenen Ganztag das Kind in seiner gesamten Person besser einschätzen und fördern (s. hierzu Drechsel & Anderka; Fischer & Stahl in diesem Band). Ein weiterer Diskurs greift das Verhältnis der Begriffe von Bildung, Erziehung und Betreuung auf. Insbesondere der Betreuungsbegriff ist in den erziehungswissenschaftlichen Diskursen wenig anerkannt. Betreuung wird oft negativ als die Abwesenheit von Bildung und Erziehung bestimmt (Voigtsberger, 2018; Wehner, 2021; Bilgi, Sauerbrey & Stenger, 2021; s. Wehner in diesem Band). Betreuung kann aber auch als kontinuierliche Ermöglichung von Bildung und Erziehung verstanden werden. Diesen Begriff und die damit verbunden Tätigkeiten stark zu machen, könnte auch zu einer anderen Ordnungsstruktur innerhalb des Personals im Ganztag führen. Diesen Diskurs zu führen ist auch für die Anerkennung von Sorgearbeit sowie die Positionierung der Nicht-Qualifizierten im Ganztag zentral (Bock et al., 2024).

Nicht nur mit Blick auf die Entwicklung der vergangenen Jahre, sondern auch in Bezug auf den kommenden Rechtsanspruch (Graßhoff & Sauerwein, 2021a) kann konstatiert werden: Die Ganztagsgrundschule hat sich durchgesetzt. Ob sich zukünftig Beteiligungsquoten von über 90 % wie in Kindertagesstätten

(U6-Betreuung) (Autor:innengruppe Bildungsberichterstattung, 2024) in der Grundschule als ganztägige Betreuung und Bildung fortsetzen, bleibt abzuwarten. Offensichtlich ist, dass die Akteur:innen im Ganztag vielfältige Kenntnisse und Kompetenzen benötigen, aber auch, dass Studierende des Grundschullehramts, der Sozial- und Kindheitspädagogik idealerweise im Studium auf die Tätigkeit im Ganztag vorbereitet werden müssen, was bisher nur am Rande geschieht (Pilchowski, 2022). Besonders im Kontext der Ausbildungswege und der Auseinandersetzung mit Ganztags(grund)schule ist die Reflexion über die eigene Profession sowie über das Professionswissen anderer am Ganztag beteiligten Akteur:innen bedeutsam. Nur so können eigene schulische Erfahrungswelten hinterfragt werden und das System Ganztagsgrundschule innoviert werden. Ebenso ist die Ausbildung an den Fachschulen für Sozialpädagogik oder Berufsfachschulen (z.B. zur Erzieher:in, Sozialassistent:in, Heilpädagog:in) für das Handlungsfeld Ganztag verstärkt in den Blick zu nehmen (Danner & Sauerwein, 2024). Mit diesem Handbuch versuchen wir einen ausgewählten professionsübergreifenden Einblick und Ausblick zu geben und an die Innovationsnotwendigkeit des Systems Ganztagsgrundschule zu erinnern. Gerade mit Blick auf den Rechtsanspruch sind die Entwicklungen für die Jugendhilfe und Schulen zu diskutieren und einzuordnen, auch für das Ziel des Ganztags, Ungleichheiten auszugleichen. Fragen der Qualität im Ganztag sind zwingend in den Fokus zu stellen, insbesondere hinsichtlich verbindlicher Mindeststandards (s. hierzu Berkemeyer & Hermstein in diesem Band; Rahn in diesem Band).

Dieses Handbuch soll entsprechende Grundlagen für Praxis, Administration, Qualifikation und Wissenschaft liefern. Die Texte richten sich an ein breites Publikum, da in die Gestaltung eines guten Ganztags, wie dargelegt, viele Akteur:innen involviert sind. Ganztag kann aus unterschiedlichen Perspektiven betrachtet werden, woraus unterschiedliche Akzentuierungen resultieren. Die Autoren:innen der Beiträge kommen entsprechend aus den für den Ganztag zentralen Disziplinen, der Grundschul-, Schul- und Sozialpädagogik sowie der Psychologie und (Bildungs-)Soziologie. Damit möchten wir unseren Leser:innen diverse Zugänge zum Thema Ganztagsschule aufzeigen und Perspektivwechsel anbieten, also das, was für die Realisierung einer gelungenen Ganztagsgrundschule notwendig ist.

Auch als Herausgeber:innen dieses Handbuchs haben wir untereinander mit verschiedenen Positionierungen gerungen: „Wie sehr Schule“ kann, darf und muss die Ganztagsgrundschule sein, auch um Bildungsungleichheiten, die sich gesamtgesellschaftlich gesehen vornehmlich in schulfachbezogenen Kompetenzen abbilden, begegnen zu können? Sind gebundene Ganztagsschulen

DISKOWSKI, D. & Sauerwein, M. (2021). Gutachten zu ausgewählten Aspekten der Situation der älteren Kinder. Hort- und Ganztagsschulangebote in Brandenburg und anderen Ländern der Bundesrepublik.

DÜX, W. & Rauschenbach, T. (2016). Informelles Lernen im Jugendalter. In M. Rohs (Hg.), Handbuch Informelles Lernen. Wiesbaden: Springer Fachmedien Wiesbaden, S. 261–284.

FISCHER, N. & Kuhn, H. P (2021). Abschlussbericht der „Evaluation Pakt für den Nachmittag" (PfdN). Kassel.

GAISER, J. M. & Kielblock, S. (2019). Von Hausaufgaben zu rhythmisierten Lernzeiten. Ganztagsschulentwicklung am Beispiel einer längsschnittlichen Fallstudie. Zeitschrift für Bildungsforschung 9 (2), S. 159–175. DOI: 10.1007/s35834-019-00234-6

GAISER, J. M., Sauerwein, M. & Kielblock, S. (2020). Außerunterrichtliche Lern- und Förderarrangements an Ganztagsschulen. Bundesweite Trendanalysen und vertiefende Fallstudien. Psychologie in Erziehung und Unterricht 67 (4), S. 243–261. DOI: 10.2378/peu2020.art23d

GÖTZ, M., Hartinger, A., Heinzel, F., Kahlert, J., Miller, S. & Sandfuchs, U. (2024). Handbuch Grundschulpädagogik und Grundschuldidaktik. Bad Heilbrunn: Klinkhardt.

GOSSE, K. (2020). Pädagogisch betreut. Die offene Kinder- und Jugendarbeit und ihre Erziehungsverhältnisse im Kontext der (Ganztags-)Schule (1. Aufl.). Wiesbaden: Springer Fachmedien Wiesbaden (Transformation des Sozialen – Transformation Sozialer Arbeit).

GRASSHOFF, G. & Sauerwein, M. (Hg.) (2021a). Rechtsanspruch auf Ganztag. Zwischen Betreuungsnotwendigkeit und fachlichen Ansprüchen. Weinheim & Basel: Beltz Juventa.

GRASSHOFF, G. & Sauerwein, M. (2021b). Sozialpädagogische Konzepte und Methoden in der Schule. In G. Graßhoff & M. Sauerwein (Hg.), Rechtsanspruch auf Ganztag. Zwischen Betreuungsnotwendigkeit und fachlichen Ansprüchen. Weinheim & Basel: Beltz Juventa, S. 202–218.

GRASSHOFF, G. & Sauerwein, M. (Hg.) (2024). Das Personal am Ganztag. Bildung, Betreuung und Erziehung in Zeiten des Fachkräftemangels – Herausforderungen für Kinder- und Jugendhilfe und Schule (1. Aufl.). Weinheim & Basel: Beltz Juventa.

GRASSHOFF, G. & Sauerwein, M. N. (2020). Schule und Sozialpädagogik. In T. Hascher, T.-S. Idel & W. Helsper (Hg.), Handbuch Schulforschung. Wiesbaden: Springer Fachmedien Wiesbaden, S. 599–613.

HAGEMANN, Karen (2009): Die Ganztagsschule als Politikum. Die bundesdeutsche Entwicklung in gesellschafts- und geschlechtergeschichtlicher Perspektive. Zeitschrift für Pädagogik Beiheft 54, S. 209–229.

HARRING, M., Witte, M. D. & Burger, T. (Hg.) (2018). Handbuch informelles Lernen. Interdisziplinäre und internationale Perspektiven (2. überarb. Aufl.). Weinheim & Basel: Beltz Juventa.

HOCHFELD, L., Rothland, M. (2022): Multiprofessionelle Kooperation an Ganztags(grund)schulen. Ein systematisches Review. ZfG 15 (2), S. 453–485. DOI: 10.1007/s42278-022-00146-x

HUSCHIK, G., Mohr, S., Reemtsma, R. et al. (2023): Bericht der Bundesregierung zum Ausbaustand der ganztägigen Bildungs- und Betreuungsangebote für Grundschulkinder nach § 24a

SGB VIII. Hg. v. Bundesministerium für Familie, Senioren, Frauen und Jugend (BMFSFJ). https://www.bmfsfj.de/resource/blob/234238/542e764d0223806ba63d913e3cc65da1/gafoeg-bericht-2023-data.pdf (Zugriff: 9.9.2025).

HUSCHIK, G., Mohr, S., Reemtsma, R. et al. (2024): Zweiter Bericht zum Ausbaustand der ganztägigen Bildungs- und Betreuungsangebote für Grundschulkinder nach § 24a SGB VIII. Hg. v. Bundesministerium für Familie, Senioren, Frauen und Jugend (BMFSFJ). https://www.bmftr.bund.de/SharedDocs/Publikationen/DE/3/1082780_GaF%C3%B6G-Bericht.pdf?__blob=publicationFile&v=3 (Zugriff: 9.9.2025).

HOLTAPPELS, H. G., Fischer, N., Kielblock, S., Arnoldt, B. & Gaiser, J. M. (Hg.) (2021). Individuelle Förderung an Ganztagsschulen. Weinheim & Grünwald: Beltz Verlagsgruppe.

HOPMANN, B., Böhm-Kasper, O. & Lütje-Klose, B. (2019). Multiprofessionelle Kooperation in inklusiven Ganztagsschulen in der universitären Lehre. Entwicklung inklusions- und kooperationsbezogener Einstellungen von angehenden Lehrkräften und sozialpädagogischen Fachkräften in einem interdisziplinären Masterseminar. HLZ 2 (3), S. 400–421. DOI: 10.4119/hlz-2472

HUMMRICH, M. & Graßhoff, G. (2011). Lieben, Zeigen, Helfen – eine Verhältnisbestimmung von Familie, Schule und Jugendhilfe. In J. Fischer, T. Buchholz & R. Merten (Hg.), Kinderschutz in gemeinsamer Verantwortung von Jugendhilfe und Schule (1. Aufl.). Wiesbaden: VS Verlag für Sozialwissenschaften, S. 17–34.

KILLUS, D. & Tillmann, K.-J. (Hg.) (2017). Eltern beurteilen Schule – Entwicklungen und Herausforderungen. Ein Trendbericht zu Schule und Bildungspolitik in Deutschland. Die 4. JAKO-O Bildungsstudie. Münster: Waxmann Verlag.

KOLLER, G., Seemann, A.-M. & TITEL, V. (2015). Grundlagen der Ganztagsschule. Schwerpunkt Bayern. Hiltpoltstein: AfGmedia.

KOPP, K. & Meiner-Teubner, C. (2020). Ganztagsangebote für Grundschulkinder – welche Ausbaustrategien verfolgen die Länder? KomDat 2/3, S. 11–16.

MASCHKE, S., Schulz-Gade, G. & Stecher, L. (Hg.) (2019). Hausaufgaben und Lernzeiten pädagogisch sinnvoll gestalten. Aktuelle Entwicklungen und Diskussionslinien. Frankfurt/M.: Debus Pädagogik (Jahrbuch Ganztagsschule, 2019/20).

MCELVANY, N., Lorenz, R., Frey, A., Goldhammer, F., Schilcher, A. & Stubbe, T. C. (Hg.) (2023). IGLU 2021. Lesekompetenz von Grundschulkindern im internationalen Vergleich und im Trend über 20 Jahre. Münster & New York: Waxmann.

PILCHOWSKI, A. (2022). Wie viel Ganztag steckt in den Studiengängen der Kindheitspädagogik und der Sozialen Arbeit? Eine Analyse von Modulhandbüchern. Weiterbildungsinitative Frühpädagogische Fachkräfte. München (WiFF Arbeitspapier, 8).

RAUSCHENBACH, T., Meiner-Teubner, C., Böwing-Schmalenbrock, M. & Olszenka, N. (2021). Plätze. Personal. Finanzen. Bedarfsorientierte Vorausberechnungen für die Kindertages- und Grundschulbetreuung bis 2030. Eigenverlag Forschungsverbund DJI/TU Dortmund.

RAUSCHENBACH, T., Arnoldt, B., Steiner, C., Stolz, H.-J. (2013): Ganztagsschulen als Hoffnungsträger für die Zukunft? Ein Reformprojekt auf dem Prüfstand. Gütersloh: Bertelsmann.

REH, S., Fritzsche, B., Idel, T.-S. & Rabenstein, K. (Hg.) (2015a). Lernkulturen. Wiesbaden: Springer Fachmedien Wiesbaden.

REH, S., Rabenstein, K., Fritzsche, B. & Idel, T.-S. (2015b). Die Transformation von Lernkulturen. Zu einer praxistheoretisch fundierten Ganztagsschulforschung. In S. Reh, B. Fritzsche, T.-S. Idel & K. Rabenstein (Hg.), Lernkulturen. Wiesbaden: Springer Fachmedien Wiesbaden, S. 19–62.

ROTHER, P., Sauerwein, M. & Fischer, N. (2024). Qualität in der Ganztagsschule – Qualität im Ganztag. Soz Passagen 16, S. 145–160. DOI: 10.1007/s12592-024-00495-7

SAUERWEIN, M. (2021). Vom Außerschulischen zum Schulischen. Überlegungen zu einer subjektorientierten Ganztagsbildung. Neue Praxis 2, S. 89–105.

SAUERWEIN, M. (2017): Qualität in Bildungssettings der Ganztagsschule. Über Unterrichtsforschung und Sozialpädagogik (1. Aufl.). Weinheim & Basel: Beltz Juventa.

SAUERWEIN, M. N., Hannemann, J. & Rollett, W. (2018). Ergänzende Unterscheidungsmerkmale für die Organisationsform von Ganztagsschule. Inhaltliche Breite des Angebots, konzeptuelle Verbindungen, Zeitorganisation. In K. Drossel & B. Eickelmann (Hg.), Does „What works" work? Bildungspolitik, Bildungsadministration und Bildungsforschung im Dialog. Münster & New York: Waxmann, S. 241–258.

SAUERWEIN, M. N., Thieme, N., Chiapparini, E. (2019): Wie steht es mit der Ganztagsschule? Ein Forschungsreview mit sozialpädagogischer Kommentierung. In: Soz Passagen 11 (1), S. 81–97. DOI: 10.1007/s12592-019-00318-0

SCHMITZ, L. (2022). Ganztagsschulen fördern die Entwicklung sozialer Fähigkeiten von Grundschüler*innen. DIW Wochenbericht 89 (48).

SEEMANN, A.-M. (2022). Multiprofessionelle Teams in der Ganztagsschule: Pädagogik, Personal, System. In N. Weimann-Sandig (Hg.), Multiprofessionelle Teamarbeit in Sozialen Dienstleistungsberufen. Interdisziplinäre Debatten zum Konzept der Multiprofessionalität – Chancen, Risiken, Herausforderungen. Wiesbaden: Springer Fachmedien.

SEEMANN, A.-M., Titel, V. (2023): Qualitätsdimensionen von Ganztagsangeboten im Grundschulalter. Wissenschaftlicher Diskurs, Bildungspolitik und pädagogische Praxis. Weiterbildungsinitiative Frühpädagogische Fachkräfte, WiFF Expertisen, Bd. 55. München.

SEKRETARIAT DER STÄNDIGEN KONFERENZ DER KULTUSMINISTER DER LÄNDER IN DER BUNDESREPUBLIK DEUTSCHLAND (2024). Allgemeinbildende Schulen in Ganztagsform in den Ländern in der Bundesrepublik Deutschland – Statistik 2018 bis 2022.

SPIES, A- & Wolter, J. (2018). Das Konstrukt der Bildungslandschaft als Maßstab für (Grund) Schulentwicklungsprozesse. Bildung und Erziehung 71, S. 274–291.

STANAT, P., Schipolowski, S., Schneider, R., Sachse, K. A., Weirich, S. & Henschel, S. (Hg.) (2022). IQB-Bildungstrend 2021. Kompetenzen in den Fächern Deutsch und Mathematik am Ende der 4. Jahrgangsstufe im dritten Ländervergleich. Münster & New York: Waxmann.

STEG-KONSORTIUM (2015). Ganztagsschule 2014/2015. Deskriptive Befunde einer bundesweiten Befragung. Frankfurt/M., Dortmund, Gießen & München.

STEG-KONSORTIUM (2019). Ganztagsschule 2017/2018. Deskriptive Befunde einer bundesweiten Befragung. Frankfurt/M., Dortmund, Gießen & München: DIPF, DJI, IFS, Justus-Liebig-Universität. https://www.pedocs.de/volltexte/2019/17105/pdf/Ganztagsschule_2017_2018_StEG.pdf (Zugriff: 31.3.2025).

STEINER, C., Schlimbach, T., Langner, R. & Kanamüller, A. (Hg.) (2024). Gemeinsam für bessere Bildung?! Zivilgesellschaftliche Akteure in kommunalen Bildungslandschaften (1. Aufl.). Weinheim & Basel: Beltz Juventa.

STEINMANN, I., Strietholt, R. (2019): Effekte nachmittäglicher Bildungsangebote auf sprachliche Kompetenzentwicklung. Zeitschrift für Pädagogik 65 (2), S. 285–306.

THIEME, N. (2021). Berufsgruppenübergreifende Kooperation in ganztägigen Bildungs-, Erziehungs- und Betreuungsarrangements. In G. Graßhoff & M. Sauerwein (Hg.), Rechtsanspruch auf Ganztag. Zwischen Betreuungsnotwendigkeit und fachlichen Ansprüchen. Weinheim & Basel: Beltz Juventa, S. 152–166.

TILLMANN, K. (2020). Weiteres pädagogisch tätiges Personal an Ganztagsschulen. In P. Bollweg, J. Buchna, T. Coelen & H.-U. Otto (Hg.), Handbuch Ganztagsbildung. Wiesbaden: Springer Fachmedien Wiesbaden, S. 1377–1396.

VOIGTSBERGER, U. (2018). Betreuung – Erziehung – Bildung. In K. Böllert (Hg.), Kompendium Kinder- und Jugendhilfe. Wiesbaden: Springer VS, S. 243–272.

WALTHER, B., Nentwig-Gesemann, I. & Fried, F. (2021). Ganztag aus der Perspektive von Kindern im Grundschulalter. Eine Rekonstruktion von Qualitätsbereichen und -dimensionen. Gütersloh: Bertelsmann.

WEHNER, U. (2021). Frühe Bildung, Betreuung und Erziehung – programmatisch mittendrin, theoretisch marginalisiert. Über Schwierigkeiten und Möglichkeiten, Betreuung systematisch als ein (früh)pädagogisch vollwertiges Moment zu achten. In O. Bilgi, U. Sauerbrey & U. Stenger (Hg.), Betreuung – ein frühpädagogischer Grundbegriff? (1. Aufl.). Weinheim & Basel: Beltz Juventa, S. 12–26.

ZIPPERLE, M. (2015). Jugendhilfeentwicklung und Ganztagsschule. Empirische Ergebnisse zu Herausforderungen und Chancen. Weinheim & Basel: Beltz Juventa.

Theorien und Konzepte/Organisation

ULRICH WEHNER

Bildung und Erziehung durch Betreuung

1. Einleitung

Betreuung ist nicht allein frühpädagogisch von Belang, sondern gewinnt auch im Ganztag der Grundschulen an Bedeutung. Gegenwärtig erscheint sie gesellschaftlich unverzichtbar, doch pädagogisch unterbestimmt ominös (2). Diese Ausgangslage legt nahe, Betreuung in kritischer Absicht als ein spezifisches pädagogisches Format zu charakterisieren (3). Unter dieser Zielsetzung geraten, in richtungsweisender Kritik, Denkfiguren und -konstellationen in den Blick, die beiläufig dazu beitragen, dass sie pädagogisch wenig bedeutsam erscheint (4). Schließlich werden Entwürfe zur Diskussion gestellt, die Vorbehalte gegenüber Betreuung in einer (Sozial-)Pädagogik der Sorge überwinden und aufzeigen, wie Bildungs- und Erziehungsziele *durch* professionelle pädagogische Betreuung Berücksichtigung finden können (5).

2. Ausgangslage – Betreuung, gesellschaftlich bedingt, politisch forciert, gesetzlich zugesichert, pädagogisch unterbestimmt ominös

Während in Fachkreisen über Betreuung weitgehend Stillschweigen herrscht, wird sie gesellschaftlich laut verhandelt. Als gesellschaftliches Projekt thematisiert Betreuung Neujustierungen im Verhältnis von privat-familialer und öffentlich-institutionalisierter Erziehung (Graßhoff & Sauerwein, 2021, S. 7). Familial erscheint ‚Fremdbetreuung' unabkömmlich, wenn beide Elternteile bzw. Sorgeberechtigte erwerbstätig sein wollen, um sich emanzipatorisch beruflich zu verwirklichen, um in Partnerschaft in finanzieller Autonomie zu leben, um sich im Falle einer Trennung vor (Alters-)Armut zu schützen und oder um gemeinsam den familiär benötigten Lebensunterhalt zu erwirtschaften (Schüpbach, 2010, S. 25 ff.).

Institutionell besteht in Kitas und Krippen seit 2013 ein flächendeckender Rechtsanspruch auf Betreuung. Dieser ist in § 24 des Achten Sozialgesetzbuches (SGB VIII) geregelt. Durch Krippen und verlängerte Öffnungszeiten „sollte das Arbeitskräftepotenzial auch durch junge Mütter vergrößert werden; sozial und familienpolitisch sollte zudem die Berufstätigkeit von Alleinerziehenden unterstützt werden" (Klusemann et al., 2023, S. 20). Als Reaktion auf

wissenschaftlich fundierte Lesarten anzubieten, die kritisch gegen willkürliche Aufladungen aufgerufen werden können. Weil dieser Weg noch wenig beschritten ist, kann nachfolgend weder etabliertes Lehrbuchwissen noch ein ausgefeiltes Konzept aufgerufen werden.

Wird Betreuung pädagogisch nicht explizit thematisiert, besteht nicht allein die Gefahr, dass sie beliebig Ausgestaltung erfährt, sondern auch, dass sie pädagogisch beiläufig in ein schiefes Licht gerückt wird. Um wider Zerrbilder ein gehaltvolles Verständnis zu erarbeiten, werden Herabsetzungen von Betreuung als zu überwindende Herausforderungen markiert, die den Weg in eine (Sozial-)Pädagogik der Sorge weisen (Wehner, 2021).

4. Kritik an pädagogischen Herabsetzungen von Betreuung

In der Moderne wird ‚kritische Reflexivität' gelegentlich als Inbegriff von Bildung gefeiert. Wird Bildung jedoch erst und nur mit reflexivem, kritischem Denken gleichgesetzt, erscheinen frühpädagogisch Kleinkinder als präreflexive Akteure defizitär, gleichsam als ‚Noch-Nicht-Ganz-Menschen', in frühpädagogischer Betreuung tätige Fachkräfte defizitär als ‚Noch-Nicht-Ganz-Pädagogen/Pädagoginnen' und frühpädagogische Institutionen der Betreuung (insbesondere Krippen) als ‚Noch-Nicht-Ganz-Bildungseinrichtungen'. Grundschulpädagogisch vermag eine übermäßige Verknüpfung von Bildung und Reflexivität ‚bloßem' Erleben auch in betreuten Freizeitaktivitäten und ‚bloß' fürsorglichen Tätigkeiten keine nennenswerte Bedeutung beizumessen.

Ein zertifizierungsverengtes und -gläubiges Verständnis von Lernen verschafft Berufen im Bildungssystem umso mehr Prestige, je mehr sie ‚Bildung' organisational mit wirkmächtigen Zertifikaten hinterlegen. Das Ansehen von pädagogischen Settings sowie die Bezahlung von Personal steigt zugleich mit der vermeintlichen Wertigkeit/Lukrativität der je in Aussicht gestellten Abschlüsse. Damit erscheint die pädagogische Professionalität von Fachkräften in der Betreuung entkoppelt von zertifiziertem Lernen, vielfach weniger bedeutsam, und unverzichtbar, als die von Lehrkräften (Wehner, 2015). Allerdings erfährt auch ein Schulsystem, das mittels zertifizierten Lernens, unter den Bedingungen von Konkurrenz und Selektion, Gefahr läuft, Bildung in einer ‚Bankierspädagogik' (Freire) über Zertifikate warenförmig exklusiv zu verrechnen und herkunftsbedingte Ungleichheit beharrlich zu perpetuieren, einschneidende (sozial-)pädagogische Kritik (Baumert, 2006). In diesem Spannungsgefüge stellt sich die Frage, ob eine pädagogische Stärkung von non-formalen und informellen Lernprozessen in Betreuungssettings an Schulen zur Inklusion und Abschwächung herkunftsbedingter Bildungsungleichheiten beitragen kann.

Zeigefixiert wird Erziehung einzig als kulturelle Vermittlung begriffen, die sich in der Struktur des didaktischen Dreieckes vollzieht. Dadurch gerät aus dem Blick, dass Care-Tätigkeiten, die auch die Gestaltung von Beziehungen umschließen, einen eigenen pädagogischen Stellenwert haben. Eine Geringschätzung von Care-Arbeiten wird durch hierarchisch gegliederte klassische Erziehungstheorien tradiert, die diese propädeutisch auf der ‚untersten Stufe' ansiedeln (Wehner, 2019, S. 444). In Krippen führt das dazu, dass Tätigkeiten wie Wickeln, in der Schulkindbetreuung Elementen wie dem Mittagessen, pädagogisch keine Beachtung geschenkt wird. Zeitgenössisch suggeriert der Slogan „Ohne Bindung keine Bildung", dass Beziehungsgestaltung unter dem Aspekt ‚Sicherheit' im Vorhof ‚echter' Bildung qua ‚Exploration' angesiedelt ist. Auf dieser Linie werden zwischenmenschliche Beziehungen erzieherisch zum Zweck des Lernens instrumentalisiert. Im Kontext der Schulkindbetreuung hat das u.a. zur Folge, dass Kinder- und Jugendtreffs unter Einbindung von Jugendzentren wenig Wertschätzung erfahren, weil dort eben ‚nur' die Pflege von Kontakten und Beziehungen im Mittelpunkt steht.

5. Bildung und Erziehung *durch* professionelle Betreuung im Horizont einer (Sozial-)Pädagogik der Sorge

Die markierten Herausforderungen finden im Selbstverständnis einer (Sozial-) Pädagogik der Sorge Überwindung. Auf dieser Grundlage kann Betreuung als pädagogisch gehaltvolles Format verstanden werden (Bilgi, 2019; Bilgi & Stenger, 2020; Wehner, 2020) und ein kritisches Potenzial entfalten.

Als sogenanntes ‚Existenzial' bringt der Begriff ‚Sorge' zum Ausdruck, dass Menschen in aktiver Selbstorganisation durchgängig für ihre relationalen Weltbezüge aufkommen und diese gestalten und meistern müssen (Dietrich et al., 2020). Als existentielle Angelegenheit wird Bildung nicht eng und exklusiv auf kritisch-reflexives Denken reduziert, sondern denkbar weit, inklusiv, von Lebensbeginn an, unabhängig von sozialer Herkunft und ökonomischen Verhältnissen als existentielles-leibliches Streben nach einem gelingenden, guten Leben begriffen (Wehner, 2020). Bildungsphilosophisch handelt die ‚Sorge' nicht von einem bedrückten Erleben, sondern davon, dass Menschen als strebende Wesen schon immer in Beziehung und Bezügen zu anderen Menschen, Wesen und Dingen existieren, also relational selbsttätig sind. Einer Pädagogik, die Bildung grundlegend als Sorge begreift, entspricht ein breites Verständnis von Erziehung als Lebenshilfe. Eingebettet in eine Pädagogik der Lebensmeisterung unterstützt pädagogische Betreuung, Kinder vielfältig „herauszufinden, wozu man sich eignet, und eine Gelegenheit zu finden, dies zu tun“ (Dewey, 2004, S. 360) und stärkt somit die traditionelle gesellschaftliche Funktion von Schule, Schülern/Schülerinnen via „Enkulturation“ (Fend, 2009) zu befähigen, eigenständig ein gutes Leben führen zu können. Erzieherische Lebenshilfe unterstützt kindliches Können, weil dieses im Spiegel der Selbstwirksamkeit ein Primargut eines gelingenden, guten Lebens ist (Fuhr, 1996). Somit ist kindliches Können in Betreuungssettings auch jenseits von Unterricht und Zensuren bildungsrelevant. Weil kindliches Streben nach selbstbestimmter Lebensgestaltung überwiegend in informellen und „non formalen“ kindlichen Lernprozessen Gestalt annimmt und von Relevanz ist, findet es erzieherisch stringent in Betreuungssettings Unterstützung, die non-formal informelles Lernen fördern. Im Unterschied zu Unterricht geht es pädagogischer Betreuung also nicht um ein curricular festgelegtes, stufenförmig abgestimmtes, aufeinander aufbauendes, qualifizierend-zertifiziertes Lernen auf Vorrat entlang von Schulfächern. Im Sinne einer (Sozial-)Pädagogik der Lebensmeisterung operiert pädagogische Betreuung entlang eines nicht standardisierbaren individuell-offenen Curriculum Vitae stark gegenwarts-, situations-, fall- und kontextgebunden. Damit erscheint es pädagogisch inkonsistent, wenn Hausaufgabenbetreuung vom Personal mit Expertisen für Unterricht entkoppelt an Personal mit Expertisen der Betreuung delegiert zwischen „Unterrichtsimitation“ und „moderater Schulkritik“ schwankt (Gosse, 2020, S. 243 ff.). Im pädagogischen Format Betreuung kommen verschiedene Formen von Erziehung zum Tragen. Betreuung gestaltet sich zu einem Großteil als *Indirekte Erziehung.* Ferner sind gleichrangig genuin *nicht vermittelnde Formen wie genuin vermittelnde,* nicht zertifizierte Formen von Erziehung relevant.

5.1 Professionelle pädagogische Betreuung durch Indirekte Erziehung

Betreuung setzt vor allem auf eine Didaktik Indirekter Erziehung (Liegle, 2010). Sie gestaltet sich zum Großteil als eine Pädagogik, die Kindern in vorbereiteten Umgebungen und Atmosphären, vielfältige Gelegenheiten bietet, intrinsisch motiviert in konzentrierte Beschäftigungen und damit in eine Polarisation der Aufmerksamkeit zu gelangen, die heilende und entwicklungsfördernde Kraft besitzt (Böhm, 2010). Als ‚dritte Erzieher‘ schaffen Räume vielfältige Bildungsanlässe (Reggio). Dabei treten Fachkräfte bewusst in den Hintergrund. Aufsichtspflicht meint nicht, dass pädagogische Fachkräfte lückenlos präsent mit Kindern interagieren, sondern dass sie bei Bedarf verlässlich erreichbar und kompetent zur Stelle sind. Im Anschluss an Montessori gilt es Kindern, die nach intensiven Beschäftigungen suchen, zu helfen und Kinder, die in die Polarisation der Aufmerksamkeit gelangt sind, nicht zu stören. Je unzulänglicher Räume gestaltet sind, desto mehr sind Kinder auf der Suche und benötigen Unterstützung und vice versa. Über die Raumgestaltung lassen sich störende Faktoren wie eine hohe Stress- und Konfliktdichte angehen, die gleichermaßen für kindliches Wohlbefinden wie für kindliche Lernprozesse ungünstig sind. Die Gegenwarts- und Situationsorientierung von Betreuung findet in Indirekter Erziehung insbesondere im kindlichen Freispiel Niederschlag. Im Spiel-Flow sind Kinder freiwillig, mit all ihren Kräften intensiv, freudvoll und friedfertig als Lernende unterwegs. Deshalb begreift Fröbel Spielen als ergiebige Quelle für ein erfülltes, freudvolles und friedliches lernendes Dasein (Fröbel, 1982). Kinder spielen nicht um zu lernen. Und doch wird beim Spielen unweigerlich vieles gelernt. Kinder lernen Spielen und lernen im Spielen (Renner, 2008). Hier sammeln sie u. a. wichtige Erfahrungen in Bezug auf Gerechtigkeit, Mäßigung, Selbstbeherrschung, Wahrheit, Treue, Solidarität und auch strenger Unparteilichkeit (Fröbel, 1982, § 48). Weil die Erfahrungen, die Kinder im Spiel machen, entschieden von der Art der Spiele und der Qualität des Spielens abhängt, bedeutet Freispiel nicht, Kinder irgendwo mit irgendwelchen Spielsachen sich selbst zu überlassen. Spielpädagogisch sind Fachkräfte dazu angehalten, ausgewählte Spielmöglichkeiten als „Spiel-Gaben“ (Fröbel) vorzuhalten und kindliches Spiel situativ vielfältig zu unterstützten. Sei es, dass sie ein bekanntes oder neues Spiel (mit-) initiieren, sei es, dass sie einzelne Kinder ermutigen, am Spiel teilzuhaben oder damit versöhnen, nicht beliebig in laufende Spiele einsteigen zu können, sei es, dass sie bei Störungen, die zu Spielunterbrechungen führen, hilfreich zur Seite stehen, sei es, dass sie Kinder damit versöhnen, im Spiel mal Haupt- und mal Nebenrollen zu spielen oder auch helfen, Spiele gekonnt zu Ende zu spielen, um nicht abrupt durch Mittags- oder Abholzeiten aus dem Spiel gerissen zu werden. Freispiel findet nicht nur in geschlossenen Räumen statt. Pädagogische Betreuung bietet die Chance, häufig vernachlässigtes kindliches Draußenspiel gezielt durch ansprechendes Außengelände wie Abenteuerspielplätze zu fördern (Richard-Elsner, 2017).

Da Klassenzimmer hauptsächlich für zertifiziertes Lernen konzipiert sind, eignen sie sich nur begrenzt für eine Betreuung, die Pädagogik nicht auf Lernen reduziert und Lernen ohne Noten kultiviert. Betreuung benötigt, schafft, gestaltet und verantwortet an Schulen pädagogische Umgebungen und Räumlichkeiten, die Ansprüchen indirekter Erziehung genügen und findet in aller Regel eben nicht in ungeeigneten Unterrichtsräumen statt. Da indirekte Erziehung intrinsisch motivierte Lernprozesse anvisiert, besteht ein untrüglicher Gradmesser pädagogischer Betreuungsarbeit darin, ob Kinder gerne oder widerwillig in die Betreuung kommen. Sehen sich Kinder genötigt, in unzulänglichen Räumen so lange auszuharren bis sich die von den Sorgeberechtigten gebuchte Betreuungszeit dem Ende zuneigt, genügt das offensichtlich nicht. Wenn an Schulen mit dem pädagogischen Format Betreuung vielfältig anregende, freundliche, angenehme (Spiel-)Räume, Orte und Atmosphären entstehen, wirkt sich das auf das ganze Schulklima und damit auch auf den Unterricht aus. Denn Schüler und Schülerinnen lernen sich in Settings pädagogischer Betreuung nicht nur besser, sondern auch anders kennen. In gewisser Weise verändert sich mit pädagogischer Betreuung also auch die Klassengemeinschaft.

5.2 Professionelle pädagogische Betreuung durch vermittelnde, nicht zertifizierte Formen von Erziehung

Im Format Betreuung setzen Bildungsangebote adressatenbezogen stark auf leibhaftiges Erleben und intrinsische Lernmotivation. Folglich setzt eine Didaktik der Betreuung über die bereits angesprochene Spielpädagogik hinaus, stark auf erlebnispädagogische Angebote und freies projektorientiertes Arbeiten. Erlebnispädagogische Angebote gliedern sich transparent in eine Pädagogik der Sorge ein, weil dieser Ansatz in der Hauptsache das Ziel der Persönlichkeitsentwicklung verfolgt (Michl, 2020). Um persönlichkeitsbildend Wirkung zu entfalten, müssen Erlebnisse nicht immer reflexiv eingeholt werden. Das unterstreicht, dass auch Erlebnisse mit Gleichaltrigen in Kinder- und Jugendtreffs pädagogisch bedeutsam sind.

Im projektorientierten Arbeiten (Traub, 2022) gestaltet sich Lernen unabhängig von fixen Lehrplanvorgaben, Konkurrenz und Selektion, die in zertifizierten Lernprozessen stark Einzelleistungen fokussieren, durchweg als eine kooperativ-demokratische, inklusiv-gemeinschaftsbildende Tätigkeit. Im Format Betreuung kann sich freie Projektarbeit ganz auf demokratisches Lernen wie ein Lernen von Demokratie konzentrieren (Dewey) und Lernen unabhängig von herkunftsbedingten Ungleichheiten inklusiv gestalten. In multiprofessioneller Zusammenarbeit können sich optionale pädagogische Angebote in der Betreuung und schulisch obligatorischer Unterricht einander ergänzen. Gelegentlich bringt Unterricht mit Leistungs- und Notendruck die Begeisterung von Kindern an Inhalten von Schulfächern und in gravierenden Fällen sogar grundsätzlich die Lernbereitschaft am Ort Schule zum Erliegen. In solchen Fällen können Angebote in der Betreuung, die didaktisch stark mit intrinsisch motivierten und leiblich situierten Lernformaten verbunden sind, dazu beitragen die Lernfreude von Kindern an Schulen zu erhalten und auch im Unterricht wiederzubeleben. Hier erweisen sich kindheitspädagogische Expertisen in den sogenannten Bildungsdomänen respektive -bereichen Sprache, Natur, Mathematik, Kunst und Bewegung vorteilhaft, weil sie schulfachaffine Inhalte zum Gegenstand von handlungsorientierten Lernprozessen ohne Notendruck machen. Am Horizont einer Pädagogik der Lebensmeisterung geht es auch darum, Kinder in schulischen Kontexten darin zu unterstützen, schulische Lernerfolge und -misserfolge in ihrer Bedeutung für ein gutes Leben identitätsstiftend angemessen verarbeiten zu lernen. Mit dem pädagogischen Format der Betreuung sind Schulen verstärkt aufgefordert, nicht nur Schule „zu halten", sondern mit Kindern über Schule und Unterricht zu reflektieren.

5.3 Professionelle Betreuung durch nicht genuin vermittelnde Formen von Erziehung

Als Lebenshilfe ist Erziehung nicht durchgängig an das didaktische Dreieck angebunden. In pädagogischer Betreuung antworten Fachkräfte in einer ‚allseitigen Besorgung' (Pestalozzi) feinfühlig-respektvoll, lebensweltlich-alltagsnah auf kindliche/menschliche Grundbedürfnisse, die konstitutiv mit kindlichem/menschlichem Streben nach einem gelingenden, guten Leben einhergehen. Genuin nicht vermittelnde Formen von Erziehung werden nicht ursächlich zum Zweck der Initiierung von kindlichen Lernprozessen ausgeübt. Beispielsweise wickeln frühpädagogische Fachkräfte Kinder in Krippen nicht primär, um ihnen etwas zu zeigen, sondern zunächst einmal damit es ihnen unmittelbar gut geht. Auch im Ganztag wird Mittagessen nicht primär deshalb angeboten, damit Kinder danach weiter Unterricht oder Angebote besuchen können. Allseitig umsorgende erzieherische Tätigkeiten beziehen sich nicht nur auf körperliche, sondern auch auf seelische Grundbedürfnisse. Sie stillen das Verlangen nach Nähe und Geborgenheit, nach körperlicher und seelischer Sicherheit und Unversehrtheit oder auch nach vertrauensvollen Beziehungen. Im Format Betreuung hat Beziehungspädagogik (Liegle, 2017) nicht allein Beziehungen zwischen Fachkraft und Kind, sondern auch Beziehungen zu und unter Gleichaltrigen im Blick. Damit gewinnen im Format Betreuung, Orte und Gelegenheiten an Bedeutung, die sich für Kinder und Jugendliche als Treffpunkte und Begegnungsstätte zur Kultivierung von lebensbereichernden Beziehungen und Freundschaften eignen. Nicht zuletzt durch die ausdrückliche Berücksichtigung von genuin nicht vermittelnden Formen von Erziehung erscheint Schule mit dem Format Betreuung verstärkt als Lernort und als ein Ort guten Zusammenlebens.

Abschließend ist zu betonen, dass Bildungs- und Erziehungsziele allemal nur dann *durch* Betreuung zum Tragen kommen können, wenn qualifizierte Fachkräfte diesen Gesichtspunkten professionell Gestalt verleihen. Im Ganztag eröffnet das stark situations-, gegenwarts- und lebensweltorientierte pädagogische Format Betreuung vielfältige Chancen, Schule als Lebensort und Lernen in gesteigertem Ausmaß gemeinschaftsorientiert und -stiftend, inklusiv, selbstbestimmt und demokratisch zu erleben und zu erfahren.

Literatur

AUTORENGRUPPE FACHKRÄFTEBAROMETER (2021). Fachkräftebarometer Frühe Bildung 2021: Weiterbildungsinitiative Frühpädagogische Fachkräfte.

BAUMERT, J. (Hg.) (2006). OECD PISA. Herkunftsbedingte Disparitäten im Bildungswesen. Differenzielle Bildungsprozesse und Probleme der Verteilungsgerechtigkeit. Vertiefende Analysen im Rahmen von PISA 2000 (1. Aufl.). Wiesbaden: VS Verlag für Sozialwissenschaften.

BILGI, O. (2019). Betreuung. Notizen zu einem scheinbar vergessenen Begriff. In C. Dietrich, U. Stenger & C. Stieve (Hg.), Theoretische Zugänge zur Pädagogik der frühen Kindheit. Eine kritische Vergewisserung (1. Aufl). Weinheim & Basel: Beltz Juventa, S. 465–474.

BILGI, O., Sauerbrey, U. & Stenger, U. (Hg.) (2021). Betreuung – ein frühpädagogischer Grundbegriff? (1. Aufl.). Weinheim & Basel: Beltz Juventa.

BILGI, O. & Stenger, U. (2020). Betreuung. Pädagogisch-anthropologische Notizen zu kindheitspädagogischen Dimensionen der Sorge. In C. Dietrich, N. Uhlendorf, F. Beiler & O. Sanders (Hg.), Anthropologien der Sorge im Pädagogischen (1. Aufl.). Beltz Juventa, S. 154–166.

BÖHM, W. (2010). Maria Montessori: Einführung und zentrale Texte. Paderborn: Ferdinand Schöningh.

BRACHES-CHYREK, R. & Karsten, M.-E. (Hg.) (2020). Werkstattbücher. Band 2. Sozialpädagogische Perspektiven auf die Ganztagsbildung. Professionelle Handlungsmöglichkeiten und sozialstrukturelle Spannungsfelder. Opladen, Berlin & Toronto: Barbara Budrich.

DEWEY, J. (2004). Demokratie und Erziehung. Eine Einleitung in die philosophische Pädagogik Hg. v. J. Oelkers. Weinheim & Basel: Beltz.

DIETRICH, C., Uhlendorf, N., Beiler, F. & Sanders, O. (Hg.) (2020). Anthropologien der Sorge im Pädagogischen (1. Aufl.). Weinheim & Basel: Beltz Juventa.

DIETRICH, C. & Wiedemann, J. (2019). Betreuung. Ein pädagogisch unbestimmter Begriff. In C. Dietrich, U. Stenger & C. Stieve (Hg.), Theoretische Zugänge zur Pädagogik der frühen Kindheit. Eine kritische Vergewisserung (1. Aufl.). Weinheim & Basel: Beltz Juventa, S. 452–464.

FEND, H. (2009). Neue Theorien der Schule. Einführung in das Verstehen von Bildungssystemen (2. Aufl.). Wiesbaden: Verlag für Sozialwissenschaften.

FRÖBEL, F. (1982). Die Menschenerziehung (1826). Ausgewählte Schriften Hg. v. Erika Hofmann.

FUHR, T. (1996). Ethik des Erziehens. Pädagogische Handlungsethik und ihre Grundlegung in der elterlichen Erziehung. Weinheim: Beltz.

GOSSE, K. (2020). Pädagogisch betreut. Die offene Kinder- und Jugendarbeit und ihre Erziehungsverhältnisse im Kontext der (Ganztags-)Schule. Wiesbaden: Springer VS.

GRASSHOFF, G. & Sauerwein, M. (Hg.) (2021). Rechtsanspruch auf Ganztag. Zwischen Betreuungsnotwendigkeit und fachlichen Ansprüchen (1. Aufl.). Weinheim & Basel: Beltz Juventa.

KLUSEMANN, S., Rosenkranz, L., Bock-Famulla, K. & Schütz, J. (2023). Professionelles Handeln im System der frühkindlichen Bildung, Betreuung und Erziehung. Auswirkungen der Personalsituation in Kindertageseinrichtungen auf das professionelle Handeln, die pädagogischen Akteur:innen und die Kinder (1. Aufl.). Weinheim & Basel: Beltz Juventa.

LIEGLE, L. (2010). Didaktik der indirekten Erziehung. In G. E. Schäfer, R. Staege & K. Meiners (Hg.), Frühe Kindheit Pädagogische Ansätze. Kinderwelten – Bildungswelten: Unterwegs zur Frühpädagogik (1. Aufl.). Berlin: Cornelsen-Scriptor, S. 11–25.

LIEGLE, L. (2013). Frühpädagogik. Erziehung und Bildung kleiner Kinder. Ein dialogischer Ansatz. Stuttgart: Kohlhammer.

LIEGLE, L. (2017). Beziehungspädagogik. Erziehung, Lehren und Lernen als Beziehungspraxis. Stuttgart: Kohlhammer.

MICHL, W. (2020). Erlebnispädagogik. München & Basel: Reinhardt.

RICHARD-ELSNER, C. (2017). Draußen spielen. Lehrbuch. Weinheim & Basel: Beltz Juventa.

SCHERR, A. & Sturzenhecker, B. (2014). Jugendarbeit verkehrt. Thesen gegen die Abwicklung der Offenen Kinder- und Jugendarbeit durch ihre Fachkräfte. Deutsche Jugend, 62 (9), S. 369–376.

SCHÜPBACH, M. (2010). Ganztägige Bildung und Betreuung im Primarschulalter. Qualität und Wirksamkeit verschiedener Schulformen im Vergleich. Wiesbaden: VS Verlag für Sozialwissenschaften.

STAMM, M. (2010). Frühkindliche Bildung, Betreuung und Erziehung (1. Aufl.). Bern, Stuttgart & Wien: Haupt.

TRAUB, S. (2022). Projektarbeit erfolgreich gestalten (2. Aufl.). Bad Heilbrunn: Klinkhardt.

WEHNER, U. (2015). Frühpädagogische Berufsprofile zwischen Fürsorge und Bildung. Allgemeinpädagogisch-historisch-systematische Anmerkungen zu hochgelobten Leistungen einer gering geschätzten Profession. Empirische Pädagogik, 29 (3), S. 300–323.

WEHNER, U. (2019). Frühkindliche Erziehung. In C. Dietrich, U. Stenger & C. Stieve (Hg.), Theoretische Zugänge zur Pädagogik der frühen Kindheit. Eine kritische Vergewisserung (1. Aufl.). Weinheim & Basel: Beltz Juventa, S. 435–451

WEHNER, U. (2020). Frühe Bildung, Betreuung und Erziehung – programmatisch mittendrin, theoretisch marginalisiert. Über Schwierigkeiten und Möglichkeiten, Betreuung systematisch als ein (früh)pädagogisch vollwertiges Moment zu achten. In O. Bilgi, U. Sauerbrey & U. Stenger (Hg.), Betreuung – ein frühpädagogischer Grundbegriff?. Weinheim & Basel: Beltz Juventa, S. 12–26.

WEHNER, U. (2020). Über die Sorgestruktur von (frühkindlicher) Bildung und die Für-Sorgestruktur von (frühkindlicher) Erziehung. In C. Dietrich, N. Uhlendorf, F. Beiler & O. Sanders (Hg.), Anthropologien der Sorge im Pädagogischen (1. Aufl.). Weinheim & Basel: Beltz Juventa, S. 167–178.

WEHNER, U. & Scheible, A. (2022). Über Betreuung als pädagogisch vollwertiges Moment von Ganztagsschulbildung. Eine kindheitspädagogische Annäherung. Die Ganztagsschule 62, S. 92–98.

KAREN HAGEMANN

Zwischen Ideologie und Ökonomie

Die Geschichte der Zeitpolitik von Kindergarten und Schule in BRD und DDR

1. Einleitung

Ganztägige Kinderbetreuung und Schulbildung sind heute in fast allen europäischen Ländern die Norm. Deutschland ist eines der letzten Länder, in dem trotz aller Reformbemühungen der letzten zwanzig Jahre ein Halbtagssystem in Schulen dominiert und die Betreuung der Drei- bis Sechsjährigen nicht verpflichtend ganztägig ist. Im Schuljahr 2020/21 nahmen erst 47% aller Schüler und Schülerinnen im Primarbereich und in der Sekundarstufe I am Ganztagsbetrieb teil, verglichen zu 10% im Schuljahr 2002/03. Dieser Ganztagsbetrieb wird allerdings überwiegend in der Form der offenen Ganztagsschule angeboten, die die traditionelle Halbtagsschule mit freiwilligen, oft kostenpflichtigen Angeboten am Nachmittag verbindet. Zudem ist die Stundentafel des Unterrichts häufig immer noch unverbindlich, bei Ausfällen werden die Kinder schlicht nach Hause geschickt. Die Betreuungsquote für die drei- bis sechsjährigen Kinder in Kindergärten und Vorschuleinrichtungen lag zwar 2021 bei 92%, aber nur 53% waren in einer Ganztagsbetreuung von mehr als 35 Stunden pro Woche untergebracht. Zudem fehlten 112.600 Kitaplätze für diese Altersgruppe, vor allem in den westlichen Bundesländern (BMFSFJ, 2022a, 2022b; Bertelsmann Stiftung, 2023).

Diese Zeitpolitik im Betreuungs- und Bildungswesen macht es für Eltern, vor allem Frauen, die nach wie vor stärker für die Kindererziehung verantwortlich sind, immer noch schwer, Familie und Beruf zu vereinbaren. Die Folgen einer solchen Zeitpolitik gehen jedoch über die Familie hinaus und betreffen auch Wirtschaft und Gesellschaft, denn diese Zeitpolitik ist untrennbar verbunden mit einer Familien- und Sozialpolitik, die entgegen aller anderslautenden Rhetorik de facto auf dem traditionellen Modell der „Ernährer-Hausfrau und Zuverdienerin"-Familie basiert – mit dem Mann als Vollzeit-Erwerbstätigem und Hauptverdiener und der Ehefrau als Hausfrau und Mutter und falls notwendig Teilzeit-Erwerbstätiger und Zuverdienerin. In den letzten zwanzig Jahren sind die Folgen dieser Politik in Deutschland immer deutlicher geworden. Zum einen zeigen sie sich beim wachsenden Bedarf an weiblichen Arbeitskräften, zum anderen werden sie in schlechten Schulleistungen aufgrund ihrer sozialen und/oder migrantischen Herkunft benachteiligten Schüler und Schülerinnen sichtbar. Dies ergaben in den letzten zwei Jahrzehnten immer wieder die internationalen Vergleichsstudien der OECD. Die internationale Forschung zeigt, dass eine kostenlose ganztägige Kindergarten-, Vorschul- und Schulbildung mit gebundenen Ganztags- und Gesamtschulen, an denen die Nachmittagsangebote verpflichtend sind, der Unterricht rhythmisiert ist und Fachunterricht, Projektarbeit, eigenständiges Lernen und andere Aktivitäten sich abwechseln, verbunden mit früher Sprachförderung die besten Ergebnisse hinsichtlich der Schulleistungen und der sozialen Chancengleichheit erzielen (Hagemann & Jarausch, 2015; Hagemann, 2015a, 2015b; Morgan, 2015). Bereits 2012 forderte deshalb eine Studie des Deutschen Jugendinstituts im Auftrag der Bertelsmann-Stiftung: „Jedes Kind in Deutschland sollte die Möglichkeit haben, eine gebundene Ganztagsschule zu besuchen“ (Bertelsmann Stiftung, 2012).

Wie ist diese langanhaltende Dominanz einer Halbzeitpolitik in Kindergarten und Schule im Westen Deutschlands zu erklären? Wie wirkten hierbei Wirtschafts-, Sozial-, Bildungs- und Familienpolitik zusammen? Welche Rolle spielte dabei im Kontext des Kalten Krieges die alternative Ganztagszeitpolitik im Osten? Der Beitrag vergleicht die Diskurse und Politiken der Zeitpolitik von Kindergarten und Schule in BRD und DDR im Kontext ihrer höchst unterschiedlichen Wohlfahrts- und Bildungssysteme, die seit ihrer Gründung in einem komplexen Verhältnis von „Distanzierung und Verflechtung“ aufeinander bezogen waren (Kleßmann, 1993). Ausgehend vom Konzept der „Pfadabhängigkeit“ von gesellschaftlichen und politischen Entwicklungen analysiert der Beitrag, welche Faktoren wann, wie und in welchen konkreten historischen Kontexten zusammenwirkten, um die je spezifische Form der Zeitpolitik in beiden deutschen Staaten mit ihren konkurrierenden Wohlfahrts- und Bildungssystemen auszubilden (Pierson, 2000).

2. Zwei konkurrierende deutsche Wohlfahrts- und Bildungssysteme nach 1945

In der BRD wurde nach 1945 der Tradition der Weimarer Republik folgend ein konservativ-korporativer Wohlfahrtsstaat aufgebaut, in dem Schulbildung als staatliche Aufgabe definiert und in die Zuständigkeit der Länder verwiesen wurde. Das Halbtagsschulsystem blieb mit Volksschule, Realschule und Gymnasium weiter mehrgliedrig. Die Kindererziehung wurde als elterliche Pflicht definiert und die institutionelle Kinderbetreuung außerhalb der Schulen nur als soziale Notmaßnahme akzeptiert, die in die Zuständigkeit der kommunalen Jugendämter fiel. Gemäß dem Subsidiaritätsprinzip waren die Hauptträger von Kindergärten und Horten gemeinnützige, überwiegend konfessionell gebundene Wohlfahrtsverbände. Entsprechend dieser Struktur war die Halbtagsschule mit unregelmäßigen Unterrichtszeiten die Regel; die vorschulische Kinderbetreuung blieb bis Mitte der 1960er Jahre weitgehend unausgebaut, und Kindergärten waren bis Ende der 1980er Jahre mehrheitlich nur halbtags geöffnet. Die Unterschiede zwischen CDU/CSU- und SPD-regierten Bundesländern waren erheblich und vergrößerten sich in der Periode der Bildungsreformen der 1960er und 1970er Jahre. Die vergleichsweise niedrige Erwerbsquote von Frauen, insbesondere von Müttern, korrespondierte mit der Halbtagsstruktur des öffentlichen Kinderbetreuungs- und Schulsystems. Dennoch ist die Erwerbstätigenquote von Frauen mit Kindern in der ehemaligen Bundesrepublik seit Mitte der 1950er Jahre langsam angestiegen, jedoch fast ausschließlich aufgrund ihrer wachsenden Teilzeitbeschäftigung (Hagemann, 2015a & b; Oertzen, 1999).

In der DDR führte nach 1945 der Aufbau eines zentralisierten staatssozialistischen Wohlfahrtsregimes nach sowjetischem Vorbild zu einem deutlichen Bruch mit politischen, wirtschaftlichen und gesellschaftlichen Traditionen. Die alte Trennung zwischen Schule als Ort staatlicher Bildung einerseits und institutionalisierter Kinderbetreuung als Aufgabe der Jugendfürsorge andererseits wurde bereits 1946 aufgehoben und Kindergärten und Horte in die Bildungsverwaltung integriert. Gemeinden und Betriebe wurden zu den Hauptanbietern von Kinderbetreuung. Seit Ende der 1950er Jahre wurde systematisch ein System der staatlichen Ganztagsbetreuung aufgebaut, das von Kinderkrippen bis zu den Horten reichte und die als Einheitsschule die organisierte Halbtagsschule ergänzte. Diese Politik zielte auf eine Steigerung der Erwerbsquote von verheirateten Frauen und Müttern (Hagemann, 2006; Mattes, 2015b).

BRD und DDR waren in West- bzw. Osteuropa extreme Beispiele für die Art und Weise der Organisation des Kinderbetreuungs- und Schulsystems. Kein anderes Land in Westeuropa, mit Ausnahme Österreichs und der deutschsprachigen Schweiz, hielt so stark am Halbtagssystem fest wie die BRD (Hagemann, 2015a; Popp, 2015; Crotti, 2015). Die DDR hingegen baute ihr ganztägiges Angebot für Kindergarten- und Schulkinder so stark aus wie keine andere Gesellschaft des Ostblocks. Dementsprechend war die Erwerbsquote von Frauen im erwerbsfähigen Alter von 15 bis 64 Jahren Ende der 1980er Jahre mit 78 % in der DDR die höchste im sozialistischen Osteuropa. In der BRD lag sie in diesem Zeitraum in Westeuropa hingegen mit 53 % nur im Mittelfeld, die Quote war in Schweden mit 84 % am höchsten und in Spanien mit 38 % am niedrigsten (Hagemann, 2015b).

3. Eine gemeinsame deutsche Tradition vor 1945

In Deutschland, wie anderenorts in Europa, entwickelte sich die institutionalisierte Kinderbetreuung im späten 18. und frühen 19. Jahrhundert hauptsächlich auf Initiative privater Vereine. Zum einen entstand das oft kostenlose System der „Warteschulen", einer Ganztagsbeaufsichtigung für Kleinkinder berufstätiger Arbeitermütter, die vor allem von sozialreformerisch tätigen konfessionellen Vereinen eingerichtet wurden. Dieses Angebot wurde als soziale Notmaßnahme verstanden, mit der Arbeiterkinder vor der „Verwahrlosung" auf der Straße geschützt werden sollten, und dominierte bis zur Weimarer Republik. Zum anderen entstanden die kostenpflichtigen halbtägigen Fröbel-Kindergärten, die vor allem von pädagogisch engagierten Einzelpersonen und Vereinen des liberalen Bürgertums gegründet wurden. Sie waren als familienergänzende und die Entwicklung des Kindes fördernde Bildungseinrichtung konzipiert und wurden mehrheitlich von Kindern aus der Mittelschicht besucht (Allen, 1991; Budde, 1999b; Reyer, 1983, 1987a).

Parallel kam auch die institutionalisierte außerschulische Betreuung von Grundschulkindern in Form des Hortes und des Tagesheims auf. Beides waren Ganztagsbetreuungseinrichtungen für Kinder im Schulalter, die primär von sozialreformerischen und konfessionellen Trägern aufgebaut wurden (Reyer, Rolle & Kesberg, 1989). Dieses Angebot wurde in Deutschland wie in allen mitteleuropäischen Ländern, die später dem deutschen Beispiel folgten, notwendig, weil anders als in England und Frankreich das traditionelle Ganztagsschulsystem mit Vormittags- und Nachmittagsunterricht, getrennt durch eine lange Mittagspause zu Hause, durch das Halbtagsschulsystem abgelöst wurde (Compère, 1996; Lohmann, 1965, 1967). Hierbei kamen zwei Entwicklungen zusammen: In höheren Schulen waren Hauptgründe für die Durchsetzung des Halbtagssystems die Sorge vor einer „Überbürdung" der männlichen Schüler durch den geteilten Ganztagsunterricht und der Wunsch der Lehrkräftenach einer anderen Arbeitszeitorganisation. In Volksschulen waren es primär die erheblichen Probleme bei der Durchsetzung der Ganztagsschulpflicht für Kinder aus der Unterschicht, die zur Halbtagszeitpolitik führten. Sie mussten ihre Familien entweder durch Lohnarbeit oder durch die Betreuung der kleineren Geschwister und Mithilfe in Haus, Feld und Garten unterstützen. Hinzu kamen die massiven Schwierigkeiten bei der Finanzierung einer allgemeinen Schulpflicht für alle Kinder, die zu Halbtags- und Schichtunterricht führten, in dem die eine Hälfte der Kinder vormittags zur Schule kam, die andere nachmittags (Hagemann, 2015a, 2015b; Ludwig, 1993, Bd. 1, S. 32–39).

Preußen war wegweisend bei der Durchsetzung der Halbtagszeitpolitik in Deutschland, da es die Schulpflicht zwar bereits 1763 einführte, aber von Anfang an erhebliche Ausnahmen wie den Schichtunterricht zuließ. Ab 1872 erlaubte Preußen dann auch offiziell den Halbtagsunterricht für Volksschulen, wenn die Zahl der Kinder in einer Klasse über 80 lag, der Klassenraum zu klein war oder eine Gemeinde keine zweite Lehrkraft finanzieren konnte. Ungeachtet der regionalen Unterschiede im Schulwesen des Deutschen Kaiserreichs, für das die Bundesstaaten verantwortlich waren, hatte sich die Halbtagsschule bis zum Ersten Weltkrieg zumindest in den Städten weitgehend durchgesetzt (Lohmann, 1965, S. 13–24).

Als Alternative zur Halbtagsschule propagierten Bildungsreformer seit dem Ende des 19. Jahrhunderts zwar eine ganzheitliche, ganztägige Gemeinschaftsschule für Kinder und Jugendliche in Schullandheimen und verschiedenen Formen von Tagesschulen, die gleichermaßen kognitives Lernen und soziale und kulturelle Bildung anstrebten. Diese bürgerlichen Reformversuche beschränkten sich aber auf einzelne Privatschulen, für die Schulgeld bezahlt werden musste. Erst in der Weimarer Republik wurde vor allem in sozialdemokratisch regierten Städten wie Berlin und Hamburg versucht, pädagogische Reformansätze wie die Tagesheimschule als Versuchsschulen innerhalb des staatlichen Schulsystems auch Arbeiterkindern zugänglich zu machen. Erstmals wurden nun zudem in sozialdemokratisch regierten Städten neue reformpädagogische Konzepte für Kindertagesstätten von gemeinnützigen Trägern wie der Arbeiterwohlfahrt versucht (Ludwig, 1993, Bd. 1, S. 255–324; Hoffmann, 1994).

Solchen reformpädagogischen Initiativen, die auf eine ganztägige Bildung und Betreuung zielten, wurde in Deutschland von Anfang an von christlich-konservativen Kritikern und Kritikerinnen vorgeworfen, dass sie die Familie zerrütten würden, da sie die außerhäusliche Erwerbstätigkeit von Müttern fördern und damit die Familie als Hauptort der Kindererziehung infrage stellen würden. Die Ernährer-Hausfrau-Familie mit der Mutter als Erzieherin ihrer Kinder in ihrem Zentrum galt den Kritikern und Kritikerinnen als Basis von Staat und Gesellschaft. Die katholische Kirche war ein besonders vehementer Verfechter dieses Familienideals. Folge war, dass zu Beginn der Weimarer Republik – als Teil des politischen Kompromisses der regierenden SPD mit der liberalen DDP und dem katholischen Zentrum – nachhaltig eine Arbeitsteilung zwischen dem Staat als Träger der Schulbildung, der Jugendfürsorge als Maßnahme sozialer Hilfe und der unter staatlichem Schutz stehenden Familie als Hauptort der Erziehung rechtlich festgeschrieben wurde. Diese Arbeitsteilung wurde nicht nur in der Weimarer Verfassung von 1919 verankert, sondern zudem im Reichsschulgesetz von 1920 und Jugendwohlfahrtsgesetz von 1922. Fortan galt die außerschulische Kinderbetreuung als Fürsorgeaufgabe in der Zuständigkeit der Jugendämter, die jedoch gemäß dem Jugendwohlfahrtsgesetz nur dann tätig werden durften, wenn die Eltern ihre Erziehungspflichten vernachlässigten. Gleichzeitig wurde das Subsidiaritätsprinzip gesetzlich verankert, das ein eigenständiges Tätigwerden des Staates im Bereich der Jugendhilfe nur dann erlaubte, wenn kein gemeinnütziger freier Träger für diese Aufgabe zur Verfügung stand, zugleich den Staat aber zur Finanzierung der Tätigkeit freier Träger verpflichtete. Das Subsidiaritätsprinzip sicherte den konfessionellen Wohlfahrtsverbänden nachhaltig den Einfluss auf die institutionelle Kinderbetreuung. Mit den so gestellten rechtlichen Weichen wurde der im 19. Jahrhundert eingeschlagene Entwicklungspfad dauerhaft zementiert (Zymek, 1989; Peukert, 1989).

Das Dritte Reich behielt die Grundstrukturen des Weimarer Kinderbetreuungs- und Schulsystems bei, strebte aber an, Kindergärten, Horte und Schulen zu Einrichtungen der „Gesamterziehung des deutschen Menschen" auszubauen, die Kinder und Jugendliche zusammen mit den NS-Jugendorganisationen kollektiv im Sinne des Nationalsozialismus formen und ausbilden sollten. In der Folge wurde alles als „jüdisch" oder „politisch unzuverlässig" eingestufte Personal nach 1933 entlassen und zunehmend verfolgt und die inhaltliche Arbeit dramatisch verändert. Die nationalsozialistische Gemeinschaftserziehung konkurrierte auf breiter Ebene mit der Familie. Im Bereich der Jugendhilfe wurde diese Politik durch die Gleichschaltung der überwiegenden Mehrheit der gemeinnützigen Träger und deren Eingliederung in das NS-System durchgesetzt. Kindergärten und Horte wurden der Nationalsozialistischen Volkswohlfahrt (NSV) unterstellt. Nur 12% blieben in der Hand von evangelischen und 20% von katholischen Trägern (Berger, 1986; Ludwig, 1993, Bd. 1, S. 315–353).

Während des Zweiten Weltkriegs wurde, wie in anderen europäischen Ländern auch, erstmals ein massiver Ausbau der öffentlichen Kinderbetreuung notwendig, weil die Kriegswirtschaft erheblich mehr weibliche Arbeitskräfte benötigte und auch Ehefrauen und Mütter rekrutierte, vor allem aus der Arbeiterschaft. Der Anteil der Drei- bis Sechsjährigen, die in Kindergärten oder Kindertagesstätten betreut wurden, stieg in der Folge zwischen 1930 und 1940 von 13 % auf 31 %. Nach Kriegsende wurden die während des Krieges neu geschaffenen Betreuungseinrichtungen angesichts der allgemeinen Notlage und der weiterhin hohen Erwerbstätigkeit von Müttern, vor allem von Kriegerwitwen, beibehalten, soweit dies unter den extrem schwierigen materiellen Bedingungen möglich war (Hagemann, 2015b, S. 345; Erning, Neumann & Reyer, 1987, Bd. 1, S. 70 ff.).

4. Die westdeutsche Entwicklung in den ersten zwei Jahrzehnten nach 1945

Nach dem Zweiten Weltkrieg fehlte es in allen vier Besatzungszonen an den grundlegendsten materiellen Voraussetzungen sowohl für den normalen Schulunterricht als auch für die institutionelle Kinderbetreuung. In Westdeutschland führte diese Situation zur Rückkehr zu den in der Weimarer Republik vorherrschenden Grundstrukturen des öffentlichen Betreuungs- und Bildungswesens. Die materiellen Probleme wurden als Argument genutzt, um die von den Westalliierten im Rahmen des Re-Education-Programms eingeleiteten Reforminitiativen abzuwehren, die neben der Entnazifizierung des Lehr- und Erziehungspersonals auf die Einführung von Ganztagsgesamtschulen abzielten. Dies wurde von bürgerlich-liberalen und christlich-konservativen Kreisen in den drei Westzonen vehement abgelehnt (Hagemann, 2009, 2015a; Ludwig, 1993, Bd. 2; Mattes, 2015a).

Deren bildungspolitische Vorstellungen entwickelten sich in der Nachkriegszeit in dreifacher Abgrenzung: Sie distanzierten sich vom nationalsozialistischen Erziehungssystem mit seiner Tendenz zur totalitären Gemeinschaftserziehung, von der Politik der sowjetischen Besatzungszone, die zunächst an die Weimarer Traditionen der sozialistischen Reformpädagogik anknüpfte, und vom Re-Education-Programm der Westalliierten und den von diesen verfolgten Reformplänen. Stattdessen orientierten sie sich an der humanistischen Bildungstradition des 19. Jahrhunderts und damit an einem national-politischen Erziehungskonzept, das humanistische Bildungstradition und christliche Kultur zum Kern der deutschen Nation und die Familie zu ihrer Basis erklärte. Allen drei Fronten der Abgrenzung gemein war die Skepsis gegenüber jeder Form gemeinschaftlicher Betreuung und ganztägiger Schulbildung von Kindern und Jugendlichen und die Betonung der Familie als primärer Erziehungsinstitution. Bürgerlich-liberale und christlich-konservative Kreise in den drei Westzonen wie später in der BRD verfolgten stattdessen eine Politik der Re-Christianisierung von Staat und Gesellschaft und damit Re-Stabilisierung der Familie als deren Basis. Die Festlegungen zu Familie und Schule im Grundgesetz der BRD von Mai 1949 spiegeln diese Politik wider und knüpfen an die entsprechenden Artikel der Weimarer Verfassung an (Hagemann, 2015b; Dienst, 1998; Rölli-Alkemper, 2000).

In dieser gesellschaftlichen und politischen Konstellation hatten weder der Ausbau der öffentlichen Kinderbetreuung und die Einführung von Ganztagskindergärten und mehr Horten noch die Einrichtung von mehr Ganztagsschulen in der BRD eine Chance. Dementsprechend lag der Anteil der Drei- bis Sechsjährigen in Kindergärten und Vorschulen bis in die 1960er Jahre nie über 34%. Nicht mehr als 5% aller angebotenen Plätze waren Ganztagsplätze, die primär Kindern berufstätiger Mütter aus „benachteiligten" sozialen Verhältnissen vorbehalten waren (Tab. 1). Aufgrund des Subsidiaritätsprinzips befand sich – wie vor 1933 – die überwiegende Mehrheit der Kinderbetreuungseinrichtungen in der Hand freier, vor allem konfessioneller Träger (Hagemann, 2015b).

Jahr	BRD			DDR		
	Zahl der Einrichtungen	Anzahl der Plätze	Erfassungsgrad in % [a]	Zahl der Einrichtungen	Anzahl der Plätze	Erfassungsgrad in % [a]
1950	8.648	604.698	34%	-	-	21%
1955	11.122	749.195	34%	8.527	350.332	35%
1960	12.290	817.200	33%	11.508	458.678	46%
1965	14.113	952.900	33%	12.921	555.472	53%
1970	17.493	1.160.700	38%	13.105	654.658	65%
1975	23.130	1.478.900	66%	12.218	701.809	85%
1980	23.938	1.392.500	79%	12.233	664.478	92%
1985	24.476	1.438.400	79%	13.148	788.232	94%
1989	-	1.440.000	79%	13.453	747.140	95%

Tabelle 1: Entwicklung der vorschulischen Kinderbetreuung in der BRD und der DDR, 1950 bis 1989. Anmerkung a) Plätze im Verhältnis zu Kindern im Alter zwischen drei und sechs Jahren. (Hagemann, 2006, S. 236)

Auch die Zahl der Ganztagsschulen blieb in Westdeutschland bis in die 1960er Jahre hinein gering. 1966 gab es nur 36 Ganztagsschulen, von denen 15 Privatschulen waren (Tab. 2). Dabei handelte es sich primär um Versuchsschulen in der Form gebundener Ganztagsschulen, die wie in der Weimarer Republik

Tagesheimschulen genannt wurden. Vor allem eine kleine Gruppe reformpädagogisch orientierter Pädagogen und Pädagoginnen, die 1955 die Gemeinnützige Gesellschaft Tagesheimschule (GGT) gegründet hatten, propagierte dieses Schulmodell. Anders als noch in den 1920er Jahren, wo eine solche Schulform von sozialistischen Reformern und Reformerinnen für alle Kinder angestrebt worden war, wurde sie nun selbst von der GGT primär für Kinder aus „benachteiligten" sozialen Verhältnissen gefordert. Diese warb so mit den gleichen sozialpädagogischen Argumenten für ihr Ziel wie die sozialdemokratischen Befürworter und Befürworterinnen eines Ausbaus der Ganztagsbetreuung in Kindergärten und Horten. Das dominierende Paradigma der Halbtagskinderbetreuung und -schule wurde von ihnen damit nicht grundsätzlich infrage gestellt (Hagemann, 2015b; Ludwig, 1993, Bd. 2, S. 437–487).

Jahr	BRD							DDR
	Zahl insg.	Von diesen						Zahl insg.
		Privatschulen		Grundschulen				
		Zahl	In %	Zahl	In %	Davon Privatschulen	In %	
1954	1							
1957	7							1
1958	8							9
1959								11
1960								56
1966	36	15	12%					163
1977	311	98	32%	24	8%	4	17%	
1987	562	246	44%	44	8%	2	5%	

Tabelle 2: Anzahl der Ganztagsschulen in der BRD und DDR, 1954 bis 1987 (Hagemann, 2006, S. 235)

Hauptgegner des Ausbaus ganztägiger Kindergärten und Schulen waren in Westdeutschland die katholische Kirche, die CDU/CSU und konservative christliche Interessenverbände, aber auch Teile der Lehrkräfte (vor allem der konservative Philologenverband) und viele Ärzte und Ärztinnen. Wie schon in der Zwischenkriegszeit argumentierten die Gegner, dass eine solche Politik die Kinder der Familie entfremden und die Substanz des familiären Erziehungspotenzials gefährden würde. Mit Verweis auf die DDR behaupteten die Gegner im Kontext des Kalten Krieges auch, dass mehr Ganztagsangebote für Kinder zu einer weiteren Zunahme der Müttererwerbstätigkeit führen und die Familien „zersetzen“ würden, weshalb sie die Ablehnung des Ausbaus von Ganztagsangeboten in Kindergarten und Schule explizit als Strategie zur Bekämpfung der Müttererwerbstätigkeit propagieren (Hagemann, 2015b).

Aber nicht nur christlich-konservative, sondern auch sozialdemokratische Kreise lehnten in der BRD in den 1950er und 1960er Jahren die Einführung eines Ganztagssystems in Kinderbetreuung und Schule ab. Zwar forderten die Frauenprogramme von DGB und SPD immer wieder die Schaffung und Verbesserung sozialer Einrichtungen, die berufstätigen Müttern bei der Vereinbarkeit von Kinderbetreuung und Erwerbsberuf helfen, aber nicht nur die Mehrheit der männlichen Mitglieder und Funktionäre war sich einig, dass eine ganztägige Kinderbetreuung nur als ergänzende „soziale Hilfsmaßnahme“ angestrebt werden sollte, da eine Zunahme der Müttererwerbstätigkeit im Interesse des Wohlergehens der Kinder nicht wünschenswert wäre. Auch viele weibliche Mitglieder und Funktionärinnen beider Organisationen teilten diese Auffassung (Hagemann, 2015b).

In dieser Haltung wurden DGB und SPD bis weit in die 1960er Jahre hinein von Sozialwissenschaftlern und Sozialwissenschaftlerinnen bestätigt, die die Erwerbstätigkeit der Mütter als „soziales Problem“ definierten und behaupteten, Kinder könnten sich nur bei uneingeschränkter mütterlicher Zuwendung gesund entwickeln (u.a. Schelsky, 1954; Pfeil, 1961). Die Mitglieder von DGB und SPD teilten so mit ihren politischen Gegnern bis Ende der 1960er Jahre das gleiche kulturelle Referenzmodell: das traditionsreiche Ideal der Ernährer-Hausfrau-Familie. Seine kulturelle und soziale Dominanz war in den 1950er und 1960er Jahren im Westen stärker denn je, denn nun wurde dieses Modell auch für Arbeiterfamilien realisierbar. In den Wirtschaftswunderjahren konnten erstmals mehr verheiratete Frauen aus der Arbeiterschaft auf eine Erwerbstätigkeit verzichten. Dies war die wirtschaftliche Basis für die anhaltende Vorherrschaft dieses Familienmodells, das im Kontext des Kalten Krieges als Gegenbild zur geschmähten Doppelverdiener-Familie und dem System der kollektiven Ganztagsbetreuung in der DDR beschworen wurde. Das Frauen- und Familienbild wurde im öffentlichen Diskurs in Ost- und Westdeutschland in strikter Abgrenzung zueinander konstruiert, da es als ein wichtiges Merkmal des grundlegenden Systemunterschieds diente. Deshalb wurden gesellschaftliche Reformen, die diese Grenzen zu verwischen drohten, von den führenden Eliten auf beiden Seiten des Eisernen Vorhangs als bedrohlich wahrgenommen (Hagemann, 2015b).

Veränderungen in der Zeitpolitik von Kindergarten und Schule vollzogen sich in der Folge nur sehr langsam, auch wenn sie unvermeidlich waren. Die stärkste Kraft für einen Wandel des Bildes von der berufstätigen Mutter – nicht aber der Einstellung zur Ganztagsschule – waren in der BRD die Anforderungen der Wirtschaft. Ab Mitte der 1950er Jahre war die boomende Industrie mit einem wachsenden Arbeitskräftemangel konfrontiert. Anders als Frankreich und die skandinavischen Länder, die dieses Problem durch die zunehmende Integration von zunächst teilzeit- und später auch vollzeitbeschäftigten weiblichen Arbeitskräften und einer entsprechenden ganztägigen Kinderbetreuungspolitik lösten (Lundahl, 2015; Fagnani, 2015), griff Westdeutschland bis 1961 (als die DDR die Berliner Mauer baute und ihre Grenzen schloss) auf Arbeitskräfte aus dem Osten zurück. Nach 1961 war die bevorzugte Lösung die verstärkte Integration ausländischer Arbeitskräfte, die bereits seit Mitte der 1950er Jahre angeworben worden waren. Zusätzlich begann die Industrie seit den späten 1950er Jahren, die Teilzeitbeschäftigung von verheirateten Frauen und Müttern zu fördern. Die Einstellung zur Erwerbstätigkeit von Müttern begann sich allmählich zu ändern und zumindest die Teilzeitarbeit wurde zunehmend akzeptiert (Hagemann, 2015a; Oertzen, 1999).

Ab Mitte der 1960er Jahre begannen auch Sozialwissenschaftler und Sozialwissenschaftlerinnen, die Erwerbsarbeit von Müttern zu unterstützen – aber nur als Teilzeitarbeit, die als „Zusatzeinkommen" für die Familie definiert wurde. 1960 arbeiteten erst 7 % aller erwerbstätigen Frauen in Westdeutschland in Teilzeit; 1971 waren dies bereits 19 %. Zu diesem Zeitpunkt lag die Frauenerwerbsquote mit 31 % erst unwesentlich über der in den 1950er und 1960er Jahren, stieg aber in Folge der Ausdehnung der Teilzeitarbeit im folgenden Jahrzehnt deutlich an und erreichte 1980 rund 50 %. Verheirateten Frauen mit Kindern wurde Teilzeitarbeit als beste Möglichkeit nahegelegt, um Beruf und Familie zu vereinbaren (Hagemann, 2015b; Oertzen, 1999).

5. Die ostdeutsche Entwicklung in den ersten zwei Jahrzehnten nach 1945

Im Osten Deutschlands galten die öffentliche Kinderbetreuung und Schule von Anfang an als zentrale staatliche Aufgaben; das alte föderale System wurde abgeschafft. Mit dem Schulgesetz vom Mai 1946 wurde jedoch die achtjährige Gesamtschule als Halbtags- und nicht als Ganztagsschule eingeführt, was eine bemerkenswerte Pfadkontinuität in den beiden deutschen Schulsystemen erkennen lässt. Gleichzeitig wurden alle Kindergärten zu vorschulischen Bildungseinrichtungen erklärt und in das staatlich finanzierte und kontrollierte nationale Bildungssystem integriert. Bereits 1946 waren 80 % der Kinderbetreuungseinrichtungen in der DDR kommunal, während nur 13 % in kirchlicher und 7 % in betrieblicher Trägerschaft blieben (Hagemann, 2006; Mattes, 2009, 2015b).

In der Verfassung der DDR wurde Bildung als staatliche Aufgabe verankert. Gleichzeitig wurde die Kindererziehung wie in der Bundesrepublik als „natürliches Recht der Eltern und ihre vornehmste Pflicht gegenüber der Gesellschaft" definiert. Dementsprechend wurde die außerschulische Kinderbetreuung in den Anfangsjahren der DDR nur wenig ausgebaut. Noch 1955 lag der Anteil der Drei- bis Sechsjährigen in der Kinderbetreuung mit nur 35 % nicht viel höher als in der Bundesrepublik, aber diese Kinder besuchten von Anfang an überwiegend Ganztagseinrichtungen (Tab. 1; Höltershinken, Hoffmann & Prüfer, 1997, Bd. 1, S. 79 ff.).

Nach 1945 knüpfte die Kinderbetreuung im Osten, anders als im Westen, zunächst an die reformpädagogische Tradition der Arbeiterbewegung der Weimarer Republik an, die eine kindzentrierte emanzipatorische Pädagogik und einen ganzheitlichen Erziehungs- und Bildungsansatz verfolgte, der auf die Stärkung des Potenzials zu eigenverantwortlichem demokratischem Handeln abzielte. Mit zunehmendem Einfluss der UdSSR wurde jedoch die sowjetische Pädagogik zum Vorbild erklärt und es setzte ab 1948/49 wachsende Kritik an der reformpädagogischen Tradition ein, die nun als „bürgerlich" abgelehnt wurde. Erklärtes politisches Ziel wurde eine „sozialistische Gemeinschaftserziehung" der Kinder, die zu „sozialistischem Patriotismus" erzogen werden sollten (Uhlig, 1994, S. 260 ff.).

Erst in der zweiten Hälfte der 1950er Jahre begann die DDR mit einem massiven Ausbau der Kinderbetreuung. Bis 1960 stieg der Anteil der Drei- bis Sechsjährigen in zumeist ganztägigen Kindergärten auf 46 % (Tab. 1). Das Halbtagsschulsystem wurde zudem zunehmend durch das schulinterne Betreuungsangebot des Hortes vor und nach der Schulzeit ergänzt. Hauptmotiv für diese Politik war die Arbeitsmarktsituation. Der Überhang von Frauen in der DDR-Bevölkerung und der zunehmende Arbeitskräftemangel aufgrund der wachsenden Fluchtbewegung Richtung Westen machte es notwendig, möglichst viele Frauen, auch Mütter, in die Erwerbsarbeit zu integrieren. Im Jahr 1955 lag die Frauenerwerbsquote in Ostdeutschland bereits bei 53 %, bis 1970 stieg sie auf 66 %. Diesem Ziel entsprach auch die offizielle Frauenpolitik, die in Anlehnung an die alte sozialistische Emanzipationstheorie die Frauenerwerbstätigkeit als Mittel zur Gleichstellung der Geschlechter propagierte. Diese Politik ging jedoch nicht mit einer grundsätzlichen Kritik an der traditionellen geschlechtshierarchischen Arbeitsteilung in Familie, Gesellschaft und Politik einher (Budde, 1999a; Hagemann, 2006; Mattes, 2009).

6. Die Entwicklung im geteilten Deutschland seit den 1960er Jahren

In der Bundesrepublik kam es, wie in vielen anderen Ländern Westeuropas, erst in der Reformperiode seit Mitte der 1960er Jahre zu einer intensiven Debatte über die notwendigen Reformen im Betreuungs- und Bildungssystem. Nicht unwesentlich trug hierzu die Veröffentlichung von Georg Pichts Buch „Die deutsche Bildungskatastrophe" im Jahr 1964 bei, der unter Verweis auf ausländische Vorbilder eine höhere Zahl von Abiturientinnen und Abiturienten sowie Studierenden, deutlich vermehrte Bildungsausgaben und tiefgreifende Reformen von Schulen und Hochschulen als notwendige Anpassung an die Anforderungen eines modernen Wirtschafts- und Arbeitslebens forderte (Picht, 1964). Zwei Motive trieben diese Diskussion an: Die Notwendigkeit, im Interesse der wirtschaftlichen Entwicklung die Bildungsreserven effizient zu nutzen und die immer breiter unterstützte Forderung nach „mehr sozialer Chancengleichheit". Der 1965 eingesetzte Deutsche Bildungsrat schlug grundlegende Strukturreformen vor. Dazu gehörten auch die versuchsweise Einführung von Gesamtschulen, die nach seinem Vorschlag von 1969 grundsätzlich ganztägig organisiert sein sollten, und der rasche Ausbau des nun als Bildungsaufgabe definierten vorschulischen Betreuungsangebotes (Ludwig, 1993, Bd. 2, S. 534–566).

Die Einführung von ganztägigen Gesamtschulen war und blieb selbst als Versuch politisch höchst umstritten. Während SPD und FDP den Vorschlag unterstützten, lehnten CDU und CSU ihn vehement ab. Die Zahl der Ganztagsschulen stieg im gesamten Bundesgebiet bis 1977 zwar auf 331 an; davon waren aber 32 % Privatschulen für die ein Schulgeld gezahlt werden musste. Damit lag der Anteil der Privatschulen an den Ganztagsschulen deutlich höher als im Durchschnitt aller Schulen, wo er unter 10 % lag. Bis 1987 stieg die Zahl der Ganztagsschulen zwar weiter auf 562 an, von denen nun gar 44 % Privatschulen waren. Doch gemessen an der Gesamtzahl aller Schulen blieb der Anteil der Ganztagsschulen sehr gering. Insgesamt stellten sie zu diesem Zeitpunkt nicht mehr als 5 % aller westdeutschen Schulen. Lediglich ein Drittel aller Ganztagsschulen war trotz der Empfehlungen des Bildungsrates auch als Gesamtschulen organisiert, überwiegend in den sozialdemokratisch regierten Bundesländern, in denen sie aus öffentlichen Mitteln finanziert wurden. So gab es allein in

Nordrhein-Westfalen etwa 117 Ganztagsschulen, die überwiegend auch Gesamtschulen waren. Zahl und Anteil der Grundschulen an den Gesamtschulen blieben gering. 1987 waren nur 44, d.h. nicht mehr als 8% aller Ganztagsschulen, Grundschulen. Aufgrund dieses eklatanten Mangels und des Umstandes, dass nur 5% aller Kinder im Grundschulalter, die eine Halbtagsschule besuchten, einen Hortplatz hatten, war es für Mütter mit Kindern zwischen sechs und zwölf Jahren in der BRD deshalb fast unmöglich, ganztags zu arbeiten. Selbst die Aufnahme einer Teilzeitbeschäftigung war aufgrund der ungeregelten Unterrichtszeit in Grundschulen schwierig (Tab. 2; Hagemann, 2015b; Ludwig, 1993, Bd. 2, S. 543ff.).

Anders als die Forderung des Bildungsrates nach dem Aufbau eines Ganztagsschulsystems fand die der „Bildungsaufgabe“ des Ausbaus von Halbtagskindergärten und Vorschulen eine breite Unterstützung. Ab 1970 verabschiedeten die meisten Bundesländer unabhängig von der jeweiligen Regierung Gesetze, die den Kindergarten ausnahmslos als unterste Stufe des Bildungssystems definierten. Gleichzeitig bauten sie das Betreuungsangebot massiv aus: 1975 gab es bereits für 66% der Drei- bis Sechsjährigen einen Kindergartenplatz, 1980 schon für 79% – doch nur 12% waren 1975 in einer Ganztagseinrichtung untergebracht und 1980 erst 20%. Ganztagsplätze waren weiterhin lediglich für „soziale Problemfälle“ reserviert. Trotz aller Bildungsreformen der 1960er und 1970er Jahre hielt sich in der Bundesrepublik die traditionelle Trennung zwischen ganztägiger Kinderbetreuung als Sozialfürsorge und halbtägigem Kindergarten als die familiäre Erziehung ergänzendes Bildungsangebot. Da das Subsidiaritätsprinzip ebenfalls nicht angetastet wurde, waren 1980 immer noch durchschnittlich 70% aller Betreuungseinrichtungen in der Hand freier, zumeist konfessioneller Träger. Doch die regionalen Unterschiede zwischen einzelnen Ländern waren auch hier groß. In den christlich-konservativ regierten Bundesländern lag der Anteil der von konfessionellen Trägern bereitgestellten Kindergärten deutlich höher als in den sozialdemokratisch regierten (Hagemann, 2015b).

Gegen die trotz aller Reformbemühungen weiter dominierende Halbtagszeitpolitik von institutioneller Kinderbetreuung und Schulbildung gab es in Westdeutschland bis in die 1990er Jahre hinein erstaunlich wenig Widerspruch. Kritik an der Ausrichtung der Bildungs- und Familienpolitik kam vor allem aus der Studentenbewegung, der Kinderladenbewegung und der Neuen Frauenbewegung. Letztere kritisierte seit den späten 1960er Jahren zunehmend die geschlechtshierarchische Arbeitsteilung in Familie, Gesellschaft und Politik und das obsolete Modell der Ernährer-Hausfrau-Familie, das auch in seiner modernisierten Variante Müttern nur einen Zuverdienst in Teilzeitarbeit gestattete. Ihre Kritik war aber – anders als beispielsweise in Frankreich und den skandinavischen Ländern – selten mit der Forderung nach mehr staatlichen Ganztagsangeboten in Kinderbetreuung und Schule verbunden. Hierzu trugen zwei Faktoren bei: Die Mehrheit der jungen und gebildeten Frauen in der Studentenbewegung und der Neuen Frauenbewegung hatte keine Kinder; Kinderbetreuung und Schulbildung waren für sie deshalb keine prioritären Themen. Außerdem teilten sie aufgrund der NS-Vergangenheit eine kritische Haltung gegenüber dem Staat und seinen Institutionen. Die in der Studenten- und Frauenbewegung engagierten Eltern bevorzugten deshalb autonome, vom Staat unabhängige Kindergärten und Horte, die sie selbst organisierten und kontrollierten, und in denen sie alternative Erziehungskonzepte verfolgen konnten, was zur Entstehung der Kinderladenbewegung führte (Tornieporth, 1998; Baader, 2008).

Auch in der DDR begann Ende der 1950er Jahre unter dem starken Einfluss der Entwicklungen in der Sowjetunion eine intensive Diskussion über Reformen des Kinderbetreuungs- und Bildungssystems. Politisches Ziel war der für den Aufbau des Sozialismus notwendige Ausbau der „sozialistischen Gemeinschaftserziehung"; soziales und wirtschaftliches Ziel war wie in der Bundesrepublik eine effizientere Ausnutzung der Bildungsressourcen. Teil dieser Diskussion war ab 1958 die Debatte über Ganztagsschulen, die in der DDR „Tagesschulen" genannt wurden und einen integrierten Lehrplan für die Vormittags- und Nachmittagsstunden anbieten sollten. 1960 setzte eine SED-Kampagne zur versuchsweisen Einführung von Tagesschulen ein, von denen 163 bis 1966 eröffnet wurden (Tab. 2). Diese Initiative stieß aber auf massiven Widerstand, der dem in der BRD ähnelte. Auch hier waren Hauptgegner neben den Kirchen vor allem Teile der Lehrkräfte und viele Ärzte und Ärztinnen, die behaupteten, Ganztagsschulen beeinträchtigten die gesunde Entwicklung der Kinder, weil sie diese „überforderten". Der wichtigste offizielle Grund gegen die flächendeckende Einrichtung von Ganztagsschulen war allerdings der gleiche wie in der BRD: fehlende finanzielle Mittel (Hagemann, 2006; Mattes, 2015a).

Zur gleichen Zeit, als die Neue Frauenbewegung in der Bundesrepublik begann, das vorherrschende Familienmodell und die damit verbundene geschlechtshierarchische Arbeitsteilung infrage zu stellen, wurden in der DDR familien- und bildungspolitische Reformen durchgeführt, die bei aller Gleichheitsrhetorik die traditionelle geschlechtsspezifische Arbeitsteilung faktisch stabilisierten. Wie in anderen sozialistischen Staaten waren die zugrunde liegenden Motive vor allem demografischer Natur. Anfang der 1970er Jahre begann die Geburtenrate rapide zu sinken, worauf die DDR-Führung 1972 mit umfangreichen familienpolitischen Maßnahmen reagierte, die vor allem den Frauen die Vereinbarkeit von Mutterschaft und außerhäuslicher Erwerbstätigkeit erleichtern sollten. Unter anderem wurde die Zahl der Kindergarten- und Vorschulplätze so weit erhöht, dass der Anteil der Drei- bis Sechsjährigen in durchgängig ganztägig offenen Kinderbetreuungseinrichtungen zwischen 1965 und 1975 von 53% auf 85% anstieg (Tab. 1). Allen Grundschulkindern wurde ein Hortplatz zur Verfügung gestellt. Diese Politik stabilisierte das in allen sozialistischen Staaten zumindest offiziell vorherrschende Modell der Doppelverdiener-Familie und förderte die extrem hohe Frauenerwerbsquote in der DDR, stellte aber die geschlechtshierarchische Arbeitsteilung innerhalb der Familien nicht infrage, in denen Frauen nach wie vor für den überwiegenden Teil der Haus- und Familienarbeit verantwortlich waren (Obertreis, 1986; Trappe, 1995; Oertzen & Rietzschel, 1998).

7. Zusammenfassung

Der Vergleich zeigt, dass die historisch gewachsenen rechtlichen und institutionellen Grundlagen für die Ausgestaltung der Zeitpolitik des öffentlichen Kinderbetreuungs- und Schulsystems eine außerordentlich starke Pfadabhängigkeit aufweisen. Die zu Beginn der Weimarer Republik geschaffenen Strukturen wurden in der BRD weit über die Wiedervereinigung von 1990 hinaus beibehalten. Die Erfahrungen der Zeit des Nationalsozialismus und die unmittelbare Konfrontation mit der DDR im Kalten Krieg verstärkten nach 1945 im Westen den Rückgriff auf traditionelle Strukturen im Bildungs- und Fürsorgewesen und die damit verbundenen kulturellen Ordnungsvorstellungen. Im Kontext des Kalten Krieges wurde in bewusster ideologischer und politischer Abgrenzung zum konkurrierenden System der DDR mit seiner Doppelverdiener-Familie das Halbtagssystem in Kinderbetreuung und Schule beibehalten, das als ein Garant des als unverzichtbare Basis von Familien und Gesellschaft betrachteten traditionellen Modells der Ernährer-Hausfrau Familie gesehen wurde. Ein Ausbau der institutionalisierten Kinderbetreuung setzte primär aus bildungsökonomischen Motiven erst im Zuge der Bildungsreformen in den 1960er Jahren ein; diese blieb in der BRD aber weiterhin weitgehend halbtags. Um die zunehmend benötigte Arbeitskraftreserve der Ehefrauen und Mütter verstärkt auszuschöpfen, wurde diesen seit den späten 1950er Jahren Teilzeitarbeit nahegelegt und so zugleich das traditionelle Familienmodell modernisiert.

Im Osten vollzog sich nach 1945 ein deutlicher wirtschaftlicher, sozialer und politischer Bruch mit der alten Ordnung, der auch das Betreuungs- und Schulsystem betraf, aber weitgehend von außen, von der sowjetischen Besatzungsmacht, aufgezwungen wurde und bei näherer Betrachtung weniger ausgeprägt war als lange behauptet wurde. Denn auch die DDR knüpfte an Traditionslinien aus der Weimarer Republik an. So blieb die Familie eine zentrale Erziehungsinstitution und das Halbtagsschulsystem wurde wie in der Bundesrepublik nie wirklich infrage gestellt, sondern lediglich durch ganztägige Betreuungsangebote ergänzt, deren extensiver Ausbau primär durch die arbeitsmarktpolitischen Anforderungen der Wirtschaft motiviert war, die die Arbeitskraft aller erwerbsfähigen Frauen, auch der Mütter, benötigte. Hinzu kamen seit den späten 1960er Jahren zunehmend demografische Motive; Frauen sollte ermöglicht werden, Kinder und ganztägige Berufstätigkeit zu vereinbaren. Das Modell der gebundenen Tagesschule, das in den 1960er Jahren in der DDR zeitweilig primär aus pädagogischen und politischen Motiven erprobt wurde, bewährte sich zwar, konnte aber aufgrund der hohen Kosten nicht flächendeckend eingeführt werden, weshalb die Zahl klein blieb. De facto dominierte auch in der DDR bis 1989 die Halbtagsschule, die durch eine extensive ganztätige Kinderbetreuung ergänzt wurde.

Das Modell der gebundenen Ganztagsschule konnte sich so in beiden deutschen Staaten nicht durchsetzen. In der DDR wurde die flächendeckende Einführung von Tagesschulen, die als Orte ganzheitlicher sozialistischer Erziehung propagiert wurden, primär durch die begrenzten finanziellen Möglichkeiten des Staates verhindert. Es gab gegen diesen Versuch aber auch Widerstand aus kirchlichen Kreisen sowie Teilen der Ärzte- und Lehrerschaft, der ganz ähnlich wie im Westen begründet wurde. Die Gegner verwiesen auf die Gefährdung der Familie als Haupterziehungs-einrichtung und eine drohende Überforderung der Kinder. In der BRD wurde die gebundene Ganztagsschule mit ähnlichen Argumenten von der CSU/CSU, evangelischer und katholischer Kirchen und den mit ihnen verbundenen Organisationen, konservativen Kreisen der Ärzte- und Lehrerschaft, aber auch breiten Teilen der Bevölkerung abgelehnt. Hinzu kamen wie in der DDR finanzpolitische Argumente.

Literatur

ALLEN, A.T. (1991). Feminismus und Mutterschaft in Deutschland, 1800–1914. New Brunswick, New Jersey: Rutgers University Press.

BAADER, M. S. (2008). Seid realistisch, verlangt das Unmögliche – Wie 1968 die Pädagogik bewegte. Weinheim & Basel: Beltz Juventa.

BERGER, M. (1986). Vorschulerziehung im Nationalsozialismus. Recherchen zur Situation des Kindergartenwesens 1933–1945. Weinheim & Basel: Beltz.

BERTELSMANN STIFTUNG (Hg.) (2012). Ganztagsschule als Hoffnungsträger für die Zukunft? Ein Reformprojekt auf dem Prüfstand (2. Aufl.). Gütersloh: Bertelsmann.

BERTELSMANN STIFTUNG (Hg.) (2023). 2023 fehlen in Deutschland rund 384.000 Kita-Plätze. 20.10.2022. https://www.bertelsmann-stiftung.de/de/themen/aktuelle-meldungen/2022/oktober/2023-fehlen-in-deutschland-rund-384000-kita-plaetze (Zugriff: 11.1.2025).

BUDDE, G.-F. (1999a). Frauenpolitik in der DDR in den 1960er und 1970er Jahren. Zwischen staatlicher Kontrolle und gesellschaftlicher Reaktion. In R. Torstendahl (Hg.), Sozialpolitik und Geschlechterordnung in den beiden deutschen Staaten und Schweden 1945–1989. Uppsala: Universität von Uppsala Press, S. 199–218.

BUDDE, G.-F. (1999b). Histoire des jardin d'enfants en Allemagne. Histoire de l'éducation 82, S. 43–71.

BMFSFJ (2022a). Kinderbetreuung Kompakt. Ausbaustand und Bedarf 2021. Berlin.

BMFSFJ (2022b). Neue KMK-Statistik für Ganztagsschulen 2020/2021. 6.10.2022. https://www.ganztagsschulen.org/SharedDocs/Kurzmeldungen/de/m-o/neue-kmk-statistik-2020-2021.html (Zugriff: 11.1.2025).

COMPÈRE, M. M. (1996). L'histoire de l'education en Europe. Essai comparatif sur la façon dont elle s'écrit. P. Lang.

CROTTI, C. (2015). Von Der Teilzeit- zur Ganztagsbetreuung? Die Zeitpolitik von Kindergarten, Vor- und Grundschule in der Schweiz. In K. Hagemann & K. H. Jarausch (Hg.), Halbtags oder Ganztags? Zeitpolitiken von Kinderbetreuung und Schule nach 1945 im europäischen Vergleich. Weinheim & Basel: Beltz Juventa, S. 371–391.

DIENST, K. (1989). Die Rolle der evangelischen und der katholischen Kirche in der Bildungspolitik zwischen 1945 und 1990. In C. Führ & C.-F. Furck (Hg.), Handbuch der deutschen Bildungsgeschichte. Bd. 6: 1945 bis zur Gegenwart. München: Beck, S. 110–127.

ERNING, G., K. Neumann & J. Reyer (Hg.) (1987). Geschichte des Kindergartens. 2 Bde. Freiburg: Lambertus.

FAGNANI, J. (2015). Zwischen Allen Stühlen. Dilemmata der Zeitpolitik frühkindlicher Betreuung und Bildung in Frankreich nach 1945. In K. Hagemann & K. H. Jarausch (Hg.), Halbtags oder Ganztags? Zeitpolitiken von Kinderbetreuung und Schule nach 1945 im europäischen Vergleich. Weinheim & Basel: Beltz-Juventa, S. 232–256.

HAGEMANN, K. (2006). Between Ideology and Economy. The „Time Politics" of Child Care and Public Education in the Two Germanys. Social Politics 13 (1), S. 217–260.

HAGEMANN, K. (2009). Die Ganztagsschule als Politikum. Die bundesdeutsche Entwicklung in gesellschafts- und geschlechtergeschichtlicher Perspektive. Zeitschrift für Pädagogik 54, Beiheft, S. 209–229.

HAGEMANN, K. (2015a). Halbtags oder Ganztags? Zeitpolitiken von Kinderbetreuung und Schule in Europa im historischen Vergleich. In K. Hagemann & K. H. Jarausch (Hg.), Halbtags oder Ganztags? Zeitpolitiken von Kinderbetreuung und Schule nach 1945 im europäischen Vergleich. Weinheim & Basel: Beltz Juventa, S. 20–83.

HAGEMANN, K. (2015b). Ein Sonderweg? Familie, Frauenarbeit und Halbtagspolitik von Kindergarten und Grundschule in der Bundesrepublik Deutschland seit 1945. In K. Hagemann & K. H. Jarausch (Hg.), Halbtags oder Ganztags? Zeitpolitiken von Kinderbetreuung und Schule nach 1945 im europäischen Vergleich. Weinheim & Basel: Beltz Juventa, S. 338–370.

HAGEMANN, K. & Gottschall, K. (2002). Die Halbtagsschule in Deutschland – ein Sonderfall in Europa? Aus Politik und Zeitgeschichte B 41, S. 12–22.

HAGEMANN, K. & Jarausch, K. H. (Hg.) (2015). Halbtags oder Ganztags? Zeitpolitiken von Kinderbetreuung und Schule nach 1945 im europäischen Vergleich. Weinheim & Basel: Beltz Juventa.

HOFFMANN, H. (1994). Sozialdemokratische und kommunistische Kindergartenpolitik und -pädagogik in Deutschland. Eine historische Untersuchung zur Theorie und Realpolitik der KPD, SED und SPD im Bereich institutionalisierter Früherziehung. Bochum: Brockmeyer.

HÖLTERSHINKEN, D., H. Hoffmann & G. Prüfer (1997). Kindergarten und Kindergärtnerin in der DDR, 2 Bde. München: Luchterhand.

KLESSMANN, C. (1993). Verflechtung und Abgrenzung. Aspekte der geteilten und zusammengehörigen deutschen Nachkriegsgeschichte. Aus Politik und Zeitgeschichte B 29/30, S. 30–41.

LOHMANN, J. (1965). Das Problem der Ganztagsschule. Eine historisch-vergleichende und systematische Untersuchung. Henn.

LOHMANN, J. (1967). Die Entwicklung des Halb- und Ganztagsschulwesens. Eine vergleichende Darstellung in verschiedenen Ländern. Paedagogica Historica 7 (1), S. 132–181.

LUDWIG, H. (1993). Entstehung und Entwicklung der modernen Ganztagsschule in Deutschland, Bd. 1: Vom Ausgang des 19. Jahrhunderts bis zum Ende des 2. Weltkriegs, Bd. 2: Die Entwicklung der modernen Ganztagsschule in Deutschland nach dem Ende des 2. Weltkriegs bis zur Gegenwart (1945–1990). Köln, Weimar & Wien: Böhlau.

LUNDAHL, L. (2015). Das Skandinavische Modell. Der Wandel der Zeitpolitik schwedischer Grundschulen im 20. Jahrhundert. In K. Hagemann & K. H. Jarausch (Hg.), Halbtags oder Ganztags? Zeitpolitiken von Kinderbetreuung und Schule nach 1945 im europäischen Vergleich. Weinheim & Basel: Beltz Juventa, S. 209–231.

MATTES, M. (2009). Ganztagserziehung in der DDR. „Tagesschule" und Hort in den Politiken und Diskursen der 1950er bis 1970er Jahre. Zeitschrift für Pädagogik, Beiheft 54, S. 230–246.

MATTES, M. (2015a). Das Projekt Ganztagsschule. Aufbrüche, Reformen und Krisen in der Bundesrepublik Deutschland (1955–1982). Köln, Weimar & Wien: Böhlau.

MATTES, M. (2015b). Ökonomie und Politik. Die Zeitpolitik von Kindergarten und Schule in der Deutschen Demokratischen Republik. In K. Hagemann & K. H. Jarausch (Hg.), Halbtags oder Ganztags? Zeitpolitiken von Kinderbetreuung und Schule nach 1945 im europäischen Vergleich. Weinheim & Basel: Beltz Juventa, S. 443–464.

MORGAN, K. J. (2015). Arbeitsmarkt, Familienpolitik und Zeitpolitik: Die aktuelle Entwicklung der Zeitstrukturen von Kinderbetreuung und Schule im europäischen Vergleich. In K. Hagemann

& K. H. Jarausch (Hg.), Halbtags oder Ganztags? Zeitpolitiken von Kinderbetreuung und Schule nach 1945 im europäischen Vergleich. Weinheim & Basel: Beltz Juventa, S. 84–109.

OBERTREIS, G. (1986). Familienpolitik in der DDR 1945–1980. Opladen: Leske + Budrich.

OERTZEN, C. v. (1999). Teilzeitarbeit und die Lust am Zuverdienen. Geschlechterpolitik und gesellschaftlicher Wandel in Westdeutschland 1948–1969. Göttingen: Vandenhoeck & Ruprecht.

OERTZEN, C. v. & Rietzschel, A. (1998). Neuer Wein in alten Schläuchen. Geschlechterpolitik und Frauenerwerbsarbeit im besetzten Deutschland zwischen Kriegsende und Währungsreform. In Stiftung Archiv der Deutschen Frauenbewegung (Hg.), Ariadne. Forum für Frauen- und Geschlechtergeschichte. Kassel.

PEUKERT, D. J. K. (1989). Sozialpädagogik. In D. Langewiesche und H. E. Tenorth (Hg.), Handbuch der deutschen Bildungsgeschichte, Bd. 5: 1918–1945: Die Weimarer Republik und der Nationalsozialismus. München: Beck, S. 307–336.

PFEIL, E. (1961). Die Berufstätigkeit von Müttern. Eine empirische Erhebung an 900 Müttern aus vollständigen Familien. Tübingen: Mohr.

PICHT, G. (1964). Die deutsche Bildungskatastrophe. Olten: Walter.

PIERSON, P. (2000). Steigende Erträge, Pfadabhängigkeit und das Studium der Politik. American Political Science Review 94 (2), S. 251–267.

POPP, U. (2015). Ganztagsschulpolitik in Österreich. Organisation, Entwicklung, Nutzung und schulpädagogische Perspektiven seit 1945. In K. Hagemann & K. H. Jarausch (Hg.), Halbtags oder Ganztags? Zeitpolitiken von Kinderbetreuung und Schule nach 1945 im europäischen Vergleich. Weinheim & Basel: Beltz Juventa, S. 392–417.

REYER, J. (1983). Wenn die Mütter arbeiten gingen... Eine sozialhistorische Studie zur Entstehung der öffentlichen Kleinkindererziehung im 19. Jahrhundert in Deutschland. Köln: Pahl-Rugenstein.

REYER, J. (1987a). Geschichte der öffentlichen Kleinkindererziehung im Deutschen Kaiserreich, in der Weimarer Republik und in der Zeit des Nationalsozialismus. In G. Erning, K. Neumann & J. Reyer (Hg.), Geschichte des Kindergartens, Bd. 1. Freiburg: Lambertus, S. 43–82.

REYER, J., Rolle, J. & Kesberg, E. (1989). Materialienband zur Hortgeschichte. Köln: SPI.

RÖLLI-ALKEMPER, L. (2000). Familie im Wiederaufbau. Katholizismus und bürgerliches Familienideal in der Bundesrepublik Deutschland, 1945–1965. Paderborn: Schöningh.

SCHELSKY. H. (1954). Wandlungen der deutschen Familie in der Gegenwart. Erlangen: Enke.

TORNIEPORTH, G. (1998). Familie, Kindheit, Jugend. In C. Führ & C.-L. Furck (Hg.), Handbuch der deutschen Bildungsgeschichte, Bd. 6: 1945 bis zur Gegenwart, Teil 1: Bundesrepublik Deutschland. München: Beck, S. 159–191.

TRAPPE, H. (1995). Emanzipation oder Zwang? Frauen in der DDR zwischen Beruf, Familie und Sozialpolitik. Berlin: Akademie Verlag.

UHLIG, C. (1994). Reformpädagogik contra Sozialistische Pädagogik. Aspekte der reformpädagogischen Diskussion in den vierziger und fünfziger Jahren. In D. Hoffmann (Hg.), Erziehung und

Erziehungswissenschaft in der BRD und der DDR. Bd. 1. Weinheim & Basel: Beltz Juventa, S. 251–173.

ZYMEK, B. (1989). Schulen. In D. Langewiesche & H. E. Tenorth (Hg.), Handbuch der deutschen Bildungsgeschichte, Bd. 5: 1918–1945: Die Weimarer Republik und der Nationalsozialismus. München: Beck, S. 155–208.

ANGELA ANDERKA, BARBARA DRECHSEL

Lernen und Fördern

1. Einleitung

Das Thema Lernen und Fördern ist in der Diskussion um Ganztagsbildung zentral. Schulisches Lernen und die Verlängerung der Lernzeit über den Unterricht hinaus, wie sie z.B. auch durch Hausaufgaben angestrebt wird, das Aufholen und Schließen von Lernlücken oder die Bearbeitung von Lernproblemen sind eine zentrale Grundlage, auf der Lernen und Fördern im Rahmen von Ganztagsbildung stattfinden kann. Auch die Diskussion um das lebenslange Lernen trägt wichtige Aspekte bei: Die Fähigkeit zum selbstregulierten Lernen ist die Basis, auf der das Weiterlernen in der Wissensgesellschaft stehen kann. Allerdings geht der Anspruch von Ganztagsbildung klar über die genannten Felder hinaus: Die Diskussion um die Betreuung von Kindern im Ganztag ist davon geprägt, dass es dadurch nicht nur zu einer Verbesserung der kognitiven Kompetenzen und damit der Schulleistungen, sondern auch beispielsweise des sozialen Lernens kommen soll (vgl. z.B. StEG-Konsortium, 2024).

Es gilt hier also nicht nur, die Extension formalen Lernens von Grundschulkindern in Phasen über den Unterricht hinaus, sondern auch, informelles und non-formales Lernen in den Blick zu nehmen. Die Anforderungen, die an Ganztagsbildung gestellt werden, sind sehr hoch und immer wieder scheint es, als würden Ganztagsschulen als Institutionen zur Kompensation von Schwächen in familiären, schulischen und sonstigen gesellschaftlichen Bildungskontexten und damit als Abhilfe für Ungleichheiten herangezogen werden (z.B. Sauerwein & Rother, 2022; Soremski & Lange, 2010; s. Rother in diesem Band). Die Ganztagsschule, so klingt es immer wieder an, kann erheblich zu den Bedingungen für eine gelingende psychosoziale Entwicklung von Kindern und Heranwachsenden beitragen. So gewinnen soziales und interkulturelles Lernen und die Vermittlung und Förderung zentraler gesellschaftlicher Werte einen großen Stellenwert (Stecher, Radisch, Fischer & Klieme, 2007). In unserem Beitrag klären wir zunächst grundlegend die Begriffe Lernen und Fördern, um dann deren wichtigsten Bedingungen und Voraussetzungen mit Blick auf die Gegebenheiten von Ganztagsschulen sowie deren Möglichkeiten und Grenzen zu diskutieren.

2. Lernen

Lernen ist ein zentrales Anliegen aller Schulen. Wir denken zunächst vielleicht an unterrichtliches Lernen, also Wissens- oder Kompetenzerwerb wie Lesen und Schreiben lernen oder mathematische Fähigkeiten, das Wissen im Sachunterricht etc. Kinder im Grundschulalter müssen aber weit mehr lernen: Wie läuft ein Schultag ab? Wann sind Phasen, in denen Toben erlaubt ist? Wann wird übermütiges Verhalten sanktioniert? Wie sind die Regeln des Umgangs miteinander, wie gewinne ich in diesem neuen Kontext Freundinnen und Freunde? Wie spreche ich Erwachsene an und wie schaffe ich es, alle Sachen, die ich brauche, dabei und organisiert zu haben? Was kann ich tun, wenn ich etwas nicht verstehe und was ist eigentlich meine Aufgabe in der Schule? Über die Schuljahre wachse ich vom Erstklässler heran zu einer oder einem „Großen", meine Rolle verändert sich und mit welchen neuen Gefühlen und Aufgaben im sozialen Gefüge ist das verbunden? Ich arbeite mit anderen zusammen, wie verhalte ich mich am besten und wie kann ich meine Ideen durchsetzen? Wann verzichte ich darauf, dass mein Vorschlag umgesetzt wird? Diese und etliche weitere sind Lernaufgaben und Lernchancen, die sich Kindern eröffnen und viele davon sind essenziell für den gesamten weiteren Bildungsweg. Es ist offensichtlich, dass es nicht die eine Lerntheorie gibt, die Lernen generell beschreiben und erklären kann. Es muss vielmehr verschiedene theoretische Ansätze geben, die jeweils am besten geeignet sind, um spezifische Lernphänomene, denen wir in und außerhalb der Schule begegnen, zu erklären.

2.1 Begriffsklärung: Was ist Lernen und wie funktioniert es?

Als Alltagsbegriff wird Lernen oft mit unterrichtlichen Inhalten und dem Erlernen von Faktenwissen oder dem Erwerb von Kulturtechniken wie Schreiben oder Rechnen in Zusammenhang gebracht. Der psychologische Lernbegriff hingegen ist weiter gefasst und bezieht sich auf alle Lebensbereiche und alle zu erlernenden Fähigkeiten und Fertigkeiten. Eine einschlägige Definition sagt, dass von Lernen gesprochen wird, „[...] wenn es auf der Grundlage von Erfahrung (selbst Erlebtem oder Wahrgenommenem) beabsichtigt oder unbeabsichtigt zu einer relativ dauerhaften Veränderung im Wissen oder Verhalten des Individuums kommt" (Hannover, Zander & Wolter, 2014, S. 155).

Ob diese dauerhafte Veränderung von Wissen oder Verhalten tatsächlich stattgefunden hat, ist nicht immer direkt beobachtbar. Lernen kann auch zu einem neuen Verhaltenspotenzial führen, das sich erst später in beobachtbarem Verhalten niederschlägt. So kann beispielsweise ein Kind, das sich nicht aktiv mit eigenen Beiträgen am Unterricht beteiligt, dennoch Inhalte des Unterrichts aufnehmen, diese verarbeiten und in eigenes Wissen transferieren. Das könnte sich zum Beispiel im korrekten Beantworten von Fragen in einer Prüfung oder im Unterricht zeigen. Lernen bezieht sich natürlich nicht nur auf Faktenwissen, sondern auch auf alle anderen Bereiche des menschlichen Lebens. Seien es komplexe motorische Fähigkeiten, die hohe koordinative Anforderungen stellen, wie sie beispielsweise Trickskifahrer erbringen oder auch die Koordination von Auge und Hand, die grundlegende Kulturtechniken wie das Schreiben erfordern. Für die große Vielfalt an Lernphänomenen gibt es keine für alle Bereiche gültige Theorie, sondern mehrere, die jeweils unterschiedliche Lernvorgänge zu beschreiben und erklären versuchen. Diese grundlegenden Funktionsweisen zu verstehen, versetzt einerseits Lehrkräfte, andererseits aber auch alle im Ganztag beteiligten Fachkräfte erst in die Situation, Lernende in ihren Lernprozessen unterstützen und fördern zu können. Im folgenden Abschnitt werden aktuelle, für das Lernen und die Persönlichkeitsentwicklung relevante Lerntheorien dargestellt und anschließend deren Bedeutung für das Lernen im Ganztag aufgezeigt.

Klassische (behavioristische) Lerntheorien, in denen Konditionierungsprozesse beschrieben werden, sind mit der Beobachtung von wahrnehmbaren Verhalten in Situationen befasst. Sie erklären Lernen auf der Grundlage von Ereignissen in der Umwelt. Innerpsychische Prozesse spielen in diesen Theorien keine Rolle, weil sie nach Ansicht der Behavioristen subjektiv und demnach nicht durch wissenschaftlich fundierte Aussagen beschreib- und erklärbar sind. Die Erkenntnisse im Rahmen dieser Theorien wurden zunächst durch Experimente an Tieren gewonnen und im Anschluss daran auf menschliches Verhalten übertragen. Gerade für einfache Lernvorgänge, beispielsweise das Lernen von Emotionen, können klassische Lerntheorien gute Beschreibungen und Erklärungen bieten. Die Folge von klassischen Konditionierungsprozessen sind häufig sehr stabile Lernergebnisse (Urhahne, 2019). Wenn ich nach Jahren in das Haus meiner Großeltern komme und dort den vertrauten Geruch aus Ofenholzscheiten, frisch gebackenem Brot und Lavendel wahrnehme, kann ich das Gefühl von Geborgenheit, das ich als Kind bei den Sommerferienaufenthalten bei ihnen hatte, spüren.

Prinzipien des operanten Konditionierens können in der Schule im Rahmen pädagogischer Verhaltensmodifikation gezielt zum Aufbau erwünschten und zum Abbau unerwünschten Verhaltens eingesetzt werden. Ein Kind, das sich nicht an die Gesprächsregeln der Klasse hält und die Antwort hineinruft, wird von Lehrkräften (und seinen Mitschülerinnen und Mitschülern) in der Regel als störend empfunden. Geht die Lehrkraft auf die hereingerufene Antwort inhaltlich ein, hat das Kind sein Ziel erreicht und wird dieses „erfolgreiche“

Verhalten vermutlich wieder zeigen. Geht die Lehrkraft immer wieder auf seine Beiträge ein, wird es sich auch zukünftig nicht an die Gesprächsregeln halten und weiterhin hineinrufen. Das Verhalten der Lehrkraft wird sich vermutlich auch in Zukunft wiederholen: Sie hat durch ihre Reaktion auf den hereingerufenen Beitrag das für sie störende Verhalten des Kindes beendet. Das Beispiel zeigt, dass auch die auf ein Verhalten folgenden Reize bzw. Bedingungen beeinflussen können, ob dieses Verhalten in Zukunft weiter auftreten wird. Man spricht beim operanten Konditionieren, das von Skinner (1953) beschrieben wurde, von der Auftretenswahrscheinlichkeit, die etwas darüber aussagt, dass eine neue Reiz-Reaktionsverbindung gelernt wird (vgl. Urhahne, 2019). Alle Maßnahmen, von Sternchen über Striche und Fleißbildchen zu Muggelsteinen, beruhen auf dem Lernmechanismus des operanten Konditionierens.

Das Lernen am Modell, das z.B. von Bandura (1976) beschrieben wurde, ist ein ebenfalls sehr mächtiger Lernmechanismus, über den sowohl pädagogisch intendiert und formal (eine Lehrkraft modelliert ihr Vorgehen beim Lesen eines Textes) als auch durch nicht absichtsvoll präsentierte Modelle, also informell (Kinder ahmen die Methoden des morgendlichen Hausaufgabenabschreibens der klassencoolsten Schülerin nach) gelernt wird (Hannover, Zander & Wolter, 2014). Für ein offenes Lerngeschehen wie den Ganztag ist es oft sehr anregend nachzuvollziehen, welche beobachtbaren Verhaltensweisen sich Kinder voneinander „abschauen". Dieser Lernmechanismus wird häufig konstruktiv genutzt vom Bewältigen des Schulwegs und dem Umgang mit der strengen Busfahrerin über viele Abläufe an einem Schultag, beispielsweise das Erinnern, sich beim Ankommen in der Mittagsbetreuung dort anzumelden.

Die Bedeutung der Lernumwelt wird beim Lernen am Modell sichtbar. Noch deutlicher wird die Abhängigkeit von (sozialen) Kontexten beim Lernen von ökologischen und soziokulturellen Entwicklungstheorien betont (vgl. auch Seitz-Stein & Berner, 2019). In seiner soziokulturellen Theorie der Entwicklung von Wygotski (1974) steht die soziale Interaktion von Älteren, bereits weiter entwickelten Kindern oder Erwachsenen mit Kindern, die bestimmte Schritte gerade gehen sollen, im Mittelpunkt. In diesen Interaktionen werden bestimmte Tätigkeiten in einem Kontext gemeinsam vollzogen. Beispielsweise lernen jüngere Kinder im Schulalltag viele Regeln und Verhaltensweisen von denen in den höheren Jahrgangsstufen, unterstützt von der Anleitung des oder der Älteren, der/die eine Handlung vollzieht und dabei verbalisiert, was wann wie zu tun ist (beim Umsteigen auf dem Schulweg in eine andere Buslinie wie bei der großen Division). Das lernende Kind übernimmt mehr und mehr Schritte selbstständig bis es die Tätigkeit, zunächst noch mit verbaler Unterstützung, allein ausführen kann. Die Idee ist, dass das sog. „interpsychische Kulturgut“ (also wie etwas gemacht wird oder wie gedacht wird) ins Innerpsychische des Kindes übergeht. So werden kulturelle Aspekte verinnerlicht, das Kind wird „Teil der Gesellschaft“ (oder etwas kleiner gedacht: Teil der Ganztagsgemeinschaft). Die Zone der proximalen Entwicklung ist nach Wygotski der Bereich zwischen dem bereits selbstständig Erledigbaren und dem, was noch bewältigt oder erlernt werden muss und durch die Unterstützung und Anleitung einer/eines Erwachsenen oder eines älteren Kindes bewältigt werden kann. In dieser Zone sollen sich soziale wie kognitive Lernprozesse idealerweise bewegen, damit Lerninhalte wie bestimmte Denk- und Vorgehensweisen, aber auch Werte oder andere kulturbezogenen Inhalte gut verinnerlicht werden können. Die Rolle der Sprache ist hier wichtig und verdeutlicht, dass viele Dinge weniger selbstverständlich verstanden werden und darüber sprechen und verbalisieren beim Hineinwachsen in eine Kultur (wie sie beispielsweise im Ganztag gepflegt wird) hilft.

Geht es um komplexeres Lernen und Prozesse des Wissens- und Kompetenzerwerbs, während dessen sich kognitive Strukturen verändern, bieten kognitionspsychologische Modelle und Informationsverarbeitungstheorien Ansätze dafür, ge- und misslungene Lernprozesse zu erklären. Das Ziel dieser Lernprozesse ist es, Inhalte im Langzeitgedächtnis gut organisiert abzuspeichern, sodass sie zuverlässig abgerufen und in vielfältigen Kontexten auf Probleme angewendet werden können. Dabei wird Lernen als ein aktiver Prozess verstanden, bei dem neue Informationen ausgewählt, aufgenommen, verarbeitet, mit bereits vorhandenem Wissen vernetzt, interpretiert, abgespeichert, mit emotionalem Gehalt versehen und wieder aus dem Gedächtnis abgerufen werden. Wissen wird vom Individuum also jeweils selbst konstruiert und als kognitive Strukturen abgespeichert und stellt nicht einfach nur ein Abbild der vermittelten Lerninhalte dar (Zoelch, Berner & Thomas, 2019). In diesen Prozess spielen das eigene Vorwissen, Kompetenzen, Informationen zu verarbeiten und abzuspeichern und die aktuelle emotionale Befindlichkeit mit hinein. „Lernen wird als individuelle, selbstgesteuerte Wissenskonstruktion mit einer zunehmenden Modifikation des Wissens und der Wissensstrukturen aufgefasst. Dazu muss die zu lernende Information aktiv selektiert, interpretiert und in mentalen Strukturen und Repräsentationen gespeichert werden“ (Zoelch et al., 2019, S. 42). Schließlich ist das Erlernen von Prozeduren und Fertigkeiten zu nennen, wofür Theorien des prozeduralen Lernens (z. B. Anderson & Funke, 2013) herangezogen werden können.

Ein zentrales Ziel schulischer Lernbemühungen ist es, neben den inhaltlichen Lernzielen auch das Lernen selbst in den Blick zu nehmen: Diese Fähigkeit zum „selbstregulierten Lernen“ ist daher seit geraumer Zeit zentral als schulisches Bildungsziel verankert (Ertl, 2006) und zählt aufgrund der sich schnell ändernden Wissensbestände und Anforderungen der Zukunft zu den sehr ernstzunehmenden future skills der Kinder heute (OECD, 2019).

2.2 Facetten des Lernens in der Ganztagsgrundschule: formales, informelles und non-formales Lernen

Traditionell werden non-formales und informelles Lernen im Vergleich zu formalem Lernen abgegrenzt, indem als non-formal und informell die Lernprozesse verstanden werden, die außerhalb formaler Bildungsinstitutionen stattfinden. Non-formales Lernen findet in didaktisch strukturierten Lernumgebungen statt, die jedoch mit keiner formalen Qualifikation verbunden sind (z.B. Lernen im Rahmen der Verfolgung persönlicher Interessen (Krapp, Geyer & Lewalter, 2014). Non-formales Lernen beinhaltet die zielgerichtete Auseinandersetzung mit einem bestimmten Gegenstand oder Thema, häufig auch selbstreguliert. Informelles Lernen dagegen findet sowohl im privaten Alltag als auch in schulischen oder arbeitsbezogenen Situationen statt, die jedoch nicht explizit didaktisch strukturiert sind (Schwan & Noschka-Roos, 2019). Formales und informelles Lernen sind keine Gegensätze, sondern sie können als gegenseitige Ergänzungen, Erweiterungen und Anregungen genutzt werden (vgl. Europäische Kommission, 2001). Nach Rohs ist das Zusammenwirken formalen und informellen Lernens „in keine Richtung determiniert“, sondern ein „kontinuierlicher Prozess des wechselseitigen Aufeinanderfolgens“, durch den das Wissens- und Kompetenzniveau spiralförmig gesteigert werden kann (Rohs, 2014, S. 399). Nicht zuletzt auch durch die Diskussion um das Lernen in Ganztagsschulen wird informelles und non-formales Lernen immer häufiger als bedeutsam für das Lernen in Bildungsinstitutionen thematisiert.

Aus Theorien zur Lernmotivation ist bekannt, dass das Erleben sozialer Eingebundenheit, von Kompetenz- und Autonomieerleben, notwendige Voraussetzung für die Entwicklung selbstbestimmter Motivation ist. Diese intrinsische Motivation setzt Lernprozesse aller Art in Gang (z.B. Ryan & Deci, 2000). Je besser diese grundlegenden psychologischen Bedürfnisse erfüllt sind, desto eher wird in Kontexten, in denen das „Müssen“, also das fremdgesteuerte Lernen unter external gesteuerten motivationalen Bedingungen eine untergeordnete Rolle spielt oder entfällt, selbstbestimmt motiviert gelernt. Eine interessierte oder mit einem Thema identifizierte Herangehensweise erlaubt Kindern, sich persönlich zu entfalten und zu wachsen.

Die Inhalte, die über diese Lernformen transportiert werden, sind vielfältig. Sozial-emotionales Lernen wie das Erlernen sozialer Regeln oder bei der

Entwicklung der sozialen Identität (Coelen, Gusinde, Lieske & Trautmann, 2016; Rohlfs & Hertel, 2016) oder das inter- oder transkulturelle Lernen sind ebenso bedeutsam wie das Erlernen von (z.B. demokratischen) Werten. Die nötige Wissensvermittlung zu derartigen Lernerfahrungen kann im Unterricht und eher formal ausgestaltet stattfinden. Handlungsrelevant wird dieses Lernen aber speziell in den schulischen Pausenzeiten, während Klassenfahrten oder Wandertagen und natürlich im Ganztagsbereich, wo auch mit weiteren Partnerinnen und Partnern, z.B. aus der Jugendarbeit kooperiert wird. Selbstverständlich enden diese Lernprozesse keinesfalls im (weiteren) schulischen Kontext, vielmehr stehen sie immer auch unter dem Einfluss von bzw. in Wechselwirkung zu weiteren Kontexten wie der Familie und der Peers, aber auch der Medien und weiterer informeller Lernsettings. Die inhaltliche Verbindung beider Lernformen stellt eine große (didaktische) Herausforderung dar. Allerdings bietet ein Setting wie die Ganztagsschule, das sich durch eine verlängerte (gemeinsame) Lernzeit auszeichnet, die nicht abgekoppelt vom unterrichtlichen Geschehen betreut wird und in der potenziell die Expertise weiterer Personen als der Grundschullehrkraft zur Verfügung steht, hervorragende Möglichkeiten, diese Kombination in den Blick zu nehmen und systematisch und abgestimmt zu betreiben.

Die Grundschule als Schulform mit sehr hoher Heterogenität in allen Lernausgangslagen kann an vielen Stellen dazu beitragen, dass Kinder unabhängig von ihrer Herkunft optimal in ihrer Entwicklung unterstützt werden. Ein Konzept von Förderung, wie es im Folgenden dargestellt wird, scheint uns in diesem Zusammenhang bedeutungsvoll zu sein: Es geht nicht um defizitorientiertes Fördern und Reparieren, sondern darum, allen Kindern Bedingungen zu schaffen, die ihnen erlauben, sich in vielen Bereichen zu entfalten und zu wachsen. Auch wenn unterschiedliche Modelle und Organisationsformen von Ganztagsschulen diskutiert werden und die Frage nach der „richtigen“ Idee für viele Fragen bedeutsam ist, gehen wir im Folgenden auf Aspekte ein, die – mehr oder weniger ausgeprägt – für alle Ganztagsversionen gelten.

3. Förderung

„Individuelle Förderung entscheidet darüber, ob Menschen sich nach ihren Fähigkeiten und Interessen entwickeln können. Individuelle Förderung ist gleichermaßen Voraussetzung für das Vermeiden und den rechtzeitigen Abbau von Benachteiligungen wie für das Finden und Fördern von Begabungen“ (BLK 2001, S. 7).

appels, 2006). Es ist aber auch bekannt, dass in der derzeitigen Praxis nicht immer alle Erfordernisse erfolgreich umgesetzt werden können (z.B. StEG, 2019; Schüpbach, Frei, von Allmen & Nieuwenboom, 2018; Willems, et al., 2014). Im Folgenden werden daher einige Gelingensbedingungen formuliert, die Lernen und Förderung im Sinne von Beiträgen zur Teilhabe und (Persönlichkeits-)Entwicklung aller Kinder in Ganztagsschulen wahrscheinlich machen.

3.3 Gelingensbedingungen von Förderung

Idealerweise werden die im vorangegangenen Abschnitt vorgestellten Aspekte und Ziele von Förderung in das Ganztagsgeschehen integriert und im Alltag wenig explizit markiert (s.o. zur Problematik der Stigmatisierung). Wichtig ist, dass die beteiligten Fachkräfte, also sowohl die für den schulischen Unterricht verantwortlichen Lehrkräfte und das pädagogische Personal in den außerunterrichtlichen Phasen als auch die für Freizeitangebote oder besondere (ggf. auch sonderpädagogische) Förderung zuständigen Fachkräfte eine geteilte Vorstellung davon haben, welche Aktivitäten und Maßnahmen für einzelne oder für alle Schülerinnen und Schüler gewünscht, nötig und sinnvoll sind und wie diese umgesetzt werden.

Lernen und Förderung im beschriebenen Sinne zu betreiben ist ein hoher Anspruch an alle Beteiligten, der in Bezug auf Kollaboration und Kommunikation Anforderungen stellt, für die eigene Zeitfenster, Räumlichkeiten und gut durchdachte Informationssysteme benötigt werden. Lehrkräfte, die sich allein auf den Weg machen, die Qualitätskriterien von Förderung in ihrem Unterricht umzusetzen, sind damit schnell überfordert. Vielmehr sollte Förderung aufgrund der hohen Komplexität der Aufgabe „[...] als eine Leitidee für eine umfassende Schul- und Unterrichtsentwicklung [...]" (Wischer & Trautmann, 2013) angesehen werden, indem Kollegien ein gemeinsames Verständnis entwickeln, ein an die situativen Rahmenbedingungen angepasstes Konzept erarbeiten und verbindliche Absprachen zu ihrer Förderkultur treffen (z.B. Wie stellen wir uns adaptiven Unterricht vor? Gibt es einheitliche diagnostische Verfahren? Wie wird untereinander und mit außerschulischen Akteuren kooperiert? Wie werden finanzielle, personelle und zeitliche Ressourcen verteilt? Wie stimmen wir die Förderangebote aufeinander ab?). Dabei spielen Kooperationen unter Lehrkräften und allen am Ganztag beteiligten Fachkräften eine zentrale Rolle, einerseits für konkrete Entlastungen durch gemeinsame Unterrichtsvorbereitungen und andererseits für professionelle Weiterentwicklungen von Lehrkräften durch reflexive kollegiale Formate (z.B. kollegiale Beratung oder Unterrichtshospitationen) (Lütje-Klose, 2015; Fabel-Lamla & Gräsel,

2022). Befunde zu erfolgreich arbeitenden inklusiven Schulen, in denen sich Schülerinnen und Schüler wohlfühlen und sozial partizipieren können, zeigen, dass diese Schulen sich durch eine höhere Kooperationsbereitschaft im Kollegium, ausgeprägte Formen institutionalisierter Kooperation, eine gelebte Teamarbeit und ein im Rahmen von Schulentwicklungsprogrammen erarbeitetes Konzept für Kooperation mit klaren Zuständigkeiten und Aufgaben auszeichnen (Kunze & Reh, 2020).

Um dies zu realisieren, benötigen Lehrkräfte auch zeitliche Ressourcen und Räume, die ihnen ermöglichen, regelmäßige Absprachen untereinander und mit allen Fachkräften im Ganztag durchzuführen. Dabei ist die Multiprofessionalität ein Gewinn für die Entwicklung der Schülerinnen und Schüler: Zum einen wird der Blick aller Beteiligten auf die Lernenden durch den Austausch mit anderen Professionen geweitet und eventuell auch verändert. Zum anderen bereichert die Expertise der Fachdisziplinen die Möglichkeiten, Schülerinnen und Schüler in ihrer Persönlichkeitsentwicklung zu unterstützen und zu fördern (z.B. sozialpädagogische oder theaterpädagogische Angebote, Kunstaktionen).

Die Beteiligung der Eltern und deren wertschätzende und professionelle Beratung tragen ebenfalls zum Gelingen von Förderung bei, da sie beispielsweise die Motivation und das Engagement der Eltern in schulischen Angelegenheiten erhöhen und zu einer positiven Kompetenzentwicklung ihrer Kinder im kognitiven, sprachlichen und sozialen Bereich führen können (z.B. Paseka & Killus, 2020; Wild, 2021). Dies ist von besonderer Bedeutung, gerade weil Ganztagsschulen u. U. sehr weit in soziale Kontexte eingreifen, die traditionell häufig innerhalb von Familien verhandelt werden.

Gut geeignete physische Räume schaffen darüber hinaus durch ihre architektonische Gestaltung die Voraussetzungen für die Umsetzung didaktisch-methodischer Maßnahmen zur Förderung wie z.B. durch flexible Klassenräume für die Nutzung in den unterschiedlichen Unterrichtsphasen, Teamräume für die Kooperation von Lehrkräften (BpB, 2018) oder Mobiliar, das kooperative Arbeitsformen ermöglicht. Beispiele, die optimale Räume für Förderung bieten, sind neue Ansätze von Schulbauten mit Clustern (sog. „Lernhäuser") oder offene Lernlandschaften, in denen ein großer offener Lernbereich für mehrere Klassengruppen gemeinsam zur Verfügung steht und mit gegliederten und abgegrenzten Zonen für Gruppenarbeit und Inputphasen kombiniert werden kann (Schneider, 2012).

4. Fazit

Die Forschungslage zeigt, dass Ganztagsschulen durch verlängerte gemeinsame Zeiten in der Schule und durch die Öffnung für außerschulische Kooperationspartner die Möglichkeiten für eine intensivere Lernbegleitung durch Lehrkräfte und Fachkräfte bieten, dies in der Praxis aber nicht immer eingelöst werden kann (Frei, Schüpbach, Nieuwenboom & von Allmen, 2018; von Allmen, Schüpbach, Frei & Nieuwenboom, 2018; Sauerwein & Herr, 2020). Die Betreuung der Kinder muss koordiniert und in einem gemeinsamen Förderkonzept abgestimmt werden. Die bauliche Umgestaltung von Schulen für die Einrichtung von Ganztagsangeboten eröffnet die Chance, Räume (vgl. Seydel, in diesem Band; Schneider, 2012) anders zu denken und sie für formelles und informelles Lernen und die Öffnung nach außen gewinnbringend zu gestalten. Gelungene Lern(-förderliche) Umgebungen profitieren von der Ausgestaltung der beschriebenen Rahmenbedingungen. Essenziell sind jedoch vor allem professionelle, motivierte Lehr- und andere Fachkräfte, die sich im Sinne der genannten Ziele engagieren und kollaborativ daran arbeiten, die jeweilige Ganztagsschule zu einem Lern-, Lebens- und Entwicklungsraum auszugestalten. Auch hier sind viele Lernprozesse anzustoßen, Entwicklungswege gemeinsam zu gehen und das Verständnis für die unterschiedlichen (die multiprofessionellen wie die persönlichen, also die von den Kindern oder z.B. Eltern(-teilen) eingenommenen) Perspektiven zu fördern und synergetisch zu nutzen.

Literatur

ANDERSON, J. R. (2013). Kognitive Psychologie. Hg. v. J. Funke. Berlin & Heidelberg: Springer.

BANDURA, A. (1976). Lernen am Modell. Ansätze zu einer sozial-kognitiven Lerntheorie. Stuttgart: Klett.

BLK (2001). Empfehlungen des Forum Bildung. Köln: BLK. DOI: 10.25656/01:1105

BONANATI, M. (2014). Lernentwicklungsgespräche – Gespräche über individuelle Lernprozesse? In B. Kopp, S. Martschinke, M. Munser-Kiefer, M. Haider, E.-M. Kirschhock, G. Ranger & G. Renner (Hg.), Individuelle Förderung und Lernen in der Gemeinschaft.Wiesbaden: Springer, S. 138–141.

BUNDESZENTRALE FÜR POLITISCHE BILDUNG (2018). „Anspruchsvoller Schulbau muss zeitgemäßen pädagogischen Kriterien folgen". Interview von S. Grellmann mit R. Schweppe. https://www.bpb.de/themen/bildung/dossier-bildung/274984/anspruchsvoller-schulbau-muss-zeitgemaessen-paedagogischen-kriterien-folgen/#skip-nav-target (Zugriff: 22.2.2024).

COELEN, T., Gusinde, F., Lieske, N. & Trautmann, M. (2016). Informelles Lernen in der Schule. In M. Rohs (Hg.), Handbuch Informelles Lernen. Wiesbaden: Springer, S. 325–342. DOI: 10.1007/978-3-658-05953-8_39

DEUTSCHER BILDUNGSRAT (Hg.) (1969): Empfehlungen der Bildungskommission. Einrichtung von Schulversuchen mit Ganztagsschulen. Stuttgart: Bundesdruckerei.

EUROPÄISCHE KOMMISSION (2001). Einen europäischen Raum des lebenslangen Lernens schaffen. Mitteilung der Europäischen Kommission 2001. https://eur-lex.europa.eu/ (Zugriff: 5.9.2024).

ERTL, H. (2006). Educational standards and the changing discourse on education. The reception and consequences of the PISA study in Germany. Oxford Review of Education 32, S. 619–634.

FABEL-LAMLA, M. & Gräsel, C. (2022). Professionelle Kooperation in der Schule. In T. Hascher, T.-S. Idel & W. Helsper (Hg.), Handbuch Schulforschung. Wiesbaden: Springer, S. 1–21.

FREI, L., Schüpbach, M. Nieuwenboom, W. & von Allmen (2018). Sozio-emotionale Entwicklung. In M. Schüpbach, L. Frei & W. Nieuwenboom (Hg.), Tagesschulen. Ein Überblick. Wiesbaden: Springer, S. 213–228.

HANNOVER, B., Zander, L. & Wolter, I. (2014). Entwicklung, Sozialisation, Lernen. In T. Seidel & A. Krapp (Hg.), Pädagogische Psychologie. Weinheim & Basel: Beltz Juventa, S. 139–166.

HOLTAPPELS, H. G. (2006). Stichwort: Ganztagsschule. Zeitschrift für Erziehungswissenschaft 8 (1), S. 5–29.

KRAPP, A., Geyer, C. & Lewalter, D. (2014). Motivation und Emotion. In T. Seidel & A. Krapp (Hg.), Pädagogische Psychologie. Weinheim & Basel: Beltz Juventa, S. 193–224.

KUNZE, K. & Reh, S. (2020). Kooperation unter Pädagog*innen. In P. Bollweg et al. (Hg.), Handbuch Ganztagsbildung. Wiesbaden: Springer, S. 1439–1452.

LÜTJE-KLOSE, B. (2015). Teamarbeit. In I. Hedderich, G. Biewer, J. Hollenweger & R. Markowetz (Hg.), Handbuch Inklusion und Sonderpädagogik. Bad Heilbrunn: Klinkhardt, S. 365–369.

OECD (2019). An OECD Learning Framework 2030. In G. Bast, E. G. Carayannis, D. F. J. Campbell (Hg.), The Future of Education and Labor. Arts, Research, Innovation and Society. Springer: Cham. DOI: 10.1007/978-3-030-26068-2_3

PASEKA, A. & Killus, D. (2020). Kooperation zwischen Eltern und Schule. Weinheim & Basel: Beltz Juventa.

ROHLFS, C. & Hertel, S. (2016). Informelles Lernen in Schule und Unterricht. In M. Harring, M. D. Witte, T. Burger (Hg.), Handbuch informelles Lernen. Weinheim & Basel: Beltz Juventa, S. 633–646.

ROHS, M. (2014). „A conceptual framework for the relationship between formal and informal learning". Swiss Journal of Educational Research 36 (3), S. 391–406. DOI: 10.24452/sjer.36.3.5104

RYAN, R.M. & Deci, E. L. (2000). Self-determination theory and the facilitation of intrinsic motivation, social development, and well-being. American Psychologist 55, S. 68–78.

SAUERWEIN, M. & Rother, P. (2022). Teilhabe und Anerkennung statt Chancengerechtigkeit – eine sozialpädagogische Perspektive auf Ganztagsschule. In M. Jörgens, J. Sander & S. Werner (Hg.), Lesen im Ganztag. Leseförderung in der Ganztagsschule. Weinheim & Basel: Beltz Juventa, S. 54–71.

SAUERWEIN, M. N & Heer, J. (2020). Warum gibt es keine leistungssteigernden Effekte durch den Besuch von Ganztagsangeboten? Zeitschrift für Pädagogik 66 (1), S. 78–201. DOI: 10.3262/ZP2001078

SCHÜPBACH, M., Frei, L., von Allmen, B. & Nieuwenboom, W. (2018). Offene Tagesschulen als Mittel um Mathematikleistungen zu fördern und sozial oder kulturell bedingte Disparitäten zu verringern? Journal for Educational Research Online 2, S. 93–116.

SCHNEIDER, J. (2012). Referenzrahmen für einen leistungsfähigen Schulbau in Deutschland. Kurzexpertise Typologien und räumliche Organisationsmodelle (im Auftrag der Montag Stiftung Urbane Räume). https://www.tirol.gv.at/fileadmin/themen/land-forstwirtschaft/agrar/dorfererneuerung-tirol/Downloads_Neu/montagstiftung_expertise_typologien.pdf (Zugriff: 2.9.2025). Bonn.

SCHWAN, S. & Noschka-Roos, A. (2019). Non-formale und informelle Bildungsangebote. In O. Köller, M. Hasselhorn, F. W. Hesse, K. Maaz, J. Schrader, S. H., et al. (Hg.), Das Bildungswesen in Deutschland. Stock Potentials. Bad Heilbrunn: Verlag Julius Klinkhardt, S. 131–160.

SEITZ-STEIN, K. & Berner, V. (2019). Modelle und Bedingungen der Entwicklung. In D. Urhahne, M. Dresel, F. Fischer (Hg.), Psychologie für den Lehrberuf. Berlin: Springer, S. 231–249. DOI: 10.1007/978-3-662-55754-9_1

SKINNER, B. F. (1953). Science and human behavior. New York: Macmillan.

SOREMSKI, R. & Lange, A. (2010). Abschlussbericht Bildungsprozesse zwischen Familie und Ganztagsschule. München: DJI. https://www.dji.de/fileadmin/user_upload/bibs/6_GTS-Familie%20und%20Ganztagsschule-Abschlussbericht.pdf (Zugriff: 2.9.2025).

STECHER, L., Radisch, F., Fischer, N. & Klieme, E. (2007). Bildungsqualität außerunterrichtlicher Angebote in der Ganztagsschule. Zeitschrift für Soziologie der Erziehung und Sozialisation 27(4), S. 346–366.

SOUVIGNIER, E., Förster, N., Forthmann, B. & Zeuch, N. (2021). Lernverlaufsdiagnostik. In K. Seifried, S. Drewes & M. Hasselhorn (Hg.), Handbuch Schulpsychologie. Psychologie für die Schule (S. 129–137). Stuttgart: Kohlhammer.

STEG-KONSORTIUM DER STUDIE ZUR ENTWICKLUNG VON GANZTAGSSCHULEN (Hg.) (2019). Individuelle Förderung. Potenziale der Ganztagsschule. Frankfurt/M.

URHAHNE, D. (2019). Lernen und Verhalten. In D. Urhahne, M. Dresel, F. Fischer (Hg.), Psychologie für den Lehrberuf. Berlin: Springer, S. 4–22. DOI: 10.1007/978-3-662-55754-9_1

VON ALLMEN, B., Schüpbach, M., Frei, L., Nieuwenboom, W. (2018). Tagesschulangebote und Schulleistungsentwicklung. In M. Schüpbach; L. Frei & W. Nieuwenboom (Hg.), Tagesschulen. Ein Überblick. Wiesbaden: Springer, S. 229–245.

WALGENBACH, K. (2017). Heterogenität – Intersektionalität – Diversity in der Erziehungswissenschaft. Opladen, Berlin & Toronto: Barbara Budrich.

WILD, E. (2021). Eltern als Erziehungs- und Bildungspartner von Schule? Warum und wie welche Eltern stärker in das Schulleben ihrer Kinder involviert werden sollten und könnten. In Sachverständigenkommission für den Neunten Familienbericht (Hg.), Eltern sein in Deutschland. Materialien zum Neunten Familienbericht. München: Deutsches Jugendinstitut, S. 433–536.

WILLEMS, A., Wendt, H., Gröhlich, C. Walzeburg, C. & Bos, W. (2014). Mehr Chancengerechtigkeit durch die Ganztagsschule? Ein Vergleich selektionsbedingter Ungleichheiten in der Bildungsteilhabe bei Schülerinnen und Schülern an Ganz- und Halbtagsgrundschulen auf Basis der IGLU und TIMSS 2011 Daten. In H. G. Holtappels, M. Pfeifer, A. Willems, W. Bos & N. McElvany (Hg.), Jahrbuch der Schulentwicklung, Bd. 18. Weinheim & Basel: Beltz Juventa, S. 62–100.

WISCHER, B. & Trautmann, M. (2014). „Individuelle Förderung" als bildungspolitische Reformvorgabe und wissenschaftliche Herausforderung. DDS 106 (2), S. 105–118.

WISCHER, B. & Trautmann, M. (2013). Individuelle Förderung. Gestaltungsmöglichkeiten. Bundeszentrale für politische Bildung. https://www.bpb.de/themen/bildung/dossier-bildung/162109/individuelle-foerderung-gestaltungsmoeglichkeiten/ (Zugriff: 15.9.2023).

WYGOTSKI, L. S. (1974). Denken und Sprechen. Frankfurt/M.: S. Fischer.

ZOELCH, C., Berner, V.-D. & Thomas, J. (2019). Gedächtnis und Wissenserwerb. In D. Urhahne, M. Dresel & F. Fischer (Hg.), Psychologie für den Lehrberuf. Berlin: Springer, S. 23–52.

ANNA-MARIA SEEMANN

Modelle, Zielstellungen und Bildungsverständnisse[1]

1. Einleitung

In Deutschland findet sich eine Vielzahl an Ganztagsmodellen, bedingt durch die Kulturhoheit der Länder sowie die kommunale Organisation der Kinder- und Jugendhilfe. In diesem Kapitel wird eine Systematisierung mit einem Schwerpunkt auf den bildungspolitischen Vorgaben auf Bundes- bzw. Landesebene vorgenommen. Die Verortung in den Systemen Schule und Jugendhilfe und die damit verbundenen politischen und rechtlichen Zuständigkeiten werden thematisiert. Im Anschluss wird nach den (systemisch bedingten) Zielstellungen und Bildungsverständnissen gefragt.

Die derzeitige Heterogenität im Ganztagsbereich, vor allem in der Grundschule, ist teils historisch zu erklären: Dies betrifft z.B. die Tradition des Hortes in den ostdeutschen Ländern, der in der DDR eine große Rolle spielte und eng an die Schule gekoppelt war (s. Hagemann in diesem Band). Teils gehen die Entwicklungen mit unterschiedlichen Elternbedarfen und Ausbautempi einher. So findet sich eine deutlich höhere Teilnahmequote in den ostdeutschen Ländern und den Stadtstaaten, eine niedrigere in westdeutschen Flächenländern. Es sind zudem politisch unterschiedliche Schwerpunktsetzungen zu konstatieren. Während z.B. in Bayern bewusst ein Angebotsmix aufrechterhalten wird, haben Länder wie Berlin und Hamburg sich für den schulischen Ganztag durch die Integration von Horten in das Schulsystem entschieden. Neuere Systematiken unterscheiden zwischen Ländern mit einem Fokus auf dem schulischen Ganztag (z.B. Nordrhein-Westfalen), solchen mit Fokus auf dem Kitasystem (z.B. Mecklenburg-Vorpommern) und solchen mit Mischsystemen (z.B. Baden-Württemberg) (Stöbe-Blossey, 2023). Mit den bislang 2023 und 2024 erschienenen *Berichten der Bundesregierung zum Ausbaustand der ganztägigen Bildungs- und Betreuungsangebote für Grundschulkinder nach § 24a SGB VIII* liegen aktuelle Publikationen vor, die auch die heterogenen Angebotslandschaften in den Ländern skizzieren und Entwicklungen sichtbar machen (Huschik et al., 2023; Huschik et al., 2024).

1 Dieses Kapitel basiert auf Seemann & Titel, 2023.

2. Ganztagsmodelle

2.1 Schulischer Ganztag

Die bundeslandübergreifenden Vorgaben für Ganztagsschulen auf strukturell-organisatorischer Ebene stammen von der KMK. Sie stellen die Basis für die statistische Erfassung dar. Ganztagsschulen sind demnach „Schulen, bei denen im Primar- und Sekundarbereich I an mindestens drei Tagen in der Woche ein ganztägiges Angebot für die Schülerinnen und Schüler bereitgestellt wird, das täglich mindestens sieben Zeitstunden umfasst; an allen Tagen des Ganztagsschulbetriebs den teilnehmenden Schülerinnen und Schülern ein Mittagessen bereitgestellt wird; die Ganztagsangebote unter der Aufsicht und Verantwortung der Schulleitung organisiert und in enger Kooperation mit der Schulleitung durchgeführt werden sowie in einem konzeptionellen Zusammenhang mit dem Unterricht stehen" (KMK, 2025, S. 4). Eine Erweiterung der Definition gilt seit 2016. Es gelten als offene Ganztagsangebote auch solche, in denen „die Schulleitung auf der Basis eines gemeinsamen pädagogischen Konzeptes mit einem außerschulischen Träger kooperiert und eine Mitverantwortung der Schulleitung für das Angebot besteht" (KMK, 2025, S. 5). Von der KMK werden drei Formen unterschieden:[2]

- *Offene Ganztagsschule:* Ganztags*angebote*, die von den Schüler:innen freiwillig besucht bzw. den Eltern gewählt werden. Die Anmeldung erfolgt für ein Schul- oder ein Schulhalbjahr verbindlich; das Angebot muss an einer bestimmten Anzahl von Tagen (zwischen drei und fünf) vorgehalten, aber nicht an allen Tagen genutzt werden.
- *Teilweise gebundene Ganztagsschule:* Ganztägige Angebote, die für bestimmte Gruppen von Schüler:innen (Klassen oder Jahrgangsstufen) verpflichtend sind. In manchen Bundesländern, z.B. in Hamburg, bedeutet teilgebundene Ganztagsschule eine verpflichtende Teilnahme an bestimmten Tagen.
- *Voll gebundene Ganztagsschule:* In diesem Modell sind alle Kinder/Jugendlichen an einer Schule verpflichtet, im vorgegebenen Umfang (mindestens drei Tage mit je mindestens sieben Stunden) an den schulischen Veranstaltungen teilzunehmen (KMK, 2025).

In den Ländern hat sich allerdings seither eine große Angebotsvielfalt entwickelt, die KMK-Definition hat an strukturbildender Kraft verloren. In einigen

2 Die Modelle werden in den Bundesländern teilweise mit anderen Bezeichnungen versehen bzw. anders ausgestaltet als von der KMK angedacht.

Bundesländern existieren z. B. auch ‚verlässliche' oder ‚volle Halbtagsgrundschulen', die über die Pflichtunterrichtsstunden hinaus pädagogische Angebote (insgesamt bis zu sechs Stunden) vorsehen. Am Morgen vor dem Unterricht und im Anschluss daran sowie in den Ferien stehen freiwillige Angebote zur Verfügung. Es handelt sich ansatzweise um ein Modell von für alle verbindlicher ‚Kernzeit' und weiterer ‚Angebotszeit'. Dies ist zum einen interessant, da sich ein solches Konzept an erfolgreich arbeitenden Ganztagsschulen als zielführender als die Unterscheidung in offenen und gebundenen Ganztag erwiesen hat (Radisch, Klemm & Tillmann, 2019). Zum anderen offenbart sich eine Merkwürdigkeit der verwendeten Terminologie: In verlässlichen ‚Halbtagsgrundschulen' für alle Kinder, die sich auf sechs Stunden am Tag erstrecken, steckt vom Grundansatz und pädagogischen Potenzial womöglich mehr ‚Ganztag' als in manch offener Ganztagsschule oder einzelnen gebundenen Ganztagsklassen.

Beim schulischen Ganztag liegt eine *Zuständigkeit* der Bildungs- bzw. Kultusministerien (oder Schulbehörde/Senatsabteilung) vor, den Rahmen bilden die Schulgesetze.

2.2 Horte: Angebote der Kinder- und Jugendhilfe

Kooperationspartner aus der Kinder- und Jugendhilfe sind oft an der Organisation und Durchführung offener Ganztagsangebote beteiligt – daneben stellen sie aber auch eigenständige Ganztagsangebote, allen voran mit Horten (dem Kitasystem zugehörig) und altersgemischten Kindertageseinrichtungen. Auch die Offene Kinder- und Jugendarbeit ist ein wichtiger Akteur (s. Gosse in diesem Band). Horte hatten vor 1990 in der Bundesrepublik und der DDR eine sehr unterschiedliche Bedeutung (s. Hagemann in diesem Band). Heute sind sie qua Gesetz zur Zusammenarbeit mit den Schulen verpflichtet, aber in den meisten Ländern keine schulische Veranstaltung.

Horte liegen meist in der *Zuständigkeit* der Familien- und Sozialpolitik und der entsprechenden Ministerien. Es gilt das Sozialgesetzbuch VIII bzw. die Landesgesetze.

Für die Bereitstellung einer ausreichenden Anzahl von Plätzen ist die Kommune bzw. das jeweilige Jugendamt als zuständige Behörde verantwortlich, wobei dies auch für den schulischen Ganztag gilt. Organisiert werden die Einrichtungen von öffentlichen oder freien *Trägern*.

2.3 Kooperative Modelle

In einigen Bundesländern sind dezidiert kooperative Modelle entstanden. So ist z. B. in Hamburg neben dem schulischen Ganztag das Modell der ‚Ganztägigen

Bildung und Betreuung an Schulen (GBS)‘ so angelegt, dass vormittags Unterricht stattfindet und im Anschluss ein Jugendhilfeträger übernimmt. Die Anmeldung ist freiwillig, muss aber für mindestens drei Tage erfolgen. Die Horte sollten an die Schulen angebunden und von der Idee einer ‚Bedürftigkeit‘ gelöst werden. Die Partner führen ihre jeweiligen Kompetenzen in einem gemeinsamen pädagogischen Konzept zusammen (Offermanns, 2021).

Für beide Bereiche gelten eigene *Zuständigkeiten* auf ministerieller bzw. gesetzlicher Ebene. Die Kultusministerien sind für den Unterricht, die Sozialministerien für den außerunterrichtlichen Teil verantwortlich; die gesetzlichen Bezugspunkte auf Länderebene sind die Schulgesetze auf der einen und die Kinder- und Jugendhilfegesetzgebung auf der anderen Seite.

Auf der institutionellen Ebene sind die Schule und ein *Träger* der Kinder- und Jugendhilfe beteiligt. Zu fragen ist, ob die Idee einer gemeinsamen Bildungs- und Erziehungspartnerschaft, deren Partner strukturell und juristisch ihrer jeweils eigenen Logik verhaftet bleiben (sollen), aus der Institutionenperspektive heraus einen positiv-produktiven ‚Wettstreit der Ideen‘ zur Folge haben kann, in dessen Folge sich beide verändern. Auch wäre jeweils zu prüfen, ob das erforderliche gemeinsame Konzept auf den gesamten Tag bezogen ist und von einem Schulentwicklungsprozess begleitet ist.

2.4 Mittags-/Übermittagsbetreuungen

Mittags- und Übermittagsbetreuungen spielen vor allem in den westdeutschen Ländern bis heute eine wichtige Rolle. 2021 besuchten dort knapp 20 % der Kinder ein solches Angebot (Autorengruppe Fachkräftebarometer, 2023). Eine Zuordnung zu einem der Rechtskreise Schule und Kinder- und Jugendhilfe ist schwierig. Exemplarisch sei das Modell in Bayern skizziert.

Es handelt sich um ein sozial- und freizeitpädagogisch ausgerichtetes Angebot, die *Zuständigkeit* liegt aber beim Ministerium für Unterricht und Kultus. Zusammenarbeit und Abstimmung mit der Schulleitung sind erforderlich, allerdings trägt diese im engeren Sinne nicht die Verantwortung.

Die *Trägerschaft* kann bei einem freien Träger (Elternvereine oder Trägern der Kinder- und Jugendhilfe) oder der Kommune liegen.

2.5 Bewertung der Ganztagsmodelle

Bislang ist noch (zu) wenig bekannt darüber, ob und aus welchen Gründen bestimmte Modelle grundsätzliche Vorteile für die Grundschüler:innen bieten. Aufgrund der beschriebenen Heterogenität der Formen und regionalen Unterschiede lassen sich aus der Forschung nur wenige Rückschlüsse darüber ziehen, inwieweit nicht nur der Ganztag selbst, sondern das konkrete jeweilige Ganztagsmodell Einfluss auf beispielsweise Leistungssteigerungen oder die Entwicklung von Sozialkompetenzen hat (Brisson, 2022). Es ergeben sich aber Hinweise auf bestimmte Aspekte wie Fragen der Schulentwicklung, der Kooperation oder der Bildungsgerechtigkeit (siehe hierzu auch die jeweiligen Beiträge in diesem Band).

Dies liegt nicht zuletzt darin begründet, dass die Vorgaben aus der Bildungspolitik, z.B. zu offenen und gebundenen Ganztagsschulen, nicht zwingend eine Veränderung der Schul- oder Unterrichtskultur bedingen. So sind auch gebundene Organisationsformen nicht kausal mit einer besseren Gestaltung von Schule im Sinne einer stärkeren Verbindung von Angeboten mit dem Unterricht, neuen Lernzeitformaten, alternativen Lern- und Prüfungsformen oder festen Kooperationszeiten zwischen Lehrkräften und weiterem pädagogischen Personal verbunden. Daneben spielt die Schulform (Grundschule, Gymnasium, Gesamtschule) eine wichtige Rolle für die Organisation des Ganztags (Sauerwein, Hannemann & Rollett, 2018). Wie Beispiele aus der Praxis zeigen, kann auch in offenen Ganztagsschulen oder in Kooperationsmodellen der Ganztag qualitätvoll gestaltet werden (Wissenschaftsgeleiteter Qualitätsdialog zum Ganztag (QUAD, 2021).

Untersuchungen erfolgreicher ganztägig arbeitender Schulen haben zudem ergeben, dass die Unterscheidung zwischen gebundenem und offenem Ganztag nicht zielführend ist, sondern dass die Gestaltung mit einer verbindlichen Kernzeit (deren Inhalte nicht nur Unterricht umfassen) für alle Kinder und ergänzenden Angeboten an den Randzeiten eine Erfolg versprechende Alternative darstellt (Radisch et al., 2019).

Hinzu kommt, dass Merkmale der Schulorganisation und -kultur oft nicht umfassend beachtet werden. Anforderungen an die Ganztagsschule, die in den Qualitätsrahmen und in Ganztagsdefinitionen der Länder und der KMK formuliert sind, sind daher wissenschaftlich auch nicht ausreichend unterfüttert. Dies betrifft z.B. die für Ganztagsschulen konstituierende Verbindung von Angeboten und Unterricht, aber auch die Frage nach einem Wandel von Hausaufgaben hin zu (begleiteten) Lernzeiten. Eine differenzierte Untersuchung unterschiedlicher Modelle und Konzepte wäre dringend geboten, so zu Fragen der Rhythmisierung, Lern- und Prüfungsformen, Angeboten etc. (Heyl, Hirsch, Fischer & Rollett, 2021).

Dennoch sind Vorteile des gebundenen Ganztags in Studien durchaus sichtbar geworden, wenngleich die Daten nicht aktuell sind: Hier bestanden an den untersuchten gebundenen Ganztagsschulen im Vergleich zu offenen deutlich höhere pädagogische Zielansprüche, fächerübergreifende Projekte und Fördermaßnahmen wurden eher praktiziert sowie die Lernkultur eher verändert (Holtappels, 2014). Zudem bestanden günstigere Voraussetzungen für die multiprofessionelle Kooperation. Auch hat die Forschung zur Wirkung des Ganztags ergeben, dass vor allem eine dauerhafte Teilnahme am Ganztag zu Verbesserungen führt (Heyl, Hirsch, Fischer & Rollett, 2021). Es bleibt daher eine Herausforderung, den gesellschaftlichen Diskurs über gelingende Ganztagsbildung und ebenso die Diskussion am einzelnen Schulstandort fortzuführen und die Formen und Angebote immer wieder zu prüfen und weiterzuentwickeln.

3. Ziele, Konzeptionen und Bildungsverständnisse

Im Folgenden werden Zielstellungen sowie Bildungsverständnisse dargestellt, also die normativen Setzungen betrachtet (Sauerwein, 2017), die sich aus den beteiligten Systemen und den Entwicklungen von Schule und Ganztagsausbau ableiten lassen. Bezugspunkte stellen gesetzliche Vorgaben, offizielle Verlautbarungen und wissenschaftliche Literatur dar.

3.1 Schule

In welchem Ganztagsmodell ein Grundschulkind sich auch befindet: Immer geht es zur Schule, erlebt also Unterricht. Daher soll zunächst die Institution Schule mit ihren Funktionen, die auf die Aufrechterhaltung, Reproduktion und Innovation der Gesellschaft gerichtet sind, in den Blick genommen werden (Fend, 2008; Sauerwein, 2017). Diese sind:

- *Enkulturationsfunktion:* Vermittlung zentraler Kulturfertigkeiten
- *Qualifikations-/Ausbildungsfunktion:* Vermittlung von Kompetenzen, die u.a. für das spätere Erwerbsleben relevant sind
- *Personalisationsfunktion:* Förderung der Persönlichkeitsentwicklung und Ausschöpfung aller Potenziale
- *Allokationsfunktion:* Zuweisung der Schüler:innen zu beruflichen und gesellschaftlichen Positionen über das Prüfungs- und Zertifikatswesen der Schule (am Ende der Grundschulzeit greifen im gegliederten Schulsystem bereits Mechanismen dieser Funktion)
- *Integrations- und Legitimationsfunktion:* Erhalt und Stabilisierung der gesellschaftlichen Ordnung durch die Vermittlung demokratierelevanter Eigenschaften

Es wird auch auf die *Funktion der Chancengerechtigkeit als „komplementäre Ergänzung der Allokationsfunktion“* hingewiesen: Familien- und milieubedingte Bildungsdefizite sollen durch die Schule ausgeglichen werden. Außerdem gibt es die *kustodiale Funktion:* Eltern können für eine bestimmte Zeit sicher sein, dass ihre Kinder zuverlässig betreut werden. Besonders diese beiden Funktionen erfahren im Ganztagskontext eine neue Bedeutung bzw. Erweiterung. Hingewiesen sei zudem auf die *emanzipatorische Funktion*: Schule soll zur Mündigkeit erziehen (Sauerwein, 2017).

Neben diesen Funktionen treten spezifisch pädagogische Aufgaben von Schule, die teils aus den Funktionen abgeleitet, teils mit diesen vermittelt werden, auf (Radisch, 2009): z.B. der Erwerb intelligenten und anwendungsbezogenen Wissens, der Erwerb von Schlüsselqualifikationen, Lernkompetenzen, sozialen Kompetenzen und Wertorientierungen (Helmke, 2017). Ziele und Aufgaben der Schule werden über Gesetze, Programme, Lehrpläne, Ressourcenverteilung sowie die Ausbildung der pädagogischen Professionen festgelegt und entwickelt (Fend, 2008; s. auch König in diesem Band). In Deutschland finden sich die Bildungs- und Erziehungsziele in den Verfassungen und Schulgesetzen der Länder. Neben der Vermittlung von Wissen, Fähigkeiten und Fertigkeiten werden neben vielen anderen folgende Aspekte genannt, die es zu fördern bzw. zu denen es zu erziehen gilt: Menschlichkeit, Toleranz, Konfliktfähigkeit, Urteilskraft, Eigenverantwortung, Leistungswillen, Persönlichkeitsentfaltung, Ausdrucksfähigkeiten, Anerkennung der Wertvorstellungen der freiheitlich-demokratischen Grundordnung, gesellschaftliche Verantwortung, Verantwortungsbewusstsein für Natur und Umwelt.

In den Lehrplänen finden sich neben den Fachkompetenzen Bildungs- und Erziehungsziele sowie fachübergreifende Kompetenzen, z.B. Werteerziehung, Bildung für Nachhaltige Entwicklung, Alltagskompetenzen.

3.2 Kinder- und Jugendhilfe/Sozialpädagogik

Die Kinder- und Jugendhilfe richtet sich an alle Kinder und Jugendlichen und übernimmt neben dem öffentlichen Erziehungsauftrag auch Bildungsaufgaben (Bock, 2012). Gesetzlich definiert sind die Aufgaben im SGB VIII (Kinder- und Jugendhilfesetz). Hier ist das Recht des Kindes „auf Förderung seiner Entwicklung und auf Erziehung zu einer eigenverantwortlichen und gemeinschaftsfähigen Persönlichkeit“ verankert. „Der Förderungsauftrag umfasst Erziehung, Bildung und Betreuung des Kindes und bezieht sich auf die soziale, emotionale, körperliche und geistige Entwicklung des Kindes“ (SGB VIII, § 22).

Innerhalb der Kinder- und Jugendhilfe stellen die Teilbereiche *Kindertagesbetreuung*, *Offene Kinder- und Jugendarbeit* und *Jugendverbandsarbeit* wichtige

Bezugspunkte für den Ganztag dar. Viele Träger haben seit Beginn des Ganztagsausbaus ihr Tätigkeitsfeld in der vorschulischen Kindertagesbetreuung oder der offenen Arbeit auf den Ganztag ausgedehnt.

3.2.1 Kindertageseinrichtungen

Der Grundauftrag der Kindertagesbetreuung ist im SGB VIII formuliert und wird in Ländergesetzen konkretisiert. Die Einrichtungen sollen Familien entlasten und die Kinder unterstützen, fördern und in ihrer eigenständigen Entwicklung begleiten. Hinzu kommt ein expliziter Bildungsauftrag, der im Gemeinsamen Orientierungsrahmen „Bildung und Erziehung in der Kindheit" von Jugend- und Familien- sowie Kultusministerkonferenz festgehalten wurde. In den Bundesländern wurden seit 2004 Bildungs- und Erziehungspläne formuliert, die sich teils auf den Elementarbereich beschränken, teils das Grundschulalter einschließen.

Die Bildungspläne stellen das kompetente Kind in den Fokus, das sich aktiv und in Interaktion mit anderen Menschen die Welt aneignet und lernt. Es ist dabei auf die Stimulation und Unterstützung der Erwachsenen angewiesen. Das Konzept des ko-konstruktiven Lernens bildet hier ebenso wie in der Grundschulpädagogik eine Grundlage. Als Bildungs- und Erziehungsziele werden u.a. *kognitive, soziale, personale Kompetenzen und körperbezogene Kompetenzen* benannt (Textor, 2019).

Weitere Bildungs- und Erziehungsbereiche befinden sich zu einem großen Teil in Übereinstimmung mit den fachlichen und fächerübergreifenden Lehrplanzielen – womit sich für den Ganztag eine solide Anschlussfähigkeit zwischen Lehr- und Bildungsplänen ergibt.

Im Kontext Ganztag ist der *Hort* als tradierte Einrichtung für Schulkinder ein wichtiges Modell. Die Arbeit orientiert sich an kindheitspädagogischen Konzeptionen, die auch in vorschulischen Einrichtungen handlungsleitend sind (Markert, 2021) und altersspezifische Erweiterungen erfahren. In aktuellen Publikationen ist festzustellen, dass von der gemeinsamen Zielgruppe der Grundschulkinder ausgegangen wird und bezüglich des (sozialpädagogischen) Handelns nicht mehr unbedingt zwischen Ganztagsschule und Hort unterschieden wird (z.B. Schiefer & Schlaaf-Kirschner, 2022).

3.2.2 Kinder- und Jugendarbeit

Bildung stellt eine Grundkategorie der offenen Kinder- und Jugendarbeit dar. Sie richtet ihr Augenmerk stärker als der vorrangig auf formale Bildung zielende schulische Unterricht auf die non-formale und informelle Bildung.

Aktuell erfahren politische Bildung und Demokratiebildung auch im Rahmen des Ganztags neue Aufmerksamkeit. Daneben sind soziale Ungleichheit und Bildungsungerechtigkeit längst nicht zufriedenstellend bearbeitet worden (s. Rother in diesem Band) – diese Themen stehen in der Kinder- und Jugendarbeit schon länger im Fokus. Es geht um die Befähigung zur Selbstbestimmung und Mündigkeit, um das Artikulieren eigener Interessen, Persönlichkeitsentwicklung, soziales Engagement und gesellschaftliche Mitverantwortung (Sauerwein, 2017). Partizipation, Freiwilligkeit und Methodenvielfalt sind wesentliche Gestaltungsmerkmale. Es bieten sich einerseits Anschluss- und Kooperationsmöglichkeiten mit Schule, von denen beide Seiten profitieren können – andererseits harren aus Perspektive der Jugendarbeit einige Aspekte des eigenen Selbstverständnisses (Freiwilligkeit der Angebote, Distanz zur Schule) weiterhin der Klärung (Sauerwein, Gumz & Deinet, 2022).

3.2.3 Soziale Arbeit an der Schule

Soziale Arbeit an der Schule ist als Schulsozialarbeit fest etabliert, wobei sich zeigt, dass die Umsetzung vor Ort eine sehr unterschiedliche Ausgestaltung erfährt (Graßhoff & Sauerwein, 2021). Aus den Erfahrungen und Befunden zu diesen Kooperationen sowie der Angebotsvielfalt und den Methoden sozialer Arbeit (Beratung, nicht-formale und soziale Bildungsangebote) können Impulse für den Ganztag gewonnen werden. Wie auch in der offenen Jugendarbeit geht es u.a. um die Verbesserung der gesellschaftlichen Teilhabechancen der Kinder (Spies, 2018) – Anschlussmöglichkeiten an den Ganztag sind gegeben, vor allem im Kontext der Idee der Ganztagsbildung (s. Bremerich, Niemann & Sauerwein in diesem Band).

3.3 Ganztag(-sschule)

Der von der Politik forcierte Ausbau der Ganztagsschule seit 2002/2003 war gesellschafts- und bildungspolitisch motiviert (Wiere, 2011) und u.a. eine Reaktion auf den ‚PISA-Schock'. Allerdings gibt es eine deutlich längere Geschichte ganztägiger Schulorganisation, die bis ins 20. Jahrhundert hinein auch in Deutschland üblich war, und eine pädagogisch getragene Ganztagsschulidee mit Wurzeln in reformpädagogischen Modellen (Seelmann-Eggebert, 2019). Aus diesen Strängen resultieren sozialpolitische, pädagogische und bildungspolitische Zielstellungen bzw. Erwartungen an den Ganztag, die nicht immer widerspruchsfrei in Einklang zu bringen sind (Nerowski, 2015).

3.3.1 Vereinbarkeit von Beruf und Familie für die Eltern

Ein zentrales Motiv für den Ganztagsausbau seit Beginn des Jahrtausends und den Rechtsanspruch auf Ganztag für Grundschulkinder ab 2026 ist die Verbesserung der Vereinbarkeit von Beruf und Familie für Eltern und Sorgeberechtigte. Damit ist der Ausbau kein ursächlich pädagogisch motiviertes Projekt, sondern vielmehr auf die Bedarfe der Eltern bzw. der Wirtschaft zurückzuführen (Tillmann, 2011). So wichtig diese gesellschaftspolitischen Bedarfe zweifelsfrei sind – sie bergen die Gefahr, dass die pädagogischen Potenziale und die Qualität des Ganztags in den Hintergrund treten (Kielblock, Wazinski & Maaz, 2021).

3.3.2 Kompetenzsteigerungen

Mit dem Ganztag verbindet sich die Erwartung, dass die Lernergebnisse der Kinder, vor allem leistungsschwacher und sozial benachteiligter, sich verbessern (Nerowski, 2015) – und damit die Qualifizierungsfunktion von Schule erfolgreicher erfüllt werden kann (Herzog, 2009).

Eng in Verbindung damit steht ein der Ganztagsschule zugeschriebenes Potenzial, das auch zentrales Thema aktueller Grundschulpädagogik ist: Der Heterogenität der Schülerschaft (in Bezug auf soziale Herkunft, kulturellen und sprachlichen Hintergrund, Beeinträchtigungen etc.) soll mit mehr *individueller Förderung* begegnet werden (Stötzel & Wagener, 2014).

3.3.3 Mehr Zeit für nicht-formelle Bildung

Nicht-formelle Bildungsangebote sind mit pädagogischen Zielstellungen verbunden, z.B. der Entwicklung und Stärkung von Selbstständigkeit und Identität und sozialer Kompetenz, unterliegen aber keiner Bewertung. In den Schulgesetzen sowie Lehr- und Bildungsplänen formuliert sind diese Ziele ohnehin. An den Ganztag ist die Erwartung formuliert worden, dass das Aufgreifen vielfältigerer Bildungsinhalte und neuer Lernformen besser möglich ist. Zudem können die sozialen Selektionshürden solcher Angebote (z.B. bei Sport und Musik) durch den Ganztag reduziert werden, da sie hier allen teilnehmenden Kindern zugänglich sind, idealerweise zudem kostenfrei. (Züchner & Arnoldt, 2011).

3.3.4 Erhöhung des Wohlbefindens

Das Wohlbefinden/Wellbeing an der Schule wird aus mehreren Gründen als relevant erachtet: als emotionale und kognitive Grundlage für erfolgreiches Lernen, für ein positives Erleben von Schule und als Basis für die Bewältigung schwieriger Situationen (DKJS, 2019). Weil hier idealerweise mehr Zeit für den Aufbau positiver Beziehungen (sowohl zwischen pädagogischen Akteuren und

Kindern als auch unter den Kindern) ist sowie mehr Raum für individuelle Neigungen sowie Entspannung, Erholung und Bewegung, wird mit dem Ganztag das Potenzial einer stärker auf das Wohl bzw. Wohlbefinden des Kindes gerichteten Schule verbunden (Nerowski, 2015).

3.3.5 Bildungsgerechtigkeit

Ergebnisse von Schulleistungsuntersuchungen zeigen bis heute einen starken Zusammenhang von sozialer Herkunft und Bildungserfolg in Deutschland. In Ganztagsschulen, so die Erwartung, könne individuelle Förderung besser gelingen, könne durch die Kooperation mit der Jugendhilfe den Kindern und ihren Familien niedrigschwelliger Unterstützung geboten werden, solle ein intensiveres Schulleben möglich sein sowie für Kinder mit Migrationshintergrund mehr Sprechgelegenheiten bestehen (Stötzel & Wagener, 2014; Seemann, 2020). Diese Hoffnungen konnten bislang aber kaum erfüllt werden, die Herstellung von mehr Bildungsgerechtigkeit bleibt eine große Herausforderung (s. Rother in diesem Band). Nicht nur privilegiert das Schulsystem selbst Kinder unterschiedlich stark – es spielt eine wesentliche Rolle, inwieweit Kinder von den Angeboten überhaupt erreicht werden (Steiner, 2009). Zudem können die gewünschten Ziele nur bei qualitativ hochwertigen Angeboten und einer dauerhaften – und am besten auch freiwilligen – Teilnahme erreicht werden (StEG, 2010; StEG, 2019).

3.3.6 Demokratiebildung/Partizipation

Dem Ganztag werden für Demokratiebildung und Partizipation durch den erweiterten Zeitrahmen mit Phasen ohne curriculare Vorgaben besondere Potenziale zugeschrieben. Bislang werden die Potenziale trotz der zunehmenden gesellschaftlichen Relevanz (z.B. aufgrund der Wahlerfolge rechtsextremer Parteien) nicht ausgeschöpft, weshalb eine stärkere Verankerung der politischen Bildung, Demokratieerziehung und Beteiligung in der Ganztagsgrundschule dringend geboten ist (Graßhoff & Sauerwein, 2021).

3.4 Übergeordnete Bezugspunkte

Seit 2001 ist im BGB das Recht des Kindes auf gewaltfreie Erziehung verankert. 1992 wurde die UN-Kinderrechtskonvention in Deutschland ratifiziert und gilt nun als Bundesgesetz. Bildung soll demnach darauf zielen, „die Persönlichkeit, die Begabung und die geistigen und körperlichen Fähigkeiten des Kindes voll zur Entfaltung zu bringen". Für den Ganztag zentral ist zudem „das Recht des Kindes auf Ruhe und Freizeit [...], auf Spiel und altersgemäße aktive Erholung sowie auf freie Teilnahme am kulturellen und künstlerischen Leben". Die Bedeutung und praktischen Implikationen der menschenrechtlichen Perspektive sind von Wapler (2020) herausgearbeitet worden.

Seit der Ratifizierung der UN-Behindertenrechtskonvention ist auch die Inklusion ein wichtiges Ziel. Konzeptionelle Überlegungen zu Inklusion und Ganztag erweisen sich als anschlussfähig und zeigen Überschneidungen (Hofmann-Lun, 2014).

4. Schule und Jugendhilfe im Ganztag

Oft sind Ziele und Bildungsverständnisse von Schule und Jugendhilfe als gegensätzlich beschrieben worden: Pflicht vs. Freiwilligkeit, Bildung vs. Soziales, Bewertung/Selektion vs. Integration, kognitive vs. sozial-emotionale Kompetenzen, Unterricht vs. offene Lernarrangements etc. (Rausch & Berndt, 2012). Unterschiedliche Disziplinperspektiven (Schulpädagogik vs. Sozialpädagogik) sowie Selbstverständnisse sind anzutreffen (Baitinger, 2018). Nicht zuletzt historisch bedingt bestehen „rechtliche [...] und auch konzeptionelle [...] Differenzen" (Graßhoff & Sauerwein 2021, S. 3).

Dennoch haben beide Systeme teils übereinstimmende pädagogische Zielstellungen. Beide sind Sozialisationsinstanzen, die dazu beitragen können und sollten, dass sich Kinder und Jugendliche zu eigenverantwortlichen Mitgliedern der Gesellschaft entwickeln können, dass sie zu einer gelingenden Lebensführung und sozialer Teilhabe befähigt werden. Allerdings setzen die Akteure in den Systemen dabei verschiedene Schwerpunkte. In Schulen liegt auf der einen Seite der Fokus auf der Vermittlung fachlicher Inhalte – Erziehung und damit Persönlichkeitsentwicklung und Sozialisation, die Förderung personaler und sozialer Kompetenzen sind aber ebenfalls zentrale Aufgaben der Grundschule. Partizipationsmöglichkeiten im Unterricht sind durch die Lehrpläne zwar eingeschränkt, stehen aber über Themen wie Individualisierung, Passung und Angebotsvielfalt als Merkmale guten Unterrichts sowie Projektarbeit oder kooperatives Lernen auch auf der Agenda der Grundschulpädagogik (Viehweger & Pfrang, 2016).

Auf der anderen Seite stellt die Grundbildung, die Schule vermittelt, erst die Voraussetzung für gesellschaftliche Teilhabe her, die eine zentrale Zielstellung der Jugendhilfe ist: „Teilnahme am politischen Prozess setzt Literalität, setzt Fähigkeit zur Informationsbeschaffung, setzt elementare Urteilskraft voraus" (Coelen, 2014, S. 45). Junge Menschen müssen also Lesen lernen und recherchieren können und zugleich Möglichkeiten zur Mitbestimmung und

Selbstorganisation erhalten. Somit sind beide Systeme zur „vollständigen Erfüllung ihrer Bildungsaufträge“ auf das je andere angewiesen (Coelen, 2014, S. 44) und sollten sich ergänzen – der Ganztag bietet für ein neues Verhältnis zwischen Schule und Sozialpädagogik und somit ein neues Bildungsverständnis eine große Chance (s. Bremerich, Niemann & Sauerwein in diesem Band).

5. Ausblick

In der Praxis gilt es zu prüfen und auszuhandeln, welche Konsequenzen das jeweils gewählte bzw. mögliche Ganztagsmodell hat, und zwar hinsichtlich der pädagogischen Zielstellungen, des Konzepts und der Qualitätsentwicklung. Abhängig von der Organisationsform und den handelnden Akteuren und ihrer Professionen können Bildungsverständnisse und intendierte Gestaltung des Tages voneinander abweichen – Ziel müsste es aber sein, unabhängig von diesen Faktoren das für den Standort und die konkreten Kinder und Jugendlichen und ihre Bedarfe und Bedürfnisse passende Konzept zu entwickeln. Hierfür sind die Ziele, Methoden und Blickwinkel aus Schul- und Sozialpädagogik konstruktiv zusammenzuführen. Die bereits zu beobachtenden „Grenzverschiebungen zwischen Schule und Sozialpädagogik“ (Graßhoff & Sauerwein, 2021, S. 11), die auch als „Entscholarisierung von Schule und Scholarisierung von Sozialpädagogik“ beschrieben werden (Graßhoff & Sauerwein, 2021, S. 4), machen deutlich, dass Offenheit und Änderungsbereitschaft der Systeme und der handelnden Personen vonnöten sind, die aber stets auf der Basis gegenseitiger Akzeptanz und Wertschätzung stehen müssen.

Mit Blick auf die bildungspolitischen Rahmensetzungen und Zuständigkeiten ist die Frage zu stellen, ob die bisher vielerorts übliche Trennung der Verantwortlichkeiten für die beiden Systeme aufrechterhalten werden sollte bzw. wie zumindest die Zusammenarbeit (z.B. zwischen Kultus- und Sozialministerien) intensiviert werden kann.

Nicht zuletzt ist mit Blick auf Bildungsgerechtigkeit und Selektionsmechanismen kritisch zu hinterfragen, ob ein Nebeneinander von kostenfreien und kostenpflichten Ganztagsangeboten und -modellen dem Ziel gleicher Bildungschancen für alle Kinder und Jugendlichen zuträglich ist.

Eine stete Qualitätsentwicklung der Angebote und Konzepte am jeweiligen Standort auf der Basis der rechtlichen Grundlagen und vorliegender Rahmensetzungen muss unabhängig vom Ganztagsmodell erfolgen.

Literatur

AUTORENGRUPPE FACHKRÄFTEBAROMETER (2023). Fachkräftebarometer Frühe Bildung 2023, Hg. v. Deutschen Jugendinstitut/Weiterbildungsinitiative Frühpädagogische Fachkräfte. Bielefeld.

BAITINGER, O. (2018). Auf der Suche nach pädagogischen Zielen der ganztägigen Betreuung von Grundschulkindern. Pädagogische Korrespondenz 31 (58), S. 74–85.

BOCK, K. (2012). Die Kinder- und Jugendhilfe. In W. Thole (Hg.), Grundriss Soziale Arbeit. Ein einführendes Handbuch. Wiesbaden: VS Verlag für Sozialwissenschaften, S. 439–459.

BRISSON, B. (2022). Qualität für den Ganztag. Befunde aus 15 Jahren Ganztagsschulforschung im Überblick. In: GTS-Bilanz (Hg.), Qualität für den Ganztag. Weiterentwicklungsperspektiven aus 15 Jahren Ganztagsschulforschung. Frankfurt/M., S. 3–8.

COELEN, T. (2014). Kooperationen zwischen Ganztagsschulen und außerschulischen Organisationen. In T. Coelen & L. Stecher (Hg.), Die Ganztagsschule. Eine Einführung. Weinheim & Basel: Beltz Juventa, S. 29–45.

DKJS (Deutsche Kinder- und Jugendstiftung) (2019). Wellbeing als Faktor für Bildungserfolg. Diskurs, Studien und Praxisbeispiele. Berlin.

FEND, H. (2008). Neue Theorie der Schule. Einführung in das Verstehen von Bildungssystemen (2. Aufl.). Wiesbaden: VS Verlag für Sozialwissenschaften.

GRASSHOFF, G. & Sauerwein, M. N. (2021). Schule und Sozialpädagogik. In T. Hascher, T.-S. Idel & W. Helsper (Hg.), Handbuch Schulforschung. Wiesbaden: Springer VS, S. 599–613.

HELMKE, A. (2017). Unterrichtsqualität und Lehrerprofessionalität. Diagnose, Evaluation und Verbesserung des Unterrichts (7., korr. Aufl.). Seelze-Velber: Klett.

HERZOG, W. (2009). Pädagogische Ansprüche an Tagesschulen – ein Konflikt mit der Politik? In M. Schüpbach & W. Herzog (Hg.), Pädagogische Ansprüche an Tagesschulen. Bern, Stuttgart & Wien: Haupt Verlag, S. 15–42.

HEYL, K., Hirsch, A., Fischer, N. & Rollett, W. (2021). Individuelle Entwicklung von Schüler:innen – Wirksamkeit von Ganztagsschule in Deutschland. In GTS-Bilanz (Hg.), Qualität für den Ganztag. Weiterentwicklungsperspektiven aus 15 Jahren Ganztagsschulforschung. Frankfurt/M, S. 46–53.

HOFMANN-LUN, I. (2014). Mit der Ganztagsschule auf dem Weg zur Inklusion. Wie tragen Ganztagskonzepte und Jugendhilfe zur gleichberechtigten Teilhabe von Menschen mit und ohne Behinderung an allen Bereichen des Lebens bei? München.

HOLTAPPELS, H. G. (2014). Entwicklung und Qualität von Ganztagsschulen. Eine vorläufige Bilanz des größten Reformprogramms in Deutschland. In H. G. Holtappels, A. S. Williems, M. Pfeifer, W. Boy & N. McElvany (Hg.), Jahrbuch der Schulentwicklung (2014) 18. Weinheim & Basel: Beltz Juventa, S. 9–61.

HUSCHIK, G., Mohr, S., Reemtsma, R. et al. (2023). Bericht der Bundesregierung zum Ausbaustand der ganztägigen Bildungs- und Betreuungsangebote für Grundschulkinder nach § 24a SGB VIII. Hg. v. Bundesministerium für Familie, Senioren, Frauen und Jugend (BMFSFJ).

https://www.bmfsfj.de/resource/blob/234238/542e764d0223806ba63d913e3cc65da1/gafoeg-bericht-2023-data.pdf (Zugriff: 31.3.2025).

HUSCHIK, G. Mohr, S. Reemtsma, R. et al. (2024). Zweiter Bericht zum Ausbaustand der ganztägigen Bildungs- und Betreuungsangebote für Grundschulkinder nach § 24a SGB VIII. Hg. v. Bundesministerium für Familie, Senioren, Frauen und Jugend (BMFSFJ). https://www.bmfsfj.de/resource/blob/251606/4eb97254232538a2b405d3a49705883d/2-gafoeg-bericht-data.pdf (Zugriff: 31.3.2025).

KIELBLOCK, S. Wazinski, N. & Maaz, K. (2021). Weiterentwicklungsperspektiven aus 15 Jahren Ganztagsschulforschung hinsichtlich der Qualität für den Ganztag. In GTS-Bilanz (Hg.), Qualität für den Ganztag. Weiterentwicklungsperspektiven aus 15 Jahren Ganztagsschulforschung. Frankfurt/M., S. 54–57.

KMK (Sekretariat der Ständigen Konferenz der Kultusminister der Länder in der Bundesrepublik Deutschland) (2025). Allgemeinbildende Schulen in Ganztagsform in den Ländern in der Bundesrepublik Deutschland. Statistik 2019 bis 2023. Berlin.

MARKERT, T. (2021). Der Hort im Ganztag. In G. Graßhoff & M. Sauerwein (Hg.), Rechtsanspruch auf Ganztag. Zwischen Betreuungsnotwendigkeit und fachlichen Ansprüchen. Weinheim & Basel: Beltz Juventa, S. 81–95.

NEROWSKI, C. (2015). Erwartungen an Ganztagsschulen. In S. Rahm, K. Rabenstein & C. Nerowski (Hg.), Basiswissen Ganztagsschule. Konzepte, Erwartungen, Perspektiven. Weinheim & Basel, S. 38–64.

OFFERMANNS, A. (2021). Der Hamburger Ganztag – Geschichte, Herausforderungen, Erfolge. In G. Graßhoff & M. Sauerwein (Hg.), Rechtsanspruch auf Ganztag. Zwischen Betreuungsnotwendigkeit und fachlichen Ansprüchen. Weinheim & Basel: Beltz Juventa, S. 112–126.

RADISCH, F. (2009). Qualität und Wirkung ganztägiger Schulorganisation. Theoretische und empirische Befunde. Weinheim & Basel: Beltz Juventa.

RADISCH, F., Klemm, K. & Tillmann, K. J. (2019). Gelingensfaktoren guter Ganztagsschulen. Eine qualitative Studie bewährter Schulpraxis. In Bertelsmann Stiftung (Hg.), Gute Ganztagsschulen entwickeln. Zwischenbilanz und Perspektiven. Gütersloh: Bertelsmann, S. 147–177.

RAUSCH, J. & Berndt, S. (2012). Jugendhilfe in Kooperation mit der Ganztagsschule. Zum Strategieverständnis von Jugendhilfe im Wandel von Schule. Wiesbaden: VS Verlag für Sozialwissenschaften.

SAUERWEIN, M. (2017). Qualität in Bildungssettings der Ganztagsschule. Über Unterrichtsforschung und Sozialpädagogik. Weinheim & Basel: Beltz Juventa.

SAUERWEIN, M. Gumz, H. & Deinet, U. (2022). Ganztagsschule und Jugendarbeit. Stolpersteine und Chancen der Zusammenarbeit. Tanorama 2, S. 26–29.

SAUERWEIN, M., Hannemann, J. & Rollett, W. (2018). Ergänzende Unterscheidungskriterien für die Organisationsform von Ganztagsschulen. Inhaltliche Breite des Angebotes, konzeptuelle Verbindungen und Zeitorganisation. In K. Drossel & B. Eickelmann (Hg.), Does ‚What works' work? – Bildungspolitik, Bildungsadministration und Bildungsforschung im Dialog. Münster: Waxmann, S. 241–258.

SCHIEFER, U. & Schlaaf-Kirschner, K. (2022). Qualität in Ganztag und Hort. Das Praxishandbuch. Mühlheim an der Ruhr: Verlag an der Ruhr.

SEELMANN-EGGEBERT, G. (2019). Ganztagsschule oder Halbtagsschule? Zeitkonzepte in Bayern vom Mittelalter bis ins 20. Jahrhundert. Hiltpoltstein: afg media.

SEEMANN, A.-M. (2020). Überlegungen zur Ganztagsschule im Kontext des Rechtsanspruchs. Gemeinsam lernen. Zeitschrift für Schule, Pädagogik und Gesellschaft 6 (2), S. 75–78.

SEEMANN, A.-M. & Titel, V. (2023). Qualitätsdimensionen von Ganztagsangeboten im Grundschulalter. Wissenschaftlicher Diskurs, Bildungspolitik und pädagogische Praxis. Weiterbildungsinitiative Frühpädagogische Fachkräfte, WiFF Expertisen, Bd. 55. München: Deutsches Jugendinstitut.

SPIES, A. (2018). Schule und Soziale Arbeit. In G. Graßhoff, A. Renker & W. Schröer (Hg.), Soziale Arbeit. Eine elementare Einführung. Wiesbaden: Springer VS, S. 133–150.

STEG-KONSORTIUM (Hg.) (2010). Ganztagsschule. Entwicklung und Wirkungen. Ergebnisse der Studie zur Entwicklung von Ganztagsschulen 2005–2010. Frankfurt/M.: DIPF.

STEG-KONSORTIUM (Hg.) (2019). Ganztagsschule 2017/2018. Deskriptive Befunde einer bundesweiten Befragung. Frankfurt/M./Dortmund/Gießen/München: DIPF, DJI, IFS, Justus-Liebig-Universität.

STEINER, C. (2009). Mehr Chancengleich durch die Ganztagsschule? In L. Stecher, C. Allemann-Ghionda, W. Helsper, & E. Klieme (Hg.), Ganztägige Bildung und Betreuung. Weinheim & Basel: Beltz & Juventa, S. 81–105.

STÖBE-BLOSSEY, S. (2023). Rechtsanspruch auf Ganztagsförderung für Grundschulkinder. Strukturen und Herausforderungen. IAQ-Report 2023–07. Duisburg: IAQ.

STÖTZEL, J. & Wagener, A. L. (2014). Historische Entwicklungen und Zielsetzungen von Ganztagsschulen in Deutschland. In T. Coelen & L. Stecher (Hg.), Die Ganztagsschule. Eine Einführung. Weinheim & Basel: Beltz & Juventa, S. 49–64.

TEXTOR, M. (2019). Bildungspläne für Kitas. www.bpb.de/themen/bildung/zukunft-bildung/292283/bildungsplaene-fuer-kitas/#node-content-title-3 (Zugriff: 12.5.2024).

TILLMANN, K.-J. (2011). Die Steuerung von Ganztagsschulen. Zum Verhältnis von Schulautonomie, freien Anbietern und staatlicher Regulierung. Zeitschrift für Erziehungswissenschaft 14 (3), S. 11–24.

VIEHWEGER, A. & Pfrang, A. (2016). Zeiterfahrung von Grundschülern. Eine qualitative Studie zur Erfassung des Erfahrens zeitlicher Strukturierung von Schule und Unterricht. In K. Liebers, B. Landwehr, S. Reinhold, S. Riegler & R. Schmidt (Hg.), Facetten grundschulpädagogischer und -didaktischer Forschung. Wiesbaden: Springer VS, S. 143–148.

WAPLER, F. (2020). Chancen guten Ganztags für Kinder im Grundschulalter. Menschenrechtliche Perspektiven. Gütersloh: Bertelsmann.

WIERE, A. (2011). Warum Ganztagsschule? Rekonstruktion einer bildungspolitischen Kampagne. In H. Gängler & T. Markert (Hg.), Vision und Alltag der Ganztagsschule. Die Ganztagsschule als bildungspolitische Kampagne und regionale Praxis. Weinheim & Basel: Beltz Juventa, S. 13–32.

WISSENSCHAFTSGELEITETER QUALITÄTSDIALOG ZUM GANZTAG (QUAD) (2021). Zusammenarbeit im Ganztag stärken. Frankfurt/M.

ZÜCHNER, I. & Arnoldt, B. (2011). Schulische und außerschulische Freizeit- und Bildungsaktivitäten. Teilhabe und Wechselwirkungen. In N. Fischer, H.G Holtappels, E. Klieme, T. Rauschenbach, L. Stecher und I. Züchner (Hg.), Ganztagsschule. Entwicklung, Qualität, Wirkungen. Längsschnittliche Befunde der Studie zur Entwicklung von Ganztagsschulen (StEG). Weinheim & Basel: Beltz Juventa, S. 267–290.

LAURIN BREMERICH, MANUEL NIEMANN,
MARKUS SAUERWEIN

Ganztagsbildung und Kommunale Bildungslandschaft

1. Einleitung

Als vor etwa zwei Jahrzehnten im Zuge des Investitionsprogramms „Zukunft Bildung und Betreuung" (IZBB) der flächendeckende Ausbau von Ganztagsschulen in Deutschland begann, stand eine Reihe von Befürchtungen außerschulischer Akteur:innen im Raum. Sportvereine und Musikschulen kommentierten, der Ganztag verhindere, dass Kinder an ihren Angeboten teilnehmen. Auch innerhalb der Sozialpädagogik, insbesondere von Vertreter:innen der Kinder- und Jugendarbeit, bestand Skepsis, die Ganztagsschule könne die Kinder und Jugendlichen von den Angeboten abhalten oder die Angebote der Kinder- und Jugendarbeit unter einem schulischen Bildungsverständnis übernehmen. Damit würden die zu Schule differenten Zugänge zu den Alltagswelten der Kinder verloren gehen, ebenso wie das genuine Bildungsverständnis der Kinder- und Jugendarbeit (Otto & Coelen, 2008; Rauschenbach, 2009; Sauerwein, 2017; 2018).

Empirisch bestätigt haben sich diese Befürchtungen in der Form nicht. Eher ist von einem Anwerbeeffekt auszugehen. Kinder können im Ganztag die vielfältigen Angebote von Vereinen und Musikschulen kennenlernen und so für einen Besuch außerhalb des Ganztags gewonnen werden (Hakim & Züchner, 2021; Züchner & Arnoldt, 2011). Mehr noch, Sportvereine, Anbieter:innen der musischen und kulturellen Bildung und die Kinder- und Jugendhilfe sind die wichtigsten Kooperationspartner:innen von Ganztagsschulen (Huschik et al. 2024, StEG-Konsortium, 2019). „Ohne die Kooperation mit örtlichen Trägern und Vereinen der außerschulischen Bildung sind Ganztagsschulen gar nicht denkbar" (Graßhoff & Sauerwein, 2020, S. 606).

Gleichwohl bedarf es für die Zusammenarbeit, insbesondere von Schule und Kinder- und Jugendhilfe, konzeptionelle Rahmungen. Natürlich gab es auch vor dem Ausbau der Ganztagsschulen mit dem Hort eine Institution der Kinder- und Jugendhilfe, die sich für die Betreuung von Schulkindern verantwortlich zeichnete (Lange, 2015; Markert, 2014; 2021). Dennoch schien kein verbreitetes (und überzeugendes) Konzept für eine Zusammenarbeit der beiden Systeme vorzuliegen, auf das sich hätte gestützt werden können. Das Konzept der Ganztagsbildung füllt diese Leerstelle, wobei die erste Publikation zum Thema Ganztag von Coelen (2002) bereits vor dem IZBB erschien. Womöglich auch, weil eine Transformation des Bildungssystems absehbar erschien. Beschrieben wurde, dass in Schulen verstärkt auch informelle sowie non-formelle Bildung stattfindet, während der außerschulische Bereich auf formalisierte Angebote zurückgreift (s. hierzu: Fölling-Albers, 2000). Zinnecker (2008) spricht in diesem Zusammenhang von einem widersprüchlichen Prozess, in dem einerseits eine nach „[...] außen expandierende Scholarisierung von Kindheit, Jugend und Nach-Jugendphase [...]“ beobachtet werden kann, andererseits durch eine „Ent-Scholarisierung“ traditionelle schulische Strukturen innerhalb des Bildungssystems abgebaut oder flexibilisiert werden (S. 532). In den folgenden Jahren war entsprechend eine Verlagerung von sozialpädagogischen Angeboten in die Schule zu beobachten (Sauerwein, 2021).

Ganztagsbildung ist ein Konzept, das die Zusammenarbeit von Kinder- und Jugendhilfe mit Schule zu rahmen versucht, indem jedes der beiden Systeme anerkannt wird und die eigenen Stärken beibehalten soll, ohne dass das eine System in dem anderen aufgeht (Mack, 2023). Es geht demnach auch darum, die beschriebenen Transformationen aktiv zu gestalten. Darüber hinaus ist Ganztagsbildung eine Reaktion auf gesellschaftliche und bildungspolitische Herausforderungen, die in den letzten Jahrzehnten immer stärker in den Fokus gerückt sind (BMFSFJ, 2005; Bollweg et al., 2020a; Heinrich, 2020; Maykus, 2021). Der demografische Wandel, wachsende soziale Ungleichheiten und die zunehmende Bedeutung von Bildung als Schlüsselfaktor im Lebenslauf sind nur einige dieser zentralen Anforderungen. Ganztagsbildung stellt in diesem Kontext nicht nur eine Erweiterung des schulischen Angebots dar, sondern steht im Zeichen eines erweiterten Bildungsverständnisses, das die Verknüpfung von formellen und informellen Lernprozessen in den Vordergrund stellt (Sauerwein & Graßhoff, 2022). In der praktischen Umsetzung, auch um weitere Akteur:innen einzubeziehen, korrespondiert Ganztagsbildung mit der Idee kommunaler Bildungslandschaften/-netzwerke (Eisnach, 2011; Bleckmann & Schmidt, 2012; Bollweg, 2018). Der Terminus „kommunale Bildungslandschaft“ bezeichnet Netzwerkstrukturen im Bildungssystem mit dem Ziel der Überwindung bürokratischer Trennungen, welche das in Zuständigkeiten organisierte deutsche Bildungssystem kennzeichnen (Duveneck & de Haan, 2020). Durch die Vernetzung von Bereichen wie Schule, Jugendhilfe und Sport soll Bildung bedarfsorientierter gestaltet werden, indem sie an den realen Lernprozessen und Bedürfnissen junger Menschen ausgerichtet wird (ebd.). Im Folgenden wird näher auf die Konzepte Ganztagsbildung und Bildungslandschaften eingegangen, die damit einhergehenden Forschungsaktivitäten aufgegriffen und die Potenziale sowie Herausforderungen skizziert und ein Ausblick gegeben.

2. Das Konzept der Ganztagsbildung

Im Zentrum der Ganztagsbildung steht die Kooperation zwischen Schule und Kinder- und Jugendhilfe, um ein umfassendes Bildungsangebot zu schaffen, das sowohl den schulischen Unterricht als auch außerschulische Aktivitäten wie Sport, Kultur und Jugendhilfe-Angebote integriert (Sauerwein & Graßhoff, 2022). Ganztagsbildung soll damit als ein Netzwerk von Bildungsangeboten dienen, als eine Einheit der Ausbildung und Identitätsentwicklung von Kindern und Jugendlichen (Coelen & Otto, 2008). Dieses Konzept hebt hervor, dass Bildung nicht nur in der Schule, sondern in vielfältigen Kontexten stattfindet, die an die Bedürfnisse der Lernenden angepasst sind (Bollweg et al., 2020a). Es greift damit auch Diskurse der Jahrtausendwende auf, die für ein umfassendes Bildungsverständnis eintraten, wie die sogenannten Leipziger Thesen unter dem Label „Bildung ist mehr als Schule" (Bundesjugendkuratorium et al., 2002). Der Begriff „Ganztagsbildung" beschreibt Bildung als ein gemeinsames Projekt unterschiedlicher Akteur:innen (Mack, 2023). Neben Schulen und der Jugendhilfe spielen auch Sportvereine, Kultureinrichtungen und andere lokale Institutionen eine wichtige Rolle. Voraussetzung für dieses Zusammenspiel ist eine gemeinsame Ausrichtung und ein Konzept, das von allen Beteiligten getragen wird. Bollweg et al. (2020b) bezeichnen dieses Konzept als eine Art „Partitur", die das kooperative Handeln der Akteur:innen aufeinander abstimmt.

Insbesondere in sozialpädagogischen Diskursen wird der Begriff Ganztagsbildung auch als Gegenentwurf zur Ganztagsschule herangezogen – verstanden als ein schulzentrierter Blick auf ganztägige Bildungs- und Betreuungsangebote. Die schulzentrierte Blickrichtung soll überwunden werden in einer Zusammenarbeit von Jugendhilfe und Schule, die die Komplementarität der Angebote betont. Auf diesem Wege werden Heranwachsenden formale und non-formale Bildungsgelegenheiten offeriert und damit die gesamte Persönlichkeit in den Blick genommen. Für die Kinder- und Jugendhilfe bedeutet dies auch, ihre eigenen Stärken zu betonen und diese nicht ausschließlich in Abgrenzung zu Schule zu konturieren (Sauerwein, 2021; Coelen, 2006; 2002). Mit dieser Ausrichtung sollen Bildungsbenachteiligungen in einem umfassenden Verständnis reduziert werden, da allen Heranwachsenden zusätzliche Lern- und Entwicklungsmöglichkeiten geboten werden (Bollweg, 2018).

Insbesondere in der Ganztagsbildung wird auf die multiprofessionelle Zusammenarbeit gesetzt, bei der die Perspektiven verschiedener Professionen genutzt werden, um eine ganzheitliche Problemlösung zu entwickeln und ein umfassendes Bildungsverständnis zu verwirklichen (Böllert et al., 2023). Ausgangspunkt für die Bildungsangebote sind immer die Bedürfnisse der Kinder und Jugendlichen, an denen sich Schulen, Vereine, Angebote der Kinder- und Jugendhilfe sowie die dort Tätigen orientieren. Dies bedeutet in der praktischen Umsetzung den Einbezug von sozialräumlichen Angeboten. Kommunale Bildungslandschaften können als eine praktische Umsetzung der Ideen von Ganztagsbildung verstanden werden (Spies & Wolter, 2020; Deinet, 2020; Mack, 2023).

3. Bildungslandschaften

Die Idee der kommunalen Bildungslandschaften zielt darauf ab, Bildungsangebote über den schulischen Bereich hinaus auszubauen und miteinander zu vernetzen. Dabei wird Bildung als sozialräumliches Phänomen verstanden, das durch die Zusammenarbeit lokaler Akteur:innen wie Schulen, sozialen Einrichtungen und zivilgesellschaftlichen Organisationen gefördert wird (Coelen, 2020; Mack, 2023). Diese Vernetzung soll ein integratives Bildungsumfeld schaffen, in dem formelle und informelle Bildungsprozesse eng miteinander verknüpft werden, um sowohl Bildungsgerechtigkeit zu fördern, als auch Bildungs-, Betreuungs- und Freizeitangebote ganzheitlich zu integrieren (Coelen, 2020; Mack, 2023). Eine gängige Definition von Bildungslandschaften stammt von Bleckmann & Durdel (2009), welche diese als „langfristige, professionell gestaltete, auf gemeinsames, planvolles Handeln abzielende, kommunalpolitisch gewollte Netzwerke zum Thema Bildung, die ausgehend von der Perspektive des lernenden Subjekts formale Bildungsorte und informelle Lernwelten umfassen" (S. 12), beschreiben. Der Begriff Bildungslandschaft kann sich dabei auf eine Stadt, einen Stadtteil oder ein Stadtquartier, aber auch auf einen Landkreis oder einen Verbund mehrerer Städte und Gemeinden beziehen. Je nachdem spricht man von lokalen, kommunalen oder regionalen Bildungslandschaften (Mack, 2023).

Eine erfolgreiche Umsetzung von Bildungslandschaften erfordert die Zusammenarbeit verschiedener Bildungsakteur:innen (Spies & Wolter, 2018). Die Zusammenarbeit von Institutionen und Initiativen aus den Bereichen Bildung, Jugend, Soziales, Wirtschaft, Kultur und Sport sowie gesellschaftlichen Gruppen, Verbänden, Kirchen und Vereinen bildet das Herzstück dieser Netzwerke (Mack, 2020). Die Verknüpfung von Bildung und sozialräumlichen Perspektiven verdeutlicht, dass Bildung eine gesamtgesellschaftliche Aufgabe ist. Initiativen, wie das Programm „Lernen vor Ort" des Bundesministeriums für Bildung und Forschung (BMBF) haben diesen Ansatz gestärkt, indem sie die Entwicklung von Bildungslandschaften auf kommunaler Ebene gefördert haben (Euler & Sloane, 2015).

Dabei spielt die Kooperation zwischen Jugendhilfe und Schule eine zentrale Rolle für kommunale Bildungslandschaften (Böllert et al., 2023). Diese Kooperation ist wesentlich, um die komplexen sozialen Bildungsprobleme anzugehen, die oft die Expertise unterschiedlicher Fachdisziplinen erfordern. Bildungslandschaften fördern dabei langfristige Netzwerke, die ein gemeinsames, ganzheitliches Handeln ermöglichen (Bleckmann & Durdel, 2009). Gerade diese Netzwerke der Bildungslandschaften verbinden Institutionen und Berufsgruppen innerhalb von Kommunen, um eine strukturierte Förderung der Bildungsprozesse junger Menschen und die Bearbeitung komplexer sozialer Probleme zu gewährleisten (BMFSFJ, 2005; Maykus, 2021). Der Fokus liegt dabei auf einem umfassenden Bildungsportfolio, das formale, non-formale und informelle Bildungsprozesse integriert und zur Identitätsbildung beiträgt (Sauerwein & Graßhoff, 2022). Die Rolle der multiprofessionellen Zusammenarbeit in Bildungslandschaften ist entscheidend. Böllert et al. (2023) beschreiben diese Zusammenarbeit als „kooperative Wohlfahrtsproduktion" (Böllert et al., 2023, S. VI–VII). Die Herausforderung besteht darin, diese Kooperationen nachhaltig und gleichberechtigt zu gestalten, um sicherzustellen, dass alle Akteur:innen in den Planungsprozess eingebunden sind und die Bildungsbedarfe der Lernenden berücksichtigt werden. Diese Netzwerke sind nicht nur auf den schulischen Kontext beschränkt, sondern beziehen auch außerschulische Einrichtungen und verschiedene räumliche Ebenen wie Stadtteile oder Landkreise ein, um Bildung fest im alltäglichen Leben zu verankern (Mack, 2023).

In der Praxis lassen sich im Kern vier verschiedene Typen von Bildungslandschaften identifizieren, darunter die „Kooperation von Jugendhilfe und Schule", „Schulentwicklung", „Lebenslanges Lernen" und der „Soziale Raum als Bildungsraum" (Berse 2011, S. 41–44) – wenngleich es Weiterentwicklungen und Ergänzungen der genannten Typen gibt. Die „Kooperation von Jugendhilfe und Schule" fokussiert die Verbindung dieser beiden pädagogischen Systeme (oftmals grundiert mit reformpädagogischen Prinzipien) und einem emanzipatorischen Bildungsverständnis. „Schulentwicklung" wiederum betont die Zusammenarbeit von Schule und Kommune zur Qualitätsverbesserung und Optimierung formaler Bildungsangebote. Unter „Lebenslanges Lernen“ wird Bildung als politisches Querschnittsthema verstanden, das einen wichtigen Beitrag zur regionalen Entwicklung und zur wirtschaftlichen Innovation leistet. Der „Sozialraum als Bildungsraum“ rückt die Gestaltung sozialräumlicher Lebensbedingungen in den Mittelpunkt, oft in Verbindung mit Quartiers- oder Stadtteilarbeit (Berse, 2011). Brüsemeister (2016) unterstreicht diesbezüglich, dass Kommunen einen Mix aus einigen oder allen der genannten Aspekte verfolgen können. Insgesamt verdeutlicht diese Typisierung, dass Bildungslandschaften auf verschiedenen Ebenen und in unterschiedlichen gesellschaftlichen Kontexten wirksam sind und verschiedene Herausforderungen ansprechen. So wurde beispielsweise in Duisburg (NRW) die Stabsstelle Bildungsregion etabliert, die unter dem besonderen Schwerpunkt der Förderung von Bildungsgerechtigkeit und der Unterstützung von benachteiligten Gruppen an der Vernetzung lokaler Bildungsträger arbeitet sowie Konzepte für lebenslanges Lernen entwickelt (Stadt Duisburg, o.J.). Das Regionale Bildungsbüro der Stadt Heidelberg (Baden-Württemberg) setzt hingegen Schwerpunkte wie die Begleitung von Übergängen im Bildungsweg, die Förderung inklusiven Lernens und die Unterstützung bei Berufsorientierung und Ausbildungsplatzsuche durch Formate wie die „Heidelberger Ausbildungstage“ und die Praktikumsbörse „practise“ (Stadt Heidelberg, o.J.). Die Regionale Koordinierungsstelle für Berufliche Orientierung in Dresden (Sachsen) informiert über Angebote zur beruflichen Orientierung, fördert die Zusammenarbeit zwischen Schulen und Unternehmen, organisiert Veranstaltungen des Arbeitskreises Schule-Wirtschaft und initiiert Projekte zur Fachkräftesicherung. In enger Zusammenarbeit mit Partner:innen wie dem Landesamt für Schule und Bildung und der Agentur für Arbeit vernetzt sie Akteur:innen und Angebote, um jungen Menschen den Übergang von Schule in Ausbildung oder Studium zu erleichtern und berufliche Perspektiven in der Region zu schaffen (Stadt Dresden, o.J.). Diese Beispiele zeigen, wie unterschiedlich Bildungslandschaften ausgestaltet sind, um den spezifischen Herausforderungen ihrer Regionen zu begegnen und möchte so möglichst passgenaue Angebote schaffen, die zur Stärkung der regionalen Bildungslandschaften beitragen. Wie aus der Darstellung zu Bildungslandschaften und Ganztagsbildung deutlich wird, bestehen vielfältige Überschneidungen. Beiden geht es um das Zusammenspiel von formellen und informellen Bildungsprozessen mit dem Ziel, Bildung als gesamtgesellschaftliche Herausforderung zu verstehen und entsprechend zu gestalten. Die erfolgreiche Umsetzung von Bildungslandschaften hängt maßgeblich von der Kooperation und dem Engagement der beteiligten Akteur:innen ab, die gemeinsam daran arbeiten, eine ganzheitliche Bildung für alle Lernenden zu schaffen. Bezugspunkte in der Ganztagsbildung lassen sich dabei eher zur Jugendhilfe und Schule herstellen, während Bildungslandschaft eher die praktische Umsetzung beschreibt, welche auch die berufliche Bildung mit adressieren kann, obgleich sie sich dann auch oft auf die Schule bezieht.

4. Forschung zu Ganztagsbildung und Bildungslandschaften

Forschung zu Ganztagsbildung fällt oft mit der Forschung zu Ganztagsschulen allgemein zusammen. In empirischen Untersuchungen ist es zudem kaum möglich, das gesamte Konzept von Ganztagsbildung abzubilden. In den vorliegenden empirischen Arbeiten wird sich aber oftmals an das Konzept von Ganztagsbildung angelehnt, sodass eine Vielzahl an Studien mit Bezug auf Ganztagsbildung vorliegen, ohne jedoch den Anspruch zu stellen, dieses Konzept zu evaluieren (Bollweg et al., 2020).

Bezug genommen wird auf Ganztagsbildung beispielsweise bei Fragestellungen zur Wirkung und Qualität von Ganztagsangeboten. Berücksichtigt werden hierbei sowohl schulpädagogische als auch sozialpädagogische Zugänge (Sauerwein & Fischer, 2020). Gute Ganztagsangebote sind demnach zum einen durch zeitlich strukturierende, aktivierende und autonomiefördernde Aspekte (s. Basisdimensionen guten Unterrichts (Klieme, 2019)), zum anderen durch eher in sozialpädagogischen Diskursen aufgeführte Aspekte wie Partizipation, Anerkennung der Betreuer:innen sowie eine Alltagsorientierung gekennzeichnet (Sauerwein, 2017; Sauerwein & Fischer, 2020). Sind die Angebote qualitativ hochwertig gestaltet, hat dies insbesondere einen Einfluss auf die sozioemotionale Entwicklung, das Wohlbefinden oder die Motivation. Konsistente Hinweise auf die positive Entwicklung schulischer Kompetenzen liegen nicht vor (Sauerwein et al., 2019; Rother et al., 2024; Theis & Schlicht-Schmälzle in diesem Band).

Kritisiert wird, dass in der Zusammenarbeit von Schule und Kinder- und Jugendhilfe eigene Zugänge und Strukturprinzipien verloren gehen können. Oftmals erfolgt eine verbindliche Anmeldung zu bestimmten Angeboten, die andere Bildungszugänge ermöglichen sollten, sodass das Prinzip der Freiwilligkeit umgangen wird (Spies, 2018). Die im Ganztag Tätigen müssen die Anwesenheit kontrollieren und die Zeitfenster orientieren sich nicht an den Bedürfnissen der Kinder, sondern an schulischen Zeitregimen von Schulstunden (i.d.R. 45 Minuten bzw. 90 Minuten). Ebenso besteht in Angeboten zumeist ein klarer Sachbezug (gesetztes Thema der Angebote). Damit können die Interessen der Kinder selbst nur eingeschränkt aufgegriffen werden (Graßhoff et al., 2019a; Graßhoff et al., 2019b). Im Theater-Angebot wird ein kultureller Inhalt dargeboten und erprobt und nicht Fußball gespielt oder gekocht.

Für eine erfolgreiche Etablierung von Bildungslandschaften wurden u. a. vier zentrale Dimensionen identifiziert: Erstens die Planungsdimension, die darauf abzielt, verschiedene Einzelplanungen und Ressorts zu integrieren und hierfür geeignete Planungsgrundlagen zu schaffen. Zweitens die Zivilgesellschaftsdimension, in der relevante Akteur:innen aktiviert und in einem Bildungsnetzwerk zur Zusammenarbeit bewegt werden sollen. Drittens die Aneignungsdimension, die alle Bürger:innen als Adressat:innen von Bildungsangeboten ins Zentrum rückt. Und viertens die Professionsdimension, die sich mit den Herausforderungen der unterschiedlichen beteiligten Professionen auseinandersetzt (Stolz, 2012). Auf der Zivilgesellschaftsdimension verdeutlichen die Befunde von Koszuta et al. (2021), dass die Aktivitäten von Bildungslandschaften vor allem integrativer Natur sind, indem Austausch- und Begegnungsgelegenheiten im Sinne einer Vernetzungsmöglichkeit geschaffen sowie vorhandene Angebote sichtbarer gemacht werden. Weitere Forschung zeigte aber auch, dass im Kontext der interdisziplinären Zusammenarbeit der Ausbau des Ganztags wiederum eher zu einer verstärkten Bildungs- und Schulorientierung der Jugendhilfe führte, anstatt die angestrebte nachhaltige Kooperation zwischen Schule und Jugendhilfe auf Augenhöhe zu etablieren (Schalkhaußer & Thomas, 2011).

Weitere Forschungsarbeiten auf schulischer Ebene weisen auf eine Zunahme von interdisziplinären Kooperationen hin, die nachweislich zu einer Verbesserung der Angebotsqualität geführt haben (Rolff, 2014; Schubert et al., 2011). Ebenfalls aus schulischer Perspektive forschten Coelen et al. (2022) zu einer Sonderform der Bildungslandschaft und untersuchten sie in der Campus-Form. Die Campus-Form zielt darauf ab, formelle und informelle Bildungsprozesse durch die enge Kooperation verschiedener Bildungsakteur:innen in einem begrenzten Sozialraum zu ermöglichen. Dabei spielt die räumliche Gestaltung der Bildungslandschaften eine zentrale Rolle, da durch Architektur und Freiraumgestaltung ein pädagogischer Mehrwert geschaffen werden soll. Die Forschungsergebnisse zeigen, dass diese Campus-Formen eine engere Vernetzung und verbesserte Übergänge zwischen verschiedenen Bildungseinrichtungen fördern (Coelen et al., 2022).

Darüber hinaus zeigt sich in der Praxis, dass besonders benachteiligte Gruppen, wie Kinder aus sozial schwachen Haushalten und Familien mit Migrationsgeschichte, oft nicht wie erhofft von den Angeboten profitieren (Bollweg et al., 2020; Sauerwein et al., 2019). Des Weiteren stellt Gumz (2019) fest, dass es eine deutliche Diskrepanz zwischen der ursprünglichen Idee der Bildungslandschaften und deren praktischer Umsetzung gibt. Es wird aufgezeigt, dass die Umsetzung von Bildungslandschaften überwiegend als Top-Down-Strategie erfolgt, was zu strukturellen Herausforderungen führt, insbesondere in Bezug auf die interinstitutionelle Zusammenarbeit. Wichtige Ziele, wie die stärkere Einbindung der Kinder- und Jugendhilfe, werden nicht vollständig erreicht. Auch Fahrenwald (2020) weist darauf hin, dass Bildungslandschaften häufig von externen Akteur:innen wie Ministerien oder Stiftungen initiiert werden, was ihre Flexibilität einschränkt. Diese Top-Down-Ansätze sind häufig mit organisatorischen Vorgaben verbunden, die eine lokale Anpassung erschweren und damit eine erfolgreiche Umsetzung hemmen.

Anhand der vorgestellten Forschungsarbeiten wird deutlich, dass die Befunde zur Erforschung von Bildungslandschaften eher uneinheitlich sind. Während Berichte und Dokumentationen auf der einen Seite darauf hinweisen, dass in vielen Kommunen eine hohe Beteiligung dieser Akteur:innen stattfindet, bleibt auf der anderen Seite eine Wissenslücke in Bezug auf die konkrete Gestaltung und Wirkung (für Schüler:innen) von Bildungslandschaften (Mack, 2020).

5. Potenziale und Herausforderungen

Grundsätzlich bietet das Zusammenspiel von Ganztagsbildung und Bildungslandschaften die Möglichkeit, formale, non-formale und informelle Bildungsprozesse miteinander zu verknüpfen und somit Bildung in einem ganzheitlichen Sinne zu verstehen und zu gestalten. Dadurch können umfassende und differenzierte Bildungsangebote entstehen, die sowohl den formalen schulischen Bereich als auch außerschulische Aktivitäten abdecken, sodass durch die gemeinsame Planung und Durchführung von Bildungsmaßnahmen neben der schulischen Leistung auch die soziale und emotionale Entwicklung der Lernenden nochmals stärker in den Fokus rücken. Dabei können die unterschiedlichen Bildungsangebote besonders effektiv dazu beitragen, Bildungsbenachteiligungen abzubauen und den Lernenden vielfältige Entwicklungsmöglichkeiten zu bieten, vor allem auch, weil die Kinder und Jugendlichen mit ihren jeweiligen Interessen und Bedürfnissen immer als Ausgangspunkt gesehen werden sollen (Coelen, 2019; Coelen et al., 2019; Mack, 2023). So wird am Beispiel des Campus-Modells (Coelen et al., 2022) deutlich, wie durch die enge Verzahnung von Bildungseinrichtungen und sozialräumlichen Angeboten Bildungsprozesse verbessert und soziale Barrieren abgebaut werden können (siehe auch Million et al., 2017 oder Kapitel 4). Darüber hinaus können Bildungslandschaften Austausch-

und Begegnungsgelegenheiten schaffen sowie vorhandene Angebote sichtbarer machen, sodass die Chancen der Kinder und Jugendlichen sowie Eltern, ein Angebot wahrzunehmen, erhöht wird (Koszuta et al., 2021).

Durch die Zusammenarbeit können Kommunen bei der Gestaltung von ganztägigen Bildungs- und Betreuungsangeboten eine aktivere Rolle übernehmen, was zu einer stärkeren inhaltlichen Mitgestaltung und einer besseren Abstimmung zwischen schulischer und sozialer Infrastruktur führt (Mack, 2020). Mit den so freigesetzten Ressourcen könnten die Bildungsangebote zielgenauer mit den Adressat:innen abgestimmt werden. Diese Vernetzung verschiedener Institutionen kann zur Etablierung nachhaltiger Bildungsstrukturen beitragen (Reinhardt & Schmiedeberg, 2022). Nach Koszuta et al. (2021) kann dieses Zusammenspiel, die Zusammenarbeit zwischen schulischen und außerschulischen Akteur:innen, nicht nur in quantitativer, sondern auch in qualitativer Hinsicht stärken, indem durch die intensivierte Kooperation das jeweilige Verständnis füreinander verbessert werden kann (Koszuta et al., 2021). Darüber hinaus fördert die Einbindung unterschiedlicher Akteur:innen die Generierung eines breiten Spektrums an Ideen, Lösungskompetenzen, Erfahrungswissen sowie Best-Practice-Beispielen (Huber, 2016).

Demzufolge kann konstatiert werden, dass die Etablierung vertrauensvoll-konstruktiver Partnerschaften zwischen Schulen und außerschulischen Einrichtungen im Bereich Erziehung und Bildung als wünschenswert angesehen wird. Dabei soll ein professionelles Selbstverständnis im Vordergrund stehen, das weniger auf Abgrenzung von Zuständigkeiten, sondern vielmehr auf das Teilen gemeinsamer Verantwortlichkeiten abzielt (Fahrenwald, 2020). So können die Potenziale, die mit dem Zusammenspiel von Ganztagsbildung und Bildungslandschaften einhergehen, die Bildungschancen der Kinder und Jugendlichen erhöhen. Trotz dieser vielversprechenden Ansätze sind sowohl bei der Ganztagsbildung als auch in der Gestaltung von Bildungslandschaften Herausforderungen zu bewältigen. Sauerwein und Graßhoff (2022) weisen bezugnehmend auf die Ganztagsbildung darauf hin, dass die Überführung theoretischer Konzepte in die Praxis nicht immer gelingt. Vor allem auf lokaler Ebene treten Schwierigkeiten auf, die den ursprünglichen Konzepten oft nicht gerecht werden (Sauerwein & Graßhoff, 2022). Auch strukturelle Hürden müssen bei der Implementierung der Ganztagsbildung berücksichtigt werden. Ein zentraler Kritikpunkt, wie von Maykus (2021) dargelegt, besteht in der mangelnden Berücksichtigung der Perspektiven von Kindern und Jugendlichen in den Planungsprozessen. Oftmals erfolgt die Gestaltung von Ganztagsangeboten ohne direkte Beteiligung der Lernenden, wodurch deren spezifische Bedürfnisse nicht ausreichend berücksichtigt werden. Ganztagsbildung sollte allerdings die Bedürfnisse der Kinder zum Ausgangspunkt der Gestaltung von Bildungsangeboten machen. Auch angesichts der Erfahrungen, dass in der Zusammenarbeit oft die Institutionen im Zentrum stehen, wird gefordert, Ganztagsbildung (wieder) stärker an den Subjekten – also den Kindern und Jugendlichen – auszurichten (Sauerwein & Graßhoff, 2022).

Dass Ganztagsbildung und kommunale Bildungslandschaften bisher oftmals in ihrer Umsetzung vor Herausforderungen stehen, mag auch an unzureichenden personellen, räumlichen und finanziellen Ressourcen liegen, was die Qualität und Nachhaltigkeit der Angebote beeinträchtigen kann (Coelen et al., 2020). Reinhardt und Schmiedeberg (2022) betonen, dass eine erfolgreiche Steuerung der Bildungslandschaften maßgeblich von der Koordination und Kooperation zwischen internen und externen Akteur:innen abhängt. Verschiedene Akteur:innen bringen jedoch unterschiedliche Interessen in die Zusammenarbeit mit ein, was wiederum Fragen von Verantwortung und Zuständigkeiten mit sich bringt. Ohne eine klare Kommunikation und die Einbindung aller Beteiligten, kann das Zusammenspiel von Ganztagsbildung und Bildungslandschaften nicht optimal funktionieren. Dies betrifft auch die räumliche und organisatorische Integration der verschiedenen Bildungseinrichtungen. Die Umsetzung der verschiedenen Angebote erfordert nicht nur finanzielle und personelle Ressourcen, sondern auch die Unterstützung der politischen Führung und Verwaltung (Reinhardt & Schmiedeberg, 2022). Demzufolge müsste auch über ein neues Verständnis beispielsweise im Sinne einer veränderten staatlichen und kommunalen Verwaltung nachgedacht werden, die eine adäquate Beteiligung aller Akteur:innen als zentrale Leitlinie vorsieht (Mack, 2020). Ein solches verändertes Verständnis eröffnet die Möglichkeit, Bildungsangebote bedarfsorientierter zu gestalten und lokale Gegebenheiten besser zu berücksichtigen.

Zugleich kann mit dem Verweis auf das Konzept von Ganztagsbildung ein gemeinsamer Rahmen für die Kooperation geschaffen werden. Die beteiligten Akteur:innen sollen ihre jeweiligen Stärken einbringen. Hierfür müssen Schule, Kinder- und Jugendhilfe und andere Akteur:innen nicht die gleichen Prinzipien verfolgen, die jeweils anderen Zugänge aber anerkennen. In dieser konzeptionellen Ausgangslage bleibt aber unberücksichtigt, dass sich durch die Zusammenarbeit die Instruktionen selbst verändert haben und weiter verändern müssen (Sauerwein, 2021). Die Trennung in formelle und non-formelle Bildungswelten ist deutlich fluider geworden und dies bringt neue Herausforderungen mit sich (s. z.B. zu Kooperation Schuld in diesem Band).

Kommunale Bildungslandschaften sind auch in gesamtgesellschaftliche Kontexte verwoben. Den vom Wohlfahrtsstaat hin zu einem Wettbewerbsstaat spiegelt sich auch in den Orientierungen der Bildungslandschaften wider (Mack, 2020). Demzufolge wird die Kategorie der Wettbewerbsfähigkeit im Bildungssystem weiter forciert und weiter ausgebaut (Duveneck, 2016) und Bildungslandschaften an den Logiken marktwirtschaftlicher Prinzipien ausgerichtet, was im Widerspruch zu den bildungspolitischen Zielen steht (Mack, 2020). Diese marktwirtschaftlich orientierten Diskurse rahmen auch Vorstellungen einer guten Bildungskindheit und Elternschaft. Die verfügbare Zeit sollte optimal, im Sinne einer Steigerung des Humankapitals, verwendet werden (s. kritisch hierzu: Scherr, 2020; Strandell, 2013). Ausgangspunkt sind aber nicht wirtschaftspolitische Überlegungen, sondern die Kinder in ihren Lebens- und Alltagswelten. Die Lebenswelten der Kinder und Jugendlichen sollen im Mittelpunkt stehen, indem Schule, Jugendhilfe und weitere lokale Akteur:innen ihre Bildungsangebote miteinander verzahnen (Sauerwein & Graßhoff, 2022). Und obwohl deutlich wurde, dass sowohl für die Ganztagsbildung als auch für die Bildungslandschaften durchaus Herausforderungen zu berücksichtigen und zu bearbeiten sind, bieten beide Ansätze vor allem die Möglichkeit, eine umfassende und ganzheitliche Bildung zu fördern, die den Bedürfnissen der Kinder und Jugendlichen gerecht werden kann.

Literatur

BERSE, C. (2011). Kommunale Bildungslandschaften – Eine geeignete Konzeptfigur für die Förderung mehrdimensionaler Bildung? In P. Bollweg, & H. U. Otto (Hg.), Räume flexibler Bildung. Bildungslandschaft in der Diskussion. Wiesbaden: VS Verlag für Sozialwissenschaften, S. 39–40.

BLECKMANN, P. & Durdel, A. (2009). Einführung. Lokale Bildungslandschaften – die zweifache Öffnung. In P. Bleckmann, & A. Durdel (Hg.), Lokale Bildungslandschaften. Perspektiven für Ganztagsschulen und Kommunen. Wiesbaden: VS Verlag für Sozialwissenschaften | GWV Fachverlage GmbH, S. 11–16. DOI: 10.1007/978-3-531-91857-0_1

BLECKMANN, P. & Schmidt, V. (Hg.) (2012). Bildungslandschaften. Mehr Chancen für alle. Wiesbaden: VS Verlag für Sozialwissenschaften.

BÖLLERT, K., Demski, J. & Bokelmann, O. (Hg.) (2023). Ganztagsbildung. Kooperation von Jugendhilfe und Schule?, (Bd. 26). Wiesbaden: Springer VS. DOI: 10.1007/978-3-658-41848-9

BOLLWEG, P. (2018). Bildungslandschaften. In K. Böllert (Hg.), Kompendium Kinder- und Jugendhilfe. Wiesbaden: Springer VS, S. 1161–1180.

BOLLWEG, P., Buchna, J., Coelen, T. & Otto, H.-U. (Hg.) (2020). Handbuch Ganztagsbildung. Wiesbaden: Springer Fachmedien Wiesbaden. DOI: 10.1007/978-3-658-23230-6

BOLLWEG, P., Buchna, J., Coelen, T., Otto, H.-U. (2020). Ganztagsbildung als Konzept und Referenzrahmen. Einleitung in die zweite, aktualisierte und erweiterte Auflage. In P. Bollweg, J. Buchna, T. Coelen und H.-U. Otto (Hg.), Handbuch Ganztagsbildung. Wiesbaden: Springer Fachmedien Wiesbaden, S. 3–12.

BRÜSEMEISTER, T. (2016). Zum Vergleich der Programme ‚Lernen vor Ort' und ‚Bildung für nachhaltige Entwicklung'. In Arbeitsgruppe „Lernen vor Ort" (Hg.), Kommunales Bildungsmanagement als sozialer Prozess. Studien zu „Lernen vor Ort". Wiesbaden: Springer VS (Educational governance, Bd. 33), S. 165–185.

BUNDESJUGENDKURATORIUM, Sachverständigenkommission für den Elften Kinder- und Jugendbericht, & Arbeitsgemeinschaft Jugendhilfe (2002). Bildung ist mehr als Schule. Leipziger Thesen zur aktuellen bildungspolitischen Debatte.

COELEN, T., Hemmerich, S., Jestädt, H., Klepp, S., Million, A. & Zinke, C. (2022). Bildungslandschaften in Campus-Form aus schulischer Perspektive. DDS – Die Deutsche Schule 1, S. 46–60. DOI: 10.31244/dds.2022.01.05

COELEN, T. (2020). Kommunale Jugendbildung. In P. Bollweg, J. Buchna, T. Coelen und H.-U. Otto (Hg.), Handbuch Ganztagsbildung. Wiesbaden: Springer Fachmedien Wiesbaden, S. 1289–1299.

COELEN, T. (2006). Ausbildung und Identitätsbildung. In H.-U. Otto, & J. Oelkers (Hg.), Zeitgemäße Bildung. Herausforderung für Erziehungswissenschaft und Bildungspolitik. Mit 9 Tabellen. München & Basel: Reinhardt.

COELEN, T. (2002). Ganztagsbildung – Ausbildung und Identitätsbildung von Kindern und Jugendlichen durch die Zusammenarbeit von Schulen und Jugendeinrichtungen. Neue Praxis 32, S. 53–66.

COELEN, T. & Otto, H.-U. (Hg.) (2008). Grundbegriffe Ganztagsbildung. Das Handbuch (1. Aufl.). Wiesbaden: VS Verlag für Sozialwissenschaften.

DEINET, U. (2020). Sozialraumorientierung. In P. Bollweg, J. Buchna, T. Coelen, & H.-U. Otto (Hg.), Handbuch Ganztagsbildung. Wiesbaden: Springer Fachmedien Wiesbaden, S. 1299–1309.

DUVENECK, A. & de Haan, G. (2020). Kommunale Bildungslandschaften. In K. Böhm, S. Bräunling, R. Geene & H. Köckler (Hg.), Gesundheit als gesamtgesellschaftliche Aufgabe. Das Konzept Health in All Policies und seine Umsetzung in Deutschland. Wiesbaden: Springer VS, S. 351–362.

DUVENECK, A. (2016). Bildungslandschaften verstehen. Zum Einfluss von Wettbewerbsbedingungen auf die Praxis. Weinheim & Basel: Beltz Juventa.

EISNACH, K. (2011). Ganztagsschulentwicklung in einer kommunalen Bildungslandschaft. Möglichkeiten und Grenzen von Unterstützungsstrukturen. Wiesbaden: VS Verlag für Sozialwissenschaften.

EULER, D. & Sloane, P. (2015). Neue Bildungslandschaften – Kommunales Bildungsmanagement als Zukunftsaufgabe. Editorial. ZBW Zeitschrift für Berufs- und Wirtschaftspädagogik 111 (1), S. 1–10.

FAHRENWALD, C. (2020). Verantwortung (neu) lernen im Rahmen interorganisationaler Kooperationssettings zwischen Hochschule, Schule und Gemeinde. In C. Fahrenwald, N. Engel & A. Schröer (Hg.), Organisation und Verantwortung. Jahrbuch der Sektion Organisationspädagogik (Bd. 27). Wiesbaden: Springer Fachmedien Wiesbaden. DOI: 10.1007/978-3-658-26248-8

FÖLLING-ALBERS, M. (2000). Entscholarisierung von Schule und Scholarisierung von Freizeit? Zeitschrift für Soziologie der Erziehung und Sozialisation 2, S. 118–131.

GRASSHOFF, G., Haude, C., Bebek, C., Schütz, A. & Idel, T.-S. (2019a). Die andere Seite der Bildung? Versuch einer Ordnungsbestimmung von außerunterrichtlichen Angeboten an Ganztagsschulen. Neue Praxis, 2.

GRASSHOFF, G., Haude, C., Idel, T.-S., Bebek, C. & Schütz, A. (2019b). Die Eigenlogik des Nachmittags. Explorative Beobachtungen aus Ethnografien zu außerunterrichtlichen Angeboten. DDS 111 (2), S. 205–218. DOI: 10.31244/dds.2019.02.07

GRASSHOFF, G. & Sauerwein, M. N. (2020). Schule und Sozialpädagogik. In T. Hascher, T.-S. Idel & W. Helsper (Hg.), Handbuch Schulforschung. Wiesbaden: Springer Fachmedien Wiesbaden, S. 599–613.

GUMZ, H. (2019). „Wenn man es gemeinsam täte, wäre das Ganze wirkungsvoller". Sozial Extra 4, S. 263–267.

HAKIM, A.-M. & Züchner, I. (2021). Non-formale Bildung in und außerhalb von Schule – Angleichung herkunftsspezifischer Bildungschancen durch Ganztagsschulbesuch? In H. G. Holtappels, N. Fischer, S. Kielblock, B. Arnoldt & J. M. Gaiser (Hg.), Individuelle Förderung an Ganztagsschulen. Weinheim & Basel: Beltz Juventa, S. 70–95.

HEINRICH, A. J. (2020). Sozialräumliche Bildungslandschaften. In P. Bollweg, J. Buchna, T. Coelen & H.-U. Otto (Hg.), Handbuch Ganztagsbildung. Wiesbaden: Springer Fachmedien Wiesbaden, S. 1337–1349. DOI: 10.1007/978-3-658-23230-6_99

HUBER, S. (2016). Kooperation in Bildungslandschaften: Aktuelle Diskussionsstränge, Wirkungen und Gelingensbedingungen. In S. Huber (Hg.), Grundkurs Schulmanagement XIII. Bildungslandschaften gestalten. Impulse für schulische Führungskräfte. Kronach: Carl Link, S. 1–27.

HUSCHIK, G., Mohr, S., Reemtsma, R., Schmidt, A. M., Weßler-Poßberg, D., Bremerich, L., Marr, E., Sauerwein, M. & Thieme, N. (2024). Zweiter Bericht der Bundesregierung zum Ausbaustand der ganztägigen Bildungs- und Betreuungsangebote für Grundschulkinder nach § 24a SGB VIII. Zweiter GaFöG-Bericht (im Auftrag des Bundesministeriums für Familie, Senioren, Frauen und Jugend). https://www.bmfsfj.de/resource/blob/251606/4eb97254232538a2b405d3a49705883d/2-gafoeg-bericht-data.pdf (Zugriff: 15.11.2024).

KLIEME, E. (2019). Unterrichtsqualität. In M. Gläser-Zikuda, M. Harring & C. Rohlfs (Hg.), Handbuch Schulpädagogik (1. Aufl.). Münster & New York: Waxmann.

KOSZUTA, A., Werner, R., Huber, S. G. (2021). Aktivitäten von Akteuren in Schweizer Bildungslandschaften – Welchen potenziellen Beitrag zu mehr Chancengerechtigkeit könnten sie leisten? Zeitschrift für Bildungsforschung 11, S. 255–270. DOI: 10.1007/s35834-021-00304-8

LANGE, J. (2015). „Da war doch noch was?" Der Hort als wenig beachtete Betreuungsalternative zur Ganztagsschule im Grundschulalter. KomDat 18 (3), S. 9–11.

MACK, W. (2020). Bildungslandschaften. In P. Bollweg, J. Buchna, T. Coelen & H.-U. Otto (Hg.), Handbuch Ganztagsbildung. Wiesbaden: Springer Fachmedien Wiesbaden, S. 1311–1322. DOI: 10.1007/978-3-658-23230-6_97

MACK, W. (2023). Bildungslandschaften. In K. Böllert, J. Demski & O. Bokelmann (Hg.), Ganztagsbildung. Kooperation von Jugendhilfe und Schule?. Wiesbaden: Springer VS, S. 19–30.

MARKERT, T. (2014). Die Kindertageseinrichtung Hort – ein Irrtum der Kinder- und Jugendhilfe? Zeitschrift für Sozialpädagogik 12 (4), S. 361–376.

MARKERT, T. (2021). Der Hort im Ganztag. In G. Graßhoff & M. Sauerwein (Hg.), Rechtsanspruch auf Ganztag. Zwischen Betreuungsnotwendigkeit und fachlichen Ansprüchen. Weinheim & Basel: Beltz Juventa, S. 81–95.

MAYKUS, S. (2021). Offene Kinder- und Jugendarbeit und kommunale Bildungslandschaften. In U. Deinet, B. Sturzenhecker, L. Von Schwanenflügel & M. Schwerthelm (Hg.), Handbuch Offene Kinder- und Jugendarbeit. Weisbaden: Springer Fachmedien Wiesbaden, S. 949–961. DOI: 10.1007/978-3-658-22563-6_65

MILLION, A., Coelen, T., Heinrich, A. J., Loth, C. & Somborski, I. (2017). Gebaute Bildungslandschaften. Verflechtungen zwischen Pädagogik und Stadtplanung. Berlin: jovis.

OTTO, H.-U. & Coelen T. (Hg.) (2008). Grundbegriffe der Ganztagsbildung. Beiträge zu einem neuen Bildungsverständnis in der Wissensgesellschaft (2. Aufl.). Wiesbaden: VS Verlag für Sozialwissenschaften.

RAUSCHENBACH, T. (2009). Zukunftschance Bildung. Familie Jugendhilfe und Schule in neuer Allianz. Weinheim & Basel: Beltz Juventa.

REINHARDT, M. & Schmiedeberg, E. (2022). Können Kommunen Bildung managen? Gelingensbedingungen und Herausforderungen einer neuen kooperativen Steuerung kommunaler Bildungslandschaften. Gruppe. Interaktion. Organisation. Zeitschrift für Angewandte Organisationspsychologie (GIO) 53 (4), S. 503–509. DOI: 10.1007/s11612-022-00658-1

ROLFF, H. G. (2014). Auswertung der Evaluationen und Empfehlungen zur Weiterentwicklung der Regionalen Bildungsnetzwerke (RBN) in NRW. Wissenschaftliche Expertise II. Oktober 2014. https://www.schulministerium.nrw/sites/default/files/documents/Expertise-II-final.pdf (Zugriff: 15.11.2024).

ROTHER, P., Sauerwein, M. & Fischer, N. (2024). Qualität in der Ganztagsschule – Qualität im Ganztag. Soz Passagen. DOI: 10.1007/s12592-024-00495-7

SAUERWEIN, M. & Graßhoff, G. (2022). Subjektorientierte Ganztagsbildung – ein kindheitsbezogener Blick auf Ganztagsschule. Diskurs Kindheits- und Jugendforschung/Discourse. Journal of Childhood and Adolescence Research 17 (2), S. 211–224. DOI: 10.3224/diskurs.v17i2.06

SAUERWEIN, M. (2021). Vom Außerschulischen zum Schulischen. Überlegungen zu einer subjektorientierten Ganztagsbildung. Neue Praxis 2, S. 89–105.

SAUERWEIN, M. & Fischer, N. (2020). Qualität von Ganztagsangeboten. In: P. Bollweg, J. Buchna, T. Coelen, & H.-U. Otto (Hg.), Handbuch Ganztagsbildung. Wiesbaden: Springer Fachmedien Wiesbaden, S. 1523–1534.

SAUERWEIN, M., Thieme, N. & Chiapparini, E. (2019). Wie steht es mit der Ganztagsschule? Ein Forschungsreview mit sozialpädagogischer Kommentierung. Soz Passagen 11 (1), S. 81–97. DOI: 10.1007/s12592-019-00318-0

SAUERWEIN, M. (2018). Veränderungen der Jugendarbeit in Zeiten von Ganztagsschulen. Sozial Extra 42 (6), S. 52–54. DOI: 10.1007/s12054-018-0101-8

SAUERWEIN, M. (2017). Qualität in Bildungssettings der Ganztagsschule. Über Unterrichtsforschung und Sozialpädagogik (1. Aufl.). Weinheim & Basel: Beltz Juventa.

SCHALKHAUSSER, S. & Thomas, F. (2011). Lokale Bildungslandschaften in Kooperation von Jugendhilfe und Schule. München. https://www.dji.de/fileadmin/user_upload/bibs/2011_06_08_Lokale_Bildungslandschaften_in_Kooperation_von_Jugendhilfe_und_Schule.pdf. (Zugriff: 1.10.2024).

SCHERR, A. (2020). Subjekt- und Identitätsbildung. In P. Bollweg, J. Buchna, T. Coelen, & H.-U. Otto (Hg.), Handbuch Ganztagsbildung. Wiesbaden: Springer Fachmedien Wiesbaden, S. 243–256.

SCHUBERT, H., Rädler, M., Schiller, K. & Schmager, S. (2011). Abschlussbericht der externen Evaluation des Programms „Lebenswelt Schule" – Evaluationsphase 2010 bis 2011 [Abschlussbericht]. Köln: Fachhochschule.

SPIES, A. (2018). Jugendhilfe als Kooperationspartnerin von Schule- Strukturmaßnahmen im Bildungssetting. In K. Böllert (Hg.), Kompendium Kinder- und Jugendhilfe. Wiesbaden: Springer VS, S. 755–770.

SPIES, A. & Wolter, J. (2020). Die Bildungslandschaft als Rahmenkonstrukt einer (pädagogischen) Verantwortungsgemeinschaft für Schulentwicklungsprozesse. In C. Fahrenwald, N. Engel & A. Schröer (Hg.), Organisation und Verantwortung. Jahrbuch der Sektion Organisationspädagogik (1. Aufl.). Wiesbaden: Springer Fachmedien Wiesbaden (Organisation und Pädagogik), S. 139–154.

SPIES, A. & Wolter, J. (2018). Das Konstrukt der Bildungslandschaft als Maßstab für (Grund) Schulentwicklungsprozesse. Bildung und Erziehung 71 (3), S. 274–291. DOI: 10.13109/buer.2018.71.3.274

STADT DRESDEN (o.J.). Regionale Koordinierungsstelle Berufliche Orientierung. https://www.dresden.de/de/leben/schulen/bildungsbuero/berufliche-koordinierung.php (Zugriff: 25.11.2024).

STADT DUISBURG (o.J.). Stabsstelle Bildungsregion. https://www.duisburg.de/microsites/bildungsregion_duisburg/struktur/index.php (Zugriff: 25.11.2024).

STADT HEIDELBERG (o.J.). Regionales Bildungsbüro. Stadt und Land für beste Bildung. https://www.heidelberg.de/HD/Lernen+und+Forschen/Regionales+Bildungsbuero.html (Zugriff: 25.11.2024).

STEG-KONSORTIUM (2019). Ganztagsschule 2017/2018. Deskriptive Befunde einer bundesweiten Befragung. Frankfurt/M., Dortmund, Gießen & München: DIPF, DJI, IFS, Justus-Liebig-Universität. https://projekt-steg.de/sites/default/files/Ganztagsschule_2017_2018.pdf (Zugriff: 29.4.2019).

STOLZ, H.-J. (2012). Bildung neu denken! Kritische Anmerkungen zu aktuellen Ansätzen lokaler Bildungslandschaften und mögliche Alternativen. In P. Bleckmann & V. Schmidt (Hg.), Bildungslandschaften. Mehr Chancen für alle. Wiesbaden: VS Verlag für Sozialwissenschaften | Springer Fachmedien GmbH, S. 21–31.

STRANDELL, H. (2013). After-school Care as Investment in Human Capital – From Policy to Practices. Children & Society 27 (4), S. 270–281.

ZINNECKER, J. (2008). Schul- und Freizeitkultur der Schüler. Helsper, W., Böhme, J. (Hg.), Handbuch der Schulforschung. Wiesbaden: VS Verlag, S. 531–554.

PIA ROTHER

Bildung, Benachteiligungen und Ungleichheiten

1. Einleitung

Der Ausbau von Ganztagsangeboten insbesondere in der Primarstufe ist u.a. angetreten, um auf soziale Ungleichheiten zwischen bestimmten Gruppen von Kindern zu reagieren und Benachteiligungen abzubauen (vgl. Seemann in diesem Band). Hoffnungen werden auf diese Angebote u.a. deshalb gesetzt, weil vermutet wird, ein Mehr an institutionalisierter Zeit in Bildungssettings könne Benachteiligungen abbauen und ‚gute' Ganztagsangebote könnten Kinder vielfältig unterstützen und fördern. Zunächst wird kurz der Bildungsbegriff (1) geklärt, dann der Unterschied zwischen Bildungsbenachteiligung und -ungleichheit (2) verdeutlicht, verschiedene theoretische Erklärungskonzepte für die Ursachen von Ungleichheiten (3) und zudem Forschungen zu Ungleichheiten im Kontext Ganztag (4) dargelegt, die auch die Organisationen und ihre Rolle bei Prozessen der Bildungsbenachteiligung kritisch in den Mittelpunkt rücken.

2. Bildung im Kontext (Ganztags-)Schule

Bildung (vgl. Wehner in diesem Band) kann einerseits im Sinne einer *Qualifizierungsfunktion* als ein umfassender Prozess verstanden werden, der für die Teilhabe am gesellschaftlichen Leben notwendige Fähigkeiten und Kenntnisse vermittelt (Fend, 2009, S. 49), was auch als *formale Bildung* zusammengefasst wird und sich z.B. in fachlichen Kompetenzen zeigt. Ein erweitertes Bildungsverständnis bedeutet andererseits aber auch, dass sich „das Subjekt eigenständig und selbsttätig in der Auseinandersetzung mit der sozialen, kulturellen und natürlichen Umwelt bildet" (BMFSFJ, 2005, S. 107) und verweist damit auf ein größeres Spektrum als nur formale Bildungsprozesse.

Durch den Ausbau von Ganztagsschulen im Primarbereich wurden die hauptsächlich formalen Settings des Unterrichts an Halbtagsschulen durch Ganztagsangebote ergänzt, die ebenso non-formale Strukturen aufweisen und ggf. eher informelle Prozesse ermöglichen. Aber auch in Ganztagsschulen legt das gesamte pädagogische Personal einen Schwerpunkt auf die Vermittlung der

Kerncurricula.[1] Dies gilt zumindest für den Unterricht und unterrichtsnahe Ganztagsangebote. Denn mit einem ‚gelingenden' Bildungsweg sind entsprechende Leistungs- und Kompetenzerwartungen an Schüler:innen geknüpft, die eng an weniger beachtete überfachliche Kompetenzen (HKM, o.J.,S. 8 ff.) gekoppelt sind, wie *personale Kompetenzen*, z.B. Selbstregulierung und passendes Verhalten entsprechend der jeweiligen Situationen, *Sozialkompetenz*, z.B. Rücksichtnahme und Solidarität, sowie *Lernkompetenz* und *Problemlösekompetenz* (ebd.). Je nach Bildungsverständnis und -fokus werden demnach andere Ziele ins Zentrum gerückt, wie z.B. die Vermittlung des vorgegebenen Curriculums oder – wie es eher in außerunterrichtlichen Ganztags-Settings wahrscheinlich ist – eine stärkere Ausrichtung an einer Subjektorientierung (Sauerwein & Graßhoff, 2022).

3. Bildungsbenachteiligung gleich Bildungsgleichheit?

In der Auseinandersetzung mit dem Thema Bildung und Bildungsungleichheit wird allerdings häufig auf die eher messbaren Kompetenzen bzw. die Ergebnisse internationaler Schulleistungsstudien wie PISA oder IGLU Bezug genommen. Diese belegen, dass die schichtspezifische Bildungsungleichheit in Deutschland besonders stark ausgeprägt ist. Dies ist im Jahr 2000 als ‚PISA-Schock' in die Bildungsdebatten eingegangen und diente als ein Ausgangspunkt für bildungspolitische Maßnahmen (Niemann, 2015), wie den verstärkten Ausbau von Ganztagsschulen. Durch diesen Ausbau von Ganztagsangeboten hoffte man, dass bestehende Probleme gelöst und Ungleichheiten abgebaut werden könnten.

Dieser Ausbau wird dementsprechend programmatisch mit einer verbesserten Chancengerechtigkeit bzw. dem Abbau von Bildungsungleichheiten im Bildungssystem verknüpft (kritisch dazu z.B. Buchna et al., 2017; Steiner, 2009). Dabei unterscheiden sich innerhalb der wissenschaftlichen Auseinandersetzung das soziologische Konstrukt Bildungsungleichheit und Prozesse der Bildungsbenachteiligung deutlich voneinander, auch wenn diese Begriffe häufig wenig trennscharf verwendet werden. So ist Bildungsungleichheit also vielmehr als ein *Ergebnis* verschiedener Benachteiligungen entlang verschiedenster Dimensionen zu verstehen. Die bekanntesten benachteiligenden Dimensionen sind Diskriminierungen nach ethnischen Unterschieden/Migration, sozialer Herkunft,

1 Als Beispiel können hier die hessischen Kerncurricula angeführt werden: https://kultusministerium.hessen.de/unterricht/kerncurricula-und-lehrplaene/kerncurricula/kerncurricula-primarstufe (Zugriff: 12.10.2023).

Geschlecht usw. Weniger bekannt sind die nach Alter bzw. entlang der Unterscheidung von Erwachsensein und Kindheit innerhalb der generationalen Ordnung (Betz, 2010; Bühler-Niederberger, 2020).

Der Begriff der Bildungsungleichheit bezieht sich also vor allem auf eine ungleiche Bildungsbeteiligung – also die Möglichkeit und die Teilnahme an Bildungsgelegenheiten – und kennzeichnet die Abhängigkeit des individuellen Bildungserfolgs von bestimmten Dimensionen. Bildungsbenachteiligung hingegen markiert die *Prozesse* und deren Herstellung, die zu ungleichen Bildungsbeteiligungen von Individuen im Bildungszugang bzw. -übergang, Bildungsweg oder eben im Bildungsergebnis führen (Maaz, Baumert & Trautwein, 2011, S. 70; Schlicht, 2011, S. 36). Bildungsungleichheit wird demnach als *Ergebnis* benachteiligender Prozesse verstanden, in welchen die genannten Dimensionen mit einer bildungsbezogenen Relevanz ausgestattet werden und somit Ungleichheit innerhalb der Dimensionen sowie zwischen diesen (erst) erzeugt wird (Rother, 2019, S. 23 f.).

Um Bildungsungleichheit empirisch zu untersuchen, wird der Fokus häufig auf schulische Organisationen und formale Bildungsprozesse gelegt. Hierbei findet verstärkt ein Bildungsbegriff Anwendung, der vor allem auf formale Kompetenzen, Wirkungen und Zertifikate – also empirisch messbare Bildungs-Outcomes – abstellt. Diese Bildungs-Outcomes werden jedoch von benachteiligenden Effekten begleitet, wie sich anhand der ungleichen Selektivität bei gleichen Leistungen je nach zugeschriebener Milieuzugehörigkeit oder Migrationshintergrund der Schüler:innen insbesondere beim Übergang von der Primarstufe in die Sekundarstufe I zeigt (Bertelsmann Stiftung & Institut für Schulentwicklung, 2012; Gomolla & Radtke, 2009; Grundmann et al., 2016; Maaz et al., 2011). In einem Überblick über verschiedene Studien kommt auch der Aktionsrat Bildung (vbw, 2015, S. 37 f.) zu dem Ergebnis, dass eine hohe sozial-emotionale Kompetenz (basierend auf Lehrkräfteeinschätzungen), eine höhere Aufmerksamkeitssteuerungsfähigkeit oder Impulskontrolle mit den schulischen Leistungen von Grundschulkindern in einem positiven Zusammenhang stehen. Dementsprechend spielen für den Bildungs(miss)erfolg also weitaus mehr Aspekte eine Rolle als (messbare) Leistungen. Zugleich deutet sich an, dass Bildung vielfach als ein von Individuen zu leistender Prozess gerahmt wird (hierzu kritisch aus sozialpädagogischer Perspektive: Dollinger, 2010) und somit „eine Tendenz zur Individualisierung von Benachteiligungen" (Rother, 2019, S. 22) besteht. Dazu ist es erkenntnisreich, zwei Erklärungsansätze für die Entstehung von Ungleichheiten zu betrachten.

4. Zwei konträre Theorien zur Erklärung von Ungleichheit(en)

Bildungsungleichheiten können unterschiedlich erklärt und theoretisiert werden. Zunächst kann davon ausgegangen werden, dass Organisationen wie die Schule nicht unabhängig von gesellschaftlichen Strukturen stehen. Sie sind funktional für den Erhalt einer Gesellschaft (Parsons, 1968) und (re)produzieren gesellschaftliche Strukturen – also auch benachteiligende Prozesse und sind somit an der Entstehung von Ungleichheiten beteiligt. Zur Erklärung der Entstehung von Bildungsungleichheiten werden exemplarisch zwei konträre Konzepte herangezogen. Dies verdeutlicht zudem, warum es wichtig ist zu benennen, durch welche ‚Theoriebrille' und auf welche Perspektiven man auf ein Phänomen schaut. Beispielhaft wird hier auf zwei Theorien Bezug genommen: a) auf die Theorie der kulturellen Reproduktion von Ungleichheiten nach Bourdieu (1983) und b) den Erklärungsansatz der institutionellen Diskriminierung nach Gomolla und Radtke (2009).

Die Theorie der kulturellen Reproduktion von Ungleichheiten basiert darauf, dass der Habitus einer jeden Person als eine Art tief einverleibte Art und Weise von Handlungen im Alltag wirkt – im Kontext dieses Beitrages also z.B. von Schüler:innen und pädagogischen Akteur:innen, wie Lehrkräften und Personal im Ganztag. Durch die sozialen Erfahrungen und Interaktionen werden soziales (Netzwerke), ökonomisches (Geld, Besitz) und aber vor allem kulturelles (Wissen, Bildung, kulturelle Praktiken) Kapital aufbaut und das hat Auswirkungen, wie man innerhalb des sozialen Feldes von Gesellschaften positioniert ist und wird (Bourdieu, 1983; mehr dazu: Grendel, 2023, S. 21 ff.). Übertragen auf den Kontext Bildungsungleichheit kommt hier der individuelle Habitus insofern zum Tragen, als dass es zu sogenannten Passungsverhältnissen (oder eben nicht) zwischen verschiedenen Personen kommt. Das heißt, dass der Habitus einer:s Schüler:in (te Poel, 2021) oder einer Lehrkraft (Lange-Vester & Vester, 2018) und deren Passung Einfluss auf den Bildungserfolg hat. Wirft man also einen Blick auf Lehrkräfte in Bildungsorganisationen, zeigt sich, dass sie auch eine wesentliche Rolle in Bezug auf benachteiligende Effekte spielen, insbesondere wenn es um die schulische Praxis und ‚pädagogische Kommunikation' geht, in denen nach Bildungsnähe und -ferne selektiert wird (Lange-Vester & Vester, 2018, S. 160 f.) statt entlang des Leistungsprinzips (Becker & Hadjar, 2017). Das heißt also, dass z.B. Kinder aus benachteiligten und benachteiligenden sozialen Milieus wenig Passung zwischen schulischer und familialer Lebenswelt erfahren (Grundmann et al., 2016, S. 63) und die Kultur der unteren sozialen Klassen vielmehr als defizitär eingeschätzt wird (Buchna et al., 2015a; Lange-Vester,

2015). Diese Perspektivumkehr weg von individuellen Fehlleistungen hin zur Rolle pädagogischer Akteur:innen in Organisationen ist für eine Betrachtung von Bildungsbenachteiligung als Prozess von besonderer Bedeutung und zeigt, wie wichtig die Reflexion des Habitus für die soziale Praxis im Schulalltag ist und verweist zudem auf die Bedeutung der Reflexion pädagogischen Handelns. Während bei diesem Ansatz Professionalität eine Rolle spielt, wird bei der zweiten Theorierichtung vielmehr die Organisation und ihre jeweilige Kultur zentral.

Der neo-institutionalistisch und systemtheoretisch verortete Ansatz der institutionellen Diskriminierung (Gomolla & Radtke, 2009) rückt dagegen die Mechanismen von Organisationskulturen ins Zentrum. Dieser Erklärungsansatz ist dahingehend zunächst durchaus kontraintuitiv, da zwar bestimmte Regeln, Strukturen, Praxen von Organisationen existieren mögen, aber diese nicht unbedingt als so wirkmächtig eingeschätzt werden. Jedoch konnte in den Forschungen durch Gomolla und Radtke gezeigt werden, dass bestimmte Gruppen entlang der o. g. Dimensionen benachteiligt werden, selbst wenn sich keine individuellen oder absichtsvollen Diskriminierungen z.B. nach ethnischer Herkunft offenbaren und zugleich aber Schüler:innen mit Migrationshintergrund wahrscheinlicher eine statusniedrigere Schulformempfehlung beim Übergang in weiterführende Schulen erhalten (z.B. Gomolla & Radtke, 2009, S. 202ff.) und somit ungleichheitslegitimierend sind. Diese Diskriminierungen werden in bestimmter Weise in Institutionen bzw. Organisationen von den dort tätigen Professionen bspw. durch bestimmte Routinen erst hervorgebracht (Gomolla, 2016). Diese Erklärungsansätze verweisen somit darauf, dass Ungleichheiten trotz Ganztagsschulausbau im System Schule fortbestehen werden. Um dies näher zu beleuchten, wird im Folgenden auf die Forschungen zu Benachteiligung im Kontext Ganztagsschule eingegangen.

5. Forschung zu Bildungsungleichheit und -benachteiligung im Kontext Ganztagsschule

Die konkrete Umsetzung bildungspolitischer Programmatiken – wie der Abbau von Bildungsungleichheit durch Ganztagsschulen (zu den Zielen: Stötzel & Wagener, 2014) – erfährt seit der Verabschiedung des Rechtsanspruches auf Ganztagbetreuung ab 2026 erneut Relevanz.[2] Allerdings wird die Reduktion

2 Gesetz zur ganztägigen Förderung von Kindern im Grundschulalter (Ganztagsförderungsgesetz – GaFöG) vom 2.10.2021. https://www.bgbl.de/xaver/bgbl/start.xav?startbk=Bundesanzeiger_BGBl&jumpTo=bgbl121s4602.pdf#__bgbl__%2F%2F*%5B%40attr_id%3D%27bgbl121s4602.pdf%27%5D__1698843748688 (Zugriff: 5.10.2025).

von Ungleichheit durch Ganztagsschulen auch kritisch gesehen (Bettmer, 2007; Rother & Stötzel, 2014; Steiner, 2016), da die oben genannten Mechanismen der Bildungsungleichheiten durch die Einführung von Ganztagsstrukturen nicht ausgehebelt werden können. Mit Blick auf Studien, die das Handeln professioneller Akteur:innen in ganztägigen Bildungsorganisationen und -kooperationen dahingehend fokussieren, wird jedoch deutlich, dass bildungspolitische Programmatiken nicht unbedingt Einfluss auf das Handeln und Wirken der Akteur:innen haben. So zeigt bspw. Buchna (2019) in einer qualitativen Längsschnittstudie organisationale Deutungsmuster im Kontext Schule, Migration und Rassismus auf, indem sich die pädagogischen Akteur:innen einer Grundschule mit den institutionellen Anforderungen an Schulen im Kontext Migration auseinandersetzen, jene jedoch vornehmlich nach rassistischen Prinzipien ausdeuten oder sich gar gänzlich von den institutionellen Anforderungen ‚entkoppeln' (Weick, 1976). Entsprechend dominieren also statt einer ‚vielfaltsreflexiven' vielmehr „rassistische organisationale Deutungsmuster" (Buchna, 2019, S. 245) bzw. ein „organisationale[r] Rassismus" (ebd., S. 371) in der untersuchten Schule im Kontext Migration. Auch mit Blick auf Bildungsbenachteiligung lässt sich feststellen, dass die Programmatik der Reduktion von Ungleichheit in schulischen Organisationen für die pädagogischen Akteur:innen nur bedingt handlungsrelevant wird. In dem DFG-Projekt „Bildungsbenachteiligung als Topos pädagogischer Akteure in Ganztagsschulen" (Topos-Projekt) wird gezeigt, dass die angestrebte Reduktion von Bildungsbenachteiligung in den handlungsleitenden Orientierungen der pädagogischen Akteur:innen der untersuchten (Ganztags-)Schulen keine oder nur eine untergeordnete Rolle spielt (Buchna et al., 2017). Die Orientierungen unterscheiden sich dabei weder zwischen den unterschiedlichen Akteur:innengruppen (Lehrkräfte und weiteres pädagogisch tätiges Personal) noch können systematische Unterschiede nach der sozialen Zusammensetzung der Schüler:innenschaft sowie der Organisationsform der Schule gefunden werden. So lässt sich zum Topos Bildungsbenachteiligung in den Gruppendiskussionen mithilfe der dokumentarischen Methode (Bohnsack, 2010) auf der impliziten Ebene keine Relevanz innerhalb der untersuchten Schulen rekonstruieren. Für zwei (von acht untersuchten) Schulen zeigte die Analyse jedoch, dass den ganztagsschulischen Organisationen ein gewisses Potenzial zugeschrieben wird, Bildungsbenachteiligung abbauen bzw. Schüler:innen unterstützen zu können. Dieses Potenzial wird jedoch akteur:innengruppenübergreifend ausschließlich den Lehrkräften der jeweiligen Schulen zugeschrieben und nicht dem pädagogisch tätigen Personal oder einer gemeinsamen pädagogischen Praxis. Zudem wird dies eher auf formale Bildungsprozesse im Sinne der Verbesserung der schulischen Leistungen der Schüler:innen bezogen. Allerdings sind diese Orientierungen nicht Bestandteil der rekonstruierten organisationalen Orientierungen in diesen beiden Schulen. Von einigen der untersuchten Akteur:innen wird aber auch zurückgewiesen, dass die Bildungsbenachteiligung hinsichtlich formaler Bildungskarrieren im Kontext von Ganztagsschule reduziert werden könne (Buchna et al., 2017, S. 429). Stattdessen werden andere, in den Familien verortete Benachteiligungen und Herausforderungen angeführt, die von den pädagogischen Akteur:innen bearbeitet, kompensiert oder abgewendet werden müssten (Buchna et al., 2015b; Buchna et al., 2015a).

Auch in weiteren eigenen Arbeiten (Rother, 2019; 2023) konnte gezeigt werden, dass die Ebene der Organisationen bei Bildungsbenachteiligung relevant ist. Für die Kooperation von Ganztagsgrundschule und Offener Kinder- und Jugendarbeit wird aufzeigt, dass die Akteur:innen Bildungsbenachteiligung im Rahmen der Kooperation bezüglich der Erledigung der Hausaufgaben (re)produzieren. Dies lässt sich daran zeigen, dass für die pädagogischen Akteur:innen eine handlungsleitende Orientierung am *Sortieren von als defizitär gerahmten Kindern* als gemeinsame Orientierung im Umgang mit Bildungsbenachteiligung in beiden Bildungseinrichtungen rekonstruiert werden kann. Jedoch ist diese gemeinsame Orientierung in Bezug auf den Umgang mit Kindern zwischen den Organisationen zu differenzieren: So lässt sich für die pädagogischen Akteur:innen der Ganztagsschule (trotz unterschiedlicher Professionshintergründe) eine Orientierung am *Delegieren von als defizitär gerahmten Kindern* und für die Akteur:innen der Einrichtung der Offenen Kinder- und Jugendarbeit eine Orientierung am *Reparieren von als defizitär gerahmten Kindern* rekonstruieren. Das Beispiel der Hausaufgabenerledigung verdeutlicht, dass vielmehr eine schulische Logik von Erledigung, Kontrolle und ggf. Korrektur verfolgt wird, als dass ein eigenmotivierter Lernprozess unterstützt wird. Der Feldlogik und den Prinzipien der Offenen Kinder- und Jugendarbeit steht ein solches inzwischen sehr weit verbreitetes (Mühlmann & Pothmann, 2019, S. 7) Angebot jedoch prinzipiell entgegen (s.a. Sauerwein, 2018). Dies verdeutlicht zugleich Prozesse der Entgrenzung sowie der Individualisierung von Bildungsbenachteiligung, da weniger auf Qualitätsveränderungen in den Organisationen selbst, als vielmehr auf individuell zu leistende Bildungsprozesse von Schüler:innen (s. ebenfalls Thieme, 2013, S. 170) bzw. deren Familien abgestellt wird (s. a. Buchna et al., 2015a).

Weitere empirische Ergebnisse zu Bildungsungleichheit bzw. -benachteiligung finden sich in der bundesweiten Studie zur Entwicklung von Ganztagsschulen (StEG), die seit 2005 den Ganztagsschulausbau systematisch begleitet (u.a. StEG-Konsortium, 2019). Steiner (2016, 87f.) stellt auf Basis der StEG-Daten fest, dass sich die propagierte Wirkung von Ganztagsschulen auf die individuelle soziale Entwicklung nur unter bestimmten Qualitätskriterien und Umständen entfalte. So wird für Grundschüler:innen das Sozialverhalten vor allem durch inhaltlich gut gestaltete Angebote gefördert (ebd.; StEG-Konsortium, 2016). Kompetenzförderliche Wirkungen fachbezogener Angebote lassen sich jedoch in der Primarstufe generell nicht nachweisen, weder bei hoher Angebotsqualität noch bei intensiver Teilnahme (Steiner, 2016, S. 88). Wenn aber Ganztagsangebote freiwillig und interessensnah besucht werden, geht dies mit einem Kompetenzzuwachs einher (Fischer et al., 2016; Sauerwein & Heer, 2020). Dies verweist erneut sowohl auf die Bedeutung von Organisationsentwicklung und Angebotsqualität, als auch auf die Interessen der Schüler:innen selbst, die erst seit Kurzem deutlicher Beachtung finden (Walther, Nentwig-Gesemann & Fried, 2021). Steiner (2016) konstatiert, dass „Ganztagsschulen durchaus einiges leisten, um die soziale und kognitive Entwicklung von Schülerinnen und Schülern zu unterstützen“ (ebd., S. 82; s. a. Fischer, Kuhn & Züchner, 2011), weist jedoch darauf hin, dass von einem „weitreichenden Abbau sozialer Disparitäten [...] gleichwohl keine Rede sein“ (ebd.) kann. Und aufgrund der Dominanz der offenen Ganztagsorganisation ist der Ausbau von Ganztagsschulen an den Interessen mittlerer sozialer Schichten ausgerichtet (Steiner, 2011, S. 57; 2016, S. 86).

6. Fazit

Die skizzierten Ergebnisse empirischer Studien zur im Ganztagsschulausbau anvisierten Reduktion von Bildungsbenachteiligung bzw. -ungleichheit zeigen auf, dass ganztagsschulische Organisationen zwar nach außen durch bildungspolitische Maßnahmen legitimiert werden (z.B. Rechtsanspruch), die damit verbundene Programmatik allerdings nicht zwangsläufig in den Aktivitätsstrukturen der jeweiligen Organisationen deutlich werden (z.B. Buchna et al., 2017). Der Abbau von Bildungsbenachteiligung erscheint somit eher als kein professionell-pädagogisches Problem einer (ganztägigen) Bildungsorganisation. Vielmehr weisen die Ergebnisse darauf hin, dass die pädagogischen Akteur:innen Bildungsbe(nach)teiligung als ein individuell (durch die Schüler:innen bzw. Familien) zu bewältigendes statt als ein organisationales Problem betrachten, das potenziell Anlass zu Organisationsentwicklungen gibt. Demzufolge ist es wenig verwunderlich, dass die bildungs(ungleichheits)relevanten Wirkungen von Ganztagsangeboten – wie hier auf Basis der StEG-Daten veranschaulicht – bisher eher gering sind.

Die Ergebnisse verweisen zudem auf die Prozesshaftigkeit von Bildungsbenachteiligung und die Rolle der Bildungsorganisationen und ihren Akteur:innen innerhalb dieses Prozesses. So zeigen die Ergebnisse, dass pädagogische Akteur:innen in Ganztagsschulen an der (Re)Produktion von Bildungsbenachteiligung beteiligt sind. Dies geschieht, indem Defizite der Schüler:innen oder auch Familien über die Zuschreibung von Defiziten als durch Schulen kompensationswürdig dargestellt oder gar diskriminiert werden, was die Topos-Studie aufzeigt. Indem die pädagogischen Akteur:innen jedoch die Zuständigkeit von Ganztagsschulen in Bezug auf den Abbau von Bildungsbenachteiligung (implizit sowie explizit) negieren bzw. delegitimieren, entbinden sich „die schulischen Organisationen gleichsam aus der Verantwortung, an der Konstruktion und Verstetigung benachteiligender Effekte [...] und demnach auch an der (Re)Produktion von Bildungsbenachteiligung beteiligt zu sein" (Buchna et al., 2017, S. 433; s.a. Emmerich & Hormel, 2013, S. 76ff.; Gomolla & Radtke, 2009). Festzuhalten bleibt weiterhin, dass die pädagogischen Akteur:innen bezüglich des Umgangs mit Bildungsbenachteiligung in erster Linie auf einen formalen Bildungsbegriff im Sinne kognitiver Kompetenzen Bezug nehmen. Für die meisten der dargestellten Forschungsprojekte lässt sich ein solch enger Bildungsbegriff als bedeutsam aufzeigen, was mit den kinder-, jugend- und bildungspolitischen Diskursen in Bezug auf die Definition von Bildung und diesbezüglicher Benachteiligung einhergeht. Einige Ergebnisse deuten zudem an, dass neben schulisch zu fördernden ungleichheitsrelevanten Bildungsleistungen weitere Aspekte eine Rolle spielen, wie auf Basis der StEG-Ergebnisse bspw. der Einfluss sozialer Kompetenzen zeigt. Neben geringen nachweisbaren Effekten nehmen jene Zusammenhänge in dieser und in den weiteren Studien auch auf Ebene der methodologischen Konzeption keine oder nur eine randständige Rolle ein. Bisher lässt sich ein Fokus auf schulische Organisationen innerhalb der Erforschung von Prozessen der Bildungsbenachteiligung festhalten.

Hier zeigt sich demnach ein Potenzial für Forschungen im Kontext von Bildungsbenachteiligung/-ungleichheit, die neben formalen auch soziale, emotionale und lebensweltliche Bildungsprozesse, deren Förderung bzw. Benachteiligung in Schulen und außerschulisch kooperierenden Organisationen sowie weitere (sozial-)pädagogische Zusammenhänge in den Blick nehmen. Dies stünde dem Anspruch an eine „subjektorientierte Ganztagsbildung" (Sauerwein, 2021) näher, die Bildung weiter als Prozess fasst, der über die Organisation Schule hinausgeht, weitere Settings als relevante Bildungsorte mit diversen Bildungsprozessen anerkennt und zugleich Prozesse von Bildungsbenachteiligung auch aus Kinderperspektive aufdeckt, die eben gerade in den alltäglichen pädagogischen Praxen (re)produziert werden.

Literatur

BECKER, R. & Hadjar, A. (2017). Meritokratie – Zur gesellschaftlichen Legitimation ungleicher Bildungs-, Erwerbs- und Einkommenschancen in modernen Gesellschaften. In R. Becker (Hg.), Lehrbuch der Bildungssoziologie. Wiesbaden: Springer VS, S. 33–62. DOI: 10.1007/978-3-658-15272-7_2

BERTELSMANN STIFTUNG & Institut für Schulentwicklung (Hg.) (2012). Chancenspiegel. Zur Chancengerechtigkeit und Leistungsfähigkeit der deutschen Schulsysteme. Gütersloh: Bertelsmann.

BETTMER, F. (2007). Soziale Ungleichheit und Exklusion. In F. Bettmer, S. Maykus, F. Prüß & A. Richter (Hg.), Ganztagsschule als Forschungsfeld. Wiesbaden: VS Verlag, S. 187–211.

BETZ, T. (2010). Die Kindergesellschaft. Wie Kindheit und Ungleichheit zusammenhängen. Sozial Extra 34, (11–12), S. 37–41. DOI: 10.1007/s12054-010-0137-x

BMFSFJ (2005). Zwölfter Kinder- und Jugendbericht. Bericht über die Lebenssituation junger Menschen und die Leistungen der Kinder- und Jugendhilfe in Deutschland. Bildung, Betreuung und Erziehung vor und neben der Schule.

BOHNSACK, R. (2010). Rekonstruktive Sozialforschung. Einführung in qualitative Methoden (8. Aufl.). Opladen, Berlin & Toronto: Barbara Budrich.

BOURDIEU, P. (1983). Ökonomisches Kapital, kulturelles Kapital, soziales Kapital. In R. Kreckel (Hg.), Soziale Ungleichheiten. Soziale Welt, Sonderbd. 2. Göttingen: Schwartz, S. 183–198.

BUCHNA, J., Coelen, T., Dollinger, B., Rother, P. & Hildebrandt, Z. (2015a). Elternaufgaben ergänzen oder ersetzen? Eltern im Blick pädagogischer Akteure in Ganztagsgrundschulen. Zeitschrift für Grundschulforschung 8 (1), S. 65–79.

BUCHNA, J., Coelen, T., Dollinger, B. & Rother, P. (2015b). Neue Problemarbeit? Konstruktionen von Bildungsbenachteiligung in Halbtags- und Ganztagsschulen. Zeitschrift für Soziale Probleme und soziale Kontrolle 26 (1), S. 47–66. DOI: 10.1007/s41059-015-0001-0

BUCHNA, J., Coelen, T., Dollinger, B. & Rother, P. (2017). Abbau von Bildungsbenachteiligung als Mythos? Orientierungen pädagogischer Akteure in (Ganztags-)Grundschulen. Zeitschrift für Pädagogik 62 (4), S. 416–436.

BUCHNA, J. (2019). Organisationale Deutungsmuster im Kontext Migration und Rassismus im Zeitverlauf. Pädagogische Akteure einer Grundschule im Fokus. Wiesbaden: Springer VS.

BÜHLER-NIEDERBERGER, D. (2020). Lebensphase Kindheit. Theoretische Ansätze, Akteure und Handlungsräume. Grundlagentexte Soziologie. Weinheim & Basel: Beltz Juventa.

DOLLINGER, B. (2010). Bildungsungleichheit als Konstituens von Sozialpädagogik. Theoretische und empirische Befunde am Beispiel Ganztagsschule. Zeitschrift für Sozialpädagogik 8 (2), S. 191–210.

EMMERICH, M. & Hormel, U. (2013). Equity oder die Individualisierung der Bildungsbenachteiligung. Journal für LehrerInnenbildung 13 (1), S. 8–15.

FEND, H. (2009). Neue Theorie der Schule. Einführung in das Verstehen von Bildungssystemen (2. Aufl.). Wiesbaden: VS Verlag für Sozialwissenschaften. DOI: 10.1007/978-3-531-91788-7

FISCHER, N., Kuhn, H. P. & Züchner, I. (2011). Entwicklung von Sozialverhalten in der Ganztagsschule. In N. Fischer, H. G. Holtappels, E. Klieme, T. Rauschenbach, L. Stecher & I. Züchner (Hg.), Studien zur ganztägigen Bildung. Ganztagsschule. Weinheim & Basel: Beltz Juventa, S. 246–266.

FISCHER, N., Sauerwein, M., Theis, D. & Wolgast, A. (2016). Vom Lesenlernen in der Ganztagsschule. Leisten Ganztagsangebote einen Beitrag zur Leseförderung am Beginn der Sekundarstufe I? Zeitschrift für Pädagogik. Zeitschrift für Pädagogik 62 (6), S. 780–796.

GOMOLLA, M. & Radtke, F.-O. (2009). Institutionelle Diskriminierung. Wiesbaden: VS Verlag für Sozialwissenschaften.

GOMOLLA, M. (2016). Diskriminierung. In P. Mecheril (Hg.), Handbuch Migrationspädagogik. Weinheim & Basel: Beltz Juventa, S. 73–89.

GRENDEL, T. (2023). Bildungsgerechtigkeit im Ganztag. Handlungsansätze für die Soziale Arbeit (1. Aufl.). Soziale Arbeit in der Gesellschaft. Stuttgart: Kohlhammer.

GRUNDMANN, M., Bittlingmayer, U. H., Dravenau, D. & Groh-Samberg, O. (2016). Bildung als Privileg und Fluch. In R. Becker & W. Lauterbach (Hg.), Bildung als Privileg?. Wiesbaden: VS Verlag für Sozialwissenschaften, S. 57–86.

HKM (o.J.). Das neue Kerncurriculum für Hessen. Primarstufe: Deutsch. https://kultusministerium.hessen.de/sites/kultusministerium.hessen.de/files/2021-06/kc_deutsch_prst_2011_1.pdf (Zugriff: 12.10.2023).

LANGE-VESTER, A. (2015). Habitusmuster von Lehrpersonen – auf Distanz zur Kultur der unteren sozialen Klassen. Zeitschrift für Soziologie der Erziehung und Sozialisation (ZSE) 35 (4), S. 360–376.

LANGE-VESTER, A. & Vester, M. (2018). Lehrpersonen, Habitus und soziale Ungleichheit in schulischen Bildungsprozessen. In K.-H. Braun, F. Stübig & H. Stübig (Hg.), Erziehungswissenschaftliche Reflexion und pädagogisch-politisches Engagement. Wiesbaden: Springer VS, S. 159–183. DOI: 10.1007/978-3-658-18595-4_13

MAAZ, K., Baumert, J. & Trautwein, U. (2011). Genese sozialer Ungleichheit im institutionellen Kontext der Schule. In H.-H. Krüger (Hg.), Studien zur Schul- und Bildungsforschung. Bildungsungleichheit revisited. Wiesbaden: VS Verlag für Sozialwissenschaften, S. 69–102.

MÜHLMANN, T. & Pothmann, J. (2019). Statistik der Kinder- und Jugendarbeit – Potenziale noch nicht ausgeschöpft. KomDat. Kommentierte Daten der Kinder- und Jugendhilfe 22 (1), S. 1–8.

NIEMANN, D. (2015). PISA in Deutschland. Effekte auf Politikgestaltung und -organisation. Die Deutsche Schule, 107 (2), S. 141–157.

PARSONS, T. (1968). Die Schulklasse als soziales System. Einige ihrer Funktionen in der amerikanischen Gesellschaft. In Parsons, T. (Hg.), Sozialstruktur und Persönlichkeit. Frankfurt/M.: Europäische Verlagsanstalt, S. 161–193.

ROTHER, P. (2019). Sortieren als Umgang mit Bildungsbenachteiligung. Orientierungen pädagogischer Akteure in einem kooperativen Ganztags-Setting. Studien zur ganztägigen Bildung. Weinheim & Basel: Beltz Juventa.

ROTHER, P. (2023). Bildungsteilhabe und die Kooperation zwischen Kinder- und Jugendarbeit und Schule. Diskurs Kindheits- und Jugendforschung/Discourse Journal of Childhood and Adolescence Research, 18 (1), S. 95–110. DOI: 10.3224/diskurs.v18i1.06

ROTHER, P. & Stötzel, J. (2014). Familie, soziale Herkunft und Bildungsungleichheit. In T. Coelen & L. Stecher (Hg.), Grundlagentexte Pädagogik. Die Ganztagsschule. Eine Einführung. Weinheim & Basel: Beltz Juventa, S. 129–142.

SAUERWEIN, M. (2018). Veränderungen der Jugendarbeit in Zeiten von Ganztagsschulen. Das Dilemma der Freiwilligkeit. Sozial Extra 42 (6), S. 52–54. DOI: 10.1007/s12054-018-0101-8

SAUERWEIN, M. (2021). Vom Außerschulischen zum Schulischen. Überlegungen zu einer subjektorientierten Ganztagsbildung. Neue Praxis 51 (2), S. 89–105.

SAUERWEIN, M. & Graßhoff, G. (2022). Subjektorientierte Ganztagsbildung – ein kindheitsbezogener Blick auf Ganztagsschule. Diskurs Kindheits- und Jugendforschung/Discourse Journal of Childhood and Adolescence Research 17 (2), S. 211–224. DOI: 10.3224/diskurs.v17i2.06

SAUERWEIN, M. & Heer, J. (2020). Warum gibt es keine leistungssteigerndes Effekte durch den Besuch von Ganztagsangeboten? Zeitschrift für Pädagogik 66 (1), S. 78–101.

SCHLICHT, R. (2011). Determinanten der Bildungsungleichheit. Die Leistungsfähigkeit von Bildungssystemen im Vergleich der deutschen Bundesländer. Wiesbaden: VS Verlag für Sozialwissenschaften. DOI: 10.1007/978-3-531-92626-1

STEG-KONSORTIUM (2016). Ganztagsschule. Bildungsqualität und Wirkungen außerunterrichtlicher Angebote: Ergebnisse der Studie zur Entwicklung von Ganztagsschulen 2012–2015. https://www.projekt-steg.de/sites/default/files/StEG_Brosch_FINAL.pdf (Zugriff: 12.10.2023).

STEG-KONSORTIUM (2019). Ganztagsschule 2017/2018. Deskriptive Befunde einer bundesweiten Befragung. DIPF, DJI, IFS, Justus-Liebig-Universität. https://projekt-steg.de/sites/default/files/Ganztagsschule_2017_2018.pdf (Zugriff: 12.10.2023).

STEINER, C. (2009). Mehr Chancengleichheit durch die Ganztagsschule? In L. Stecher, C. Allemann-Ghionda, W. Helsper & E. Klieme (Hg.), Ganztägige Bildung und Betreuung. 54. Beiheft Zeitschrift für Pädagogik. Weinheim & Basel: Beltz Juventa, S. 81–105.

STEINER, C. (2011). Teilnahme am Ganztag. Zeitliche Entwicklungen und mögliche Selektionseffekte. In N. Fischer, H. G. Holtappels, E. Klieme, T. Rauschenbach, L. Stecher & I. Züchner (Hg.), Studien zur ganztägigen Bildung. Ganztagsschule. Weinheim & Basel: Beltz Juventa, S. 57–75.

STEINER, C. (2016). Von der konservativen zur sozial gerechten Schule? Zur Kompensation sozialer Ungleichheit durch die Ganztagsschule. Engagement: Zeitschrift für Erziehung und Schule 34 (2), S. 82–90.

STÖTZEL, J. & Wagener, A.-L. (2014). Historische Entwicklungen und Zielsetzungen von Ganztagsschulen in Deutschland. In T. Coelen & L. Stecher (Hg.), Grundlagentexte Pädagogik. Die Ganztagsschule. Eine Einführung. Weinheim & Basel: Beltz Juventa, S. 49–64.

TE POEL, K. (2021). Anerkennung und habituelle (Un-)Passung auf der Ebene der Schüler*innen-Lehrer*innenbeziehung. Vorab-Onlinepublikation. PraxisForschungLehrer*innenBildung. Zeitschrift für Schul- und Professionsentwicklung 3, 2, S. 63–79. DOI: 10.11576/pflb-4196

THIEME, N. (2013). Bildungsgerechtigkeit als Chancengleichheit oder jenseits von Chancengleichheit? In F. Dietrich, M. Heinrich & N. Thieme (Hg.), Bildungsgerechtigkeit jenseits von Chancengleichheit. Theoretische und empirische Ergänzungen und Alternativen zu ‚PISA'. Wiesbaden: Springer VS für Sozialwissenschaften, S. 159–180.

VBW (Hg.) (2015). Bildung. Mehr als Fachlichkeit. Gutachten des Aktionsrat Bildung der Vereinigung der Bayerischen Wirtschaft. Münster: Waxmann.

WALTHER, B., Nentwig-Gesemann, I. & Fried, F. (2021). Ganztag aus der Perspektive von Kindern im Grundschulalter. Eine Rekonstruktion von Qualitätsbereichen und -dimensionen. Gütersloh: Bertelsmann.

Adressaten und Akteure der Ganztagsgrundschule

NICOLE J. FRITZLER, ELKE WILD

Chancen und Herausforderungen der Kooperation mit Eltern

1. Einleitung

Durch wachsende soziale Ungleichheiten, die steigende Zahl von jungen Menschen mit Migrations- oder Fluchterfahrung sowie das nach der Ratifizierung der UN-Behindertenrechtskonvention forcierte gemeinsame Lernen von Schüler:innen mit und ohne besondere Bedarfe steigt die Heterogenität der (Eingangs-)Kompetenzen von Schüler:innen fortlaufend. Den Befunden des nationalen Bildungsberichts von 2022 (Autor:innengruppe Bildungsberichterstattung, 2022) sowie der PISA-Erhebung 2022 (Lewalter et al., 2023) zufolge verfehlen 25–30% der Schüler:innen die Mindestanforderungen in den Schlüsselkompetenzbereichen. Dies dürfte nicht zuletzt darauf zurückführbar sein, dass die Ausübung informeller Bildungsaktivitäten im Elternhaus vor allem während der Schulschließungen aufgrund der Covid-Pandemie noch stärker als bislang vom elterlichen Bildungsstand abhängig war. Erwartungskonform zeigten sich individuelle familiäre Hintergrundvariablen (z.B. sozioökonomischer Status, kulturelles Kapital) wiederholt als relevant für den Kompetenzerwerb. Werden entsprechende Kompetenzdefizite näher betrachtet, so lassen sich Lern*schwierigkeiten* in Form vorübergehender oder kumulativer Lernrückstände von gravierenden, aber mehr oder weniger umfassenden Lern*störungen* unterscheiden, die u.a. Entwicklungsstörungen schulischer Fertigkeiten (z.B. Lese-/Rechtschreibstörung) oder einen sonderpädagogischen Förderbedarf etwa im Bereich *Lernen* begründen können. Eine individuelle bzw. adaptive Förderung basaler Kompetenzen im und außerhalb des Unterrichts ist zum Erreichen der Mindeststandards in der Grundschule sowie einer Verringerung von Bildungsungleichheiten deshalb unabdingbar (vgl. Aktionsrat Bildung, 2013; Holtappels, 2014; Otto & Rauschenbach, 2008). Diese lässt sich in Ganztagsschulen mit einem „Mehr" an Lernzeit und multiprofessionellen Teams grundsätzlich leichter realisieren. Allerdings wird dieses Potenzial nicht immer ausgeschöpft. Obwohl das Risiko problematischer Entwicklungen (z.B. Klassenwiederholung) zwar verringert werden kann (vgl. StEG-Studie; Fischer et al., 2011), finden sich keine positiven Wirkungen auf die schulischen Leistungen und die Lernmotivation der Schüler:innen. Dies weist u.a. auf eine selbstselektive Inanspruchnahme außerunterrichtlicher Förderangebote sowie eine optimierbare Ausgestaltung adaptiver Lehr-Lern-Arrangements hin (Holtappels, 2019; Tillmann et al., 2018, S. 302ff.). Speziell in *offenen* Ganztagsschulen, die auf einer freiwilligen Teilnahme am Nachmittagsbetrieb basieren und in Deutschland dominieren (StEG-Konsortium, 2019), ist ein z.B. durchrhythmisierter Ganztag kaum zu realisieren, obwohl dieser für eine ganzheitliche Förderung wünschenswert wäre. Auch sind es im Primarbereich die Eltern, die mit der (Nicht-)Inanspruchnahme jeglicher (Unterstützungs-)Maßnahmen (z.B. Teilnahme am Ganztag und/oder an Förderangeboten) über die Bildungsentwicklung ihrer Kinder entscheiden. Gleichzeitig beeinflussen sie damit auch indirekt die Gestaltungsspielräume und Personalressourcen der Schulen. Mit Blick auf individuelle Kompetenzentwicklungen der Schüler:innen selbst und eine Optimierung adaptiver Lehr-Lern-Arrangements im offenen Ganztag ist es daher besonders wichtig, Beschränkungen in der herkömmlichen Elternarbeit insbesondere in Ganztagsgrundschulen zu überwinden.

2. Kooperation zwischen Elternhaus und Schule: Status quo in der Ganztagsbildung

Beide Instanzen, Familie und Schule, sind gemeinsam für die Erziehung und den Bildungserfolg der Schüler:innen verantwortlich. Die Schule bietet nicht nur einen geeigneten Rahmen für die Zusammenarbeit (Bartscher, 2021), sondern ist als staatliche Institution auch aufgefordert, diese strukturell zu verankern und stetig fortzuentwickeln. Umso erfreulicher ist es, dass zur Leistungsbilanz an Ganztagsschulen eine durchschnittlich bessere soziale Integration benachteiligter Schüler:innen, eine Entlastung von der Hausaufgabenbetreuung und durch eine verlässliche Kinderbetreuung eine bessere Vereinbarkeit von Beruf und Familie zählen (Züchner, 2011). Doch obwohl die Ganztagsschule besonders von sozial benachteiligten Eltern mit und ohne Migrationshintergrund als unterstützend wahrgenommen wird, sind genau diese Eltern im Ganztagsbetrieb unterrepräsentiert (Klieme & Rauschenbach, 2011). Umso wichtiger ist es, die Zusammenarbeit von Familie und Schule auszuweiten und qualitativ zu verbessern.

Leider beziehen sich vorliegende Studien zur schulischen Elternarbeit fast ausnahmslos auf den Austausch zwischen Eltern und allgemeinen Lehrkräften, sodass über die Zusammenarbeit von Eltern mit anderen Personengruppen in multiprofessionellen Teams wenig bekannt ist. Die Eltern-Lehrkraft-Kooperation ist dabei an Grundschulen deutlich intensiver als an weiterführenden Schulen und wird im Primarbereich positiver bewertet. Generell hängt die Zusammenarbeit jedoch häufig vom Engagement der einzelnen Lehrkraft ab: Oftmals überwiegen vor allem stark formalisierte Gesprächssettings wie Elternsprechtage und Elternabende (Grüter, Wild & Gorges, 2019) und anlass*un*abhängige, von der Schule ausgehende Begegnungen sind eher selten (Killus & Paseka, 2014). Ferner wird einer 2019 veröffentlichten FORSA-Lehrkräftebefragung zufolge die Elternarbeit – neben dem Mangel an Personal und der Umsetzung schulischer Inklusion – als eine der größten Herausforderungen beschrieben (Robert-Bosch-Stiftung, 2019). In diesem Zusammenhang führen Lehrkräfte häufig an, dass Eltern entweder überehrgeizig seien, sich nur für das Wohl ihres eigenen Kindes interessierten oder schwer erreichbar seien und eine unzureichende Bereitschaft mitbrächten, bei Schulveranstaltungen mitzuwirken oder sich beraten zu lassen. Auch Eltern wünschen sich teils eine engere Kooperation, mehr Einsicht und eine symmetrischere Kommunikation mit dem Schulpersonal (Tillmann, 2017).

3. Ziele und Qualitätsmerkmale einer gelingenden Erziehungs- und Bildungspartnerschaft

Eine vertrauensvolle und qualitativ hochwertige Kooperation zwischen Elternhaus und Schule ist nach wissenschaftlichem Erkenntnisstand entscheidend für eine optimale Unterstützung aller Schüler:innen und gilt somit als wichtiges Merkmal guter, v.a. auch inklusiver Schulen (Arndt & Werning, 2016; Wild, 2021). Viele Schulen bemühen sich entsprechend um eine Optimierung ihrer Elternarbeit in Richtung eines Auf- und Ausbaus einer qualitätsvollen Erziehungs- und Bildungspartnerschaft. Diesem Konzept liegt der Leitgedanke zugrunde, dass von Eltern und dem Schulpersonal vor Ort ein gemeinsames Verständnis darüber zu entwickeln ist, was eine die kindliche Entwicklung befördernde Partnerschaft ausmachen soll und wie diese zu erreichen ist (Grüter et al., 2019; Bartscher, 2021). In Ganztagsgrundschulen sind die Bedingungen hierfür besonders günstig, weil Kinder der Zusammenarbeit weniger skeptisch gegenüberstehen als Jugendliche und weil sich durch den erweiterten zeitlichen Spielraum und die Bündelung von Fachkräften mit unterschiedlichem professionellen Hintergrund eine gute Chance für die Gestaltung fruchtbarer Unterstützungsstrukturen ergibt. Eine besondere Herausforderung besteht jedoch darin, dass die Schüler- und Elternschaft deutlich heterogener ist als etwa an Gymnasien, und zwar insbesondere, wenn sie in sozialen Brennpunkten angesiedelt sind. So sind bei der Entwicklung von Erziehungs- und Bildungspartnerschaften nicht nur die individuellen Bedarfe der Schüler:innen, sondern ebenso die Einschränkungen und Ressourcen in den Familien zu berücksichtigen und „passgenaue Brücken zu den unterschiedlichen Lebenswelten" zu bauen (Bartscher, 2021, S. 141; Fritzler & Wild, 2019; 2023). Um genau diese „passgenauen Brücken" zu adressieren, können die folgenden Qualitätsmerkmale als Bedingungen einer gelingenden Erziehungs- und Bildungspartnerschaft für Schulen als Kompass dienen (Vodafone-Stiftung, 2013):

a) Schaffung einer Willkommens- und Begegnungskultur, die durch gegenseitige Wertschätzung, Offenheit und Akzeptanz gekennzeichnet ist.
b) Nutzung vielfältiger Informationskanäle zur Etablierung eines regelmäßigen Informationsaustausches und konstruktiver Kommunikationsstrukturen.
c) Gemeinsame Verständigung über eine optimale Förderung der Schüler:innen zu Hause und in der Schule sowie Abstimmung konkreter Bemühungen zur Erreichung dessen.
d) Elterliche Partizipation am Ganztagsbetrieb zur Etablierung eines breit getragenen und von Eigeninteressen losgelösten Verantwortungsgefühls für den Auf- und Ausbau einer demokratischen Schulgemeinschaft.

Wie sich diese Qualitätsmerkmale in der Praxis umsetzen lassen, wird im Folgenden skizziert.

3.1 Praktische Impulse zur Gestaltung einer Erziehungs- und Bildungspartnerschaft im Rahmen der Ganztagsbildung

a) Schaffung einer Willkommens- und Begegnungskultur, die durch gegenseitige Wertschätzung, Offenheit und Akzeptanz gekennzeichnet ist.

Die Grundvoraussetzung für eine gelingende Zusammenarbeit ist, dass sich Eltern von „ihrer" Schule eingeladen und in ihr willkommen fühlen. Hierbei sind die heterogenen Möglichkeiten, Erwartungen und Bedürfnisse von Eltern und deren Kindern zu berücksichtigen. Mit Blick auf inklusive Schulen hat sich dabei eine positive Haltung zu Vielfalt als wichtiger Gelingensfaktor herausgestellt (Ständige Wissenschaftliche Kommission der KMK, 2014). So kann allgemein die Sensibilität für den schichtspezifischen Habitus von (Lehrkräften und) Eltern sowie die Anerkennung soziokultureller Unterschiede in Einstellungen und Verhaltensweisen als Voraussetzung für eine qualitätsvolle Willkommens- und Begegnungskultur erachtet werden. Umgekehrt wird diese verhindert, wenn Zuschreibungen wie das der „schwer erreichbaren Eltern" nicht selbstkritisch reflektiert werden und wenn auf Kooperationsprobleme mit wechselseitigen Schuldzuschreibungen reagiert wird. Als konkrete Maßnahme zur Schaffung einer Willkommens- und Begegnungskultur haben sich in der Praxis Orientierungshilfen erwiesen, die von Wegweisern in verschiedenen Sprachen über Fototafeln mit den Namen und Funktionen der Mitglieder des Schulpersonals bis hin zu Eltern-Cafés und pädagogischen Tagen reichen können. Darüber hinaus sind Gelegenheiten für einen anlass*un*abhängigen Austausch zu schaffen, etwa beim Abholen der Kinder oder am Rand von Schulfesten und Klassenausflügen. Auf Basis einer vertrauensvollen Beziehung lassen sich so auch problemzentrierte bzw. Konfliktgespräche besser führen. So gibt es inzwischen eine Vielzahl an Aus- und Weiterbildungsangeboten, in denen Gesprächsstrategien für verschiedene Szenarien eingeübt werden (vgl. Aich et al., 2017).

b) Nutzung vielfältiger Informationskanäle zur Etablierung eines regelmäßigen Informationsaustausches und konstruktiver Kommunikationsstrukturen.

Um gemeinsame Ziele verfolgen und jedes Kind bestmöglich in seiner Lernentwicklung fördern zu können, ist ein regelmäßiger und bilateraler Austausch über alles, was für die Bildung und Erziehung der Schüler:innen von Bedeutung ist, wichtig. Im Zuge des technischen Fortschritts erweitern sich die Informationskanäle (z.B. Homepage, E-Mails, soziale Medien, Videokonferenzen usw.), sodass damit Hürden, die sich aus den unterschiedlichen Lebensbedingungen mit ihren privaten und beruflichen Anforderungen ergeben, besser überwunden werden können. Formen der schriftlichen bzw. asynchronen Kommunikation eignen sich, um Informationen unaufwändig und bedarfsgerecht zu übermitteln, wobei sie persönliche regelmäßige Gespräche keinesfalls ersetzen sollten. In diesen kann sich das Schulpersonal nicht zuletzt rückversichern, ob die gewählten Austauschformate als zielführend erachtet werden. So können Informationen unabsichtlich zu geballt übermittelt werden (z.B. bei der Einschulung), nicht wie geplant ankommen (wie häufig bei der sog. „Tornister-Post") oder nicht für alle verständlich gewesen sein. Selbstverständlich ist in allen Formen des Austausches grundsätzlich eine respektvolle und wertschätzende Kommunikation sicherzustellen. Darüber hinaus bietet die Benennung klarer Zuständigkeiten im Ganztags-Kollegium und die Einbeziehung von Personen, die bei der Kommunikation mit bestimmten Elterngruppen helfen können (z.B. Elternlotsen, Stadtteilmütter/-väter), den Eltern Sicherheit und kann die Wahrscheinlichkeit der Beteiligung zusätzlich erhöhen (Bartscher, 2021; Vodafone-Stiftung, 2013).

c) Gemeinsame Verständigung über eine optimale Förderung der Schüler:innen zu Hause und in der Schule sowie Abstimmung konkreter Bemühungen zur Erreichung dessen.

Das dritte Qualitätsmerkmal hebt darauf ab, dass sich das Schulpersonal mit den Eltern und, soweit sinnvoll und möglich, auch mit den Schüler:innen selbst über Lernziele und -inhalte abstimmt, dass alle Beteiligten den Lebensort Schule in einem transparenten Dialog zusammen gestalten. Damit dies gelingt, sind Eltern grundsätzlich als Expert:innen für ihre Kinder zu verstehen und ihr Engagement ist ausdrücklich wertzuschätzen. Auch fühlen sich Eltern im schulischen Kontext besonders ernst genommen, wenn sie (z.B. im Rahmen von gemeinsamen Veranstaltungen oder niedrigschwelligen Meinungsumfragen) nach ihren Wünschen, Erwartungen und Bedürfnissen gefragt und diese auch bestmöglich berücksichtigt werden. Zur Stärkung der Identifizierung von Eltern mit ihrer Schule hat sich ferner bewährt, Eltern einzuladen, ihre eigenen beruflichen Kenntnisse und Fähigkeiten einzubringen (z.B. Projekttage). Für Eltern in schwierigen Lebenslagen und solche, die mit dem deutschen Bildungssystem wenig vertraut sind oder nicht gut Deutsch sprechen, ist das Schulengagement besonders herausfordernd. Hier ist grundsätzlich mit den Eltern abzuklären, welche Ressourcen und Kompetenzen in der jeweiligen Familie vorhanden sind und wie diese – im Sinne des Empowerments – ggf. aktiviert bzw. gestärkt werden können (Fritzler & Wild, 2023). Niedrigschwellige Hilfen wie Tipps im Rahmen von Elternsprechtagen oder Lernentwicklungsgesprächen werden von Eltern bereits als hilfreich empfunden (vgl. Hilkenmeier, Wiescholek & Buhl, 2017), sodass sich hier ansetzen lässt. Es existieren inzwischen aber auch eine Reihe von Programmen, die etwa eine gemeinsame Leseförderung von Eltern und Lehrkräften vorsehen, damit Eltern lernen, wie sie Unterstützungsmöglichkeiten zu Hause besser ausschöpfen können (vgl. Bonanati et al., 2020). Darüber hinaus eignen sich hier auch gruppenbasierte Eltern-Kind-Lernnachmittage (ggf. in Zusammenarbeit mit Learning Support Teams; Vodafone Stiftung, 2013), die neben einer fachdidaktischen und motivationspsychologischen Informations- und Methodenvermittlung auch einen Rahmen für den Austausch unter den Eltern selbst bieten können. Solche Angebote können mit psychoedukativen Inhalten oder auch praktischen Impulsen, wie Eltern ihre Kinder beim häuslichen Lernen motivieren und zum selbstregulierten Lernen hinführen können, kombiniert werden (z.B. angeleitete Selbstlernkurse für Eltern[1]).

---

1 Zugang zum Selbstlernkurs zum Thema Förderung des selbstregulierten Lernens über nicole.fritzler@uni-bielefeld.de.

Schüler:innen mit gravierenden Lernschwierigkeiten benötigen allerdings qualitativ hochwertige und symptomorientierte Förderprogramme (vgl. Ise, Engel & Schulte-Körne, 2012a; Ise et al., 2012b), die idealiter in den Unterricht und/oder in das Ganztagsangebot integriert werden. So wurde in einem der Teilprojekte der StEG-Studie (Teilbereich Lesen; Lossen et al., 2021) ein strukturiertes Leseförderprogramm speziell für den Ganztagsbereich von Grundschulen entwickelt, implementiert und evaluiert. In Form einer nachmittäglichen AG wurde das Programm durch (nicht unbedingt didaktisch ausgebildetes) Personal des Ganztags durchgeführt, das im Vorfeld eine Schulung und Lern- sowie Lehrmaterialien erhalten hatte. Es zeigte sich, dass durch die Vermittlung kognitiver Lesestrategien sowie die Förderung der Leseflüssigkeit die Lesekompetenz der Schüler:innen wesentlich verbessert werde konnte. Dieser Effekt war auch noch mehrere Monate nach Ende der Intervention nachweisbar. Durch eine solche Implementierung wissenschaftlich fundierter Förderprogramme in die Praxis des Ganztagsbetriebs ist es möglich, Schüler:innen frühzeitig benötigte Förderung zukommen zu lassen, die sie zu gleichberechtigter Teilhabe befähigt. Leider finden sich solche Best-Practice-Beispiele aber noch selten und beschränken sich im Ganztag auf Lernangebote in Form separater Gruppenförderungen und Hausaufgabenbetreuung (durch Lehrkräfte oder Personen ohne pädagogische Kenntnisse).

d) Elterliche Partizipation am Ganztagsbetrieb zur Etablierung eines breit getragenen und von Eigeninteressen losgelösten Verantwortungsgefühls für den Auf- und Ausbau einer demokratischen Schulgemeinschaft.

Grundsätzlich lassen sich drei Bereiche möglicher Elternpartizipation definieren (Krinecki & Schwanenberg, 2014):

- Partizipation in *organisatorischen* Belangen: Hilfestellung der Eltern für die Schule, z.B. Mithilfe bei Schulfesten, Begleitung von Ausflügen;
- Partizipation in *konzeptionellen* Belangen: Mitwirkung an schulischen Entscheidungen, z.B. Teilnahme an Schulkonferenzen;
- Partizipation in *lernbezogenen* Belangen: Gemeinsame Gestaltung häuslicher Lernprozesse, z.B. regelmäßige Gespräche mit den Lehrkräften über individuelle Fördermöglichkeiten, Einbezug in Förderplanprozesse.

Da die letzte Partizipationsform bereits unter dem vorherigen Qualitätsmerkmal behandelt wurde, bleiben die beiden anderen Formen zu beleuchten. Die Mitwirkung an organisatorischen Belangen wird in der Literatur als „schulbasiertes Elternengagement“ bezeichnet. Sie wird regelmäßig erwartet und genutzt, wobei nicht alle Eltern den schulischen Erwartungen entsprechen können oder wollen und sich teils instrumentalisiert fühlen (können), Ressourcenprobleme der Schule zu kompensieren. Umso wichtiger ist es, den Eltern die Bedeutung solch gemeinsamer Aktivitäten aufzuzeigen und sie mit Formen der konzeptuellen Mitbestimmung zu kombinieren. Diese können von Hospitationen im Unterricht oder im Ganztagsbetrieb über die Mitwirkung an Fachkonferenzen bis hin zur Mitbestimmung in Fragen der Schulentwicklung reichen. Damit diese und alle rechtlich vorgesehen Mitbestimmungsmöglichkeiten (z.B. Elternpflegschaften) ausgeschöpft werden und nicht länger von sozial privilegierten Eltern bevorzugt werden, sollten Schulen ihre Elternschaft über diese (länderspezifischen) Bestimmungen informieren, sozial benachteiligte Eltern zur Wahrnehmung von Ämtern und Funktionen (z.B. Elternsprecher:innen, Elternbeirat) ermutigen und sich um eine repräsentative Vorschlagsliste für die Elternbeiratswahl bemühen.

4. Fazit

Ganztagsschulen bergen im Hinblick auf erweiterte Lernzugänge, adaptivere Lehr-Lern-Arrangements, gleichberechtigtere Teilhabechancen aller Schüler:innen und die Entwicklung von hochwertigen Erziehungs- und Bildungspartnerschaften ein großes, aber bislang noch nicht voll ausgeschöpftes Potenzial.

Bemühungen zur Einlösung dieser Ziele sind in eine systematische Qualitätsentwicklung zu integrieren, der sich das ganze Schulpersonal, die Elternschaft (und soweit wie möglich auch die Schüler:innen) verpflichtet fühlen müssen – und zwar in dem Bewusstsein, dass eine Veränderung von Schulstrukturen, Rollen, Kooperationsformen und Beziehungen einen langen Atem braucht. Das mag angesichts der zahlreichen Herausforderungen in und an Schulen – vom inklusiven Umbau über die Covid-Pandemie, den Lehrkräftemangel und Familien mit Fluchterfahrung – abschreckend erscheinen. Ein gut aufgestelltes multiprofessionelles Team und eine vertrauensvolle Bildungspartnerschaft tragen jedoch nachweislich zur Entlastung des Schulpersonals bei, erhöhen die Arbeitszufriedenheit und versprechen eine (noch) bessere Förderung von Kindern in fachlichen und überfachlichen Aspekten. Auch geht es nicht darum, „eine möglichst hohe Zahl verschiedener Angebote [zu etablieren] […], sondern um eine innere Haltung, die durch die Bereitschaft geprägt ist, unterschiedliche Lebenswelten anzuerkennen und passgenaue Brücken zu diesen Lebenswelten zu bauen“ (Bartscher, 2021, S. 141). Eine solche Haltung zeigt sich mit Blick auf die Familie-Schule-Kooperation zunächst in der Schaffung einer Willkommens- und Begegnungskultur, die durch gegenseitige Wertschätzung, Offenheit und Akzeptanz gekennzeichnet ist. Implizite Vorurteile sind auf beiden Seiten, vor allem aber in den Kollegien als Teil einer professionellen Berufsausübung zu reflektieren. Dies ist eine Voraussetzung dafür, sich auf unterschiedliche Lebenswelten, Erwartungen, Ressourcen und Bedürfnisse der Schüler- und Elternschaft einzustellen. In den (ersten) Begegnungen kann bereits die Etablierung eines vielfältigen, regelmäßigen und respektvollen Informationsaustauschs abseits von „Problemgesprächen" vorangetrieben werden. Hier ist entscheidend, dass neue Kommunikationswege (Eltern-Apps, WhatsApp-Gruppen usw.) genutzt werden, um Eltern schnell mit leicht verständlichen, aktuellen Informationen zu versorgen und einen unaufwändigen, niedrigschwelligen Kontakt zu bahnen. Ein effektiver, vertrauensvoller und immer wieder auch anlass*un*abhängiger Austausch wiederum ist die Basis für eine gemeinsame Verständigung auf Lernziele und wie diese erreicht werden sollen. Insbesondere die im multiprofessionellen Team verfügbaren Informationen sind äußerst wertvoll, um bestmöglich auf die jeweiligen Bedarfe der Schüler:innen und deren Eltern eingehen und ein diversitätssensibles Beratungsangebot unterbreiten zu können. Anzuerkennen, dass Eltern ihre Kinder in aller Regel am besten kennen und daher eine ganz eigene Expertise mitbringen, baut paternalistischen Gesprächshaltungen vor. Alle drei bislang genannten Aspekte einer qualitätsvollen Erziehungs- und Bildungspartnerschaft tragen schließlich zur Gestaltung einer demokratischen Schulgemeinschaft bei und profitieren von dieser. Der Elternschaft sind hierzu Rechte sowie Möglichkeiten und Bereiche der Elternpartizipation (organisatorisch, konzeptionell, lernbezogen) aufzuzeigen und vor allem sozial benachteiligte Eltern sind aktiv zu ermutigen und zu unterstützen, damit die Belange aller Kinder adressiert werden.

Literatur

AICH, G., Kuboth, C., Gartmeier, M. & Sauer, D. (2017). Kommunikation und Kooperation mit Eltern. Weinheim & Basel: Beltz Juventa.

AKTIONSRAT BILDUNG (2013). Zwischenbilanz Ganztagsgrundschulen. Betreuung oder Rhythmisierung? Gutachten. Münster: Waxmann.

ARNDT, A.-K. & Werning, R. (2016). Was kann man von Jakob-Muth-Preisträgerschulen lernen? Ergebnisse der Studie „Gute inklusive Schule". In Bertelsmann Stiftung (Hg.), Inklusion kann gelingen! Forschungsergebnisse und Beispiele guter schulischer Praxis. Gütersloh: Bertelsmann.

AUTOR:INNENGRUPPE BILDUNGSBERICHTERSTATTUNG (2022). Bildung in Deutschland 2022. Ein indikatorengestützter Bericht mit einer Analyse zum Bildungspersonal. Bielefeld: wbv. DOI: 10.3278/6001820hw

BARTSCHER, M. (2021). Bildungs- und Erziehungspartnerschaften in Schulen. Beziehungen motivierend gestalten und inspirierend kommunizieren. Hannover: Klett Kallmeyer.

BONANATI, S., Greiner, C., Gruchel, N. & Buhl, H. M. (2020). Lesekompetenz fördern. Ein Manual für das LIFE-Programm zur Stärkung der Zusammenarbeit von Schule und Elternhaus. Springer. DOI: 10.1007/978-3-658-28343-8

FISCHER, N., Holtappels, H.G., Klieme, E., Rauschenbach, T., Stecher, L. & Züchner, I. (Hg.) (2011). Ganztagsschule. Entwicklung, Qualität, Wirkungen. Längsschnittliche Befunde der Studie zur Entwicklung von Ganztagsschulen (StEG). Weinheim & Basel: Beltz Juventa.

FRITZLER, N. J. & Wild, E. (2019). Bedingungen und Wirkung des elterlichen Engagements bei Schülerinnen und Schülern mit einer Lese-Rechtschreibstörung. Zeitschrift für Pädagogische Psychologie 33 (1), S. 71–84. DOI: 10.1024/1010-0652/a000235

FRITZLER, N. J. & Wild, E. (2023). Utilisation of extracurricular support offers for children with developmental learning disorders: the role of parental predisposing characteristics, enabling resources and perceived need. European Journal of Special Needs Education 38 (2), S. 168–184. DOI: 10.1080/08856257.2022.2045815

GRÜTER, S., Wild, E. & Gorges, J. (2019). Erziehungs- und Bildungspartnerschaft. Warum sich die Kooperation zwischen Schule und Familie lohnt. SCHULE inklusiv 5, S. 4–8.

HILKENMEIER, J., Wiescholek, S. & Buhl, H. M. (2017). Motivationsförderung am Elternsprechtag. Zum Zusammenhang zwischen eingeschätzter Leseleistung, Lehrer- und Elternverhalten. Psychologie in Erziehung und Unterricht 64, S. 256–269. DOI: 10.2378/peu2017.art18d

HOLTAPPELS, H. G. (2014). Entwicklung und Qualität von Ganztagsschulen. Eine vorläufige Bilanz des größten Reformprogramms in Deutschland. In H. G. Holtappels, A. S. Willems, M. Pfeifer, W. Bos, & N. McElvany (Hg.), Jahrbuch der Schulentwicklung (Bd. 18). Daten, Beispiele und Perspektiven. Weinheim & Basel: Beltz Juventa, S. 9–61.

HOLTAPPELS, H. G. (2019). Transfer in der Schulentwicklung. Ansätze und Gelingensbedingungen aus der Perspektive von Schulentwicklungstheorie und -forschung. Die Deutsche Schule 111 (3), S. 274–293.

ISE, E., Engel, R. R. & Schulte-Körne, G. (2012a). Was hilft bei der Lese-Rechtschreibstörung? Ergebnisse einer Metaanalyse zur Wirksamkeit deutschsprachiger Förderansätze. Kindheit und Entwicklung 21, S. 122–136. DOI: 10.1026/0942-5403/a000077

ISE, E., Dolle, K., Pixner, S. & Schulte-Körne, G. (2012b). Effektive Förderung rechenschwacher Kinder. Eine Metaanalyse. Kindheit und Entwicklung 21, S. 181–192. DOI: 10.1026/0942-5403/a000083

KILLUS, D. & Paseka, A. (2014). Elterliches Engagement für das schulische Lernen des eigenen Kindes. In D. Killus & K. J. Tillmann (Hg.), Eltern zwischen Erwartungen, Kritik und Engagement. Ein Trendbericht zu Schule und Bildungspolitik in Deutschland. Die 3. JAKO-O Bildungsstudie. Münster: Waxmann, S. 131–148.

KLIEME, E. & Rauschenbach, T. (2011). Entwicklung und Wirkung von Ganztagsschule. Eine Bilanz auf Basis der StEG-Studie. In N. Fischer, H. G. Holtappels, E. Klieme, T. Rauschenbach, L. Stecher & I. Züchner (Hg.), Ganztagsschule. Entwicklung, Qualität, Wirkungen Längsschnittliche Befunde der Studie zur Entwicklung von Ganztagsschulen. Weinheim & Basel: Beltz Juventa, S. 342–350. DOI: 10.25656/01:19203

KRINECKI, J. & Schwanenberg, J. (2014). Gemeinsam mit Eltern. Elternpartizipation in der Ganztagsschule. Die Grundschulzeitschrift 28, S. 20–23.

LEWALTER, D., Diedrich, J., Goldhammer, F., Köller, O. & Reiss, K. (2023). PISA 2022. Analyse der Bildungsergebnisse in Deutschland. Münster: Waxmann. DOI: 10.31244/9783830998488

LOSSEN, K., Holtappels H. G., Osadnik, F. & Tillmann, K. (2021). StEG-Lesen. Konzeption des Studiendesigns und des Leseförderprogramms. In S. Kielblock, B. Arnoldt, N. Fischer, J. M. Gaiser & H. G. Holtappels (Hg.), Individuelle Förderung an Ganztagsschulen. Forschungsergebnisse der Studie zur Entwicklung von Ganztagsschulen (StEG). Weinheim & Basel: Beltz Juventa, S. 158–178.

OTTO, H.-U. & Rauschenbach, T. (2008). Die andere Seite der Bildung. Zum Verhältnis von formellen und informellen Bildungsprozessen (2. Aufl.). Wiesbaden: VS Verlag für Sozialwissenschaften.

ROBERT-BOSCH-STIFTUNG (2019). Meinungen zu aktuellen Entwicklungen an Schulen in Deutschland. Ergebnisse einer Befragung von Lehrerinnen und Lehrern an allgemeinbildenden Schulen. https://www.bosch-stiftung.de/sites/default/files/documents/2019-03/Forsa_RBSG_Download.pdf (Zugriff: 29.1.2024).

STÄNDIGE WISSENSCHAFTLICHE KOMMISSION DER KMK (2014). Standards für die Lehrerbildung: Bildungswissenschaften. http://www.kmk.org/fileadmin/Dateien/veroeffentlichungen_beschluesse/2004/2004_12_16-Standards-Lehrerbildung-Bildungswissenschaften.pdf (Zugriff: 29.1.2024).

STEG-KONSORTIUM (Studie zur Entwicklung von Ganztagsschulen) (2019). Individuelle Förderung. Potenziale der Ganztagsschule. Das Konsortium der Studie zur Entwicklung von Ganztagsschulen (StEG). DOI: 10.25656/01:19109

TILLMANN, K. (2017). Meinungstrends der Eltern über Schule und Schulreformen – die JAKO-O Bildungsstudien von 2010 bis 2017. In D. Killus & K.-J. Tillmann (Hg.), Eltern beurteilen Schule – Entwicklungen und Herausforderungen. Ein Trendbericht zu Schule und Bildungspolitik in Deutschland. Münster: Waxmann.

TILLMANN, K., Sauerwein, M., Hannemann, J., Decristan, J., Lossen, K. & Holtappels, H. G. (2018). Förderung der Lesekompetenz durch Teilnahme an Ganztagsangeboten? – Ergebnisse der Studie zur Entwicklung von Ganztagsschulen (StEG). In M. Schüpbach, L. Frei & W. Nieuwenboom (Hg.), Tagesschulen. Ein Überblick. Wiesbaden: Springer VS, S. 289–307.

VODAFONE STIFTUNG DEUTSCHLAND (2013). Qualitätsmerkmale schulischer Elternarbeit – Ein Kompass für die partnerschaftliche Zusammenarbeit von Schule und Elternhaus.

https://www.vodafone-stiftung.de/wp-content/uploads/2020/02/Qualit%C3%A4tsmerkmale-schulischer-Elternarbeit_vodafone-stiftung_druckversion.pdf (Zugriff: 18.8.2023).

WILD, E. (2021). Eltern als Erziehungs- und Bildungspartner von Schule? Warum und wie welche Eltern stärker in das Schulleben ihrer Kinder involviert werden sollten und könnten. In Sachverständigenkommission des Neunten Familienberichts (Hg.), Eltern sein in Deutschland. Materialien zum Neunten Familienbericht. München: DJI Verlag Deutsches Jugendinstitut, S. 433–536. DOI: 10.36189/DJI232021

ZÜCHNER, I. (2011). Ganztagsschulen und Familienleben. Auswirkungen des ganztägigen Schulbesuchs. In N. Fischer, H. G. Holtappels, E. Klieme, T. Rauschenbach, L. Stecher & I. Züchner (Hg.), Ganztagsschule. Entwicklung, Qualität, Wirkungen. Längsschnittliche Befunde der Studie zur Entwicklung von Ganztagsschulen (StEG). Weinheim & Basel: Beltz Juventa, S. 291–311. DOI: 10.25656/01:19200

ULRICH DEINET, CHRISTIAN REUTLINGER

Die Sicht der Kinder auf den Lebensort Ganztagsschule

Kinderperspektiven wahrnehmen, verstehen und einbeziehen

1. Einleitung

Im ersten Teil des vorliegenden Beitrages geht es um die Frage, welche Bedeutung Kindheit und damit Kinderperspektiven heute in der Ganztagsbildung hat. Vor dem Hintergrund des Fokus Primarschule, der das Handbuch Ganztagsbildung einnimmt, richten wir den Blick insbesondere auf die „ältere Kindheit" (Erikson, 1973), also auf die Altersphase der Sechs- bis Zwölfjährigen. Aufbauend auf grundlegenden Erkenntnissen von klassischen entwicklungspsychologischen Ansätzen, wie sie Erik Erikson oder Jean Piaget vor fast 100 Jahren erarbeitet haben, werden heute im interdisziplinären Bildungsdiskurs insbesondere die Aspekte der Familiarisierung und Scholarisierung von Kindern als handelnde Subjekte und (Mit-)Gestaltende ihrer Lebenswelten betont und untersucht.

Daran schließt der zweite Teil des Beitrags an, indem mit dem Aneignungskonzept eine adäquate Subjektperspektive begründet wird, um die handelnden Kinder und ihre tätige Auseinandersetzung mit der Umwelt – mit Ganztagssschule sowohl im physischen, wie systemischen Sinne – in den Fokus zu nehmen.

Der dritte Teil geht von der Frage aus, wie es aus professioneller Perspektive Erwachsener gelingt, die Sicht von Kindern wahrzunehmen, zu verstehen und auch in Lehr- und Lernsituationen einzubeziehen. Mit konkreten methodischen Bausteinen und Beispielen aus dem Methodenset einer qualitativen Sozialraumforschung (Deinet, 2009) werden Antworten auf diese Fragen gesucht und gefunden.

2. Bedeutung von Kindheit in der Ganztagsbildung

Die neuere Kindheitsforschung – in Abgrenzung zu den entwicklungspsychologischen Ansätzen Eriksons oder Piagets – sieht Kinder selbst stärker als Konstrukteur:innen ihrer eigenen Kindheit und weniger anhängig von vorgegebenen strukturellen Bedingungen (Honig, 2009; James & Prout, 1997). Kinder sind „als soziale Akteur*innen zu verstehen [...], die sowohl an der Herstellung ihrer je konkreten sozialen Verhältnisse als auch an der Produktion von ‚Kindheit' als einem sozialen Phänomen aktiv beteiligt sind" (Eßer, 2023, S. 44). Diese aktive Rolle von Kindern in der Konstruktion ihrer Kindheit wird auch mit dem Agency-Konzept in Verbindung gebracht, um soziale Handlungsfähigkeiten und -möglichkeiten von Kindern in den Blick zu bekommen (Bollig & Kelle, 2014; Eßer, 2014). Allerdings ist zu relativieren, „dass Kinder – ebenso wie andere Subjekte – Agency nicht einfach „haben", sondern dass Agency in jeweils unterschiedlich gelagerten sozialen Beziehungen entsteht – in die auch Erwachsene und weitere menschliche und nicht-menschliche Akteur*innen eingebunden sein können" (Eßer, 2023, S. 47). Entsprechend ist davon abzusehen, Kinder als kompetente Akteur:innen einfach Strukturen gegenüberzustellen, „die eine urwüchsige Agency von Kindern korrumpieren und begrenzen" (ebd.). Vielmehr „geht es um Beziehungen zwischen Akteur*innen, aus denen sich wiederum unterschiedliche Eigenschaften und Agencies im Plural ergeben" (ebd.). Zentral ist darüber hinaus, dass Kinder und die Frage nach ihrer Handlungsfähigkeit respektive deren Relationalität immer genüngend sozialräumlich kontextualisiert und verortet werden. „Hierzu gehört auch der Einbezug der konkreten Lebenswelten, in denen sich Kinder gegenwärtig bewegen und die sich durch einen hohen Grad an Institutionalisierung auszeichnen" (Betz & Eßer, 2016, S. 310).

Die interdisziplinäre Kindheitsforschung verweist zudem darauf hin, dass Kindheit kein allezeit festgelegtes, sondern ein zeitlich und kulturell hoch wandelbares, gesellschaftlich geprägtes Konstrukt darstellt (Heinzel, Kränzl-Nagl & Mierendorff, 2012). Entsprechend ist die Rede von Kindheiten im Plural, welche heute – wenn auch nicht für alle Kinder gleich – durch zwei sich überlappende, teilweise in Spannung stehende Prozesse geprägt ist: der Familiarisierung und der Scholarisierung (Verschulung).

Der Prozess sich verändernder Familienkonstellationen und ihrer Auswirkung auf die Veränderung von Kindheit hat sich in den letzten Jahrzehnten auch dadurch verstärkt, dass die Familienkonstellationen immer stärker in Richtung Kleinfamilie oder auch Einelternteilfamilien gehen. Soziale Kompetenzen sowie Learning by Doing findet nicht mehr in der Großfamilie statt, sondern vielmehr in der Gleichaltrigengruppe. Zwar ist die moderne Kleinfamilie heute primärer Ort von Kindheit (Eßer, 2009), sie ist jedoch durch die immer stärkere Verlagerung produzierender Arbeit außerhalb der Familien auf Reproduktion, Kindererziehung, Konsum reduziert. Dennoch ist die Rede von der modernen Kleinfamilie zu allgemein und muss spezifiziert werden, insbesondere auch in

Bezug auf die unterschiedlichen Lebenslagen, die durch soziale Disparitäten entstehen (Kinderarmut etc.).

Wie die später dargestellten Ergebnisse unserer Studien zeigen, ist die Ganztagsschule heute der Ort der Gleichaltrigengruppe, in dem Kindheit gelebt wird. Wenn man weitere Faktoren in diese große Skizze kindlicher Entwicklung einbezieht, wie etwa die Verödung von Nahräumen, die Zunahme des Individualverkehrs und seiner Flächenbelastung, so ist die von Jürgen Zinnecker (1979) Ende der 1970er Jahre beschriebene Straßensozialisation in einer positiven Konnotation der auf der Straße sich bewegenden Kindergruppe heute eine Fiktion geworden. Damit ist der nächste Faktor angesprochen, der für die Beschreibung von Kindheit in der Ganztagsschule von großer Bedeutung ist, nämlich die Scholarisierung von Kindheit. Dieses konstitutive Merkmal von Kindheit, das heißt die Freistellung von Erwerbsarbeit (Kinderarbeit in den letzten Jahrhunderten), und die gleichzeitige Einführung der Schule, geben der Kindheit seit 200 Jahren ein völlig verändertes Antlitz. Kinder sind heute einen großen Teil ihres Tages in der (Ganztags-)Schule.

Diese zeitliche Ausdehnung führt neben dem klassischen Schulunterricht und seinen nach wie vor bestehenden Allokations- und Zuweisungsfunktionen auch zu einer Sozialpädagogisierung (Eßer 2009). Insbesondere im Bereich der Ganztagsschule führt diese Entwicklung dazu, dass Kinder in diesem Alter mit diversen Menschen und Professionen im Zusammenhang der Schule konfrontiert werden.

Die mit dem Bedeutungszuwachs der Scholarisierung und Familiarisierung einhergehenden Veränderungen von Kindheit haben auch sozialräumliche Implikationen für das Aufwachsen, die man unter Rückgriff auf alte oder klassische sozialökologische Ansätze in den Blick nehmen kann. Damit entsteht ein Blick auf Ganztagsschule, der durch die Perspektive der Kinder geprägt ist und den Ort der Ganztagsschule stärker in den Vordergrund stellt.

Den Zusammenhang zwischen der Entwicklung von Kindern und Jugendlichen und den Räumen, in denen sie leben, erfassen klassisch die sozialökologischen Ansätze so wie sie in den 1980er Jahren von Dieter Baake (1980) und Helga Zeiher (1983) entwickelt wurden. Vor dem Hintergrund des Zonenmodells von Urie Bronfenbrenner (1989) legte Dieter Baacke (1984) sein ökologisches Zonenmodell vor, in dem die Entwicklung von Kindern und Jugendlichen in einer kontinuierlichen Erweiterung des Handlungsraumes in verschiedenen Zonen beschrieben wird.

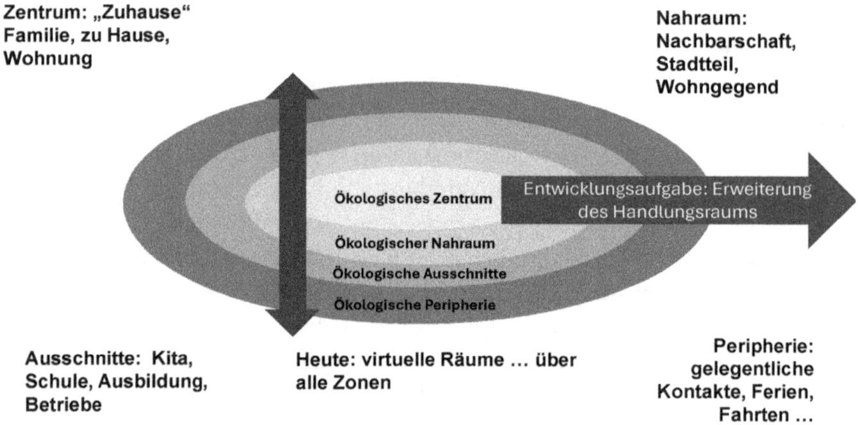

Abbildung 1: Das klassische sozial-ökologische Entwicklungsmodell nach Bronfenbrenner (1989) und Baacke (1980) (eigene Darstellung)

Heute erscheint dieses Modell als idealtypisch und nicht mehr als zeitgemäße Beschreibung der sozialräumlichen Entwicklung von Kindern und Jugendlichen. Schon in den 1980er Jahren gab es Einwände gegen eine idealisierte Vorstellung vor dem Hintergrund des wachsenden Automobilverkehrs, der Flächennutzung und der Verdrängung von Kindern und Jugendlichen aus dem öffentlichen Raum. Schon damals wurden negative Entwicklungen im öffentlichen Raum für Kinder und Jugendliche diskutiert, z.B. den Verlust der Straßenöffentlichkeit (Zinnecker, 1995).

Folgt man der Denkweise dieses sozialökologischen Modells, dass die Grundidee, die sich im Laufe der Entwicklung vergrößernde Handlungsräume impliziert, und das ökologische Zentrum, also das Zuhause, die Familie in den Mittelpunkt stellt, so könnte man dieses klassische Modell sehr gut auf die heutige Zeit transferieren und sagen, dass die Ganztagsschule zumindest in den Schulzeiten für die hier in den Blick zu nehmenden älteren Kinder ein ökologisches Zentrum darstellen. Denn neben der Zeit in ihren Familien ist der Ort der Ganztagsschule (mit täglich acht Stunden) der zentrale Ort, der auch zeitlich ihren Alltag bestimmt. Denkt man diese Figur noch weiter, so kommt man auf eine zeitliche Beschreibung des kindlichen Schulalltags, in dem das Kind mehr Zeit in der Schule als in der (Wach-)Zeit zu Hause zubringt. Die Ganztagsschule ist der wichtigste Lebensort neben der Familie, für viele Kinder ist sie so etwas wie das „ökologische Zentrum“ geworden. Geht man von der

Wachzeit von älteren Kindern aus, so verbringen sie werktags mehr Zeit in der Schule als zu Hause.

Aus diesen hier skizzierten Veränderungen der Kindheit, die sich jetzt noch einmal durch die bundesweit anstehenden Ausdehnungen des Ganztages durch Einführung des Rechtsanspruches verändert, ist die Schule damit zu einem Lebensort geworden, der weit mehr als das darstellt, was die Halbtagsschule in Deutschland noch vor 50 Jahren war. Bei der Frage, wie Kinder diesen Ort beleben (schon beginnend mit dem Schulweg), welche sozialräumlichen Dimensionen der Ort der Schule heute in der Kindheit einnimmt und wie Kinder sich diesen Ort zu eigen machen, kann mit dem Aneignungskonzept erschlossen werden. Obwohl dieses Konzept seine Wurzeln in der kritischen Psychologie hat und damit ebenfalls als klassisch bezeichnet werden kann, enthält es in seiner Grundstruktur Antworten zum Zusammenspiel von Umwelt und Handlungsfähigkeit von Kindern.

3. Das Aneignungskonzept – Schule als Aneignungsraum

Mit dem Aneignungsbegriff werden menschliche Handlungen und Entwicklungsprozesse des Entziffern, Erkennens, aber auch (neu) Gestaltens, Abänderns und Modifizierens der Umwelt, in der ein Mensch aufwächst und lebt, gefasst (Hüllemann, Reutlinger & Deinet, 2019). Aus einer Aneignungsperspektive ist der Mensch damit kein passiver Rezeptor äußerlicher Einflüsse. Auch ist er in seinem Handeln nicht (vollständig) determiniert von den räumlichen und sozialen Bedingungen, unter denen er sich befindet, wie dies bei der Vorstellung von Entwicklung als Adaption der Fall ist. Vielmehr wird der Mensch als Subjekt verstanden, welches aktiv handelnd in der Welt lebt bzw. aufwächst und diese sich zu eigen macht. Gleichzeitig gestaltet der Mensch an der sozialen und räumlichen (Um-)Welt mit, reproduziert sie. Aufgrund der erwähnten Handlungsfähigkeit ist er in der Lage, diese zu verändern respektive zu gestalten. Im Ergebnis führt dies dazu, dass der Mensch seine räumliche und soziale Umwelt im „Rahmen seiner begrenzten Natur“ verlassen kann, „daß er sich ihr nicht anpaßt, weil er durch sie daran gehindert wird, den Reichtum echter menschlicher Züge und Fähigkeiten voll zu entfalten“[1] (Leontjew, 1983, S. 232 f.).

1 Diese Formulierung stammt von Alexei Nikolajew Leontjew (*1903–†1979), einem der wichtigsten Vertreter der sogenannten kulturhistorischen Schule der sowjetischen Psychologie.

Diese Forschungs- und Theorietradition versuchte die Entwicklung des Menschen nicht nur als innerpsychischen Prozess zu verstehen. Vielmehr interessierte sie, wie die äußeren Umstände mit der inneren Entwicklung des Menschen wechselseitig miteinander in Beziehung stehen. Damit erweiterte man die Perspektive klassischer entwicklungspsychologischer Ansätze, wie jene von Jean Piaget oder Erik Erikson (Reutlinger & Brüschweiler, 2013), die ideologisch weniger daran interessiert waren, durch die Gestaltung von äußeren Bedingungen auch einen anderen Menschen zu formen – eine wichtige Voraussetzung, welche in der kommunistisch geprägten Gesellschaftstheorie von Bedeutung war. Diese Perspektive bedeutet, dass jeder Mensch zunächst in gesellschaftliche Gegebenheiten hinein geboren wird, die ihm die Existenzgrundlage bieten. Er ist demnach auf sie angewiesen: „Indem sich Menschen aber in die Gesellschaft integrieren, in sie hinein wachsen, eignen sie sich die Gesellschaft, ihre Verhältnisse, ihre Bedeutungen, ihre Normen und Werte usw. an. Dieser Aneignungsprozess ist ein aktiver Prozess. Das bedeutet, dass die gesellschaftlichen Verhältnisse, Bedeutungen, Kompetenzen etc. nicht automatisch verinnerlicht und aufgesogen, sondern individuell bearbeitet und verarbeitet werden" (Bader 2002, S. 16 f.).

3.1 Dimensionen der Aneignung

Mit der Bezugnahme auf das Aneignungskonzept werden subjektive Lebenswelten nicht nur sichtbar, sondern im Begriff der Raumaneignung auch verortet. Dabei spielt ein raumrelationaler und damit flexibler Raumbegriff eine wichtige Rolle (Löw, 2001), weil er Dynamik der Entstehung von Handlungsräumen betont, die sowohl innerhalb als auch außerhalb von Institutionen an unterschiedlichen Orten entstehen können und für den subjektiven Bildungsverlauf eine wichtige Rolle spielen können, gerade im Bereich der informellen und nonformalen Bildung. Mit einer raumrelationalen Perspektive kann „nicht mehr als gegeben vorausgesetzt werden, sondern wird selbst als Ergebnis und Mittel von handlungsspezifischen Konstitutionsprozessen verstanden" (Werlen & Reutlinger, 2019, S. 24).

Eine pädagogische Aneignungsperspektive, die sich an einer relationalen Raumvorstellung orientiert, fokussiert entsprechend v. a. darauf, die Spezifik der Aneignungsprozesse von Kindern und Jugendlichen, ihr handelndes Erschließen und (Re)Produzieren räumlicher Strukturen, zu verstehen und angemessen pädagogisch zu rahmen und zu begleiten (Hüllemann et al., 2019). Zudem rücken verstärkt ungleich verteilte Möglichkeiten von Kindern und Jugendlichen, sich Räume anzueignen, in den Blick pädagogischer Überlegungen. Diese ergeben sich aufgrund von Geschlecht, Klassenzugehörigkeit oder anderen Determinanten sozialer Ungleichheit (Löw, 2001).

Mit dem Begriff der „Raumaneignung" lassen sich darüber hinaus aus der Subjektperspektive Lernformen beschreiben, die sonst eher versteckt bleiben. Das Aneignungsverhalten von Kindern und Jugendlichen, z.B. in Form der Veränderungen von Situationen, stellt auch viele Fragen an heute oft durchdidaktisierte Lern- und Bildungskonzepte in vielen Bildungs- und anderen Institutionen. Lernen wird nicht mehr nur vom Ergebnis her gedacht, sondern als Prozess der Erschließung von Welt betrachtet.

3.2 Aneignung als Erweiterung motorischer Fähigkeiten

Im klassischen Aneignungskonzept von Leontjew (1983) und Wygotski (1985) geht es auch um die „personale Gegenstandsbedeutung": Im Aneignungsprozess verbinden sich der anzueignende Gegenstand und der Erwachsene und werden zusammen vom Kind wahrgenommen. Beim Gebrauch einfacher Werkzeuge, wie z.B. eines Löffels, übernimmt der Erwachsene eine wichtige Funktion und wird dadurch in Verbindung mit der Gegenstandsbedeutung gebracht. Bei komplizierteren Tätigkeiten geht es dabei um die Kooperation zwischen Kindern und Erwachsenen, die manchmal als Zusammenarbeit oder auch als Asymmetrie beschrieben wird (Holzkamp, 1973, S. 195). Gemeint ist hier aber nicht die Vorbildfunktion des Erwachsenen, sondern die gemeinsame Arbeit von Kindern und Erwachsenen, sich gegenseitig zu unterstützen und einer Haltung der Pädagog:innen, die Erfahrungsräume für Kinder und Jugendliche ermöglicht (Ermöglichungsräume!) und damit neue Erfahrungen und Lernprozesse zulässt.

Deshalb spielt hier der Aspekt der Erweiterung motorischer Fähigkeiten, der im Aneignungskonzept immer wieder betont wird, hier eine sehr konkrete Rolle. Die Koordination der Bewegungen, die Motorik, sind auch nach Auffassung der modernen Hirnforschung wichtige Grundlagen für die Entwicklung höherer geistiger Fähigkeiten, so wie dies im klassischen Aneignungskonzept auch schon formuliert wurde. Aneignung kann deshalb als Erweiterung motorischer Fähigkeiten betrachtet werden. Sie ist auf den Umgang mit Gegenständen, Werkzeugen, Materialien und Medien zurückzuführen, die Bestandteile der gegenständlichen und symbolischen Kultur sind und von Heranwachsenden über Tätigkeiten erschlossen werden müssen. Indikatoren für die Erweiterung motorischer Fähigkeiten werden u.a. in der wiederholten Erprobung erweiterter Fähigkeiten in neuen Situationen gesehen (Deinet, 1999, S. 117). Mit dieser Bestimmung bezieht sich Aneignung als Erweiterung motorischer Fähigkeiten nur auf – hinsichtlich des Erwerbs von Kompetenzen – relativ folgenreiche

Angebotssituationen. Es geht um konkrete Aneignungssituationen, in denen es tatsächlich gelingt, zuvor erworbene motorische und mediale Fähigkeiten zu erweitern.

Ausgehend von der grundlegenden Auffassung des Aneignungskonzeptes, dass der Umgang mit Gegenständen, Werkzeugen, Materialien und Medien als Bestandteil unserer gegenständlichen und symbolischen Kultur von Kindern über Tätigkeiten erschlossen werden muss, ist zu fragen, inwieweit dies im Rahmen der heutigen Ganztagsschule möglich ist und welche Entwicklungsräume hier entstehen müssten. Aus Sicht des Aneignungskonzeptes geht es darum, dass sich Heranwachsende gegenständliche und symbolische Kultur, die sich im historisch-gesellschaftlichen Prozess in Gegenständen und Medienwelten, aber auch in der Architektur, den Räumen manifestiert haben, erschließen und damit aneignen können. Die Frage ist auch, wie die verbreiteten Spiel-, Beschäftigungs-, Betreuungsangebote zu dieser Aneignungsdimension passen, inwieweit tatsächlich die Erweiterung motorischer Fähigkeiten von Kindern erreicht werden kann, z.B. durch die wiederholte Erprobung erweiterter Fähigkeiten in neuen Situationen.

3.3 Raumaneignung als „Spacing" und „Syntheseleistung"

Wendet man diesen relationalen, nicht starren Raumbegriff auf das Verhalten von Kindern und Jugendlichen in der Schule an, so kann man feststellen, dass an Orten, die durch die Logik der Schule geprägt sind, eigene, durch die Kinder und Jugendlichen geprägten Räume entstehen können. Während des Unterrichts herrscht noch immer eine von der Lehrperson vorgegebene, lange tradierte Vorstellung, wie das Schulzimmer strukturiert und gestaltet sein muss. Jedoch können an diesen Orten vor oder nach dem Unterricht von Kindern und Jugendlichen definierte Räume geschaffen werden – dieses Selbst im Unterricht bezeichnet Breidenstein als „Schülerjob" (2006). Räume, die durch die Kommunikation unter Gleichaltrigen temporär geschaffen und aufrechterhalten werden, die sich kaum auf die funktionalen Bezüge der Gegenstände im Schulzimmer bezieht, sondern auf die Regeln der Peer-Gruppe. Solche temporären Räume entstehen natürlich viel öfter an nicht so stark funktional vorgegebenen und durch Erwachsene kontrollierten Orte auf dem Schulgelände, wie dem Klassenzimmer. Insbesondere auf dem Schulhof können die Spielgeräte durch bestimmte Gruppen zu bestimmten Zeiten besetzt werden, ihnen einen gruppeneigenen Sinn geben, diesen in der Gruppe der Peers aushandeln und gegenüber anderen Gruppen verteidigen. Dies erklärt, dass in einer Schule zu unterschiedlichen Uhrzeiten und bezogen auf unterschiedliche Handelnde, mehrere Räume an einem Ort entstehen können. Diese aktive Gestaltung und Aneignung eines eigenen Raums kann analytisch in die beiden Prozesse des „Spacing“ und der „Syntheseleistung“ aufgeteilt werden: „Unter Spacing fasse ich das Platzieren von sozialen Gütern und Menschen bzw. das Positionieren primär symbolischer Markierungen, um Ensembles von Gütern und Menschen als solche kenntlich zu machen. Spacing bezeichnet also das Errichten, Bauen oder Positionieren. Unter einer Syntheseleistung verstehe ich die Wahrnehmungs-, Vorstellungs- oder Erinnerungsprozesse, in denen soziale Güter und Menschen zu Räumen zusammengefasst werden“ (Löw, 2001, S. 178; 188).

Die Schule als Aneignungsraum aus Sicht der Kinder zu sehen ermöglicht einen Perspektivwechsel in dem Sinne, Schule weniger als Bildungsinstitution zu sehen, sondern stärker als Lebensort der Kinder.

4. Wie können Perspektiven im Ganztag von Kindern berücksichtigt werden

Die skizzierten raum- und aneignungstheoretischen Grundlagen lassen sich zunächst in die Schule als pädagogische Institution und gleichermaßen als räumlich-architektonischen Zusammenhang transferieren. Denn aus Sicht von Kindern und somit aus einer lebensweltlich-subjektiven Betrachtung handelt es sich bei der Schule (ebenso wie beim Stadtteil) um einen Aneignungsraum, den die jungen Menschen als ihren Raum nutzen, umwidmen und dadurch mit eigenen (Be)Deutungen belegen.

Schule ist der (bzw. ein) zentrale(r) Ort im Leben von Kindern, da sie hier über viele Jahre hinweg die meiste Zeit ihres Lebens verbringen. Der Alltag von Kindern endet nicht mit dem Beginn der Schulstunde und mit dem Durchschreiten des Schultores (respektive mit dessen Schließung), wie dies mit einer Behälterraumperspektive suggeriert wird. Vielmehr lassen sich sowohl die Schule wie auch die vielen Verknüpfungen zu Orten (zeitlich und örtlich) außerhalb der Schule mit einem aneignungsorientierten Blick auf die Lebenswelten der Kinder anders sehen. (Schul-)Räume lassen sich als Teile sozialer Lebenswelten verstehen, die sich durch die individuellen Aneignungsprozesse dieser jungen Menschen erschließen. Schulen sind dabei wesentliche Bestandteile öffentlicher Räume und ihre Bedeutung geht weit über den Unterricht hinaus: Sie sind auch Treffpunkte von Cliquen und Orte des informellen Lernens. Der Ort Schule bestimmt dabei aufgrund seiner architektonischen und strukturellen Gegebenheiten, in welchem Umfang informelle Bildungs- und Aneignungsprozesse möglich sind.

Mit dem sozialräumlich-aneignungsorientierten Konzept gelingt es außerdem, die Nahräume respektive sozialräumlichen Zusammenhänge im Stadtteil aus einer subjektiven Perspektive aufzuschließen, Aneignungsmöglichkeiten und -einschränkungen sichtbar zu machen und damit Nahräume, Quartiere oder für die Pädagogik relevante Gebiete im Sinne einer inklusiven Pädagogik zu untersuchen (Fritsche u.a. 2011; Deinet & Reutlinger, 2024).

Mithilfe qualitativer Methoden als zentrale Elemente einer Sozialraumanalyse werden Kinder nicht nur „abgefragt". Vielmehr werden sie als Expert:innen ihrer Lebenswelten in die Erhebung, Auswertung und Aufgleisung von Gestaltungsprozessen miteinbezogen. Diese sozialräumlichen Methoden haben einen hohen partizipativen und animativen Charakter und können durch die Themen, die sie freisetzen respektive aufdecken, auch eine lokal-politische Bedeutung im Sinne einer demokratischen Teilhabe entwickeln. Diese Methoden lehnen sich zum Teil an qualitative ethnografische oder biografische Forschungsmethoden an und versuchen, diese für die Praxis nutzbar zu machen, z.B. im Rahmen der Kinder und Jugendarbeit (Bedarfsermittlung und Konzeptentwicklung), der Schulsozialarbeit (Schule als Lebensort aus der Sicht der Kinder), der Quartiersarbeit (Stärken und Schwächen eines Quartiers). Um die Perspektive der Grundschüler:innen bestmöglich beleuchten zu können, wurde die Studie mithilfe einer Vielfalt an sozialräumlichen und sozialwissenschaftlichen Methoden durchgeführt.[2]

Mit partizipativen, animativen Methoden (s. u.) werden insbesondere die Lebenswelt und Freizeitgestaltung von Kindern in der Primarstufe sowie deren Erleben von Schule und Sozialraum in den Blick genommen. Die Kinder werden dabei als die Expert:innen ihrer Lebenswelt befragt. Es werden ausschließlich Methoden ausgewählt, die partizipativ ausgerichtet sind und Kinder im Rahmen der Aktions- und Feldforschung aktiv beteiligen. Die Methoden sind gleichzeitig analytisch (um die Sicht der Kinder zu erheben) sowie animierend (aktivieren die Kinder, machen Spaß) und aktivieren die Aneignungsprozesse der Kinder in ihren sozialräumlichen Bezügen. Durch einen Methodenmix soll ein breites Spektrum an Beteiligungsmethoden eingesetzt werden:

Bei der Nadelmethode handelt es sich um eine partizipative Methode, bei der die Kinder aufgefordert werden, verschiedenfarbige Nadeln auf Stadtkarten

2 Neben der Schulleitung und dem Kollegium der Schule wurde das Projekt in Kooperation mit dem Verein „Zweck e. V." und „Flingern Mobil e. V." als Träger des Ganztags an der Schule durchgeführt. Finanziell gefördert wurde das Projekt von der Bezirksvertretung 2 der Stadt Düsseldorf. Wir bedanken uns für die Unterstützung.

zu stecken, um bestimmte Orte in ihrem Sozialraum zu markieren, die für sie eine Bedeutung haben. Bei der Untersuchung lautet die Aufforderung, sowohl beliebte und unbeliebte Orte in der Freizeit als auch beliebte und unbeliebte Orte auf dem Schulweg zu markieren und mit Kommentaren zu versehen, die Aufschluss darüber geben, warum sie bestimmte Orte gerne aufsuchen oder meiden. Als Grundlage wurde der Kinderstadtplan des Sozialraums verwendet (Deinet, 2009, S. 72 ff.).

Die Methode der Subjektiven Landkarte dient dazu, die räumliche Dimension des Alltags der Kinder sichtbar zu machen. Die Methode gibt über die Aufenthaltsorte der Kinder, die Bedeutung ihres Stadtteils und das subjektive Erleben ihres Lebensraumes Aufschluss. Die Kinder werden dazu angehalten, eine Karte zu malen bzw. zu zeichnen. Als Fixpunkt dient ihnen dabei ihr Zuhause. Von dem Zuhause ausgehend sollen sie bedeutsame Orte ihrer Lebenswelt einzeichnen. Die Bilder werden im Anschluss auf gemeinsame Inhalte, Themenbereiche und Bedeutungsmuster hin inventarisiert und interpretiert (Deinet, 2009, S. 75 ff.).

Bei der Subjektiven Schulkarte handelt es sich um eine Weiterentwicklung der Subjektiven Landkarte. Hierzu wird an allen Schulstandorten eine detailgetreue Skizze vom Schul- und Pausengelände erstellt. Diese wird den Kindern mit der Aufforderung vorgelegt, die Skizze mit drei unterschiedlichen Farben auszumalen. Die drei Farben stehen jeweils für einen beliebten oder unbeliebten Ort oder für einen Ort, der den Kindern noch weitestgehend unbekannt ist. Über ergänzende Kommentare der Kinder zu ihren Markierungen erlaubt es diese Methode, vertiefte Einblicke dazu zu bekommen, welche Orte warum von den Kindern genutzt oder auch gemieden werden (Deinet et al., 2018, S. 195 ff.).

Bei der Stadtteilbegehung handelt es sich um eine zentrale Methode zur Erforschung der lebensweltlichen Sicht der Kinder in Bezug auf bestimmte Orte in ihrem Stadtteil und die subjektiven Bedeutungen, die diese für sie haben. Mit kleinen Gruppen wird der Stadtteil auf einer von den Kindern eingeschlagenen Route begangen und zugleich werden ihre Interpretationen der sozialräumlichen Qualitäten dieser Räume dokumentiert (Deinet, 2009, S. 68 ff.). Es geht dabei auch um die Erkundung des Sozialraums und möglicher Orientierungspunkte, um die Identifizierung von Lieblings- und Angstorten und dortigen Aneignungsprozessen. Anknüpfungspunkte können sein: Orte auf dem Schulgelände, auf dem Schulweg und beliebte sowie unbeliebte Orte im Stadtteil.

Gruppeninterviews wurden in Kleingruppen von ca. sechs Kindern geführt. Die Gruppeninterviews wurden anhand eines vorab erstellten offenen Leitfadenkatalogs geführt. Hierbei wurden systematisch verschiedene Themenbereiche behandelt. In der Kleingruppe erhielt jedes Kind die Möglichkeit, sich zu den jeweiligen Fragen zu äußern (Deinet et.al., 2018, S. 193). Die Gruppeninterviews wurden aufgezeichnet und im Anschluss an die Gespräche transkribiert. Die Auswertung erfolgte mit der qualitativen Inhaltsanalyse unter Zuhilfenahme des Auswertungsprogramms MAXQDA.

5. Was wünschen sich Kinder im Ganztag

Auf Grundlage des Aneignungskonzeptes und mithilfe der hier dargestellten und weiteren qualitativen Methoden ist es möglich, Schule als Aneignungsraum zu untersuchen und die Bedeutung der Schule viel weitergehend zu verstehen. So konnten in den letzten Jahren in zwei vergleichbaren Studien (Deinet et al., 2018; Walther, Nentwig-Gesemann & Fried, 2021) zahlreiche Ergebnisse zur Sicht der Kinder auf die Schule, ihre Gestaltungselemente vom Unterricht über die Pausen und das Mittagessen bis hin zu den Angeboten am Nachmittag vorgelegt werden. In beiden Studien spielen die sozialen Beziehungen innerhalb der Peer-Kultur sowie die Interaktionen und Beziehungen mit den Fachkräften eine wichtige Rolle aus Sicht der Kinder. Diese suchen Freiräume und Rückzugsmöglichkeiten auch im Schulalltag und versuchen, den Modus des Spielens z. B. ebenso in den Pausen immer wieder zu finden. Ältere Kinder suchen auch riskante herausfordernde Bewegungsaktivitäten, die sie innerhalb der vorhandenen Schulmöglichkeiten kaum finden.

Die Ergebnisse zeigen gleichfalls, dass Kinder sehr deutlich das Interesse und das Potenzial zum Ausdruck bringen, sich an der Gestaltung der Schule zu beteiligen, wenn ihnen die Möglichkeiten dazu eröffnet werden. Kinder genießen es, den Modus des Bewegens und des Spielens in der Schule zu verwirklichen. In beiden Studien werden die Hausaufgaben eher negativ bewertet und die Schule erscheint insgesamt ein Sozialraum für die Kinder zu sein, in dem sie, soweit es die Bedingungen ermöglichen, versuchen, ihre Kinderkultur zu leben (Walther et al., 2021, S. 159 ff.; Deinet et al., 2018, S. 131 ff.).

Die Ergebnisse ermöglichen tiefe Einblicke in die kindliche Nutzung, aber auch Umnutzung der schulischen Räume, ihr Erleben der pädagogischen Umgebung, aber ebenso in Stressräume, kaum vorhandene Rückzugsmöglichkeiten und die hohe Lautstärke, die auch viele Kinder bemängeln. Mit den Methoden wurden die Kinder als Expert:innen ihrer Lebenswelt aktiv beteiligt und zeigten auch großes Interesse an dem Projekt. Auf Grundlage der erzielten Ergebnisse konnten Handlungsempfehlungen für eine bessere Gestaltung der Ganztagsschule entwickelt werden.

Literatur

BAACKE, D. (1980). Der sozialökologische Ansatz zur Beschreibung und Erklärung des Verhaltens Jugendlicher. Deutsche Jugend 28 (11), S. 112–134.

BAACKE, D. (1984). Die 6–12 Jährigen. Weinheim & Basel: Beltz Juventa.

BADER, K. (2002). Alltägliche Lebensführung und Handlungsfähigkeit. Ein Beitrag zur Weiterentwicklung gemeinwesenorientierten Handelns. In Stiftung Mitarbeit (Hg.), Alltagsträume, Lebensführung im Gemeinwesen. Beiträge zur Demokratieentwicklung von unten 18. Bonn: Stiftung Mitarbeit, S. 11–60.

BETZ, T. & Eßer, F. (2016). Kinder als Akteure – Forschungsbezogene Implikationen des erfolgreichen Agency-Konzepts. Diskurs Kindheits- und Jugendforschung/Discourse. Journal of Childhood and Adolescence Research 3, S. 301–314.

BOLLIG, S. & Kelle, H. (2014). Kinder als Akteure oder als Partizipanden von Praktiken? Zu den Herausforderungen für eine akteurszentrierte Kindheitssoziologie durch Praxistheorien. Zeitschrift für Soziologie der Erziehung und Sozialisation 34 (3), S. 265–281.

BREIDENSTEIN, G. (2006). Teilnahme am Unterricht. Ethographische Studien zum Schülerjob. Wiesbaden: Springer VS.

BRONFENBRENNER, Urie (1981). Die Ökologie der menschlichen Entwicklung. Stuttgart: Klett.

BRONFENBRENNER, U. (1989). Die Ökologie der menschlichen Entwicklung. Natürliche und geplante Experimente. Frankfurt/M.: Suhrkamp.

DEINET, U. (Hg.) (2009). Methodenbuch Sozialraum. Wiesbaden: Springer VS

DEINET, U. (2009). Analyse und Beteiligungsmethoden. In U. Deinet (Hg.), Methodenbuch Sozialraum. Wiesbaden: Springer VS, S. 65–86.

DEINET, U., Gumz, H., Muscutt, C. & Thomas, S. (2018). Offene Ganztagsschule – Schule als Lebensort aus Sicht der Kinder. Studie, Bausteine, Methodenkoffer. Soziale Arbeit und Sozialer Raum, Bd. 5. Opladen, Berlin & Toronto: Barbara Budrich.

DEINET, U. & Reutlinger, C. (2024). Sozialraumorientierung und sozialraumliche Jugendarbeit. Was wird in der Praxis darunter verstanden? Zeitschrift Offene Jugendarbeit 3/24, S. 26–33.

ESSER, F. (2009). Kinderwelten – Gegenwelten? Pädagogische Impulse aus der Neuen Kindheitsforschung. Hohengehren: Schneider.

ESSER, F. (2014). Agency Revisited. Relationale Perspektiven auf Kindheit und die Handlungsfähigkeit von Kindern. Zeitschrift für Soziologie der Erziehung und Sozialisation 34 (3), S. 233–246.

ESSER, F. (2023). Von ‚Sozialisation' zu ‚Agency' – und wieder zurück? Ein Diskussionsbeitrag aus kindheitstheoretischer Perspektive. In C. Scheid et al. (Hg.), Sozialisationstheorie und -forschung revisited, Rekonstruktive Sozialisationsforschung. Wiesbaden: Springer VS, S. 43–59.

ERIKSON, E. H. (1973). Stufenmodel der psychosozialen Entwicklung. Frankfurt/M.: Suhrkamp.

FRITSCHE, C., Rahn, P. & Reutlinger, C. (2011). Quartier macht Schule. Die Perspektive der Kinder. Sozialraumforschung und Sozialraumarbeit, Bd. 5. Wiesbaden: VS Verlag für Sozialwissenschaften.

HEINZEL, F., Kränzl-Nagl, R. & Mierendorff, J. (2012). Sozialwissenschaftliche Kindheitsforschung – Annäherungen an einen komplexen Forschungsbereich. Theo-Web. Zeitschrift für Religionspädagogik 11 (1), S. 9–37.

HOLZKAMP, K. (1973): Sinnliche Erkenntnis. Frankfurt/M.: Fischer.

HONIG, M.-S. (2009). Das Kind der Kindheitsforschung. Gegenstandskonstitution in den childhood studies. In M.-S. Honig (Hg.), Ordnungen der Kindheit. Problemstellungen und Perspektiven der Kindheitsforschung. Weinheim & Basel: Beltz Juventa, S. 25–51.

HÜLLEMANN, U., Reutlinger C. & Deinet U. (2019). Aneignung. In F. Kessl & C. Reutlinger (Hg.), Handbuch Sozialraum. Sozialraumforschung und Sozialraumarbeit 14. Wiesbaden: Springer VS, S. 381–398. DOI: 10.1007/978-3-531-19983-2_24

JAMES, A. & Prout, A. (1997). A new paradigm for the sociology of childhood? Provenance, promise and problems. In A. James & A. Prout (Hg.), Constructing and reconstructing childhood. Contemporary issues in the sociological study of childhood. London & Washington D.C.: Falmer Press, S. 7–34.

LEONTJEW, A. N. (1983). Problem der Entwicklung des Psychischen. Frankfurt/M.: Fischer.

LÖW, M. (2001). Raumsoziologie. Frankfurt/M.: Suhrkamp.

REUTLINGER, C. & Brüschweiler, B. (2013). Das Verhältnis von Kindern und Raum in der frühen Kindheit. Anmerkungen zu einer wichtigen Gestaltungsgrösse Sozialer Arbeit. In B. Grubenmann, & M. Schöne (Hg.), Frühe Kindheit im Fokus. Entwicklungen und Herausforderungen (sozial-)pädagogischer Professionalisierung. Berlin: Frank & Timme, S. 49–82.

STADT DÜSSELDORF (2017). Sozialräumliche Gliederung. Fortschreibung 2017 (Statistik und Stadtforschung, 56). https://www.duva-server.de/Statistikportal/sites/download/Ver%C3%B6ffentlichungen/05_Sozialr%C3%A4umliche%20Gliederung/01_Sozialraeumliche_Gliederung_Fortschreibung_2017.pdf (Zugriff: 29.1.2024).

WALTHER, B., Nentwig-Gesemann, I. & Fried, F. (2021). Ganztag aus der Perspektive von Kindern im Grundschulalter. Eine Rekonstruktion von Qualitätsbereichen und -dimensionen. Gütersloh: Bertelsmann.

WERLEN, B. & Reutlinger, C. (2019). Sozialgeographie. Eine disziplinäre Positionierung zum Sozialraum. In F. Kessl & C. Reutlinger (Hg.) Handbuch Sozialraum. Grundlagen für den Bildungs- und Sozialbereich (2. Aufl.). Wiesbaden: Springer VS, S. 23–44.

WYGOTSKI, L. S. (1985). Ausgewählte Schriften, Bd. 1. Arbeiten zu theoretischen und methodologischen Problemen der Psychologie. Köln: Pahl-Rugenstein.

ZEIHER, H. (1983). Die vielen Räume der Kinder. Zum Wandel räumlicher Lebensbedingungen seit 1945. In U. Preuss-Lausitz (Hg.), Kriegskinder, Konsumkinder, Krisenkinder. Zur Sozialisationsgeschichte seit dem Zweiten Weltkrieg. Weinheim: Beltz, S. 176–194.

ZINNECKER, J. (1995) Pädagogische Ethnographie. Ein Plädoyer. In I. Behnken & O. Jaumann (Hg.), Kindheit und Schule. Kinderleben im Blick von Grundschulpädagogik und Kindheitsforschung. Weinheim & München: Juventa, S. 21–38.

BETTINA KÖNIG

Lehrer:innen an der Ganztagsgrundschule

1. Entwicklung des Lehrer:innenberufs für die Primarstufe

Der Beruf der Lehrer:innen ist historisch betrachtet ein alter Beruf, der spätestens seit dem 20. Jahrhundert untrennbar mit der Schule als Institution verbunden ist. Sowohl die Schule als Berufsfeld als auch der Lehrer:innenberuf als solcher in seiner Profession haben im Zuge gesellschaftlicher Veränderungen einen „mehrfachen Gestaltwandel" (Terhart, 2020, S. 18) erfahren, der mit Blick auf die Ganztags(grund)schule erneut reflektiert werden muss. Sichtbar werden Anpassungen durch Ausbildungswege, Anstellungsverhältnisse und erzieherische Aufgabenfelder von Lehrkräften.

In ihren historischen Anfängen standen Lehrkräfte in enormen Abhängigkeitsverhältnissen, hatten keine eigene Ausbildung, waren aber vor allem für erzieherische Anliegen Dienstherren verantwortlich. Von versklavten Lehrkräften in der Antike, mittelalterlichen Knabenführern (paidagogos/lat. pedagogus) in wohlhabenden Familien, hin zu staatlichen Schulordnungen ab dem 17. Jahrhundert (vgl. Graumann, 2022). Im 18. und 19. Jahrhundert wurde den Lehrkräften, vor allem im damals modernen Preußen, die Aufgabe der Elementarerziehung zuteil. In dieser Zeit entwickelte sich auch die Basis für eine Lehrkräfteausbildung an Volksschulen, in der insbesondere Adolf Diesterweg (1790–1866), ein Anhänger der Ideen von Johann Heinrich Pestalozzi (1746–1827), eine besondere Rolle spielte. Die Professionalisierung des Lehrkräfteberufs spiegelt in der Vermittlung von Didaktik und der Elementarisierung von Wissen die Aufgabenfelder der Lehrkräfte wider und war ab den 1830er Jahren in Lehrerseminaren angesiedelt (vgl. Graumann, 2022, 134). Mit dem Beamtenstatus der Lehrkräfte im Verlauf des 19. Jahrhunderts (vgl. ebd.) unterstrich Preußen die Bedeutung dieser Berufsgruppe.

„Im Gefolge des 1918/19 vollzogenen politischen Systemwechsels werden in Deutschland die reichsgesetzlichen Grundlagen für die Einführung einer allgemeinen obligatorischen Grundschule geschaffen" (Götz & Sandfuchs, 2024, S. 34). Mit der Gründung einer für alle Kinder verpflichtenden Grundschule im Jahr 1920 übernahm die Institution der Grundschule und deren Lehrkräfte die

Verantwortung für eine grundlegende Bildung aller Schüler:innen, die fachliches Wissen und Können anbahnt (Jung, 2021). Aus- und Weiterbildung der Volksschullehrkräfte an Pädagogischen Akademien bzw. Hochschulen, später teilweise integriert an Universitäten, wurde selbstverständlich. Grundschullehrkräfte erfuhren einen enormen Statusgewinn, waren nahezu ausnahmslos als Beamte für den Staat tätig und jeweils in ihren Klassenzimmern alleine verantwortlich für die Wissensvermittlung und Erziehung der Kinder. In der Zeit nach 1945 etablierte sich die Grundschule bundesweit als feste verpflichtende Bildungsinstitution für alle Kinder im schulpflichtigen Alter, wobei sich im Osten und Westen sowohl der zeitliche Umfang als auch teilweise die Aufgabenzuordnungen und Zielstellungen unterschiedlich entwickelten (vgl. Mattes, 2009; s. Beitrag in diesem Band).

Mit dem Beschluss der Kultusministerkonferenz 2004 sind nach wie vor für alle Phasen der Lehrer:innenbildung gültige Kompetenzen auf der Grundlage für das tägliche Handeln im Lehramt bundesweit festgeschrieben und mit der Fassung von 2022 erweitert worden: Lehrkräfte sind Fachleute für das Lehren und Lernen, sie unterstützen durch die Gestaltung von Lernprozessen, befähigen die Schüler:innen zu selbstständigem Lernen, kennen die Lebensbedingungen und nehmen im Rahmen der Schule Einfluss auf die Entwicklung der Kinder, sie vermitteln Werte und Normen, eine Haltung der Wertschätzung und Anerkennung von Diversität, sie finden alters- und entwicklungspsychologisch adäquate Lösungsansätze für Schwierigkeiten und Konflikte. Lehrkräfte diagnostizieren, fördern, beraten, sie erfassen die Leistungsentwicklung und beurteilen Lernprozesse, sie beziehen gesellschaftliche, kulturelle und technologische Entwicklungen in ihr Handeln ein, verstehen ihren Beruf als ständige Lernaufgabe und sie beteiligen sich an der Schul- und Unterrichtsentwicklung (KMK, 2022). Die lange Diskussion, ob Lehrkräfte einer Profession angehören oder nicht, ist inzwischen weitgehend abgeschlossen (vgl. Terhart, 2011, S. 215). Lehrkräfte sind Expert:innen für das Lehren und Lernen und haben den klaren Auftrag, Wissen zu vermitteln.

Die fachlich qualifizierte höhere Ausbildung umfasst eine erste an der (Pädagogischen) Hochschule angesiedelte sowie eine schulpraktische zweite Phase und dient einer Qualitätssicherung von Schule und Unterricht. Diese Struktur war lange Zeit unumstritten und als Abschluss mit zwei Staatsexamina ausschließlich in der Hand der Bundesländer. Mit der „Empfehlung der Hochschulrektorenkonferenz zur Zukunft der Lehrerbildung in den Hochschulen" vom 21. Februar 2006 wurde der Weg für die Umstrukturierung der Lehrer:innenbildung mit den neuen Abschlüssen Bachelor und Master geebnet. Ein enormer Lehrkräftemangel in den ersten Jahrzehnten des 21. Jahrhunderts führte zur Öffnung des Berufseinstiegs für Quereinsteiger:innen und zu erweiterten Anstellungsmöglichkeiten. Mit der gesamtdeutschen Zunahme der ganztägigen Betreuung, dem politisch gesicherten Anspruch auf einen Ganztagsschulplatz ab dem Jahr 2026, der Vielfalt an Ganztagsschulformen und dem multiprofessionellen Arbeiten als Kennzeichen einer modernen Ganztagsschule sind die Aufgabenfelder und Rollen, aber auch Belastungen und Ressourcen im täglichen Arbeitsfeld von Lehrkräften erneut zu reflektieren.

2. Lehrer:innenkompetenz und Lehrer:innenexpertise

Die fundierte Ausbildung von Lehrkräften erfordert eine Konzeption der zu vermittelnden Expertise und das Umreißen der erforderlichen Kompetenzen für Lehrkräfte.

Im Rahmen der empirisch orientierten Forschung und zur Beschreibung des professionellen Wissens und Könnens von Lehrkräften ist im anglo-amerikanischen Sprachraum der Begriff des „pedagogical content knowledge“ (Shulman, 1987) bedeutsam geworden. Dieses professionelle Lehrer:innenwissen unterscheidet Shulman in sieben Kategorien (vgl. Shulman, 1987, S. 8): inhaltliche Kenntnisse, allgemeine pädagogische Kenntnisse, Lehrplanwissen, pädagogisches Wissen, Wissen über die Lernenden und ihre Eigenschaften, Kenntnisse über den Bildungskontext sowie Kenntnisse der pädagogischen Ziele, Zwecke und Werte und deren philosophische und historische Grundlagen. Inzwischen ist eine Dreiteilung in Fachwissen, fachdidaktisches Wissen und pädagogisches Wissen gängig und in zahlreichen Modellen verarbeitet.

Bezogen auf die Wissensvermittlung sehen Baumert und Kunter die historische Leistung der Schule in ihrer Institutionalisierung der „Voraussetzungen für eine allgemeine Bildung, die der gesamten nachwachsenden Generation Zugang zu sprachlichen und mathematischen Symbolsystemen eröffnet, Lernen kultiviert und unterschiedliche, nicht wechselseitig ersetzbare Rationalitätsformen und Horizonte des Weltverstehens erschließt“ (Baumert & Kunter, 2013, S. 280). Lehrer:innenhandeln ist jeweils im Kontext der Institution, gesellschaftlicher Erwartungen, des aktuellen Bildungsprogramms, eines umfassenden Organisationsgeschehens sowie der Beurteilung von Schüler:innenleistungen zu betrachten. Zielvorgaben, Vorgaben zur Fächer-, Schul- und Unterrichtsorganisation, Lehrpläne sowie Regelungen zur Arbeitsverteilung und Zeit verteilen die Rollen zwischen Lehrkräften und Schüler:innen. Die Erziehungsaufgabe, so Baumert und Kunter weiter, erfolgt in der Schule durch die Sicherung der sozialen Voraussetzungen, die soziale Gestaltung des Unterrichts selbst, und das Unterrichten als solches ist und bleibt das Kerngeschäft einer jeden Lehrkraft. Zentrales Element ist dabei, die Lern- und Arbeitsmotivation auf Schüler:innenseite aufrechtzuerhalten, um Lernen überhaupt zu ermöglichen (vgl. ebd.).

Um Kinder in der Schule effektiv zu unterstützen, müssen Lehrkräfte ihr Wissen und ihre Expertise einsetzen, um Probleme in spezifischen schulischen Situationen kompetent zu lösen. Kompetenzen im Sinne Weinerts (2001) richten sich bei Lehrkräften sowohl auf fachliche Kompetenzen, z.B. musikalischer oder mathematischer Art, als auch auf fachübergreifende Kompetenzen, wie z.B. Problemlöse- und Teamfähigkeit sowie Handlungskompetenzen, die kognitive, soziale, motivationale, volitionale und häufig auch moralische Kompetenzen einschließen. Einer kompetenten Lehrkraft gelingt es, nicht nur unterschiedlichste pädagogische Anforderungen in ihrem täglichen Arbeitsfeld „Schule" zu bewältigen, sondern auch auf die Institution Schule als Handlungsrahmen und auf das Miteinander der beteiligten Personen einzugehen. Eine kompetente Lehrkraft ist auf Basis ihrer motivationalen, volitionalen und sozialen Bereitschaften und Fähigkeiten in der Lage, Problemlösungen in unterschiedlichen Situationen zu konstruieren (vgl. ebd.). Die Kompetenzbereiche, in denen Lehrkräfte professionell agieren (sollen), sind für den bundesdeutschen Raum von der Kultusministerkonferenz in den „Standards für die Lehrerbildung" festgelegt: Der zentrale Kompetenzbereich von Lehrkräften ist das Lehren und Lernen (Unterrichten) als Kernaufgabe, an der die berufliche Qualität von Lehrkräften gemessen wird. Außerdem zählt das Erziehen dazu, das mit dem Unterricht und Schulleben eng verknüpft ist, sowie das Beurteilen und Beraten, das eine hohe pädagogisch-psychologische Kompetenz erfordert. Schließlich gehört auch die Sorge um die Weiterentwicklung ihrer Kompetenzen und die Beteiligung an der Schulentwicklung dazu. Lehrkräfte spielen eine zentrale Rolle im Schulleben, was den Kontakt zu den Schüler:innen, deren Kompetenzerwerb sowie deren Erziehung und Beratung angeht, und sollen den Standards zufolge durch die Ausbildung darauf vorbereitet werden. Der Erfolg einer Lehrkraft ist nicht allein von den fachlichen Voraussetzungen, sondern auch von den Überzeugungen für Unterrichtshandeln und hohe Schülerleistungen abhängig (vgl. Blömeke, Suhl & Döhrmann, 2012, S. 422). Insgesamt betrachtete Weinert (1999) Lehrerkompetenzen als erwerbbare Disposition.

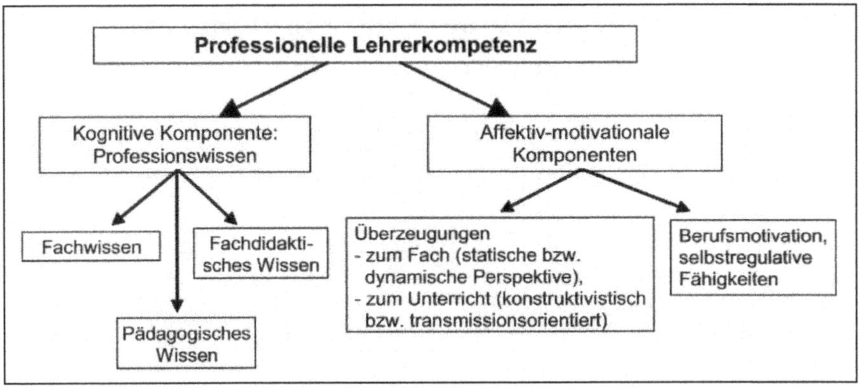

Abbildung 1: Modell professioneller Lehrerkompetenz (Blömeke et al., 2012, S. 423)

Die TEDS-M, eine internationale Untersuchung zu Kompetenzprofilen, konnte für Primarschullehrkräfte am Ende ihrer Ausbildung sehr unterschiedliche Kompetenzprofile zeigen, was auf ein komplexes Zusammenspiel von Lehrer:innenwissen und Lehrer:innenüberzeugung hinweist (vgl. Blömeke et al., 2012, S. 434 f.). Während Lehrer:innenkompetenz grundlegende, für den Unterricht erforderliche Fähigkeiten beschreibt und durch Ausbildung sowie berufliche Entwicklung erworben wird, stellt die Lehrer:innenexpertise ein fortgeschrittenes Niveau dieser Fähigkeiten dar, das durch Erfahrung und tiefere Reflexion geprägt ist. Lehrer:innenexpertise fokussiert das Wissen als Grundlage des Handelns, und zwar spezifisch das berufsbezogene Wissen und Können der Lehrkraft, welches für die Bewältigung zentraler Anforderungen im Lehrer:innenberuf notwendig ist. Dabei geht es nicht darum, dass eine Person angeborene und stabile Merkmale aufweist, sondern um im Rahmen der Lehrer:innenbildung erlernbare (berufs-)spezifische Fähigkeiten und Fertigkeiten (vgl. König, 2023, S. 154).

Dies rückt die Lehrer:innenbildung in eine entscheidende Position, die sich nicht nur in Form einer Wissensweitergabe und -vermittlung in der Lehrer:innenbildung niederschlägt, sondern auch in der Berücksichtigung der Ansprüche, die die Gesellschaft an die Lehrkräfte stellt. Veränderte gesellschaftliche Aufgabenbereiche und veränderte Rollenzuweisungen im gesamtgesellschaftlichen Kontext müssen sich also zwingend in der Lehrer:innenbildung niederschlagen.

Dabei sind die gesellschaftlichen Erwartungen an Lehrkräfte hoch: Neben den explizit geäußerten Anforderungen an die Erfüllung der Bildung und Schulbildung der Kinder kommen implizite Erwartungen hinzu. Abseits von

Schulgesetzen, Lehrplänen und Curricula betrifft dies die Hinführung zu (idealen) gesellschaftlichen Normen und Werten sowie die Übernahme von Erziehungsaufgaben über den ganzen Tag (vgl. Fend 2009). Diese Erwartungen schließen sowohl das Verhalten als auch die Erziehung ein. Die Lehrkräfteprofessionalisierung ist demnach nicht isoliert von gesellschaftlichen Erwartungen, von sozialen Kontexten und institutionellen Strukturen losgelöst. Helsper (2021) verweist auf die Wechselbeziehung zwischen Struktur und Handlung. Er betont die wissenschaftlich-theoretische wie handlungspraktische Professionalisierung, um den Dimensionen der Lehrerprofessionalität Rechnung zu tragen (vgl. Helsper 2016). Hierzu zählen u.a. fachliche, fachdidaktische und soziale Kompetenzen und die Fähigkeit zur Reflexion, die insgesamt in einem komplexen und von der Situation abhängigen Verhältnis zueinanderstehen. Eine so entwickelte professionelle Handlungskompetenz ermöglicht es einer Lehrkraft, ihr (theoretisches) Wissen in praktischen Situationen anzuwenden und entsprechend flexibel und situationsgerecht zu agieren.

3. Akteure der Ganztagsgrundschule

3.1 Professionen an der Ganztagsgrundschule

Mit einer sich entwickelnden und verändernden Gesellschaft entwickeln sich auch gesellschaftlich bedeutsame Professionen wie die der Lehrkraft. Geblieben sind, mit Fokus auf die Primarstufe, die Aufgaben zur Vermittlung einer grundlegenden Bildung, um allen Schüler:innen eine mündige gesellschaftliche Teilhabe zu gewährleisten (vgl. Vogt, 2023; Meyer & Elting, 2022). In Summe sind die Aufgabenfelder, um die Schüler:innen auf die gesellschaftlichen Anforderungen einer digitalen und globalisierten Welt vorzubereiten, heute wesentlich komplexer geworden. Das System Schule hat auf die anstehenden schulischen Herausforderungen reagiert, die unter anderem in der zunehmenden heterogenen Schülerschaft, den ungleichen Lernausgangslagen und Entwicklungsmöglichkeiten der Schüler:innen, den sich verändernden Betreuungszeiten sowie dem enormen Personalmangel bestehen. Zum einen entwickelten sich vielseitige Wege in den Lehrer:innenberuf, wozu Bachelor- und Masterstudiengänge, Staatsexamina, der Seiteneinstieg sowie Möglichkeiten der beruflichen Qualifikation und duale Studiengänge zählen. Hinzu kommen zahlreiche pragmatische Lösungen innerhalb der Lehrer:innenbildung, die kurz- und mittelfristig der Sicherung des Unterrichts dienen. Dazu zählt die Anstellung von wenig qualifizierten Personen und Studierenden, die oft direkt in den Klassen eingesetzt werden (vgl. Gehrmann, 2019). Zum anderen hat die Vielfalt an Fachkräften in Schulen in den letzten Jahren, insbesondere durch den Ausbau der Ganztagsschulen, enorm zugenommen (vgl. Baur, 2019; Graßhoff & Sauerwein 2024; s. hierzu auch Bock et al. in diesem Band; Graßhoff und Sauerwein in diesem Band). Wichmann (2014) nennt ohne Hierarchisierung folgende Akteur:innen:

Lehrkräfte	In ihren unterschiedlichen Fachzuordnungen und Ausbildungswegen
Pädagogisches Personal	Sozialpädagog:innen, Erzieher:innen, Schulsozialarbeiter:innen, Inklusionsexpert:innen
nicht pädagogisches Personal	Schulsekretär:innen/Schulsachbearbeiter:innen, Mitarbeiter:innen der Verwaltung, Technik, Küche, Reinigung; Hausmeister:innen
Außerschulische Kooperationspartner:innen	Jugendhilfe, Vereine, (freie) Expert:innen
Ehrenamtliche	Ehemalige Schüler:innen, Senior:innen, Nachbarschaft
Eltern	In ihrer Mitarbeit in Gremien, Angeboten und Projekten

Ergänzend dazu können auch pädagogische Unterrichtshilfen, Lai:innen, Quereinsteiger:innen, Heilpädagog:innen, Kindheitspädagog:innen, Inklusionsassistent:innen, Mitarbeitende aus den Bereichen der pädagogischen Schulassistenz, Sprach- und Integrationsmittler:innen, Referendar:innen, junge Menschen, die ein freiwilliges soziales Jahr absolvieren (FSJler:innen), Schulverwaltungsassistenz, Schulbegleiter:innen/Integrationshelfer:innen und ggf. Fachkräfte aus der Logopädie, Ergotherapie und Schulpsychologie Teil der multiprofessionellen Teams in Ganztagsschulen sein.

Während die Lehrkräfte in ihrem angestammten Umfeld „Schule" geblieben sind, arbeiten nun zahlreiche weitere (pädagogische) Fachkräfte als neu hinzugekommene Professionen im Feld Schule. Sie unterstützen und ergänzen erzieherische Arbeit, ermöglichen psychosoziale Beratung und individuelle Förderung. Diese multiprofessionelle Kooperation eröffnet Möglichkeitsräume, birgt aber auch neue Herausforderungen und findet stets zwischen den Polen „Kooperation und Konflikt" (Spieß, 2004) statt.

3.2 Notwendigkeit der interprofessionellen Kooperation

Die große Anzahl der agierenden Professionen, die in sich in heterogenen Gruppen arbeiten, kann die vielseitigen und komplexen Aufgabenbereiche der

Ganztagsgrundschule bedienen, wenn es ihnen gelingt, miteinander zu kooperieren (s. hierzu Schuld in diesem Band).

Kooperation im Sinne von Spieß (2004) „ist gekennzeichnet durch den Bezug auf andere, auf gemeinsam zu erreichende Ziele bzw. Aufgaben, sie ist intentional, kommunikativ und bedarf des Vertrauens. Sie setzt eine gewisse Autonomie voraus und ist der Norm von Reziprozität verpflichtet“ (ebd., S. 199). Schüpbach, Jutzi und Thomann (2012) beschreiben eine gelungene Kooperation im Ganztagsschulkontext als reziprok/interdependent, gleichwertig und konkurrenzarm, kommunikativ, nützlich, zielgerichtet, autonom und auf vertikaler wie horizontaler Ebene ausgerichtet. Mit Gräsel, Fußangel und Pröbstel (2006) lässt sich Kooperation unterteilen in den Austausch, etwa das gegenseitige Informieren und Austauschen von Materialien, die Arbeitsteilung, die eine genauere Abstimmung von Zielen und eine gemeinsame Planung von Aufgaben vornimmt und in die höchste Stufe der Kooperation, die Kokonstruktion. Auf dieser Ebene beziehen sich die Akteur:innen in ihrem individuellen Wissen so aufeinander, „dass sie dabei Wissen erwerben oder gemeinsame Aufgaben- oder Problemlösungen entwickeln“ (ebd., S. 211).

Erschwerend für die gemeinsame Arbeit im Kontext der Ganztagsgrundschule ist, dass die Handlungsfelder der Professionen vielfältig und vor allem nicht trennscharf voneinander abzugrenzen sind. Andererseits ist die Fülle der Aufgaben und Rollen, wie das gemeinsame Ziel, das Grundschulkind zu entwickeln und es im Lernen zu unterstützen, sowohl Grund als auch Ursache für die Kooperation. Es erfordert intensive Zusammenarbeit, Absprachen und Haltungsabgleich, damit auf der Seite des Kindes keine kognitive Dissonanz entsteht, wie die folgenden ausgewählten Beispiele zeigen sollen.

- Auf den Raum bezogen arbeiten die Professionen kooperierend zusammen, denn Unterrichtsräume sind auch Räume zum Gespräch, zur Erziehung und oft zur Gestaltung von Arbeitsgruppen und Freizeit. Räume, die einerseits von der Klassenleitung für den Unterricht didaktisch ausgestattet sind, in denen offene Regale und bewusst gewählte Sitzordnungen zur jeweiligen Konzeption passen, werden nun von weiteren Professionen mit anderen Zielsetzungen mitgenutzt. Es müssen Absprachen zu Regeln, Wertigkeiten und Zielsetzungen getroffen und diskutiert werden, damit die Schüler:innen täglich gut strukturierten Unterricht erleben und andererseits z.B. in Arbeitsgruppen, Konfliktgesprächen und offenen Angeboten ebenso effektiv arbeiten wie leben können (s. Seydel in diesem Band).
- Verschiedene Akteur:innen der Ganztagsgrundschule arbeiten auch hinsichtlich der zeitlichen Dimension zusammen, wenn Intensiv- und Fördereinhei-

ten parallel zum Unterricht angesetzt sind und Unterrichtseinheiten so gestaltet werden müssen, dass alle Kinder am Ende einer Einheit die Gelegenheit hatten, grundlegendes Wissen zu erwerben.
- Gemeinsame Haltung, Absprachen über Bedürfnisse wie Entwicklungsschritte der Kinder und abgesprochene Erziehungsmaßstäbe sind in vielen Settings gefordert, beispielsweise bei gemeinsamen Aktivitäten von Lehrkräften und Erzieher:innen, um Kindern den Übergang von Unterricht und Freizeit zu erleichtern, oder besonders bei der Unterstützung von Schüler:innen mit besonderem Förderbedarf durch verschiedene Personen.

Was in diesen Beispielen deutlich wird, ist der Grad der Kooperation: Um dem Kind in seiner gesamten Persönlichkeit gerecht zu werden, ist der reine Austausch unzureichend. An Ganztagsgrundschulen arbeiten im Sinne einer interprofessionellen Kooperation verschiedene Professionen dauerhaft zusammen, wobei die jeweiligen pädagogischen Domänen betont werden. Entscheidend ist hier, dass sich berufliche Kompetenzen und Professionslogiken überschneiden und ergänzen, aber nicht verwischen. Um im komplexen Handlungsfeld Ganztagsgrundschule professionell kompetent handeln zu können, müssen Aufgaben einerseits klar an das jeweilige professionelle Handlungsfeld mit seinen spezifischen Kompetenzen gekoppelt werden, und andererseits erfordert die Situation – vor allem im erzieherischen Bereich – eine kokonstruktive, kindorientierte Kooperation.

4. Lehrkräfte in der Ganztagsgrundschule

4.1 Arbeit einer Grundschullehrkraft

Für den Beruf der Lehrkraft gelten besondere Herausforderungen (vgl. Rothland, 2013, S. 23 ff.), die sich etwa in der Aufteilung des Arbeitsplatzes in Schule, Homeoffice und externen Orten zeigen, zeitlich begrenzt planbaren Arbeitsaufgaben, eine damit einhergehende eher ungeregelte Arbeitszeit und eine prinzipielle Offenheit sowie Unbegrenztheit der Aufgabenstellungen. Viele Aktivitäten im alltäglichen Handeln, wie z. B. die Gespräche mit Therapeut:innen, Eltern und dem Jugendamt lassen sich nicht in einen festen Rahmen drängen, die Unterrichtsvor-/nachbereitung ist individuell sehr unterschiedlich, und das Arbeitspensum schwankt im Verlauf des Schuljahres enorm. Manches, wie Unterrichtszeiten oder schulinterne Vorgaben unterliegen einem festen Reglement, anderes fällt unter „pädagogische Freiheit“. Insbesondere die „erzwungene“ Zusammenarbeit und das asymmetrische Verhältnis zwischen den Schüler:innen und den Lehrkräften, die geringe Kontrolle über die Lehrer:innenarbeit und die erzielten Effekte sowie die fehlenden Rückmeldungen über die langfristigen Folgen des schulischen Lehrens und des Unterrichts" (ebd., S. 25) können zu einer folgenreichen Belastung der Lehrkräfte führen.

Lehrkräfte nehmen in ihrem Berufsfeld zahlreiche Rollen ein, die je selbstreflektierend und in Bezug auf die Schülerschaft Verantwortung übernehmend ausgeführt werden. Im Zentrum steht das Unterrichten, das von Baumert und Kunter (2013) als „Kerngeschäft", von Rothland (2013) als „primäre Aufgabe" bezeichnet wird. Diese bleibt den Lehrkräften unverändert neben den anderen Aufgaben (vgl. KMK, 2022) auch in der Ganztagsgrundschule erhalten und ist ihnen in der Organisation und Strukturierung vorbehalten.

4.2 Veränderte Rollen und Aufgaben für Lehrer:innen an Ganztagsgrundschulen

Der Unterricht als zentrales Merkmal und Aufgabenfeld von Lehrkräften an Ganztagsgrundschulen markiert die Konstante beim Wandel von der Halbtagsgrundschule hin zum ganztägig organisierten Schulbetrieb. Lernen und Lernprozesse zu organisieren, Lernprozesse zu strukturieren und Schüler:innen zum Lernen zu motivieren (vgl. Drechsel & Anderka in diesem Band), gehört auch im Ganztagsbetrieb zur primären Aufgabe der Lehrkraft. Sie verbringt aufgrund ihrer Rolle als Klassenleitung die meiste Zeit in ihrer Klasse und hat aufgrund des Alters der Schüler:innen sowie der Transitionsprozesse von zwei Übergängen im Leben der Kinder eine enge Bindung zu ihnen. Aufgrund der über den Tag hinweg verteilt gemeinsam verbrachten Zeit im Ganztagsschulkontext lässt sich erneut eine Grenzverschiebung der Aufgaben mit einer größeren Dominanz von Erziehungs-, Sorge- und unterstützenden Zuständigkeiten nachzeichnen (vgl. etwa Helsper, 2016; Reh et al., 2015; Markert, 2017). Damit ist sie sowohl Autorität als auch Partner:in, fördert die Persönlichkeit und selektiert über die Leistung, entscheidet zwischen modernen und tradierten Unterrichtskonzeptionen, plant in ihrer kollektiven Verantwortung individuelle Freiheiten ihrer Schüler:innen und befindet sich, besonders in der Grundschule, in dem Dilemma, viel Nähe zu geben und gleichzeitig professionelle Distanz zu wahren. Die von Helsper herausgearbeiteten Antinomien sind für das pädagogische Handeln konstitutiv (vgl. Helsper, 2001, S. 87) und treten für Grundschullehrkräfte, so Helsper an anderer Stelle, besonders pointiert hervor: Grundschullehrkräfte agieren als „Grenzgänger*innen und Drehtür-Akteur*innen zwischen Familienkind und Schulkind" (Helsper, 2022, S. 58).

Dieses unaufhebbare Dilemma, in dem Grundschullehrkräfte tagtäglich handeln, wird in der Ganztagsgrundschule weiter verstärkt, da einige der Handlungsfelder nicht nur für die Lehrkraft selbst als Antinomie auftreten, sondern nun von mehreren Akteur:innen unterschiedlichster Professionen und Ausbildungswege besetzt werden. Hinzu kommt der Anspruch der Ganztagsschulen, die Bildungsqualität durch mehr gemeinsame Zeit und zusätzliche Fördermöglichkeiten zu erhöhen, was zu besseren Lernbedingungen führen soll, um damit größere Chancen- und Bildungsgerechtigkeit herzustellen. Der Ausbau der Ganztagsschulen geht auch mit der Erwartung einer veränderten Schul- und Lernkultur und einer stärkeren sozialen schulischen Gemeinschaft einher, was wiederum mit Blick auf die hohe Heterogenität der Schülerschaft in der Grundschule mehr Investitionen in individualisiertes, differenziertes und inklusives, aber auch beziehungsorientiertes, soziales und emotionales Lernen benötigt.

Um nicht in unauflösbaren Problemlagen handlungsunfähig zu werden, sondern sich der Herausforderungen reflektierend stellen zu können, bedeutet dies für Grundschullehrkräfte an Ganztagsschulen zweierlei: Einerseits üben Lehrkräfte ihre Expertise in ihrer angestammten Profession mit den geschilderten Kompetenzen, Rollen und Handlungsfeldern aus, teilen sich nun aber über den gesamten Tag verteilt einzelne Kompetenzen und Verantwortlichkeiten mit anderen Akteur:innen der Ganztagsgrundschule. In der Folge verschiebt sich auch das Elternbündnis: Mit der Erwartung an die Ganztagsschule, Eltern mehr Möglichkeit zur Erwerbstätigkeit zu geben (vgl. Rabenstein, Neroswki & Rahm, 2015), sind Eltern in der Schulzeit schwerer zu erreichen, was neue Kommunikations- und Kooperationsformen erfordert, um mit Blick auf das Kind Erziehungs- und Entwicklungsziele abzusprechen. Die verteilten Kompetenzen und Verantwortlichkeiten öffnen Möglichkeitsräume für pädagogisches Handeln und erweiterte Lerngelegenheiten für die Kinder. Für Lehrkräfte ist es demnach notwendig, sich einerseits auf ihren zentralen Tätigkeitsbereich, das Unterrichten, zu konzentrieren, um nicht im Dilemma einer Deprofessionalisierung zu landen. Andererseits erfordert die Ganztagsgrundschule in einer strukturierten Schulentwicklung eine höhere Reflexionskompetenz und die Offenheit aller Beteiligten, um Erziehung und Bildung, Schulentwicklung und Lernkultur gemeinsam zu gestalten, was erweiterte Kompetenzen, vor allem in Bezug auf die Kooperations- und Kommunikationskultur und die Vereinbarung von Zielvorstellungen, voraussetzt.

Die Zeiten, in denen Lehrkräfte in engen Abhängigkeitsverhältnissen allein Verantwortung tragen mussten, sind längst vorbei. Schon im zweigeteilten Deutschland war der Hort ebenfalls als weiterer Ansprechpartner sowohl für erzieherische als auch schulische Aufgaben verantwortlich. In den gesamtdeutschen schulischen Entwicklungen der letzten Jahrzehnte sind schulsystemintern unter anderem mit den schulpsychologischen Beratungsstellen, Jugendsozialarbeit und der Einbindung externer Partner:innen, Unterstützungssysteme geschaffen worden. Mit dem Ausbau der Ganztagsgrundschulen gewinnt interprofessionelle Kooperation als Aufgabe im Kontext Schule nun eine neue Dimension.

5. Entwicklungen des Lehrer:innenberufs im Ganztag

Mit den Erwartungen und Hoffnungen an eine ganztägige Bildung und dem Ausbau der Ganztagsschulen sind Lehrkräfte und Schulen aufgefordert, eigene Rollenbilder, Erwartungen und Zielsetzungen zu überdenken. Vorhandene Belastungen und Herausforderungen, wie oben aufgezeigt, können sich in diesem Entwicklungsprozess verstärken, können aber auch zu Neuentwicklungen, Umstrukturierungen und einer Ermutigung zur Öffnung von Schule und Unterricht führen, wenn Ressourcen verfügbar gemacht und genutzt werden.

5.1 Gelingende Kooperation und Kompetenzverteilung

An den Standards der Lehrerbildung (vgl. KMK, 2004) orientiert, bleiben Lehrkräfte auch an Ganztagsgrundschulen Fachleute für das Lehren und Lernen, organisieren und strukturieren weiterhin ihren Unterricht, können aber im ganztägig organisierten Schulalltag von pädagogischem Personal in deren jeweiligen Fachbereichen unterstützt werden und im multiprofessionellen Austausch von anderen Professionen und deren Fachwissen lernen. Individuelle Förderung für einzelne Kinder oder auch erzieherische Arbeit sowie die Begleitung in sozial-emotionaler Entwicklung lassen sich unter Einbezug der oben genannten zusätzlichen Akteur:innen an Ganztagsschulen im Team ganzheitlicher angehen. Im gelungenen Ganztag obliegt die Erziehungsaufgabe nicht allein einer einzelnen Lehrkraft, sondern einem für die Klasse verantwortlichen Team, das sich mit unterschiedlichen Erfahrungen, professionellen Kompetenzen und individuellen Zugängen zum Kind austauscht und ergänzt. Die Bewertung und Beurteilung von aus dem fachlichen Unterricht entstehenden schulischen Leistungen gehören in den Verantwortungsbereich des Lehrer:innenteams und können in der Zusammenarbeit mit anderen Akteur:innen individueller, vertiefter und ganz sicher auch ganzheitlicher interpretiert werden. Eine Vertrauensantinomie, in der sich Lehrkräfte in der Interaktion mit Kindern erleben, könnte sogar entschärft werden, wenn den Schüler:innen neben der Klassenlehrer:in weitere Personen als vertraute Ansprechpartner:in zur Verfügung stehen. Da jede Person das Kind in unterschiedlichen Settings und sozialen Kontexten kennenlernt und andere Möglichkeiten zur Diagnostik und Beobachtung hat, kann eine erweiterte förderdiagnostische Arbeit in einem gelungenen Ganztagsteam geleistet werden. In einem so kooperativ gestalteten Ganztagsgrundschulalltag sind Schulentwicklungsprozesse immanent, da alle Teammitglieder sich konsequent miteinander verständigen und fachlichen Austausch pflegen.

5.2 Voraussetzungen für gelingende Lehrer:innenprofession im Ganztag

Akteur:innen der Ganztagsgrundschule können sich gegenseitig stützen, fachlich voneinander lernen und insbesondere der eigentlichen Zielsetzung folgend intensiver, individueller und fördernder für das Schulkind agieren. Dies kann allerdings nur gelingen, wenn entsprechende Strukturen im System vorgesehen sind, denn Kooperation, insbesondere Kokonstruktion, erfordert ein Mindestmaß an Ressourcen. Hierzu gehören insbesondere zeitliche Ressourcen, die es dem gesamten Team wie auch Kleingruppen ermöglichen, in der regulären Arbeitszeit zu planen, sich auszutauschen und neue Entwicklungen anzustoßen (vgl. Seemann, 2022). Zeitfenster, die zur fachlichen Qualifizierung aller Professionen dienen, ermöglichen, fachspezifische Kompetenzen zu innovieren und diese letztlich im Team weiterzutragen, zu erproben und weiter zu diskutieren. Das für Lehrkräfte nach wie vor übliche Deputatsmodell zur Arbeitszeitberechnung hat sich dabei als ineffizient, ungerecht und unflexibel (vgl. Rackles, 2023) erwiesen und könnte bspw. durch ein nach Schulstufen und -fächern differenziertes Jahresarbeitszeitmodell, welches neben dem Unterricht weitere Tätigkeiten berücksichtigt, ersetzt werden. Darüber hinaus können entsprechende finanzielle Ressourcen die gemeinsame Weiterbildung, aber auch interprofessionelle Projekte und Anschaffungen erst ermöglichen. Räumliche Ressourcen, d.h. ausreichende und technisch gut ausgestattete Vorbereitungs-, Fach-, Arbeits- und Gruppenräume, die individuell von den jeweiligen Akteur:innen gestaltet sind, erlauben Lehrkräften eine individuell konzipierte Unterrichtsgestaltung und bieten gleichzeitig anderen Professionen Grundlagen für ihre Arbeit. Darüber hinaus braucht es aber auch Rückzugsräume, Kommunikationsorte und informelle Räume, die Vertrauen, Wohlwollen, Kommunikation und Freude schaffen. Die Ganztagsgrundschule, gedacht als ganztägige Bildung, erfordert überdies infrastrukturelle Ressourcen, die über den Raum hinausgehen und Zugang zum Internet, zu digitalen Tools und Plattformen, Kommunikationsmitteln und technischer Ausstattung bieten, aber auch technischen wie rechtlichen Support und Kontakte zur schulumgebenden Umwelt bereitstellen. Gelungene Kommunikation ist ein zentrales Schlüsselelement und eine Grundvoraussetzung für konstruktiven Austausch, Planung, Unterstützung und ein positives, wertschätzendes Miteinander. Diese kommunikativen Ressourcen wollen erlernt wie geübt werden und sind nicht nur für die interne Kommunikation und Kooperation bedeutsam, sondern auch für die Verbindung zur Eltern- und Gemeindebeteiligung. Hier bieten gemeinsame Fortbildungen, Hospitationen und/oder Supervisionen ideale Anlässe, diese Ressourcen auszubauen. Zuletzt bieten nur ausreichend personelle Ressourcen Raum für zusätzliche Unterstützung sowie interdisziplinären Austausch und ermöglichen eine bestmögliche Betreuung in zeitlicher Parallelität. Personenbezogen bedeutsam ist auch die bereits begonnene Entwicklung, das tradierte Autonomiebestreben von Lehrkräften weiter zu einer teamorientierten Arbeit an der Ganztagsschule zu transformieren. Um die wachsende Initiative zur Kooperation weiterhin zu unterstützen, erfordert dies berufliche Sicherheit, Vertrauen im Team sowie eine gemeinsame Zielbindung an erreichbaren Zielen mit realisierbaren Aufgaben (vgl. Pröbstel & Soltau, 2012, S. 57 ff.).

6. Fazit: Grundschullehrer:in im Ganztag – (k)ein neuer Beruf

Mit dem Rechtsanspruch auf einen Ganztagsschulplatz für Kinder ab dem Schuljahr 2026/27 und dem damit verbundenen Investitionsprogramm wird erneut ein entscheidender Entwicklungsschritt in der Professionalisierung von Lehrkräften eingeleitet. Das in der Geschichte der Profession zunächst kaum bis gar nicht vorhandene kooperative Arbeiten gewinnt nun in Form von multiprofessionellen Teams am Ort der Grundschule enorme Bedeutung und wird u.a. durch die KMK-Standards unterstützt. Dies bedeutet einen Entwicklungs- und Lernprozess für alle Beteiligten und fordert Selbstreflexion zu den eigenen Tätigkeitsfeldern, Expertisen und Handlungsspielräumen, Grundschulen und Lehrkräfte, die ganztägige Bildung und Betreuung anbieten möchten, müssen sich ihrer eigenen Kompetenzen und Expertisen bewusst werden, um in der Arbeit im multiprofessionellen Team deren Potenziale zu erkennen. Eine klare Trennung und Verteilung der Aufgaben ermöglicht es, Verantwortungsbereiche leichter zu identifizieren und Überschneidungen zu vermeiden. Eine gemeinsame Erziehungsverantwortung für die Kinder setzt einen intensiveren Austausch mit allen (pädagogischen) Fachkräften voraus. Deren Fachwissen ist entscheidend, um kokonstruktiv individuelle Lösungen zu entwickeln. Die Zusammenarbeit mit anderen Fachkräften erfordert aber auch spezifische Ressourcen. Kooperation kann nur dann Entlastung schaffen, wenn die notwendigen kommunikativen Skills und weitere Mittel zur Verfügung stehen.

Mit den gesellschaftlichen Herausforderungen werden vielfältige Anforderungen an die sich ständig weiterentwickelnde Grundschule herangetragen. Die Einführung ganztägiger Bildung an Grundschulen und die damit verbundenen Veränderungen für Grundschullehrkräfte sind zentrale Themen, die idealerweise basierend auf theoretischen Modellen, Forschungsergebnissen und insbesondere aus den praktischen Erfahrungen im Schulalltag heraus entwickelt und reflektiert werden. Angesichts der mannigfaltigen Anforderungen ist es unerlässlich, dass bereits in der Lehrkräfteausbildung ein entsprechendes Bewusstsein geschaffen wird. Bülau (2023) betont, dass die Form der Ganztagsgrundschule vertiefend in den Curricula der Ausbildung aller Professionen integriert werden sollte. Dies umfasst nicht nur die theoretische Auseinandersetzung, sondern auch die praktischen Aspekte der interprofessionellen Kooperation, die von Beginn an thematisiert und in gemeinsamen Seminaren erlebt werden sollten.

Während das Wissen über Kooperation, insbesondere interprofessioneller Kooperation an Ganztagsschule, zunehmend wächst und Forschungen uns wichtige Ergebnisse liefern, ist über die Auswirkungen der Ganztagsgrundschule auf den Lehrer:innenberuf noch wenig bekannt. Hier besteht ein erheblicher Bedarf an qualitativen Studien, die das persönliche Erleben und die wahrgenommenen Veränderungen von Grundschullehrkräften dokumentieren. Solche Studien können wertvolle Einblicke in die Realität der Ganztagsgrundschule liefern und aufzeigen, wo Veränderungsbedarfe und Umstrukturierungen erforderlich sind. Ohne fundierte Erkenntnisse darüber, wie die Kompetenzen der Grundschullehrkräfte im Alltag verteilt sind, ob sich neue Schwerpunkte im Lehrer:innenhandeln im Ganztag herausbilden oder wo das System möglicherweise mehr Hürden als Erleichterung schafft, besteht die Gefahr der Deprofessionalisierung. Insbesondere Grundschullehrkräfte, die oft fehlende schulische Strukturen durch eigenes Handeln kompensieren, riskieren, dass dies im Ganztagsbetrieb zu einer verstärkten Individualisierung statt zu effektiver Teamarbeit führt.

Literatur

BAUMERT, J. & Kunter, M. (2013). Professionelle Kompetenz von Lehrkräften. In I. Gogolin, H. Kuper, H. H. Krüger & J. Baumert (Hg.), Stichwort: Zeitschrift für Erziehungswissenschaft. Wiesbaden: Springer VS, S. 469 –520.

BAUR, C. (2019). Schulischer Alltag zwischen Kooperation und Konflikt. In C. Baur, C. Krüger & F. Homuth (Hg.), Professionen in Schule – zwischen Kooperation und Konflikt. Ostfalia Hochschule für angewandte Wissenschaften Braunschweig/Wolfenbüttel, S. 24–35.

BLÖMEKE, S., Suhl, U. & Döhrmann, M. (2012). Zusammenfügen was zusammengehört. Kompetenzprofile am Ende der Lehrerausbildung im internationalen Vergleich. Zeitschrift für Pädagogik 58 (4), S. 422–440.

BÜLAU, C. (2023). Ganztagsschulausbildung – Aufgabe der Lehrer*innenbildung der Zukunft. In S. Reinhold (Hg.), Profil und Entwicklung der Erziehungswissenschaftlichen Fakultät (1994–2019), Festschrift aus Anlass des 25. Jahrestages ihrer Neugründung. Leipzig: Leipziger Universitätsverlag, S. 141–142.

FEND, H. (2009). Neue Theorie der Schule. Einführung in das Verstehen von Bildungssystemen. Wiesbaden: Springer VS.

GEHRMANN, A. (2019). Seiteneinstieg in den Lehrerberuf – Alternativer Weg oder Sackgasse? Bildung und Erziehung 72 (2), S. 215–229.

GÖTZ, M. & Sandfuchs, U. (2024). Grundschule als Institution. In M. Götz et al. (Hg.), Handbuch Grundschulpädagogik und Grundschuldidaktik. Bad Heilbrunn: Klinkhardt.

GRÄSEL, C., Fußangel, K. & Pröbstel, C. (2006). Lehrkräfte zur Kooperation anregen – eine Aufgabe für Sisyphos? Zeitschrift für Pädagogik 52 (2), S. 205–219.

GRAUMANN, O. (2022). Geschichte der Ausbildung von Grundschullehrkräften in Deutschland. Von einer „semiprofessionellen" Tätigkeit zur Professionalität. In I. Mammes & C. Rotter (Hg.), Professionalisierung von Grundschullehrkräften. Kontext, Bedingungen und Herausforderungen. Bad Heilbrunn: Klinkhardt, S. 17–36.

GRASSHOFF, G. & Sauerwein, M. (Hg.) (2024). Das Personal am Ganztag. Bildung, Betreuung und Erziehung in Zeiten des Fachkräftemangels – Herausforderungen für Kinder- und Jugendhilfe und Schule (1. Aufl.). Weinheim & Basel: Beltz Juventa.

HELSPER, W. (2001). Antinomien des Lehrerhandelns – Anfragen an die Bildungsgangdidaktik. In U. Hericks, J. Keuffer, H. C. Kräft & I. Kunze (Hg.), Bildungsgangdidaktik. Wiesbaden: VS Verlag für Sozialwissenschaften, S. 13–31.

HELSPER, W. (2016). Pädagogische Lehrerprofessionalität in der Transformation der Schulstruktur – ein Strukturwandel der Lehrerprofessionalität? In T.-S. Idel, F. Dietrich, K. Kunze, K. Rabenstein & A. Schütz (Hg.), Professionsentwicklung und Schulstrukturreform. Bad Heilbrunn: Klinkhardt, S. 217–245.

HELSPER, W. (2022). Zur pädagogischen Professionalität von Grundschullehrer*innen – strukturtheoretische Perspektiven. In I. Mammes & C. Rotter (Hg.), Professionalisierung von Grundschullehrkräften. Kontext, Bedingungen und Herausforderungen. Bad Heilbrunn: Klinkhardt, S. 53–72.

HELSPER, W. (2021). Professionalität und Professionalisierung pädagogischen Handelns. Eine Einführung. Opladen & Toronto: Barbara Budrich.

JUNG, J. (2021). Die Grundschule neu bestimmen. Eine praktische Theorie. Stuttgart: Kohlhammer.

KÖNIG, J. (2023). Lehrer:innenexpertise und Lehrer:innenkompetenz. In M. Rothland (Hg.), Beruf Lehrer:in. Ein Studienbuch. Münster & New York: Waxmann, S. 148–171.

KULTUSMINISTERKONFERENZ (2022). Standards für die Lehrerbildung (Beschluss der Kultusministerkonferenz vom 16.12.2004 i. d. F. vom 7.10.2022). https://www.kmk.org/fileadmin/veroeffentlichungen_beschluesse/2004/2004_12_16-Standards-Lehrerbildung.pdf (Zugriff: 19.2.2025).

MARKERT, T. (2017). Lehrer:innen und Erzieher:innen doing Ganztagsschule. Weinheim & Basel: Beltz Juventa.

MATTES, M. (2009). Ganztagserziehung in der DDR. „Tagesschule" und Hort in den Politiken und Diskursen der 1950er- bis 1970er-Jahre. In L. Stecher, C. Allemann-Ghionda, W. Helsper & E. Klieme (Hg.), Ganztägige Bildung und Betreuung. Weinheim & Basel: Beltz Juventa, S. 230–246. DOI: 10.25656/01:6967

MEYER, S. & Elting, C. (2022). Grundlegende Bildungserträge. Erfolge und Förderbedarfe der Grundschule. Grundschule 5, S. 14–20.

PRÖBSTEL, C. & Soltau, A. (2012). Wieso Lehrkräfte (nicht) kooperieren – Die Bedeutung „personaler Faktoren" in der Zusammenarbeit am Arbeitsplatz Schule. In E. Baum, T.-S. Idel & H. Ullrich (Hg.), Kollegialität und Kooperation in der Schule. Wiesbaden: VS Verlag für Sozialwissenschaften.

RACKLES, M. (2023). Lehrkräftearbeitszeit in Deutschland. Eine Expertise mit Handlungsempfehlungen und dem Entwurf eines neuen Modells. https://www.telekom-stiftung.de/sites/default/files/files/Lehrkraeftearbeitszeit-Expertise-Zusammenfassung.pdf (Zugriff: 18.9.2025).

RABENSTEIN, K., Nerowski, C. & Rahm, S. (2015). Basiswissen Ganztagsschule. Konzepte, Erwartungen, Perspektiven. Weinheim & Basel: Beltz Juventa.

REH, S., Fritzsche, B., Idel, T. & Rabenstein, K. (2015). Lernkulturen. Rekonstruktion pädagogischer Praktiken an Ganztagsschulen. Wiesbaden: Springer VS.

ROTHLAND, M. (2013). Beruf Lehrer/Lehrerin – Arbeitsplatz Schule. Charakteristika der Arbeitstätigkeit und Bedingungen der Berufssituation. In M. Rothland (Hg.), Belastung und Beanspruchung im Lehrerberuf. Modelle, Befunde, Interventionen (2. Aufl.). Wiesbaden: Springer VS, S. 21–39.

SEEMANN, A. M. (2022). Multiprofessionelle Teams in der Ganztagsschule. Pädagogik, Personal, System. In N. Weimann-Sandig (Hg.), Multiprofessionelle Teamarbeit in Sozialen Dienstleistungsberufen. Wiesbaden: Springer VS.

SCHÜPBACH, M., Jutzi, M. & Thomann, K. (2012). Expertise zur Kooperation in verschiedenen Kooperationsfeldern. Eine qualitative Studie zu den Bedingungen gelingender multiprofessioneller Kooperationen in zehn Tagesschulen. Basel-Stadt: Erziehungsdepartement des Kantons Basel-Stadt.

SHULMAN, L. S. (1987). Knowledge and teaching. Foundations of the new reform. Harvard Educational Review 57 (1), S. 1–22.

SPIESS, E. (2004). Kooperation und Konflikt. In H. Schuler (Hg.), Organisationspsychologie – Gruppe und Organisation. Göttingen: Hogrefe, S. 193–247.

STÄNDIGE KONFERENZ DER KULTUSMINISTER IN DER BUNDESREPUBLIK DEUTSCHLAND (KMK) (2004). Standards für die Lehrerbildung – Bildungswissenschaften. https://www.kmk.org/fileadmin/veroeffentlichungen_beschluesse/2004/2004_12_16-Standards-Lehrerbildung-Bildungswissenschaften.pdf (Zugriff: 18.9.2025).

TERHART, E. (2011). Lehrerberuf und Professionalität. Gewandeltes Begriffsverständnis – neue Herausforderungen. In W. Helsper & R. Tippelt (Hg.), Pädagogische Professionalität. Weinheim & Basel: Beltz Juventa, S. 202–224.

TERHART, E. (2020). Erziehungswissenschaft in der Lehrerinnen- und Lehrerbildung. In C. Cramer, J. König, M. Rothland & S. Blömeke (Hg.), Handbuch Lehrerinnen- und Lehrerbildung. Bad Heilbrunn: Klinkhardt, S. 575–584.

VOGT, M. (2023). Grundlegende Bildung als Auftrag der Grundschule. In M. Götz, S. Miller & M. Vogt (Hg.), Ein Jahrhundert Grundschule. Wiesbaden: Springer VS, S. 148–171.

WEINERT, F. E. (1999). Konzepte der Kompetenz. Gutachten zum OECD-Projekt „Definition and Selection of Competencies. Theoretical and Conceptual Foundations (DeSeCo)“. Bundesamt für Statistik.

WEINERT, F. E. (2001). Vergleichende Leistungsmessung in Schulen – eine umstrittene Selbstverständlichkeit. In F. E. Weinert (Hg.), Leistungsmessung in Schulen. Weinheim & Basel: Beltz Juventa, S. 17–31.

WICHMANN, M. (2014). Vom Einzelkämpfer zur Kooperationskultur. Multiprofessionelle Teamarbeit an Ganztagsschulen. In U. Erdsiek-Rave & M. John-Ohnesorg (Hg.), Individuell Fördern mit multiprofessionellen Teams. Berlin: Friedrich-Ebert-Stiftung, S. 60–64.

GUNTHER GRASSHOFF, MARKUS SAUERWEIN

Sozialpädagogisches Personal an Ganztagsgrundschulen

1. Einleitung

Die Grundschule ist in Deutschland historisch eine Institution des Bildungswesens und sowohl zum Elementarbereich (Kita) als auch zur außerschulischen Bildung (z.B. Hort) in Abgrenzung organisiert. Mit der umfassenden Einführung ganztägiger Schulangebote seit den 2000er Jahren hat sich dies verändert. Der Ganztag soll mehr sein als eine Verlängerung der Unterrichtsschule. Der Ausweitung der Schule auf den ganzen Tag wird ein erweiterter Betreuungs-, Erziehungs- und Bildungsauftrag unterlegt, demnach Ganztagsbildung (Coelen 2008) erfolgen soll und nicht nur schulisches Lernen. Allein durch Lehrer:innen ist dieser nicht leistbar, zumal Schule mit ihrer nachmittäglichen Ausdehnung in die Domäne der Horte (Markert, 2021) und der außerschulischen Kinder- und Jugendarbeit eindringt und so die ebenfalls über Jahrzehnte gewachsene Ordnung institutionalisierter pädagogischer Angebote infrage gestellt wird.

Die ganztägige Grundschule hat sich in diesem Veränderungsprozess nun zunehmend zu einer Institution mit einer vielfältigen Personalstruktur transformiert. Entsprechend wird in der Ganztagsdiskussion von Schule als einer „multiprofessionellen Organisation“ gesprochen. Neben unterschiedlichen neuen Professionen und nicht pädagogisch qualifiziertem Personal (vgl. Bock, Danner & Rohde in diesem Band) spielt das sozialpädagogische Personal vor allem aus der Kinder- und Jugendhilfe an Grundschulen eine wichtige Rolle. In diesem Beitrag werden die Bedeutung der Sozialpädagogik an der Ganztagsgrundschule reflektiert und aktuelle Herausforderungen umrissen.

2. Sozialpädagogik: Bestimmungsversuche

Es ist nicht ganz einfach zu bestimmen, was genau mit Sozialpädagogik an Grundschulen gemeint ist. Auf der einen Seite gibt es sozialpädagogisch ausgebildetes Personal, welches Aufgaben an Grundschulen übernimmt. Auf der anderen Seite können an Grundschulen unterschiedliche sozialpädagogische Praxen (Helfen, Kümmern, Sorgen) (Hummrich & Graßhoff, 2011) identifiziert werden, die anders als unterrichten sind und an übergreifende Konzeptionen (z.B. Ganztagsbildung) und Aufgaben (z.B. Kinderschutz) anschließen, aber nicht zwingend von sozialpädagogischen Fachkräften (exklusiv) bearbeitet werden. Diese Diffusität und Unbestimmtheit von *sozialpädagogischen Aufgaben und Praxen* auf der einen Seite, die beispielsweise auch von Lehrkräften durchgeführt werden, und *sozialpädagogischen Fachkräften* auf der anderen Seite, erschwert es, die Rolle der Sozialpädagogik an Grundschulen zu systematisieren: Sozialpädagogik kann in ihrer Institutionalisierung und/oder über bestimmte Aufgaben und Praktiken (1), über ihre Adressat:innen (2) und/oder die Fachkräfte beschrieben werden (3).

1) Soziale Arbeit hat sich konkret als Praxis in unterschiedlichen Formen institutionalisiert. Das heißt, es gibt Träger und Organisationen, die soziale Dienstleistungen für Menschen in unterschiedlichen Lebenslagen anbieten. Die Angebote können grob als Lebenswelt ergänzend (z.B. Kindertageseinrichtungen), unterstützend (z.B. Hilfen zur Erziehung) oder ersetzend (z.B. stationäre Fremdunterbringung) differenziert werden (Thole, 2010). In und um Schule haben wir es meist mit ergänzenden und unterstützenden Angeboten zu tun, wie beispielsweise der Schulsozialarbeit (Speck, 2020) und/oder kooperierenden Angeboten in Horten (Markert, 2021; Peyerl & Züchner, 2022). In jüngerer Zeit etablieren sich auch Familiengrundschulzentren, an denen sozialpädagogische Arbeit stattfinden kann (Wübben Stiftung, 2022; Hermstein & Sauerwein, 2023). Hinzu kommen Internate, die nach § 34, 41 SGB VIII auch in den Bereich der Sozialpädagogik fallen (Züchner & Schrödter, 2020) und analog der obigen Kategorisierung eher als lebensweltersetzende Angebote aufgefasst werden können, aber zumeist nicht Kinder im Grundschulalter adressieren. Darüber hinaus sind zunehmend auch sozialpädagogische Fachkräfte im Unterricht involviert (Rother et al., 2024), wobei unklar ist, ob diese noch konkrete sozialpädagogische Aufgaben übernehmen oder eher als ‚Hilfslehrkräfte' zu verstehen sind.
2) Soziale Arbeit kann aber auch über die Adressat:innen bestimmt werden (Graßhoff, 2015). Sie richtet sich an Menschen in besonderen Lebenslagen, adressiert grundsätzlich aber alle Menschen: Ziele wie soziale Gerechtigkeit oder Menschenrechte werden umfassend in den Blick genommen und nicht nur auf der Ebene sozialer Probleme bearbeitet. Im Ganztag werden mit Konzepten von Ganztagsbildung (Coelen, 2008) und Erweiterungen von subjektorientierter Ganztagsbildung (Sauerwein & Graßhoff, 2022) vor allem Partizipations- und Teilhabemöglichkeiten aller Kinder im Ganztag fokussiert. In diesem Zusammenhang können auch Forschungs-

ansätze und -methoden berücksichtigt werden, die versuchen die Bedarfe und Wünsche von Kindern herauszuarbeiten (Deinet et al., 2018; Walther & Nentwig-Gesemann, 2021) und fordern Kinder ins Zentrum von ganztägigen Betreuungsarrangements zu stellen, anstelle von Betreuungsbedarfen der Eltern (Huschik et al., 2023).

3) Schließlich kann man Soziale Arbeit über die Fachkräfte definieren und konstatieren, dass es Sozialarbeiter:innen, Sozialpädagog:innen und Erzieher:innen gibt, die als professionelle Akteur:innen Soziale Arbeit machen. Dieser Weg ist theoretisch einfacher einzuschlagen, als er in der Praxis Klarheit bringt. Denn Ausbildung und Studium der Sozialen Arbeit sind sehr heterogen entwickelt: Wir haben Sozialpädagog:innen, die an Universitäten studieren, Sozialarbeiter:innen an Hochschulen für angewandte Wissenschaften und auf der Ebene der Ausbildung Erzieher:innen, die aber später häufig in Feldern der Sozialen Arbeit tätig sind (z.B. der stationären Jugendhilfe). Daneben bestehen mit Kindheits- und Heilpädagog:innen auch verwandte Studiengänge, die nicht immer trennscharf von den späteren Tätigkeitsbereichen von Sozialpädagog:innen abzugrenzen sind. Zugleich liegen keine deutschlandweiten verlässlichen und repräsentativen Daten vor, aus denen hervorgeht, wie viele Personen mit einem Abschluss in Sozialer Arbeit/Sozialpädagogik tatsächlich an Schulen tätig sind. Im Ganztag gibt es hier eher Annäherungen, auf deren Basis geschätzt werden kann, dass 15 % (Fuchs-Rechlin et al., 2023) bis zu einem Viertel (Sauerwein & Danner, 2024; Coelen & Rother, 2014) des Personals über einen akademischen Abschluss verfügt (vgl. Bock, Danner & Rohde in diesem Band).

Trotz dieser Diffusität ist festzuhalten, dass an Grundschulen sozialpädagogische Tätigkeiten etabliert sind. Insbesondere gilt dies für die Schulsozialarbeit, die als Handlungsfeld der Kinder- und Jugendhilfe am Ort Schule stattfindet und mit dem § 13a SGB VIII auch mittlerweile gesetzlich verankert ist (Eckert & Bassarak, 2021). Gleichzeitig haben sich vor allem über den Ganztag Aufgaben an Schulen etabliert, die sozialpädagogisch sind und mehr oder weniger von sozialpädagogischem Personal übernommen werden. Neben weiteren Kooperationen zwischen Jugendhilfe und Schule etablieren sich gegenwärtig auch Familiengrundschulzentren, an denen ebenso sozialpädagogische Fachkräfte tätig sind. Kritisch zu reflektieren sind hingegen Formen der Einbindung von Sozialarbeiter:innen in den Unterricht.

3. Schulsozialarbeit als Handlungsfeld der Kinder- und Jugendhilfe an Schulen

Schulsozialarbeit gilt mittlerweile als eine selbstverständliche Leistung an Schulen (Spies, 2018). Mit Schulsozialarbeit haben sich sozialpädagogische Fachkräfte in multiprofessionellen Teams an Schulen etabliert. Sozialpädagogik ist damit ein unbestrittener Akteur in der Institution Grundschule. Dennoch müssen die Bedeutung und die Aufgaben von Schulsozialarbeit als genuin sozialpädagogische Expertise eingeordnet werden. Schulsozialarbeit ist aufgrund ihrer rechtlichen wie auch formalen Zwischenposition eher als hybrid zu bezeichnen: Auch die neuere Aufnahme von Schulsozialarbeit im SGB VIII führt in den Bundesländern und auch in der kommunalen Selbstverwaltung zu ganz unterschiedlichen Positionierungen und Konzepten (Meinunger, 2022). Obwohl bereits der Begriff Schulsozialarbeit sozialpädagogische Expertise suggeriert, muss die Praxis als sehr heterogen beschrieben werden. Dies lässt sich u.a. daran ablesen, dass Unklarheiten bestehen, wie viele Personen „Schulsozialarbeit" betreiben – hier gibt es keine präzisen Statistiken, da Schulsozialarbeiter:innen nicht nur über die Kinder und Jugendhilfe angestellt sind, sondern auch über Schulen und Landesprogramme und entsprechend von rund 7.500 (Rauschenbach et al., 2024) bis hin zu 16.000 (Zankl, 2017) Schulsozialarbeiter:innen auszugehen ist – und wie viele Schüler:innen mit Schulsozialarbeit in Kontakt kommen. Olk & Speck (2015) sprechen von einem Fünftel bis drei Viertel der Schüler:innen, der DJI-Survey „Aufwachsen in Deutschland: Alltagswelten" (AID:A) geht lediglich von zehn Prozent aus. Der aktuelle Kinder- und Jugendhilfereport (Rauschenbach et al., 2024) gibt 7.547 Personen an, wobei nur 41,5 % der Schulsozialarbeitenden eine Vollzeitstelle haben. Implizit wird damit darauf hingewiesen, dass Schulsozialarbeitende oftmals Überstunden ansammeln müssen und diese in den Ferien abbauen, womit zugleich ein Ungleichheitsverhältnis zu Lehrkräften eröffnet wird – denn vorbereiten müssen auch Sozialpädagog:innen ihre Arbeit.

Das Aufgabenprofil und das Selbstverständnis von Schulsozialarbeiter:innen unterscheiden sich sehr stark, und dies hängt auch mit unterschiedlichem Landesrecht und Umsetzungen des § 13 a SGB VIII zusammen, der lediglich festhält: „Schulsozialarbeit umfasst sozialpädagogische Angebote nach diesem Abschnitt, die jungen Menschen am Ort Schule zur Verfügung gestellt werden. Die Träger der Schulsozialarbeit arbeiten bei der Erfüllung ihrer Aufgaben mit den Schulen zusammen. Das Nähere über Inhalt und Umfang der Aufgaben der Schulsozialarbeit wird durch Landesrecht geregelt. Dabei kann durch Landesrecht auch bestimmt werden, dass Aufgaben der Schulsozialarbeit durch andere Stellen nach anderen Rechtsvorschriften erbracht werden." Ein fester Kern von

Aufgabenprofilen kann nicht identifiziert werden. Deshalb muss die Tätigkeit von Schulsozialarbeiter:innen nicht nur im engeren Sinne sozialpädagogische Beratung und Unterstützung in Einzel- und Gruppensettings bedeuten, sondern es können auch schulische Aufgaben, z.B. in der Organisation des Ganztages, identifiziert werden (Altermann et al., 2018). Für einzelne Bundesländer oder Städte gibt es deskriptive Beschreibungen der von Schulsozialarbeiter:innen vorwiegend wahrgenommenen Aufgaben. Am Beispiel von zwei Erhebungen (s. Abb. 1) wird die Unterschiedlichkeit der Tätigkeiten sichtbar. Neben diesen Schüler:innen bezogenen Tätigkeiten fallen auch Angebote für Eltern, gemeinsame Tätigkeiten mit Lehrkräften (z.B. Austausch, Planen und Durchführen gemeinsamer Projekte) sowie schulorganisatorische Angebote (z.B. Netzwerkarbeit, Treffen mit der Schulleitung) ins Aufgabenspektrum der Schulsozialarbeiter:innen.

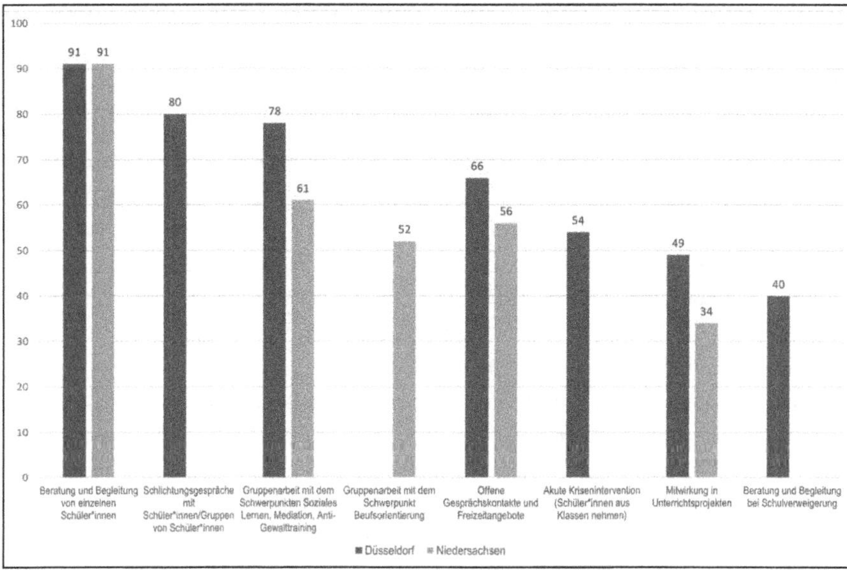

Abbildung 2: Angebote für Schüler:innen der Schulsozialarbeit (eigene Darstellung basierend auf Deinet & Nelke, 2015 sowie Busche-Baumann et al. (2016)). Angegeben sind die Zustimmungswerte, wie oft bzw. sehr oft Sozialarbeiter:innen nachfolgende Tätigkeiten ausführen.

Für die Grundschule sind keine eigenen Erhebungen vorhanden. Aufgrund des Alters der Kinder sind Themen wie Berufsorientierung weniger relevant als in weiterführenden Schulen.

Aufgrund dieser äußerst heterogenen Tätigkeiten, Angebote und den damit verbunden Zielsetzungen sind auch die „Wirkungen" von Schulsozialarbeit im engeren Sinne schwer messbar (Speck & Olk, 2010). Die offene Aufgabenbestimmung von Schulsozialarbeit macht formative Evaluationen auf der Ebene des Systems nahezu unmöglich. Wirkungen von Schulsozialarbeit sind im hohen Maße abhängig von Zielen, Rahmenbedingungen und gelungenen Kooperationsbeziehungen. Diese lassen sich jedoch vornehmlich auf der Ebene von Einzelschulen bestimmen (Zipperle & Baur, 2023).

Insgesamt hat sich das Feld der Schulsozialarbeit aber nicht nur aufgrund der Aufnahme in das KJHG, sondern auch als selbstverständliches Angebot an Grundschulen etabliert. Es ist damit ein Regelangebot geworden, dass nicht nur in benachteiligten Sozialräumen, sondern für alle Grundschulen eine Infrastruktur darstellt.

4. Sozialpädagogik am Ganztag

Die Ausdehnung von Schule auf den ganzen Tag ist eine bildungs- und gesellschaftspolitische Leitlinie, die strukturell die Kooperation mit außerschulischen Partnern mitdenkt. Ohne die Kooperation mit örtlichen Trägern und Vereinen der außerschulischen Bildung sind Ganztagsschulen nicht denkbar. Die Kooperationsformen zwischen den Schulen und außerschulischen Bildungsinstitutionen sind vielfältig (Arnoldt, 2011), wobei Organisationen der Kinder- und Jugendhilfe quantitativ nach den Sportvereinen die wichtigsten Kooperationspartner darstellen (StEG-Konsortium, 2019).

Vor diesem Hintergrund hat sich mittlerweile ein eigenständiger Forschungsbereich um außerunterrichtliche Bildungsangebote im Kontext Ganztag etabliert: Es wird betrachtet, welche Arten von außerunterrichtlichen Angeboten Schüler:innen im Ganztag besuchen können, wobei hier von sportiven über fachbezogene (Förder-)Angebote und Hausaufgabenbetreuung bis hin zu Angeboten zum sozialen Lernen an den meisten Schulen eine große Vielfalt besteht (StEG-Konsortium, 2019). Mit diesen Angeboten sollen Teilhabechancen für Heranwachsende aus benachteiligten Milieus eröffnet werden. Die Angebote scheinen jedoch nicht – wie bildungspolitisch erhofft – die kognitiven Kompetenzen von Schüler:innen direkt zu verbessern, sondern eher – in Abhängigkeit von der Angebotsqualität – die sozio-emotionale Entwicklung anzuregen (Sauerwein, 2017). Konzeptionell können diese Angebote in einer Zwischenstellung von Unterricht und sozialpädagogischen Angeboten verortet werden, wobei hier nochmals weiter zu differenzieren ist. Einige Angebote sind eng an die lokale Schulkultur angeschlossen, bei anderen besteht lediglich eine lose Koppelung (Haude et al., 2020). Zudem sind viele dieser eher sozialpädagogischen Angebote in Schule organisational ‚anders' gerahmt als außerhalb. So gibt es beispielsweise Überprüfungen von Anwesenheit (Graßhoff et al., 2019), eine stärkere Einbindung in schulische Aufgaben, um den Bildungserfolg von Schule abzusichern (Zipperle, 2015), sowie Engagement in der Hausaufgabenbetreuung (Rother, 2019).

Der Ausbau der Ganztagsschule ist somit eine der bildungs- und sozialpolitischen Entwicklung in den letzten 20 Jahren, die die selbstverständliche Präsenz von „Nicht-Lehrkräften" als weiteres pädagogisches Personal an Schule durchgesetzt hat. Die empirische Vergewisserung zeigt jedoch auch, dass nicht alle dieser neuen Akteursgruppen sozialpädagogische Ausbildungen haben (vgl. Bock, Danner & Rohde in diesem Band). Auch wenn eine genaue und differenzierte quantitative Vermessung des Feldes noch aussteht, kann angenommen werden, dass sich vor allem die Rolle von nicht professionalisierten pädagogischen Akteur:innen, „pädagogischen Laien" (Steiner 2013), gewandelt hat. Dennoch macht dieses weitere pädagogische Personal an Grundschulen zahlreiche sozialpädagogische Tätigkeiten in Angeboten, aber auch in der konkreten Arbeit mit Kindern und deren Eltern, die weit über Betreuung als solche hinausgehen. Danner & Sauerwein (2023) können aufzeigen, dass Sozialpädagogen:innen vor allem auch in der Leitung oder Koordination des Ganztags involviert sind. Dies ist im Kontrast zu nicht-qualifiziertem Personal sicherlich erwartbar, reduziert allerdings auch die Kontaktzeiten, die Fachkräfte mit Kindern zur Verfügung steht (Coelen & Rother, 2014).

5. Familiengrundschulzentren

Derzeit wird mit den Familiengrundschulzentren (FGZ) in Nordrhein-Westfalen durch staatliche Förderung und Stiftungsinitiative ein neues institutionelles Element im Schul-, Kinder- und Jugendhilfesystem etabliert. Bildungsungleichheiten sollen nicht mehr nur in Unterricht und im Ganztag bearbeitet, sondern auch Eltern gezielt adressiert werden (Hermstein & Sauerwein, 2023). Die Diskussion um FGZ wird derzeit von programmatischen Zuschreibungen und Sinngebungen geprägt. Drei Aspekte werden hervorgehoben: Familienorientierung, Kooperationsorientierung, Sozialraumorientierung (Hackstein et al., 2022). Leitend sind Annahmen einer systematischeren Weiterentwicklung von Schulen in allen drei Bereichen: „Als FGZ entwickelt sich eine Grundschule zum Ort der Begegnung, Beratung und Bildung für

Kinder und Familien. Die Schulen öffnen sich für die Eltern und den Stadtteil, bauen Erziehungs- und Bildungspartnerschaften aus“ (Wübben Stiftung, S. 8). FGZ seien ein Schlüssel, so die offiziell formulierte Hoffnung, um die Bildungschancen von Kindern zu verbessern, insbesondere in sozioökonomisch herausfordernden Kontexten (Wübben Stiftung, 2022). Als wichtigste Mittel gelten dabei eine nachhaltige und niedrigschwellige Gestaltung der Familienarbeit an Grundschulen sowie eine gelingende Kooperation zwischen Schulen und weiteren Bildungsakteuren im Sozialraum. Die Diskurse erinnern stark an die mit dem Ganztag verbundenen Hoffnungen, nicht nur ungleiche Bildungschancen in Bezug auf schulische Kompetenzen (Berkemeyer et al., 2013), sondern auch informelle Selektionshürden bei der Gestaltung des außerschulischen Bereichs abzubauen (Hakim & Züchner, 2021). Hierfür schließen FGZ mit ihren Angeboten an den Sozialraum an. Nicht mehr nur die Vernetzung von Bildungsangeboten (insbesondere der Kinder- und Jugendhilfe mit der Schule), wie schon im Rahmen von Bildungslandschaften praktiziert (Spies & Wolter, 2020; Bollweg, 2018; Mack, 2020), sondern ein niedrigschwelliges Angebot an Eltern in der Schule, indem Elterncafés, Sprachkurse und Erziehungsberatung direkt vor Ort stattfinden und zugleich pro-aktiv die Möglichkeiten des Sozialraums erschlossen werden, sind Anliegen von FGZ (Wübben Stiftung, 2022; Hermstein & Sauerwein, 2023). Eine weitere Parallele kann zu den Familienzentren in der Frühpädagogik geschlagen werden, denn hier ist die Idee einer Bildungspartnerschaft von Kita und Eltern zum Wohle der Kinder vorgängig aufgekommen (Betz et al., 2021; Prigge et al., 2021). Mit Blick auf den schulischen Bereich liegt jenseits der eher programmatischen Evaluation wenig Forschung vor. Erfahrungen aus der Kita zeigen jedoch, dass es neben der gut gemeinten Idee einer partnerschaftlichen Zusammenarbeit auch zu einer Inferiorisierung von Eltern kommen kann, etwa wenn Fachkräfte den Bildungsmisserfolg von Kindern den Eltern anlasten oder normative Vorstellungen von guter Kindheit unkritisch übertragen (Prigge et al., 2021; Simon, 2023; Betz et al., 2020). Die Leitung der FGZ obliegt oftmals Sozialpädagog:innen, dies bedeutet jedoch nicht, dass diese auch sozialpädagogisch handeln. Inwiefern sich die Idee der FGZ über NRW hinaus etabliert, wird zukünftig zu beobachten sein.

6. Kinder- und Jugendhilfe und Schule: Kooperationen

Mit den FGZ, dem Ganztag und der Schulsozialarbeit im Speziellen ist umfassender auch die Kooperation von Kinder- und Jugendhilfe als sozialpädagogisches Angebot mit Grundschulen in den Blick zu nehmen, insbesondere hinsichtlich der somit neu entstehenden Verhältnisbestimmung zwischen Lehrkräften und Sozialpädagog:innen (s. zum Thema Kooperation auch Schuldt in diesem Band). Während die programmatischen Erwartungen an Kooperation im Kontext von Schule immens sind, ist die empirische Realität allenfalls diffus, wenn nicht ernüchternd (Kunze & Reh, 2020). Es können unterschiedliche Diskursstränge beschrieben werden: Eine Perspektive geht davon aus, dass Lehrkräfte trotz aller Transformationen an Schulen die pädagogische Leitprofession bleiben (Breuer, Idel & Schütz, 2019) und sich als solche (weiter) etablieren. Ein anderer Diskursstrang geht von einer Auflösung der Grenzen zwischen Schule und Sozialpädagogik aus (Kunze, 2016). Empirische Hinweise können für beide Thesen gefunden werden: Empirisch wird eine Arbeitsaufteilung unter Anleitung von Lehrkräften beschrieben, zugunsten eines Hierarchiegefälles der Lehrkräfte gegenüber dem weiteren pädagogischen Personal. Andere Arbeiten beschreiben jedoch Gegenteiliges: Aufgrund der multiprofessionellen Realität an vielen Schulen können Aufgaben, Ausbildung und Kompetenzen nicht klar voneinander getrennt werden und Lehrkräfte agieren beispielsweise auch sozialerzieherisch (Breuer et al., 2019; Silkenbeumer, Thieme & Kunze, 2018). Vice versa werden Sozialpädagog:innen von Schüler:innen in außerunterrichtlichen Angeboten eher als Lehrer:in und weniger als Sozialpädagog:in wahrgenommen (Gadow et al., 2013) und irritieren damit die „traditionellen" Zugänge zu Heranwachsenden. Zudem liegen Arbeiten vor, die Kooperationshäufigkeiten und -zeiten sowie die Qualität der Kooperation betrachten. Positive Auswirkungen der Kooperation werden hingegen selten betrachtet. Lehrkräfte fühlen sich durch Kooperation in ihrer Arbeit unterstützt (Böhm-Kasper, Demmer & Gausling, 2017), Auswirkungen auf den Unterricht oder Ganztagsangebote werden hingegen nicht gefunden. Kritisiert werden kann jedoch, dass in vielen (quantitativen) Studien nicht zwischen den unterschiedlichen Berufsgruppen der Nicht-Lehrkräfte differenziert und diese einfach als weiteres pädagogisch tätiges Personal beschrieben werden (Tillmann, 2020). Tatsächlich liegen – im Gegensatz zur gut dokumentierten Personalsituation in vorschulischen Bildungsinstitutionen – keine belastbaren Daten zur Qualifikation und Quantität des Personals in der Schulkinderbetreuung vor.

Zugleich scheinen auch auf institutioneller Ebene die außerschulischen Kooperationspartner unter Druck zu stehen. Die Befürchtungen, Sozialpädagogik könnte in der (Ganztags-)Schule ihre Eigenheiten verlieren (Rauschenbach, 2009), können auch nach rund 20 Jahren Ganztagsschule nicht ausgeräumt werden – Sozialpädagogik konnte das Eigene in der Transformation von Angeboten in die Schule nicht klar akzentuieren.

7. Sozialpädagogen*innen im Unterricht

Insbesondere Befürchtungen einer Hierarchisierung pädagogischer Tätigkeiten und Berufe ist in dem Kooperationsdiskurs angelegt. Vor diesem Hintergrund sind aktuelle Initiativen, sozialpädagogische Fachkräfte nicht nur in der Schule einzusetzen, sondern auch direkt im Unterrichtsgeschehen zu involvieren, kritisch zu hinterfragen.

In Hessen wurde beispielsweise die „unterrichtsbegleitende Unterstützung durch sozialpädagogische Fachkräfte (UBUS)“ eingeführt, in deren Rahmen rund 700 sozialpädagogische Fachkräfte in Schulen eingestellt wurden, um unterrichtsbegleitend Lehrkräfte zu unterstützen. Während Schulsozialarbeit innerhalb von Schule, aber vornehmlich außerhalb des Unterrichts (oder allenfalls für bestimmte Projekte etwa im Rahmen von Digitalisierung (Schleck, 2024)) zuständig ist, ist das Handlungsfeld der UBUS-Fachkräfte der Unterricht selbst. UBUS-Kräfte haben durchaus einen umfassenden Aufgabenbereich, ihr Handlungsspielraum changiert jedoch zwischen einem kindzentrierten Agieren und einem Ausführen von durch Lehrkräfte delegierten Aufgaben, wie erste empirische Ergebnisse zeigen (Rother et al., 2024). Gleichwohl muss trotz der neuralgischen Einwände, für die auf diesen Stellen Arbeitenden reflektiert werden, dass solche Stellen mit der Tätigkeit im Ganztag in der Praxis kombiniert werden und sich damit Vollzeitstellen des nicht-lehrenden Personals im Ganztag ergeben können.

8. Ausblick

Sozialpädagogische Akteur:innen, Praktiken und Haltungen sind selbstverständlicher Bestandteil von Grundschule geworden. Aktuelle Entwicklungen zeugen von einer weiteren Verschränkung von Sozialpädagogik und Schule, wobei die Bedeutung für die Profession Soziale Arbeit kaum abgeschätzt werden kann. Für die nächsten Jahre zeigen sich für die Sozialpädagogik an Grundschulen vor allem folgende Aufgaben und Entwicklungsmöglichkeiten:

Auch wenn eine Normalisierung der Schulsozialarbeit stattgefunden hat, ist in Grundschulen immer noch konzeptionell zu stärken, dass Schulsozialarbeit nicht das System Schule von allen Aufgaben von Bildung und Erziehung jenseits von Unterricht befreit. Nur in einem multiprofessionellen Ganztag lassen sich für Kinder und deren Familien das Aufwachsen ermöglichen.

Übergänge zu gestalten wird in der Grundschule weiterhin eine besondere Aufmerksamkeit erfahren (Eßer et al., 2022). Dies kann sowohl für den Übergang von dem Kindergarten in die Grundschule als auch für den Übergang von der Grundschule in die weiterführende Schule festgehalten werden. Der Anfang und ein gutes Ende der Grundschulzeit sind ein zentraler Indikator für Bildungsbiografien insgesamt.

Die mit dem Ganztag verbundene weitere Institutionalisierung von Kindheit wird von unterschiedlichen Akteur:innen verschieden wahrgenommen. In der Grundschule spitzen sich bestimmte gesellschaftliche Transformationen besonders zu: z.B. zwischen öffentlicher und privater Erziehung und Betreuung oder zwischen sozial- und familienpolitischen Zielsetzungen. Erodierte Aufgabenbeschreibungen zwischen Schule und Familie müssen neu justiert werden und werden auch von Eltern ambivalent thematisiert. Familiengrundschulzentren sind eine mögliche Antwort: Nicht mehr nur Kinder (wie im Ganztag) werden zu direkten Adressat:innen, sondern die gesamte Familie soll niedrigschwellig und alltagsnah in Schulen sozialpädagogische Angebote wahrnehmen können.

Die Kooperationen und damit auch das Verhältnis von Lehrkräften und Sozialpädagog:innen wird ein zentrales Thema bleiben. Derzeitige Entwicklungen (s. UBUS) sind kritisch zu betrachten, insbesondere wenn diese mit einer Hierarchisierung der pädagogischen Berufe einhergehen und diese weiter verschärfen. Ganztagsschulen sollten an einem Anerkennen der jeweiligen pädagogischen Berufe und einem Agieren auf Augenhöhe interessiert sein, nicht nur damit diese auch ihre jeweiligen Stärken zum Wohle der Kinder einbringen können, sondern alleine der Fachkräftemangel fordert (Ganztags-)Schulen auf, Sozialpädagog:innen ein attraktives Arbeitsfeld zu bieten, da diese sich sonst anderen Institutionen oder Arbeitsfeldern zuwenden werden.

Literatur

ALTERMANN, A., Lange, M., Menke, S., Rosendahl, J., Steinhauer, R. & Weischenberg, J. (2018). Bildungsbericht Ganztagsschule NRW 2018. Dortmund: Eigenverlag Forschungsverbund DJI/TU Dortmund an der Fakultät 12 der Technischen Universität Dortmund.

ARNOLDT, B. (2011). Kooperation zwischen Ganztagsschule und außerschulischen Partnern. Entwicklung der Rahmenbedingungen. In N. Fischer, H. G. Holtappels, E. Klieme, T. Rauschenbach, L. Stecher & I. Züchner (Hg.), Ganztagsschule. Weinheim & Basel: Beltz Juventa, S. 312–329.

BERKEMEYER, N., Bos, W., Manitius, V., Hermstein, B. & Khalatbari, J. (2013). Chancenspiegel 2013. Zur Chancengerechtigkeit und Leistungsfähigkeit der deutschen Schulsysteme mit einer Vertiefung zum schulischen Ganztag. Gütersloh: Bertelsmann.

BETZ, T., Bischoff, S. & de Moll, F. (Hg.) (2020). Leitbilder guter Kindheit und ungleiches Kinderleben (1. Aufl.). Weinheim & Basel: Beltz Juventa.

BETZ, T., Bollig, S., Cloos, P., Krähnert, I. & Zehbe, K. (2021). Kinder, Eltern, pädagogische Fachkräfte. Programmatiken und Praktiken institutioneller Verhältnisverschiebungen zwischen Familie und Kindertageseinrichtung. In Sektion Sozialpädagogik und Pädagogik der frühen Kindheit (Hg.), Familie im Kontext kindheits- und sozialpädagogischer Institutionen (1. Aufl.). Weinheim & Basel: Beltz Juventa, S. 85–99.

BOLLWEG, P. (2018). Bildungslandschaften. In Karin Böllert (Hg.), Kompendium Kinder- und Jugendhilfe.. Wiesbaden: Springer VS, S. 1161–1180.

BÖHM-KASPER, O., Demmer, C. & Gausling, P. (2017). Multiprofessionelle Kooperation im offenen versus gebundenen Ganztag. In B. Lütje-Klose, S. Miller, S. Schwab & B. Streese (Hg.), Inklusion. Profile für die Schul- und Unterrichtsentwicklung in Deutschland, Österreich und der Schweiz. Theoretische Grundlagen – Empirische Befunde – Praxisbeispiele. Münster & New York: Waxmann, S. 117–128.

BREUER, A., Idel, T.-S. & Schütz, A. (2019). Professionsentwicklung im Ganztag. Verschiebungen im Spiegel praxeologischer Forschung. In K. Berdelmann, B. Fritzsche, K. Rabenstein & J. Scholz (Hg.), Transformationen von Schule, Unterricht und Profession. Wiesbaden: Springer VS, S. 307–324.

BUSCHE-BAUMANN, M., Becker, M., Rainer, H. & Oelker, S. (2016). Schulsozialarbeit in Niedersachsen. Hildesheim, Holzminden, Göttingen.

COELEN, T. (2008). „Ganztagsbildung". Integration von Aus-und Identitätsbildung durch die Kooperation zwischen Schulen und Jugendeinrichtungen. In H.-U Otto und T. Coelen (Hg.), Grundbegriffe der Ganztagsbildung. Beiträge zu einem neuen Bildungsverständnis in der Wissensgesellschaft (2. Aufl.). Wiesbaden: VS Verlag für Sozialwissenschaften, S. 247–268.

COELEN, T. & Rother, P. (2014). Weiteres pädagogisch tätiges Personal an Ganztagsschulen. In T. Coelen & L. Stecher (Hg.), Die Ganztagsschule. Eine Einführung. Weinheim & Basel : Beltz Juventa, S. 111–128.

DANNER, A. & Sauerwein, M. (2023). Pädagogische Lai_innen im Ganztag. Sozial Extra 47, S. 311–315. DOI: 10.1007/s12054-023-00628-x

DEINET, U. & Nelke, K. (2015). Zwischen Schule, Jugendhilfe und Sozialraum – Ergebnisse einer Studie zur Schulsozialarbeit in Düsseldorf. sozialraum.de 7. http://www.sozialraum.de/zwischen-schule-jugendhilfe-und-sozialraum (Zugriff: 31.5.2019).

DEINET, U., Gumz, H., Muscutt, C. & Thomas, S. (Hg.) (2018). Offene Ganztagsschule – Schule als Lebensort aus Sicht der Kinder. Studie, Bausteine, Methodenkoffer. Soziale Arbeit und sozialer Raum, Bd. 5. Opladen, Berlin & Toronto: Barbara Budrich.

ECKERT, D. & Bassarak, H. (2021). Der neue § 13a SGB VIII Schulsozialarbeit – Fortschritt für die Kinder- und Jugendhilfe? https://www.kvjs.de/fileadmin/dateien/jugend/Arbeitshilfen_Formulare_Rundschreiben_Newsletter_Tagungsunterlagen/Tagungsunterlagen/2022/Viertes_Vernetzungs-_und_Austauschtreffen_fuer_die_Stadt-_und_Landkreise_zur_Schulsozialarbeit/Aufsatz____13a_SGB_VIII_Eckert_Bassarak.pdf (Zugriff: 4.9.2025).

ESSER, F., Graßhoff, G., Krinninger, D. & Schröer, W. (2022). Inklusive Übergänge in der Ökologie der Infrastruktur ‚betreuter Kindheit'. Zeitschrift für Pädagogik 68, Beiheft Doing Transitions – die Hervorbringung von Übergängen im Lebenslauf, S. 195–210.

FUCHS-RECHLIN, K., Rauschenbach, T., Beher, K., Tillmann, K., Hartwich, P., Hanssen, K. & Finger, S. (2023). Fachkräftebarometer Frühe Bildung (1. Aufl.). Bielefeld: wbv.

GADOW, T., Peucker, C., Pluto, L., Santen, E. v. & Seckinger, M. (2013). Wie geht's der Kinder- und Jugendhilfe? Empirische Befunde und Analysen. Weinheim & Basel: Beltz Juventa.

GRASSHOFF, G. (2015). Adressatinnen und Adressaten der Sozialen Arbeit. Eine Einführung. Wiesbaden: Springer Fachmedien Wiesbaden.

GRASSHOFF, G., Haude, C., Idel, T.-S., Bebek, C. & Schütz, A. (2019). Die Eigenlogik des Nachmittags. Explorative Beobachtungen aus Ethnografien zu außerunterrichtlichen Angeboten. Die Deutsche Schule 2 (111), S. 205–218.

HACKSTEIN, P., Micheel, B. & Stöbe-Blossey, S. (2022). Familienorientierung von Bildungsinstitutionen. Potenziale von Familienzentren im Primarbereich. IAQ-Report 2022-09. Duisburg: Universität Duisburg-Essen.

HAKIM, A.-M. & Züchner, I. (2021). Non-formale Bildung in und außerhalb von Schule – Angleichung herkunftsspezifischer Bildungschancen durch Ganztagsschulbesuch? In H. G. Holtappels, N. Fischer, S. Kielblock, B. Arnoldt & J. M. Gaiser (Hg.), Individuelle Förderung an Ganztagsschulen. Weinheim & Basel: Beltz Juventa, S. 70–95.

HAUDE, C., Schütz, A., Idel, T.-S., Graßhoff, G. & Bebek, C. (2020). „Etwas lernen" und „Spaß haben". Modulationen des Umgangs mit der Sache in außerunterrichtlichen Ganztagsangeboten. ZISU 1 (9), S. 52–64.

HERMSTEIN, B. & Sauerwein, M. (2023). Stärkung sozialraumbezogener Familienorientierung in Bildungsinstitutionen. Kritisch-reflexive Perspektiven auf Familiengrundschulzentren. In S. Schuppener, N. Leonhardt & R. Kruschel (Hg.), Inklusive Schule im Sozialraum. Entwicklungsprozesse durch Kooperation und Interprofessionalität in herausfordernder Lage. Wiesbaden: Springer Fachmedien Wiesbaden, S. 233–249.

HUMMRICH, M. & Graßhoff, G. (2011). Lieben, Zeigen, Helfen – eine Verhältnisbestimmung von Familie, Schule und Jugendhilfe. In J. Fischer, T. Buchholz & R. Merten (Hg.), Kinderschutz in gemeinsamer Verantwortung von Jugendhilfe und Schule (1. Aufl.). Wiesbaden: VS Verlag für Sozialwissenschaften, S. 17–34.

HUSCHIK, G., Mohr, S., Reemtsma, R. et al. (2023). Bericht der Bundesregierung zum Ausbaustand der ganztägigen Bildungs- und Betreuungsangebote für Grundschulkinder nach § 24a SGB VIII.

KUNZE, K. (2016). Multiprofessionelle Kooperation – Verzahnung oder Differenzierung? Einige Einwände gegen die Polarisierungstendenz einer Diskussion. In T.-S. Idel, F. Dietrich, K. Kunze, K. Rabenstein & A. Schütz (Hg.), Professionsentwicklung und Schulstrukturreform. Zwischen Gymnasium und neuen Schulformen in der Sekundarstufe. Bad Heilbrunn: Klinkhardt, S. 261–277.

KUNZE, K. & Reh, S. (2020). Kooperation unter Pädagog*innen. In P. Bollweg, J. Buchna, T. Coelen & H. U. Otto (Hg.), Handbuch Ganztagsbildung. Wiesbaden: Springer VS, S. 1439–1452.

MACK, W. (2020). Bildungslandschaften. In P. Bollweg, J. Buchna, T. Coelen & H.-U. Otto (Hg.), Handbuch Ganztagsbildung. Wiesbaden: Springer Fachmedien Wiesbaden, S. 1311–1322.

MARKERT, T. (2021). Der Hort im Ganztag. In G. Graßhoff & M. N. Sauerwein (Hg.), Rechtsanspruch auf Ganztag. Zwischen Betreuungsnotwendigkeit und fachlichen Ansprüchen. Weinheim & Basel: Beltz Juventa, S. 81–95.

MEINUNGER, L. (2022). Nur ein kleiner Paragraf für die Schulsozialarbeit. Nachrichtendienst des Deutschen Vereins für Öffentliche und Private Fürsorge 102 (2), S. 86–90.

OLK, T. & Speck, K. (2015). Schulsozialarbeit in Deutschland. Reader Schulsozialarbeit. Deutsches Rotes Kreuz e. V. 3, S. 13–37.

PEYERL, K. & Züchner, I. (2022). Partizipation im Hort. In K. Peyerl & I. Züchner (Hg.), Partizipation in der Kinder- und Jugendhilfe. Anspruch Ziele und Formen der Partizipation von Kindern und Jugendlichen (1. Aufl.). Weinheim & Basel: Beltz Juventa, S. 126–138.

PRIGGE, J., Gumz, H. & Simon, S. (2021). Ungleiche Perspektiven auf Familien in und zwischen Bildungsinstitutionen. In Sektion Sozialpädagogik und Pädagogik der frühen Kindheit (Hg.), Familie im Kontext kindheits- und sozialpädagogischer Institutionen (1. Aufl.). Weinheim & Basel: Beltz Juventa, S. 127–140.

RAUSCHENBACH, T. (2009). Zukunftschance Bildung. Familie, Jugendhilfe und Schule in neuer Allianz. Weinheim & Basel: Beltz Juventa.

RAUSCHENBACH, T., Mühlmann, T., Meiner-Teubner, C., Fendrich, S., Volberg, S.,Böwing-Schmalenbrock, M. et al. (2024). Kinder- und Jugendhilfereport 2024. Opladen, Berlin & Toronto: Barbara Budrich.

ROTHER, P. (2019). Sortieren als Umgang mit Bildungsbenachteiligung. Orientierungen pädagogischer Akteure in einem kooperativen Ganztags-Setting. Weinheim & Basel: Beltz Juventa.

ROTHER, P., Vetter, S. & Krause, J. (2024). Sozialpädagogische Fachkräfte in Grundschulen Neue Formen der Unterstützung für den Unterricht durch UBUS-Fachkräfte. In G. Graßhoff & M. Sauerwein (Hg.), Das Personal am Ganztag. Bildung, Betreuung und Erziehung in Zeiten des Fachkräftemangels – Herausforderungen für Kinder- und Jugendhilfe und Schule (1. Aufl.). Weinheim & Basel: Beltz Juventa.

SAUERWEIN, M. N. (2017). Qualität in Bildungssettings der Ganztagsschule. Über Unterrichtsforschung und Sozialpädagogik. Weinheim & Basel: Beltz Juventa.

SAUERWEIN, M. & Graßhoff, G. (2022). Subjektorientierte Ganztagsbildung – ein kindheitsbezogener Blick auf Ganztagsschule. Diskurs 17 (2), S. 211–224. DOI: 10.3224/diskurs.v17i2.06

SAUERWEIN, M. & Danner, A. (2024). Personal und Qualifikation im Ganztag. Zeitschrift für Erziehungswissenschaft 27, S. 1569–1592. DOI: 10.1007/s11618-024-01239-2

SCHLECK, O. (2024). Digitalisierung als Herausforderung für die Schulsozialarbeit? Soziale Passagen 15, S. 625–629. DOI: 10.1007/s12592-023-00484-2

SILKENBEUMER, M., Thieme, N. & Kunze, K. (2017). Kooperation in multiprofessionellen Handlungskontexten. Zur Frage beruflicher Zuständigkeit(en) Sozialer Arbeit. Die herausgeforderte Profession. Soziale Arbeit in multiprofessionellen Handlungskontexten. Neue Praxis, Sonderheft, S. 35–42.

SIMON, S. (2023). Armut, Bildung und Soziale Ungleichheiten. Deutungen und Bedeutungen im Feld der Pädagogik der Kindheit (1. Aufl.). Wiesbaden: Springer Fachmedien Wiesbaden.

SPECK, K. & Olk, T. (2010). Zur Forschung in der Schulsozialarbeit. In K. Speck & T. Olk (Hg.), Forschung zur Schulsozialarbeit. Stand und Perspektiven. Weinheim & Basel: Beltz Juventa, S. 7–8.

SPECK, K. (2014). Schulsozialarbeit. Eine Einführung (3. Aufl.). Stuttgart, München & Basel: Reinhardt.

SPECK, K. (2020). Schulsozialarbeit. In P. Bollweg, J. Buchna, T. Coelen & H.-U., Otto (Hg.), Handbuch Ganztagsbildung. Wiesbaden: Springer Fachmedien Wiesbaden, S. 631–646.

SPIES, A. (2018). Schule und Soziale Arbeit. In G. Graßhoff, A. Renker & W. Schröer (Hg.), Soziale Arbeit. Eine elementare Einführung. Wiesbaden: Springer VS, S. 133–150.

SPIES, A. & Wolter, J. (2020). Die Bildungslandschaft als Rahmenkonstrukt einer (pädagogischen) Verantwortungsgemeinschaft für Schulentwicklungsprozesse. In C. Fahrenwald, N. Engel & A. Schröer (Hg.), Organisation und Verantwortung. Jahrbuch der Sektion Organisationspädagogik (1. Aufl.). Wiesbaden: Springer Fachmedien Wiesbaden, S. 139–154

STEG-KONSORTIUM (2019). Ganztagsschule 2017/2018. Deskriptive Befunde einer bundesweiten Befragung. https://projekt-steg.de/sites/default/files/Ganztagsschule_2017_2018.pdf (Zugriff: 4.9.2025).

STEINER, C. (2013). Die Einbindung pädagogischer Laien in den Alltag von Ganztagsschulen. Bildungsforschung 1 (10), S. 64–90.

TILLMANN, K.-J. (2020). Weiteres pädagogisch tätiges Personal an Ganztagsschulen. In P. Bollweg, J. Buchna, T. Coelen & H. U. Otto (Hg.), Handbuch Ganztagsbildung. Wiesbaden: Springer VS, S. 1377–1396.

THOLE, W. (2010). Die Soziale Arbeit – Praxis, Theorie, Forschung und Ausbildung. In W. Thole (Hg.), Grundriss Soziale Arbeit. Ein einführendes Handbuch (3. Aufl.). Wiesbaden: VS Verlag für Sozialwissenschaften, S. 19–72.

WALTHER, B. & Nentwig-Gesemann, I. (2021). Ganztag aus der Perspektive von Kindern im Grundschulalter. In G. Graßhoff, & M. Sauerwein (Hg.), Rechtsanspruch auf Ganztag. Zwischen Betreuungsnotwendigkeit und fachlichen Ansprüchen. Weinheim & Basel: Beltz Juventa, S. 234–255.

WÜBBEN STIFTUNG (2022). Familiengrundschulzentren Düsseldorf (impaktmagazin). https://www.wuebben-stiftung-bildung.org/neues-impaktmagazin-familiengrundschulzentren-bitte-nachmachen/ (Zugriff: 4.9.2025).

ZANKL, P. (2017). Die Strukturen der Schulsozialarbeit in Deutschland. Forschungsstand und Entwicklungstendenzen. München: DJI.

ZIPPERLE, M. (2015). Jugendhilfeentwicklung und Ganztagsschule. Empirische Ergebnisse zu Herausforderungen und Chancen. Weinheim & Basel: Beltz Juventa.

ZIPPERLE, M. & Baur, K. (Hg.) (2023). Empirische Facetten der Schulsozialarbeit. Weinheim & Basel: Beltz Juventa.

ZÜCHNER, I., Schrödter, M. (2020). Internate. In P. Bollweg, J. Buchna, T. Coelen & H.-U. Otto (Hg.), Handbuch Ganztagsbildung. Wiesbaden: Springer Fachmedien Wiesbaden, S. 1135–1148.

DANIEL ROHDE, FRANZISKA BOCK,
ANNALENA DANNER

Pädagogische Lai:innen an Ganztagsgrundschulen

1. Einleitung

Über die Notwendigkeit einer Mitwirkung von weiterem pädagogisch tätigem und nicht lehrendem Personal bei der Ausgestaltung von außerunterrichtlichen Ganztagsangeboten an Grundschulen besteht sowohl in wissenschaftlichen als auch in bildungspolitischen Diskursen Konsens. Neben dem im Vergleich zur klassischen Halbtagsschule deutlich ausgeweiteten Zeitrahmen, den Lehrkräfte allein nicht abdecken können, liegt die Einbeziehung auch in der zunehmenden Orientierung an einem erweiterten Bildungsverständnis in Form einer Trias von Bildung, Betreuung und Erziehung (Voigtsberger, 2018) begründet. Akteur:innen aus der Kinder- und Jugendhilfe sowie dem Sozialraum (kulturelle Einrichtungen, Sportvereine etc.) sollen verstärkt in Ganztagsgrundschulen einbezogen werden, um den außerunterrichtlichen Nachmittag sowohl mit ihren Angeboten als auch mit ihrem spezifischen Wissen, bspw. aus dem Sport oder dem Handwerk, zu bereichern. Graßhoff et al. (2019, S. 189) bezeichnen diese Dimension als „Sachexpertise".

In der einschlägigen Literatur wird darauf verwiesen, dass das weitere pädagogisch tätige Personal an Ganztagsgrundschulen in Bezug auf Qualifikation und Anstellungsverhältnisse äußerst heterogen aufgestellt ist (Steiner, 2013; Graßhoff et al., 2019; Tillmann, 2020; Idel, 2021; Seemann, 2022). Unter anderem sind auch Akteur:innen beteiligt, die einzig das gemeinsame Attribut einer nicht vorhandenen formalen pädagogischen Qualifikation verbindet, die sogenannten „pädagogischen Lai:innen" (Steiner, 2013, S. 64). Wenngleich eine wissenschaftliche Auseinandersetzung mit dieser spezifischen Statusgruppe bislang nur am Rande erfolgte und derzeit wenige Erkenntnisse vorliegen (Idel, 2021; Idel & Graßhoff, 2023), zeigen empirische Befunde aus Nordrhein-Westfalen bspw. eine nicht zu unterschätzende Relevanz. So waren 2018 an 88 % der dortigen Ganztagsgrundschulen durchschnittlich jeweils ca. sieben von 14 Mitarbeiter:innen ohne formale Qualifikation im außerunterrichtlichen Bereich mit wöchentlich insgesamt 94 Stunden tätig (Altermann et al., 2018, S. 15 ff.).

Der vorliegende Beitrag richtet den Fokus auf pädagogische Lai:innen. Darunter verstehen wir Personal ohne jegliche formale pädagogische Qualifikation oder Weiterbildung. Vor dem Hintergrund fehlender empirischer Studien stützt sich dieser Beitrag vornehmlich auf Ergebnisse aus dem von der *Deutschen Forschungsgemeinschaft (DFG)* geförderten Forschungsprojekt *Laien als Akteure im Ganztag (LAKTAT)*.[1] Die im Mixed-Methods-Design angelegte Studie untersuchte die Personalstruktur an niedersächsischen Ganztagsschulen und fasste dabei explizit das pädagogisch nicht einschlägig qualifizierte Personal ins Auge (Danner et al., 2023).[2] Im Beitrag erfolgt eine genauere Beschreibung dieser spezifischen Gruppe mit Blick auf ihre Situation und Bedeutung im Kontext der Ganztagsgrundschule.

Zunächst soll beleuchtet werden, wer die pädagogischen Lai:innen sind, wie ihre Anstellungsverhältnisse aussehen und welche Qualifikationen sowie pädagogischen Orientierungen sie mitbringen (Abschnitt 2). Anschließend geht es in einem weiteren Schritt sowohl um ihre konkreten Einsatz- und Aufgabengebiete als auch um ihre organisationale Einbindung (Abschnitt 3). Ein Fazit und Ausblick mit dem Fokus auf die Situation der pädagogischen Lai:innen und ihre Bedeutung im Kontext der Ganztagsgrundschulen runden den Beitrag ab (Abschnitt 4).

2. Pädagogische Lai:innen – eine schwer zu fassende Statusgruppe

Der Versuch, die Statusgruppe der pädagogischen Lai:innen zu beschreiben, ist insofern herausfordernd, als die Gruppe sehr heterogen ist und allenfalls in Abgrenzung von den Fachkräften beschrieben werden kann.

Als ein zentrales Differenzierungsmerkmal ist zunächst die Betrachtung der Qualifikation hilfreich (s. Abb. 1). Personen, die ein pädagogisches Studium oder eine pädagogische Ausbildung absolviert haben, können als einschlägig qualifiziert bzw. als *Fachkräfte* bezeichnet werden. Diese Gruppe ist mit 47 % vertreten. Personen, die über keine abgeschlossene pädagogische Ausbildung verfügen, sich aber in einem pädagogischen Studium befinden oder eine spezifi-

1 Deutsche Forschungsgemeinschaft, Projektnummer 454196803

2 Für diesen Beitrag wurden der LAKTAT-Datensatz und die Sampleauswahl der qualitativen Daten angepasst, sodass lediglich Ganztagsgrundschulen eingeschlossen sind. In der quantitativen Bestandsaufnahme des Ganztagspersonals machten 70 % des Samples Personen aus insgesamt 27 Ganztagsgrundschulen aus (n = 222).

sche Weiterbildung für den Ganztag im Umfang von mindestens 160 Stunden (analog zur Kindertagespflegequalifizierung) absolviert haben, werden als *Semi-Professionelle* bezeichnet. Sie sind mit 31 % an Ganztagsgrundschulen vertreten. 22 % werden als *Lai:innen* bezeichnet, da sie weder eine pädagogische Qualifikation noch ein Zertifikat im pädagogischen Bereich vorweisen können. Hieraus ergibt sich, dass 53 % des weiteren pädagogisch tätigen Personals nicht einschlägig pädagogisch qualifiziert sind.

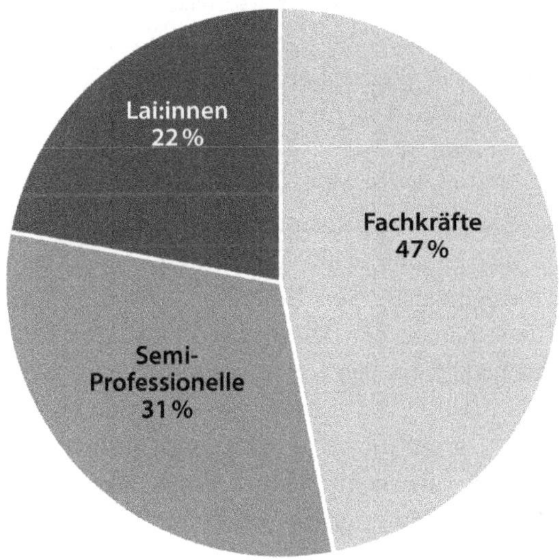

Abbildung 1: Qualifikationen im Ganztag (eigene Darstellung)

Die Gruppe der pädagogischen Lai:innen wird nachfolgend genauer anhand der Kategorien Geschlecht, Alter, Erfahrungsdauer, Wochenstundenumfang, Kindorientierung, Sachexpertise und Anstellungsverhältnis im Kontrast zu Fachkräften beschrieben.

In Bezug auf die beiden soziodemografischen Merkmale Geschlecht und Alter zeigt sich, dass pädagogische Lai:innen zu 83 % weiblich und mit durchschnittlich rund 51 Jahren älter als Fachkräfte sind. Fachkräfte sind somit deutlich jünger als der Durchschnitt (MW 44 Jahre).

	MW	SD
Lai:innen	50,8	9
Semi-Professionelle	42,7	13,2
Fachkräfte	37,2	11,9

Tabelle 1: Alter nach Qualifikation (eigene Darstellung)

Im Hinblick auf die Erfahrungsdauer im Ganztag lässt sich kein erheblicher Unterschied feststellen – Vertreter:innen aller drei Gruppen sind zum Zeitpunkt der Untersuchung im Mittel bereits zwischen fünf und sechs Jahre im Ganztag tätig. Angesichts der Altersstruktur der Gruppen (s. Tab. 1) bedeutet dies jedoch, dass pädagogische Lai:innen in einem weitaus höheren Alter, nämlich mit durchschnittlich 45 Jahren, in den Ganztag einmünden, Fachkräfte dagegen schon mit Anfang 30.

Vertiefende Interviews verdeutlichen, dass die Beschäftigung im Ganztagsbereich häufig aus einer Notwendigkeit zur Aufnahme einer Erwerbstätigkeit resultiert. Der Zusammenhang von Alter und Geschlecht kann ein Indiz für die strukturelle Unvereinbarkeit von Familie und (dem gelernten) Beruf sein, was von einigen Erzählungen der Befragten gestützt wird. Der eigene Feldzugang wird von den pädagogischen Lai:innen biografisch sehr unterschiedlich beschrieben:

- Frauen, die ihre Kinder selbst betreut haben und mit Schuleintritt des Kindes nicht wieder in ihren vorherigen Beruf zurückkehren, nutzen die Tätigkeit im Ganztag als Orientierungsmöglichkeit, um wieder in die Erwerbsarbeit „einzusteigen".
- In mehreren Fällen wird die Betreuungstätigkeit im Ganztag als Tätigkeit angesehen, die sich an eine Reihe bereits ausgeübter geringfügiger Beschäftigungen (Zeitungszusteller:in, Aushilfskraft im Einzelhandel etc.) anschließt. Der Wechsel in die öffentlich organisierte Ganztagsbetreuung ist mit der Erwartung verknüpft, die als prekär erlebten Beschäftigungsstrukturen vorheriger Arbeitsstellen zu verlassen.
- Pädagogisch motivierte Gründe, die in das Tätigkeitsfeld der Ganztagsschulen führen, konnten nur selten rekonstruiert werden. Lediglich in einem Interview wird auf eine Sachexpertise verwiesen, die den Zugang in das Tätigkeitsfeld explizit begründet.

Die beruflichen Hintergründe, Qualifikationen und (mehr oder weniger) arbeitsfeldnahen beruflichen Vorerfahrungen der nicht einschlägig pädagogisch qualifizierten Mitarbeitenden erweisen sich als äußerst heterogen (s. Abb. 2).

Das Spektrum reicht von administrativen Tätigkeiten (z.B. kaufmännische Berufe) bis hin zu sozialen bzw. pflegerischen Tätigkeiten (Altenpflege).

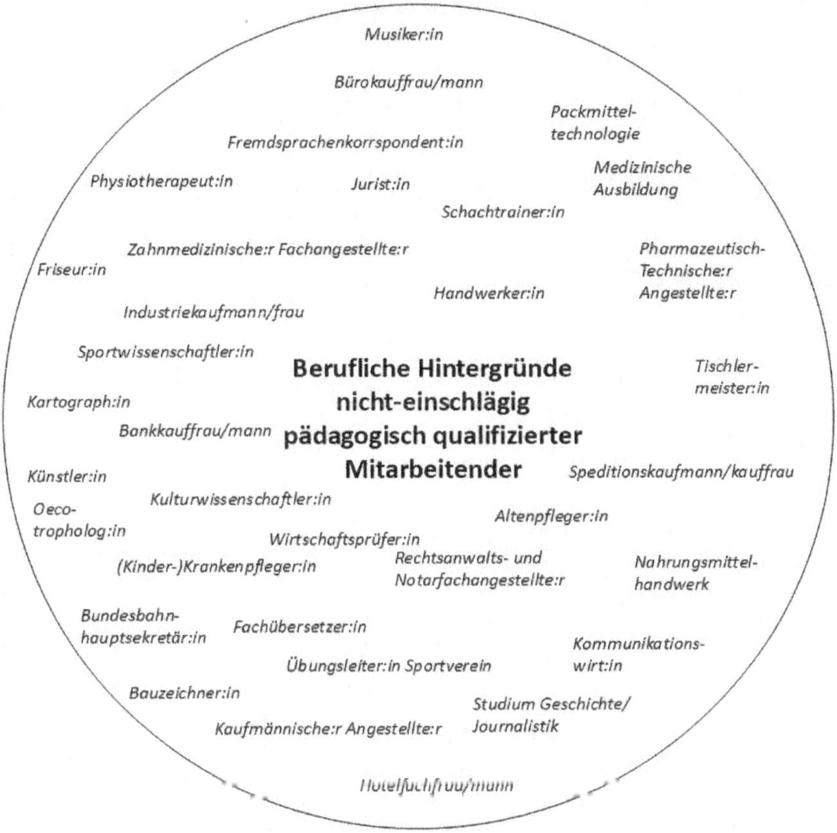

Abbildung 2: Berufliche Hintergründe nicht-einschlägig pädagogisch qualifizierter Mitarbeitender (eigene Darstellung)

Ein expliziter Zusammenhang zwischen dem erlernten Beruf und der Tätigkeit im Ganztag wird in den Interviews lediglich bei den Sachexpert:innen, die für ein bestimmtes Angebot an die Schulen kommen (u.a. Tanz- oder Zirkuspädagogik), hergestellt. Wenn eine zusätzliche Sachexpertise (z.B. Erfahrungen als Übungsleiter:in in einem bestimmten Bereich) vorliegt, wird die Initiierung non-formaler Bildungsprozesse bei den Kindern als Ziel der eigenen Arbeit benannt. Pädagogische Lai:innen ohne Sachexpertise greifen bei der Beschreibung ihres pädagogischen Handelns auf biografisches bzw. milieuspezifisches Erfahrungswissen zurück. Dennoch finden sich auch bei dieser Gruppe oftmals implizite non-formale Bildungsziele in den Handlungsbegründungen eingelagert. Die Orientierungen bei den Befragten sind insgesamt sehr heterogen, werden aber subjektiv als anschlussfähig an die Betreuungstätigkeit erlebt, wie dies hier exemplarisch am Fall „Ramona Reuter“[3] gezeigt werden kann. Im Interview konnte eine Familienorientierung herausgearbeitet werden.

In der Eingangserzählung führt Ramona Reuter argumentativ aus, weshalb sie nach der Erziehungszeit nicht wieder in ihren Beruf als Sachbearbeiterin zurückkehrt. Implizit entwirft sie in ihrer Argumentation das Bild der Mutter als verlässliche Bezugsperson, die für die Kinder jederzeit ansprechbar ist und sich für die basalen Bedürfnisse und Anliegen der Kinder zuständig fühlt, weshalb die eigene physische Präsenz als erforderlich betont wird. Ihren Ausführungen liegt ein Beziehungsverständnis zugrunde, das auf Offenheit, Vertrauen und Zugewandtheit basiert. An diesem Verständnis orientiert sie sich offenbar auch im Kontext der Ganztagsschule, was an späterer Stelle im Interview erneut aufgegriffen wird:

> „wir waren ja mit den Kindern immer draußen (.) und die wollten spielen// mhm//die wollten einfach <u>nur</u> spielen, das war ihre Freizeit, die wollten spielen wir haben dann anfangs noch und auch zwangsweise gemeinsam so ein Gruppenspiel gemacht (.) ähm dann haben wir sie quasi per Dekret zu zwingen müssen (.) und danach haben wir die laufen lassen, weil die das großartig fanden und *wer Gesprächsbedarf hatte kam und wer nicht, der nicht und wir sind dann auch aufmerksam da herum gelaufen* und meine Chefin dann was machst du da eigentlich den ganzen Nachmittag (fragend) ich sehe dich nur immer rumstehn (3) ich war so vorm Kopf geschlagen“

Ramona Reuter führt mehrfach aus, dass das freie Spielen auf dem Schulgelände dem Wunsch der Kinder entspringt. Die Betreuungszeit sieht sie als Freizeit der Kinder, weshalb „einfach nur spielen lassen“ als legitim bzw. sogar erforderlich betrachtet wird.

Erst in der nächsten Sequenz wird die Feldanforderung implizit offenbart. Die Formulierung „wir haben dann anfangs noch und auch zwangsweise gemeinsam so ein Gruppenspiel gemacht“ lässt eine Vorgabe vermuten, nach der

3 Namen sind anonymisiert.

strukturierte Angebote durchzuführen sind. Ramona kommt dieser Vorgabe nur anfänglich nach. Mit dem Verwaltungsbegriff „per Dekret" wird nicht nur das Gefühl der selbst erlebten Fremdbestimmtheit ausgedrückt, sondern eine doppelte Figur eröffnet: Ramona wird „gezwungen", die Kinder zum angeleiteten Gruppenspiel zu „zwingen".

Im Hinblick auf die Orientierungen ist an der Textsequenz zentral, dass die Befragte in der Folge auf eine bewährte Rolle zurückgreift: Sie verweilt im Hintergrund und versteht sich als verlässliche Ansprechperson für die Bedürfnisse und Anliegen der Kinder. Sie etabliert ein an Freizeit angelehntes Verständnis der Abläufe im Ganztagsbereich und ihrer eigenen Rolle, die in der Eröffnung eines Beziehungsangebots besteht. Es zeigt sich, dass Ramona Reuter eine Orientierung in den Ganztag einbringt, die offenbar ihrem familiären Erfahrungskontext entstammt. Ihre Widerständigkeit gegenüber den formalen Rahmenvorgaben begründet sie explizit mit einer Orientierung an den Wünschen der Kinder. In dem hier präsentierten Fall verdeutlicht die Ganztagskoordinatorin der pädagogischen Laiin, dass ihr Gestaltungsanspruch deplatziert ist und ihre inhaltlichen Vorstellungen von der Vorgabe abweichen.

Die quantitativen LAKTAT-Daten zeigen, dass eine pädagogische Qualifikation einen Einfluss auf die Kindorientierung nimmt. Hinsichtlich der pädagogischen Orientierungen von Mitarbeitenden lässt sich festhalten, dass ein statistisch signifikanter ($p < 0,001$) Zusammenhang zwischen der Qualifikation und einer Orientierung am Kind (im Unterschied zur Orientierung an schulischen Regeln und Vorgaben) besteht. Je geringer die Qualifikation, desto weniger kindorientiert (r –,219) antworten die Mitarbeitenden.

Die Arbeitgeber und die Anstellungsverhältnisse pädagogischer Lai:innen erweisen sich als heterogen. Die Anstellung von pädagogischen Lai:innen erfolgt über Kommunen (38,6 %), Schulen (34 %) oder Kooperationspartner (27,3 %). Fachkräfte arbeiten hingegen deutlich öfter bei einem Kooperationspartner (64 %). 53 % der pädagogischen Lai:innen sind hauptberuflich mit durchschnittlich 10 Wochenstunden beschäftigt. Von ihnen verfügen 26 % über befristete Arbeitsverträge. Die Beschäftigungsverhältnisse von Fachkräften sind deutlich weniger prekär. Hier sind 83 % hauptberuflich tätig und auch die Befristungen bewegen sich auf einem niedrigen Niveau (11 %). Zudem verfügen sie mit durchschnittlich 23,5 Wochenarbeitsstunden über einen größeren Wochenstundenumfang (s. Tab. 2).

	MW	SD
Lai:innen	10	6,4
Semi-Professionelle	16	8,2
Fachkräfte	23,5	9,1

Tabelle 2: Wochenstundenumfang an Grundschulen (eigene Darstellung)

Obwohl pädagogische Lai:innen die Tätigkeit im Ganztag als eine Erwerbsform betrachten, mit der häufig auch die Vorstellung eines weniger prekär erlebten Arbeitsfelds verbunden ist, wird die Arbeitssituation im Rahmen der Interviews zum Teil als unbefriedigend beschrieben. Einige der Befragten führen aus, dass sie allein durch die Beschäftigung in der Ganztagsbetreuung ihren Lebensunterhalt nicht decken können. Hier erfolgt eine Absicherung über Lebenspartner:innen oder andere (geringfügige) Beschäftigungsverhältnisse. Bezogen auf letztere erweisen sich die Arbeitszeiten im Ganztag nicht selten als hinderlich. Darüber hinaus führt der geringe Stundenumfang regelmäßig dazu, dass Überstunden für Vorbereitungen der AG-Angebote anfallen, die weder ausbezahlt noch durch Zeitausgleich abgegolten werden können.

Es lassen sich zwei Ausprägungen hinsichtlich der subjektiv erlebten Erwerbssituation finden: zum einen pädagogische Lai:innen, die sich mit der frei gewählten Teilzeitbeschäftigung angesichts ihrer Lebensumstände arrangieren können, und zum anderen pädagogische Lai:innen, die die Arbeitsbedingungen als äußerst prekär erleben.

3. Was machen die pädagogischen Lai:innen?

Wie eingangs dargelegt, wird im Ganztagsschuldiskurs argumentiert, dass pädagogische Lai:innen zur Öffnung von Schule in den Sozialraum beitragen sollen, indem sie eine spezifische Sachexpertise (aus dem Handwerk, dem Sport, der Kunst o.ä.) in den Ganztag einbringen. Die vorliegenden quantitativen Daten können dies jedoch nicht bzw. nur in wenigen Fällen bestätigen. Stattdessen tragen pädagogische Lai:innen dazu bei, die Kernbetreuung im Ganztag sicherzustellen. Es zeigt sich, dass pädagogische Lai:innen zu großen Teilen im Kernbereich des Ganztags tätig sind – in der Betreuung des Mittagessens, in der Hausaufgabenbetreuung und im Ganztag allgemein (Danner & Sauerwein, 2023).

Im Vergleich zum übrigen pädagogisch tätigen Personal ist die vorhandene Sachexpertise bei den pädagogischen Lai:innen am geringsten ausgeprägt. Das Personal konnte angeben, ob sie in den von ihnen durchgeführten Angeboten eine Expertise mit Zertifikat (= 1), eine Expertise ohne Zertifikat (= 2) oder keine Expertise (= 3) vorweisen (s. Tab. 3). Geringe Werte stehen somit für eine hohe Sachexpertise. Es zeigt sich, dass pädagogische Lai:innen die geringste Sachexpertise vorweisen (s. Tab. 3).

	MW	SD
Lai:innen	2,31	0,64
Semi-Professionelle	1,96	0,54
Fachkräfte	1,45	0,54

Tabelle 3: Sachexpertise in Schulnoten (eigene Darstellung)

Die organisationale Eingebundenheit von pädagogischen Lai:innen ist bislang kaum empirisch untersucht worden. Lediglich Steiner (2013, S. 79) verweist darauf, dass pädagogische Lai:innen, selbst bei breiten Feld- und/oder Fortbildungserfahrungen, organisational vergleichsweise schwach eingebunden sind. Diesbezüglich kann entlang der Befunde aus LAKTAT ein stark heterogenes Bild gezeichnet werden. Die Kooperations- und Vernetzungsstrukturen pädagogischer Lai:innen divergieren bisweilen erheblich und erweisen sich als überaus kontrastreich. Eine von mehreren zentralen Kategorien stellt dabei der Formalisierungsgrad dar. Das Spektrum an Möglichkeiten, wie sich die Kooperations- wie auch die Vernetzungsstrukturen hier im Einzelfall präsentieren, gleichzeitig aber auch von den pädagogischen Lai:innen in ihrer jeweils spezifischen Art und Weise angeeignet sowie ausgestaltet werden, bewegt sich zwischen den beiden im Folgenden skizzierten Polen:

Auf der einen Seite existieren Kooperations- und Vernetzungsstrukturen, die durch einen verhältnismäßig niedrigen Grad der Formalisierung und eine gewisse Fragilität gekennzeichnet sind. Eine gezielte Einbindung pädagogischer Lai:innen in das einzelschulische Gesamtsystem ist hier nur in einem äußerst begrenzten Maße gegeben. Institutionalisierte Formen des Austauschs sieht die formale Organisation Schule nicht vor. Als ein weitgehend autonom agierendes Subsystem findet das am Nachmittag stattfindende Ganztagsangebot weitgehend losgelöst vom Kernbereich der Schule, dem vormittäglichen Unterricht, statt. Innerhalb dieser Binnenstruktur werden Kooperation und Vernetzung von den pädagogischen Lai:innen vermehrt informell über individuelles Engagement eingeholt. Die so entstehenden Beziehungen nutzen sie dann bspw., um den beruflichen Alltag (gemeinsam) zu reflektieren. Dies zeigt den grundlegenden Bedarf nach Austausch und gemeinsamer Prozessreflexion, die aber in diesen Fällen selbst organisiert werden müssen, also in die Selbstverantwortung der pädagogischen Lai:innen gelegt werden.

Auf der anderen Seite bestehen aber auch Kooperations- und Vernetzungsstrukturen, die durch einen recht hohen Grad der Formalisierung gekennzeichnet sind. Eine systematische Einbindung pädagogischer Lai:innen in das einzelschulische Gesamtsystem kann hier vielfältig erfolgen und wird von der formalen Organisation Schule explizit mitgedacht, also bereitgestellt und nicht an die Selbstverantwortung der Mitarbeiter:innen delegiert. Neben verschiedensten Gelegenheiten des institutionalisierten Austauschs sind hier oftmals auch gewisse schulkulturelle Ausprägungen, die sich im Hinblick auf Einbindung und Vergemeinschaftung als zuträglich erweisen, etabliert. Genannt werden können hier z.B. eine „Politik der offenen Tür", gegenseitiges Duzen oder die gemeinsame Nutzung des „Lehrer:innenzimmers" durch sämtliche Mitarbeiter:innen der Ganztags(grund)schule. Wenngleich sich auch hier häufig Tendenzen einer losen Kopplung zwischen vormittäglichem Unterricht und außerunterrichtlichen Angeboten am Nachmittag zeigen, herrscht ein deutlich stärkeres Verständnis von einer ganztagsschulischen Gesamtorganisation vor.

4. Fazit und Ausblick

An Grundschulen sind pädagogische Lai:innen im Kernbereich des außerunterrichtlichen Ganztags etabliert (Danner & Sauerwein, 2023). Pädagogische Lai:innen übernehmen eigenständig AGs, betreuen die Hausaufgaben oder das Mittagessen und leisten mit durchschnittlich zehn Wochenstunden einen wesentlichen Beitrag zur Sicherstellung der Betreuungszeiten. Hierbei bringen sie vergleichsweise selten eine Sachexpertise im Verständnis von Graßhoff et al. (2019) ein.

Bei den pädagogischen Lai:innen handelt es sich um eine sehr heterogene Gruppe, die als solche kaum einheitlich beschrieben werden kann. Die Einbindung in Ganztagsgrundschulen erfolgt auf unterschiedliche Art und Weise. Eine Absicherung von Kooperation und Vernetzung über die formale Organisation Schule ist nicht immer gegeben und muss bisweilen individuell durch die pädagogischen Lai:innen mit entsprechendem Engagement auf informellem Wege hergestellt werden. Gleiches lässt sich für den Bereich des außerunterrichtlichen Ganztags konstatieren, der mal mehr und mal weniger lose an den Kernbereich von Schule (Unterricht) gekoppelt ist.

Das biografische und milieuspezifische Erfahrungswissen der pädagogischen Lai:innen reicht zwar in den Bereich des außerunterrichtlichen Ganztags an Grundschulen hinein, hat dauerhaft aber keinen erheblichen Einfluss auf diesen. Das Feld erfordert entsprechende Anpassungsleistungen. Im Falle einer Nichtanpassung wirken exkludierende Mechanismen. Inwiefern hier von einer professionsbedingten Selbstregulierung gesprochen werden kann, müssen weitere Analysen der Passungserfahrungen klären. Die Anpassungsanforderung stellt die häufig in programmatischen Schriften zum Ganztag formulierte Bereicherungsthese infrage. Durch den Einbezug des weiteren pädagogisch tätigen Personals sollen neue Impulse und andere Formen des Lernens in die Schule integriert werden (z.B. KMK, 2015, S. 9). Voraussetzung dafür wäre allerdings eine Offenheit für andere Betrachtungsweisen aufseiten der Fachkräfte.

Der Arbeitsplatz Ganztagsschule hält insbesondere für pädagogische Lai:innen Formen atypischer Beschäftigung bereit, die deutlich Prekarisierungserfahrungen einschließen können. Der geringe Stundenumfang mit durchschnittlich 10 Wochenstunden liegt deutlich unterhalb einer Halbtagsstelle und kann insofern nicht als eine existenzsichernde Erwerbsarbeit aufgefasst werden. Unflexible Arbeitszeiten, Überstunden für Vor- und Nachbereitung der AG-Angebote, teils unzureichende Kontakte mit den Kolleg:innen, das Gefühl der Vereinzelung und mangelnde Wertschätzung stellen die Arbeitsrealität dar.

Inwiefern sich diese teils durch die Beschäftigungsbedingungen belastende Arbeitssituation auf die pädagogische Arbeit niederschlägt, müsste in weiteren Studien untersucht werden.

Wenngleich diese Perspektive den Diskurs nicht dominiert, finden sich vereinzelt Positionen, die in der Mitwirkung von pädagogischen Lai:innen die Gefahr der Deprofessionalisierung von Ganztagsschulen sehen. Bezugnehmend auf die konstitutiven Antinomien pädagogischen Handelns, wie sie im strukturtheoretischen Professionsansatz von Helsper (2016) erwähnt werden, verdeutlicht Idel (2021) die Situation der pädagogischen Lai:innen aus einer schulpädagogischen Perspektive. Der pädagogischen Grundproblematik, dass das pädagogische Handeln widersprüchlich und deshalb begründungspflichtig ist, können sich auch pädagogische Lai:innen nicht entziehen. Ähnlich wie bei den Fachkräften, „[müsste] von ihnen eine Reflexion und ein umsichtiger Umgang mit diesen Spannungen in gleicher Weise geleistet werden [...]“ (Idel, 2021, S. 195 f.). Diese Forderung macht aber auf eine „Strukturdifferenz“ (ebd., S. 196) zwischen Fachkräften und pädagogischen Lai:innen aufmerksam: Den pädagogischen Lai:innen fehlt über Ausbildungswege vermitteltes spezifisches Wissen. Deshalb ist die Qualifizierung eine dringende Forderung: „Laien [...] müssen in Praktiken des Reflektierens im Rückgriff auf höhersymbolisches konzeptionelles Wissen eingeübt werden“ (ebd.). Der Einbezug von pädagogischen

Lai:innen wird entsprechend als *Laisierung* verstanden, die „eine unterschiedlich weitreichende Deprofessionalisierung von Schule bedeuten kann“ (ebd., S. 197), sofern Qualifizierungsansätze ausbleiben.

Graßhoff und Sauerwein (2022) heben hervor, dass pädagogische Lai:innen in verschiedenen Empfehlungen explizit Erwähnung finden, insofern also ausdrücklich kein „Übergangsphänomen aufgrund von Fachkräftemangel oder ein Sparmodell“ (Graßhoff & Sauerwein, 2022, S. 241) darstellen; dass sie weiterhin potenziell fester Bestandteil der Ganztagsschule bleiben, ist dabei eine Konsequenz der programmatischen Forderung nach einer Öffnung von Ganztagsschulen hin zum Sozialraum.

Im Hinblick auf den Fachkräftemangel, der sich bis zur Umsetzung des Rechtsanspruchs auf ganztägige Betreuung im Primarbereich bis zum Jahr 2029 weiter verstärken wird, dürfte die Mitwirkung nicht einschlägig pädagogisch qualifizierter Mitarbeitender an Ganztagsschulen unumgänglich sein. Entsprechend argumentiert die Arbeitsgemeinschaft für Kinder- und Jugendhilfe für verbindliche Qualifizierungsmaßnahmen:

> „Personal ohne einschlägige pädagogische Qualifikation, Quereinsteiger*innen oder bereits im Feld tätiges Personal ohne entsprechende Qualifikation, aber mit praktischer Berufsfelderfahrung, muss/müssen durch Anpassungsqualifizierungen in die Lage versetzt werden, den gesetzlichen Auftrag des GaFöGs zu erfüllen“ (Arbeitsgemeinschaft für Kinder- und Jugendhilfe, 2022, S. 12).

Abschließend lässt sich festhalten, dass Qualifizierung in der Debatte als *eine* spezifische Dimension der Professionalisierung betrachtet werden kann. Hinzu kommt die Dimension der *kollektiven* Professionalisierung, die insbesondere über die Praxis gemeinsam mit anderen Akteur:innen und in erster Linie durch die Fachkräfte herzustellen ist.

Literatur

ALTERMANN A., Lange, M., Menke, S., Rosendahl, J., Steinhauer, R. & Weischenberg, J. (2018). Bildungsbericht Ganztagsschule NRW 2018. Dortmund.https://www.forschungsverbund.tu-dortmund.de/fileadmin/user_upload/BiGa_2018_Webversion.pdf (Zugriff: 5.9.2025).

ARBEITSGEMEINSCHAFT FÜR KINDER- UND JUGENDHILFE (2022). Auf gute Zusammenarbeit in der Ganztagsbildung! Qualität durch Multiprofessionalität, qualifiziertes Personal und kooperationsförderliche Rahmenbedingungen. Positionspapier der Arbeitsgemeinschaft für

Kinder- und Jugendhilfe – AGJ. https://www.agj.de/fileadmin/user_upload/Positionspapier_Ganztagsbildung.pdf (Zugriff: 7.9.2025).

DANNER, A., Bock, F., Rohde, D., Graßhoff, G., Idel, T.-S. & Sauerwein, M. (2023). Laien als Akteure im Ganztag. Soziale Passagen 15 (1), S. 281–287. DOI: 10.1007/s12592-023-00443-x

DANNER, A. & Sauerwein, M. (2023). Mythos Öffnung der Ganztagsschule. Pädagogische Lai_innen im Ganztag. Mythos Öffnung der Ganztagsschule. Sozial Extra 47 (5), S. 311–315. DOI: 10.1007/s12054-023-00628-x

GRASSHOFF, G., Haude, C., Idel, T.-S., Bebek, C. & Schütz, A. (2019). Die Eigenlogik des Nachmittags. Explorative Beobachtungen aus Ethnografien zu außerunterrichtlichen Angeboten. Die Deutsche Schule 2 (111), S. 205–218. DOI: 10.31244/dds.2019.02.07

GRASSHOFF, G. & Sauerwein, M. (2022). Der Rechtsanspruch auf Ganztagsbetreuung. Professionalisierung oder Deprofessionalisierung von Betreuung? unsere jugend 74 (6), S. 238–244. DOI:10.2378/uj2022.art35d

HELSPER, W. (2016). Antinomien und Paradoxien im professionellen Handeln. In M. Dick, W. Marotzki & H. Mieg (Hg.), Handbuch Professionsentwicklung. Bad Heilbrunn: Klinkhardt, S. 50–61.

IDEL, T.-S. (2021). Laienpersonal in unterrichtsfernen Ganztagsangeboten. In G. Graßhoff & M. Sauerwein (Hg.), Rechtsanspruch auf Ganztag. Weinheim & Basel: Beltz Juventa, S. 184–200.

IDEL, T.-S. & Graßhoff, G. (2023). (Un)Doing School jenseits des Unterrichts. Ethnographische Annäherungen an Praktiken „pädagogischer Laien". In M. Schiefner-Rohs, I. N. Carvalho, & C. Troxler (Hg.), Ein-Blicke in die Schule – Perspektiven auf Videographie und Ethnographie pädagogischer Praktiken und Medien. Bad Heilbrunn: Klinkhardt, S. 138–151. DOI: 10.35468/6020-09

KMK [Sekretariat der Ständigen Konferenz der Kultusminister der Länder in der Bundesrepublik Deutschland] (2015). Ganztagsschulen in Deutschland. (Bericht der Kultusministerkonferenz vom 3.12.2015). https://www.kmk.org/fileadmin/Dateien/veroeffentlichungen_beschluesse/2015/2015-12-03-Ganztagsschulbericht.pdf (Zugriff: 7.9.2025)

SEEMANN, A.-M. (2022). Multiprofessionelle Teams in der Ganztagsschule. Pädagogik, Personal, System. In N. Weinmann-Sandig (Hg.), Multiprofessionelle Teamarbeit in Sozialen Dienstleistungsberufen. Wiesbaden: Springer VS, S. 147–163.

STEINER, C. (2013). Die Einbindung pädagogischer Laien in den Alltag von Ganztagsschulen. Bildungsforschung 10 (1), S. 64–90. DOI: 10.25656/01:8538

TILLMANN, K. (2020). Weiteres pädagogisch tätiges Personal an Ganztagsschulen. In P. Bollweg, J. Buchna, T. Coelen & H.-U. Otto (Hg.), Handbuch Ganztagsbildung. Wiesbaden: Springer VS, S. 1377–1394.

VOIGTSBERGER, U. (2018). Betreuung – Erziehung – Bildung. In K. Böllert (Hg.), Kompendium Kinder- und Jugendhilfe. Wiesbaden: Springer VS, S. 243–272.

Steuern, organisieren und gestalten

STEPHAN KIELBLOCK, AMINA KIELBLOCK

Ganztag steuern und organisieren

1. Hinführung – Steuerung für einen guten Ganztag

Kinder durchlaufen während ihrer schulpflichtigen Zeit verschiedene pädagogische Kontexte. Dazu zählen nicht nur Schule und Unterricht, sondern auch ein breites Spektrum an außerunterrichtlichen und außerschulischen Angeboten. All diese Bildungsarrangements, in denen sich Kinder tagsüber aufhalten und lernen, werden in diesem Kapitel unter dem Begriff „Ganztag" zusammengefasst. Im Ganztag sollten Kinder ideale Bedingungen vorfinden, die ihre Entwicklung und ihr Lernen ganzheitlich fördern.

In empirischen Forschungen zeigt sich, dass sich die Teilnahme an außerunterrichtlichen Aktivitäten positiv auf die Entwicklung sozialer und emotionaler Kompetenzen, das Wohlbefinden, die Motivation, das Selbstkonzept und die schulischen Leistungen auswirken kann (vgl. die Übersicht in Heyl et al., 2021). Diese positiven Wirkungen auf die Entwicklung von Kindern hängen maßgeblich von vier Faktoren ab (vgl. dazu Kielblock, 2021):

- die Kontinuität der Teilnahme an Angeboten über einen längeren Zeitraum
- klar definierte Konzepte für die Angebote
- die wahrgenommene Qualität der Angebote seitens der Kinder
- das Erleben positiver sozialer Beziehungen (in den Angeboten)

Dies verdeutlicht, dass der Ganztag so gesteuert und organisiert werden muss, dass eine Angebotsteilnahme über einen längeren Zeitraum wahrscheinlich ist, gute Angebotskonzepte entwickelt und genutzt werden, die Angebote von den Kindern als gut und attraktiv wahrgenommen werden und positive soziale Beziehungen erlebt werden können (Kielblock & Maaz, 2021).

Dies wird auch in einschlägigen Qualitätsmodellen (Holtappels, 2009; Kielblock, 2015; Kielblock et al., 2021) deutlich. Wie in Abb. 1 dargestellt, ist davon auszugehen, dass eine (A) zielgerichtete Steuerung und Organisation sowie (B) gelingende Kooperationen die Bedingungen für (D, E) gute Konzepte und Ganztagsangebote schaffen. Auch wird in dem Modell deutlich, dass (F, G) positive Erfahrungen der Kinder in den Angeboten eine (H) langfristige Teilnahme der Kinder wahrscheinlicher machen. Vermittelt durch eine (I) aktive

Auseinandersetzung mit den Inhalten der Angebote seitens der Kinder stellen sich über die Zeit bei ihnen (J) Wirkungen ein.

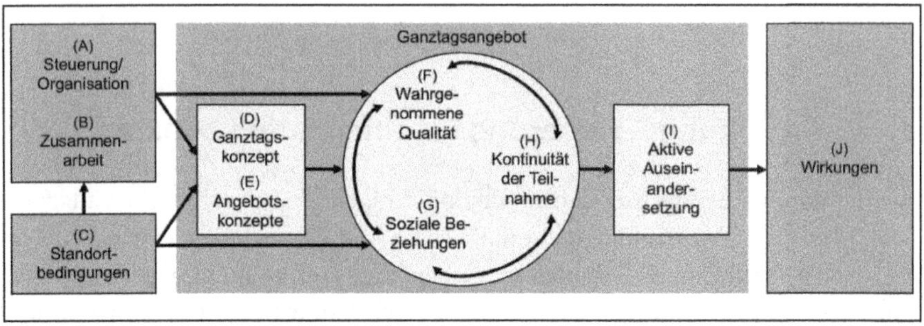

Abbildung 1: Rahmenmodell der Wirkfaktoren im Ganztag (Weiterentwicklung des Modells von Kielblock, 2015)

Zusammenfassend gilt, dass der Ganztag eine sorgfältige Organisation und eine zielgerichtete Steuerung erfordert. Durch die weitgehende Autonomie der beteiligten Institutionen müssen die Verfahren und Vorgehensweisen für den Ganztag vor Ort bestimmt und ausgearbeitet werden (vgl. Tillmann, 2020). Im folgenden Abschnitt wird zunächst thematisiert, welche Themen die Steuerung und Organisation des Ganztags umfassen kann. Da hier deutlich wird, dass vielfältige Aufgaben zu bewältigen sind, wird im darauffolgenden Abschnitt betrachtet, inwiefern sich eine kooperative Steuerung im Rahmen einer Steuerungsgruppe ggf. anbietet, um die vielen Themen auf mehrere Schultern zu verteilen. Danach wird genauer eingegrenzt, womit sich Steuerungsgruppen maßgeblich auseinandersetzen müssen. Abschließend wird ein Fazit gezogen.

2. Themenbereiche der Steuerung

Bekannt ist vor allem die Einteilung in voll gebundene, teilweise gebundene und offene Ganztagsschulen (Kielblock & Stecher, 2014; KMK, 2023a). Aber die möglichen Konstellationen in der Praxis reichen – hinsichtlich des Verbindlichkeitsgrads und hinsichtlich des Grads der Fokussierung auf Schule – weit über diese Einteilung hinaus (vgl. Autorengruppe Bildungsberichterstattung, 2018, S. 98; Bremm, 2019). Die Komplexität und Diversität der Konstellationen ist für die Steuerung und Organisation des Ganztags eine besondere Herausforderung.

Tab. 1 veranschaulicht einzelne wichtige Elemente, die bei der Steuerung und Organisation des Ganztags eine herausragende Rolle spielen. Es wird deutlich, dass (1.) an den jeweiligen Standorten unterschiedliche Regelungen und Leitlinien gültig sind, (2.) Verwaltungsaufgaben zu bewältigen sind, (3.) die beteiligten Institutionen im Blick zu behalten sind und (4.), es verschiedene Akteursgruppen einzubeziehen gilt.

(1.) Vorgaben/ Leitlinien	(2.) Administration	(3.) Institutionen	(4.) Akteur:innen
Empfehlungen • Rahmenpapiere von Ministerien • Unterstützungssysteme (bspw. Serviceagenturen Ganztägig Lernen) • Wissenschaft • Weitere Institutionen (bspw. Empfehlungen von Stiftungen, Verbänden) Gesetze • bspw. Schulgesetze, SGB XIII	Finanzierungsquellen • Kommunale Mittel • Bundesmittel • Elternbeiträge • Landesprogramme und -initiativen • Sponsoring und Spenden • EU-Fördermittel Träger • Schulträger • Bildungsträger • Elterninitiativen/ -vereine • Schulfördervereine • Stiftungen • Soziale Einrichtung / Verbände	Sozialraum • Übermittagsbetreuung • Hort • Jugendzentrum • Freizeitanbieter/ -vereine • Tagesgruppen Schulisch • Offen • Teilgebunden • Gebunden	Kinder • Mitwirkend • Teilnehmend Eltern • Mitwirkend • Interessengruppe Personal • Lehrkraft • Sozialpädagog:in/ Sozialarbeiter:in • Sport-/Musik-/ Kunstpädagog:in • weitere Berufsgruppen Leitung • Schulleitung • Ganztagsleitung/ -koordination • Hortleitung • Leitungspersonen weiterer Einrichtungen

Tabelle 1: Themenbereiche der Steuerung des Ganztags (eigene Darstellung)

(1.) Als Fundament des Ganztags gelten Regulierungen und Leitlinien, die bei der Einrichtung und beim Betreiben einer ganztägigen Bildungs- und Betreuungsstätte zu beachten sind. Dies umfasst Normen und Richtlinien sowie die rechtlichen Rahmenbedingungen. Die Ministerien der Bundesländer geben zudem teils Rahmenpläne bzw. Qualitätsrahmen heraus. Auf Bundesebene finden sich bspw. „Empfehlungen zur Weiterentwicklung der pädagogischen Qualität der Ganztagsschule und weiterer ganztägiger Bildungs- und Betreuungsangebote für Kinder im Grundschulalter" (KMK, 2023b), die in ihrem Charakter zwar nicht verbindlich sind, auf die sich die Länder aber verständigt haben. Weiterhin gibt es gesetzliche Regelungen, wie bspw. das Ganztagsförderungsgesetz (GaFöG, 2021), welches im SGB XIII verankert ist, oder auch Rahmenrichtlinien, die einzuhalten sind, um eine Betriebserlaubnis zu erhalten.

(2.) Ein Thema, das die Administration betrifft, ist einerseits die Kommunikation mit dem bzw. den Träger/n (vgl. die Hinweise in Merchel, 2018). Träger des Ganztags haben vielseitige Aufgaben; sie kümmern sich bspw. um Finanzierungen, die Einstellung von Personal und Räumlichkeiten. Sie können im Ganztag deckungsgleich mit dem Schulträger/Sachaufwandsträger sein; es sind aber ggf. auch Bildungsträger, Elterninitiativen, Stiftungen und soziale Einrichtungen oder Verbände. Andererseits betrifft die Administration auch, die Möglichkeiten der Finanzierung des Ganztags auszuschöpfen (vgl. die Hinweise in Blömeke, Herzig & Tulodziecki, 2007). Die Hauptfinanzierung dürften in den meisten Fällen kommunale Mittel zur Deckung der Betriebskosten (bspw. Personalkosten, Anschaffung von Spiel-/Lernmaterialien) sein. Daneben gibt es auch auf Bundesebene Mittel für spezifische Maßnahmen, wie etwa den Bau bzw. die Erweiterung der Infrastruktur für den Ganztag. In einigen Konstellationen können auch Elternbeiträge einen Teil der Finanzierung des Ganztags bilden. Für spezielle Projekte oder Anschaffungen können Mittel über Spenden und Sponsoring aktiv eingeworben werden. Über Kooperationen mit externen Partnern (bspw. Sportvereine, kulturelle Einrichtungen, Unternehmen) können ebenfalls spezifische finanzielle Mittel, Sachleistungen oder spezielle Ganztagsangebote bereitgestellt werden. Zudem gibt es Landesprogramme und -initiativen, die über spezielle Förderprogramme zusätzliche Mittel bereitstellen. Auch über EU-Fördermittel ist es möglich, Projekte im Ganztag zu realisieren und letztlich gibt es auch Fördervereine, denen bspw. Eltern beitreten können und über die Mitgliedsbeiträge dann Anschaffungen oder Projekte realisiert werden können, die über das Standardbudget hinausgehen.

(3.) Im Ganztag gibt es unterschiedliche institutionelle Kontexte, in denen Kinder sich über den Tag verteilt aufhalten. Auf der schulischen Seite gibt es nach der Definition der Kultusministerkonferenz unterschiedliche Formen von Ganztagsschule (voll gebunden, teilweise gebunden, offen; vgl. KMK, 2023a), die jedoch je nach Bundesland variieren können (vgl. die Übersicht in Arnoldt et al., 2018). Zudem finden sich weitere Konstellationen im Sozialraum, durch die der Ganztag nicht immer im gleichen Gebäude oder auf dem gleichen Gelände wie die Schule stattfindet. Es gibt bspw. Formen der Übermittagsbetreuung, bei denen die Kinder über die Mittagszeit betreut werden. Auch Horte (teils in Kombination mit Kindertagesstätten) übernehmen die Betreuung der Kinder nach dem Unterricht. Ferner gibt es Jugendzentren, die Kindern einen Ort nach der Schule bieten und bspw. in Kooperation mit der Schule ein Angebot der Hausaufgabenbetreuung eingerichtet haben. Auch Freizeitanbieter wie Vereine oder Tagesgruppen (meist für Kinder mit speziellem Bedarf) können Teil des Ganztags sein.

(4.) Unabhängig von der Gestaltung des Ganztags sind Kinder sowie deren Eltern per se beteiligt. Den Grundstein für eine *aktive* Beteiligung legen Methoden zur Mitbestimmung der Kinder (beispielsweise durch Kinderparlamente; vgl. Altermann et al., 2023) und Eltern. Zudem ist es wichtig, dass Kinder konkrete Probleme im Ganztagsbetrieb ansprechen können. Zusätzlich zu Kindern und deren Eltern gibt es im Ganztagsbetrieb verschiedene Personen und Gruppen, die für Steuerungsfragen einbezogen werden sollten. Dazu gehören beispielsweise Lehrkräfte und Fachkräfte der Schulsozialarbeit. Da es viele verschiedene Konstellationen und Modelle für den Ganztagsbetrieb gibt, die auf die örtlichen Bedürfnisse und Anforderungen zugeschnitten sind, können hier nicht alle erschöpfend aufgezählt werden. Für die Steuerung und Organisation des Ganztags ist es wichtig, die beteiligten Akteursgruppen zu kennen, was auch im Folgenden deutlich wird.

3. Kooperativ steuern im Rahmen einer Steuerungsgruppe

Der vorige Abschnitt zeigte, wie umfangreich und komplex die Themenbereiche sind, die für die Steuerung des Ganztags relevant sind (vgl. Tab. 1). Schon an kleinen Ganztagsstandorten ist das Institutionen- und Personengefüge sehr komplex (vgl. bspw. Kielblock, 2022) und die im Blick zu behaltenden Richtlinien sowie die täglich anfallenden administrativen Aufgaben sind entsprechend herausforderungsvoll. Daraus folgt, dass eine einzige Person (etwa die Schulleitung) die Koordinierung des Ganztags kaum allein bewältigen kann. Hinzu kommt, dass im Ganztag Personen mit unterschiedlichen beruflichen Hintergründen und institutionellen Anbindungen aufeinandertreffen (Kielblock & Gaiser, 2017). Diese Personengruppen sowie die Kinder und Eltern müssten in wichtigen Entscheidungen mit einbezogen werden. Nur so ist sichergestellt, dass Entscheidungen mit Blick auf und im besten Interesse aller Beteiligten getroffen werden. In der Forschung spricht man daher in diesem Sinne von ‚kooperativer Steuerung' (Kielblock, 2023; Woods & Roberts, 2018), beispielsweise in Form einer Steuerungsgruppe für den Ganztag.

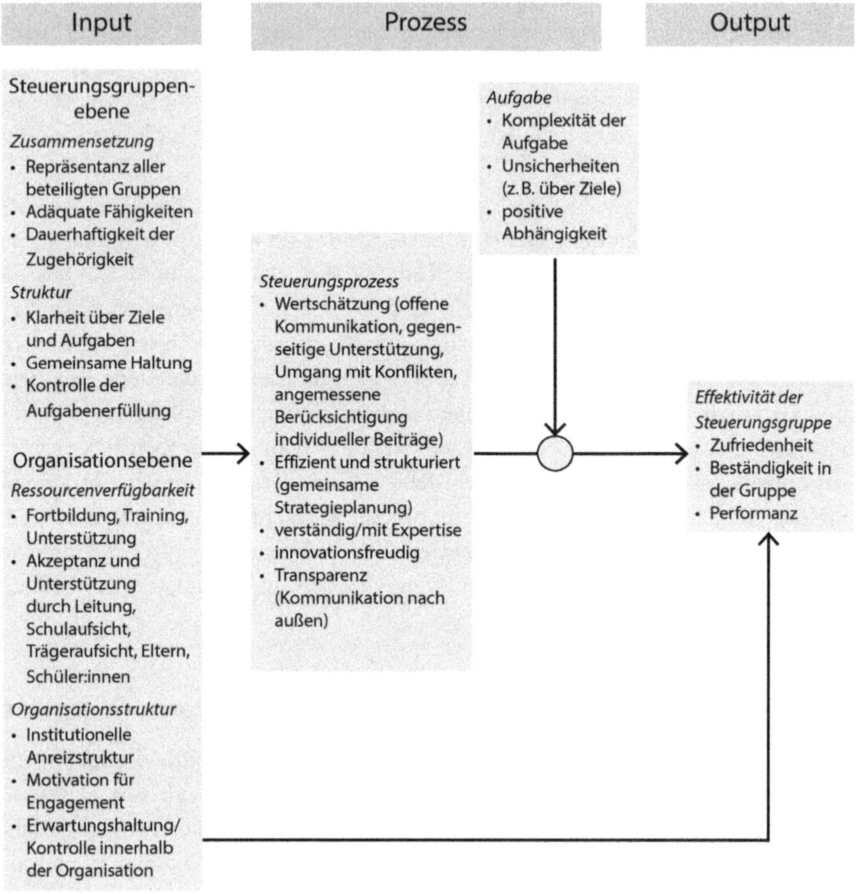

Abbildung 2: Modell der Kooperation im Rahmen von Steuerungsgruppen im Ganztag (die Darstellung ist eng orientiert an Bonsen, Hübner-Schwartz & Mitas, 2013)

Die kooperative Arbeit im Rahmen einer Steuerungsgruppe erfordert Engagement und eine positive Einstellung zur gemeinsamen Arbeit aller Beteiligten. Um die ablaufenden kooperativen Prozesse genauer zu verstehen, kann das Modell der Teamqualität (Bonsen et al., 2013) herangezogen werden. Das Modell erklärt, wie Teams im schulischen Kontext funktionieren – Abb. 2 zeigt, wie das Modell auf die Kooperation in einer Steuerungsgruppe adaptiert werden kann.

Das Modell verdeutlicht, dass auf Organisationsebene zunächst einmal strukturelle Rahmenbedingungen gegeben sowie Ressourcen verfügbar sein müssen. Hinzu kommt, dass die Struktur und die Zusammensetzung der Steuerungsgruppe angemessen gestaltet wird. Diese Aspekte stellen die Grundvoraussetzungen (‚Input'; vgl. Abb. 2) für einen gelingenden Teamprozess dar. Maßgeblich wird hiervon der eigentliche Steuerungsprozess beeinflusst – nämlich inwieweit sich gegenseitige Wertschätzung und eine effiziente Arbeitsweise einstellen. Wie gut die Zusammenarbeit in der Steuerungsgruppe schlussendlich ist (‚Output'; vgl. Abb. 2), hängt nicht bloß vom genannten Steuerungsprozess ab, sondern auch davon, wie die jeweilige Aufgabe von den Teammitgliedern wahrgenommen wird. Kooperation im Team wird nur dann wahrscheinlich, „wenn die Aufgabenerfüllung Teamarbeit erfordert und nicht zu geringeren Kosten in Einzelarbeit erledigt werden könnte", wie Bonsen et al. (2013, S. 117) sehr treffend formulieren.

In Bezug auf die Implementierung von Steuerungsgruppen im Ganztag liegt zunächst die Nutzung von ggf. bereits vorhandenen schulischen Steuerungsgruppen (Feldhoff, 2011) nahe. Schulische Steuerungsgruppen sind an einigen Schulen bereits eingerichtet, um diverse schulische Anliegen kooperativ zu bearbeiten. Diese können auch weiterhin zur Steuerung des Ganztags genutzt werden, wenn sie durch alle relevanten Akteur:innen im Ganztag erweitert wurden. An anderen Standorten ist es notwendig, eine speziell auf den Ganztag ausgerichtete Steuerungsgruppe einzurichten, die möglicherweise parallel zu anderen institutionengebundenen Steuerungsgruppen besteht.

Die Initiative, eine Steuerungsgruppe zu etablieren, muss auf Ebene der Organisation erfolgen. Praktisch bedeutet dies, dass die Leitung des Ganztags entweder selbst die Koordination übernimmt oder eine Ganztagskoordination (Reinert, 2020) benennt. Ist die Verantwortlichkeit für die Etablierung einer Steuerungsgruppe festgelegt, gilt es je nach institutionellem Kontext, die Vertretungen der einzelnen Beteiligtengruppen einzubinden. In den meisten Fällen müssen hier erst Personen gefunden werden. In der Ganztagsschule gibt es häufig bereits Elternvertretungen/-beiräte, die von den Eltern der Klasse gewählt wurden; auf Seiten der Schüler:innen gibt es ebenfalls entsprechende Vertretungen. Aber: Nur an einer von zehn Ganztagsgrundschulen ist der Ganztagsbetrieb für alle verpflichtend (StEG-Konsortium, 2019, S. 19). Das heißt, dass es durchaus sein kann, dass weder die Eltern- noch die Schüler:innenvertretung mit den Ganztagsangeboten Kontakt haben. Sie wären als Vertretung der Interessen bezüglich der Ausgestaltung des Ganztags daher nicht geeignet. Entsprechend ist es empfehlenswert, Kinder, die am Ganztag teilnehmen, sowie Eltern von Kindern im Ganztag separat als Vertretungen wählen zu lassen. Je nach Ausgestaltung des Ganztags kann es eine Vielzahl von Angebotsleitungen geben. Hier können – je nach Vernetzungsgrad der Angebotsleitungen untereinander

– entweder die einzelnen Angebotsleitungen zur Steuerungsgruppe eingeladen werden oder es werden auch hier Vertretungen gewählt. Bei den kooperierenden Einrichtungen sollte mindestens eine Vertretung der Einrichtung beteiligt sein.

Wichtig ist, die Dauerhaftigkeit der Zugehörigkeit und entsprechenden Teilnahme an den Steuerungsprozessen sicherzustellen. Für eine konstruktive Arbeit müssen passende Austauschformate und transparente Dokumentationsmethoden gefunden werden. Auch empfiehlt es sich, Termine für die Steuerungsgruppensitzungen gemeinsam und frühzeitig festzulegen. Gemeinsam wird auch überlegt und festgelegt, welchen Turnus die Arbeitstreffen haben. Dieser kann zu Beginn enger getaktet sein und kann mit Fortschreiten der Arbeit in etwas weiteren Abständen erfolgen.

Hinsichtlich der konkreten Arbeitsweise in Steuerungsgruppen bietet der Qualitätsdialog zum Ganztag (2021) detaillierte Hinweise:

- Die Einbeziehung mehrerer Personen in Steuerungsfragen bietet nicht nur Vorteile; sie birgt auch das Risiko von Entscheidungsproblemen und ggf. nur schwierig auflösbaren Konflikten. Daher ist auf eine zielgerichtete Kommunikation und eine effiziente Arbeitsweise in der Steuerungsgruppe besonders Wert zu legen.
- Die geringen zeitlichen Kapazitäten müssen so gestaltet werden, dass sie gewinnbringend für Steuerungsfragen eingesetzt werden. Treffen müssen vor- und nachbereitet und die Beschlüsse schriftlich festgehalten werden. Ferner sollte die Beschlussumsetzung evaluiert und in der weiteren Arbeit der Steuerungsgruppe konstruktiv reflektiert werden.
- Für eine adäquate Arbeitsweise in der Steuerungsgruppe muss bei allen Beteiligten ein eingehendes Verständnis für den Ganztagsstandort und die gesetzlich relevanten Vorgaben vorhanden sein. Teils arbeiten die einzelnen Akteur:innen basierend auf unterschiedlichen Gesetzes- und Rahmendokumenten. Hier den Überblick zu behalten, die Spielräume zu kennen und eine gemeinsame Handlungsrichtung zu erarbeiten ist das Fundament einer guten Arbeit in der Steuerungsgruppe.
- Für die Zusammenarbeit in der Steuerungsgruppe ist es wichtig, dass die Sichtweisen aller Mitglieder gleiches Gewicht haben. Hierdurch fühlen sich alle wertgeschätzt und für die Weiterentwicklung des Ganztags zuständig. Durch die eingebrachten Themen und Inhalte der unterschiedlichen Gruppen wird eine Vielfalt der Perspektiven im Ganztag berücksichtigt.
- Auch neue Ansätze und Überlegungen werden in der Steuerungsgruppe konstruktiv aufgegriffen, diskutiert und ggf. pilotiert. Die Mitglieder der Steuerungsgruppe müssen entsprechend aufgeschlossen und innovationsfreudig

sein. Dazu gehört auch eine positive Entwicklungs- und Feedbackkultur, bei der neue Ideen und außergewöhnliche Wege einzubringen explizit erwünscht ist.

Zwei weitere Punkte – die Arbeitsweise der Steuerungsgruppe betreffend – sollen hier noch hervorgehoben werden. Der erste betrifft die Vorstellung, dass die Themenbereiche (vgl. Abschnitt 2) und Kernaufgaben (vgl. Abschnitt 4) erledigt und abgehakt werden können. Realistischer ist vielmehr, dass die Arbeitsergebnisse der Steuerungsgruppe früher oder später erneut Gegenstand der Steuerungsgruppenarbeit sein werden. Wie Ainscow und Miles (2008, S. 20) feststellten, sind gute Schulen immer *„on the move"*. Dies stimmt auch für den Ganztag: Die Steuerungsgruppe ist immer in Bewegung und entwickelt die Konzepte und Weichenstellungen stets weiter. Der zweite Punkt ist, dass bei sämtlichen Fragen, mit denen die Steuerungsgruppe betraut ist, es nützlich sein kann, einen Blick von außen zuzulassen und sich externe Unterstützung zu holen. Möglichkeiten sind der Einbezug von Trainer:innen, Moderationen, Qualitätsinstituten, überregional Verantwortlichen für den Ganztag, ‚Serviceagenturen' für den Ganztag, Fachberatungen, Weiterbildungs- und Qualifizierungsmaßnahmen und viele mehr. Wichtig ist, dass das Einholen externer Unterstützung als professionelles Handeln (und nicht etwa als Ausdruck von ‚Schwäche') von den Beteiligten aufgefasst wird.

4. Aufgaben und Fokus der Steuerungsgruppe

Die vorangegangenen Abschnitte haben bereits den Zweck und die Themenbereiche von Steuerung sowie die konkrete Arbeit von Steuerungsgruppen in den Blick genommen. In diesem Abschnitt wird nun genauer eingegrenzt, womit sich Steuerungsgruppen im Kern beschäftigen müssen. Steuerungsgruppen erarbeiten (1.) eine kohärente Vision des Ganztags, schaffen (2.) günstige Bedingungen für die pädagogische (Zusammen-)Arbeit, erarbeiten (3.) ein auf die Bedürfnisse und Bedarfe der Kinder ausgerichtetes Ganztagskonzept sowie (4.) adäquate Angebotskonzepte. Dafür müssen die Mitglieder der Steuerungsgruppe Kenntnisse über relevante Vorgaben und Richtlinien haben sowie personelle, räumliche, finanzielle und zeitliche Ressourcen diskutieren und weiterentwickeln.

(1.) Eine Zielsetzung des Ganztags wird nicht vorgeschrieben, sondern muss vor Ort passend erarbeitet und weiterentwickelt werden (vgl. Tillmann, 2020). Im Fokus der gemeinsam gesteckten Ziele und der Vision sollten das

Lernen und die Entwicklung der Kinder stehen. Eine Einteilung in kurz-, mittel- und langfristige Ziele hilft, die Weichen langfristig zu stellen und gleichsam bereits kurzfristig Erfolge verzeichnen zu können. Die Steuerungsgruppe handelt die gemeinsam getragenen Ziele aus, setzt transparent Prioritäten in der Umsetzung und prüft regelmäßig, ob die Ziele ggf. angepasst werden müssen.

(2.) Die Steuerungsgruppe trägt die Verantwortung für die Entwicklung von realistischen Lösungen und konkreten Maßnahmen zur Verbesserung der Arbeitsbedingungen der pädagogisch Tätigen. Dies beinhaltet die Gestaltung von Arbeitszeitmodellen, die Organisation von Fortbildungen, die Erstellung von Kompetenzprofilen für pädagogisches Personal sowie die Festlegung von Organisationsstrukturen, Austauschformate und andere Möglichkeiten der Zusammenarbeit. All diese Bemühungen zielen darauf ab, optimale Bedingungen für eine gleichberechtigte Zusammenarbeit aller Beteiligten im Interesse der Kinder zu schaffen.

(3.) Die Verzahnung des Unterrichts, der Angebote und der freien Zeit – sprich: das Gesamt-Arrangement, bzw. das Ganztagskonzept – gilt es mit Blick auf die Bedürfnisse und Interessen der Kinder konzeptionell auszuarbeiten und zu verankern. Auch dies ist Kernaufgabe der Steuerungsgruppe (vgl. Tillmann, 2020). Die Verteilung der unterschiedlichen Settings über den Tag, die Woche oder auch ein Halbjahr bzw. Schuljahr hinweg gilt es (weiter) zu entwickeln. Wichtig ist, dass der Ganztag für die Kinder langfristig attraktiv bleibt, damit die Kinder über einen längeren Zeitraum gerne daran teilnehmen und die Eltern sie gerne dort anmelden (denn: eine dauerhafte Teilnahme an Ganztagsangeboten entfaltet positive Wirkungen auf die Kinder; vgl. Abschnitt 1 sowie Kielblock, 2021). Konkret sind darüber hinaus auch Fragen nach dem zeitlichen Umfang oder der Abdeckung von Ferienzeiten relevant, ebenso die der Verbindlichkeit und der Flexibilität. Aus Kinderperspektive ist eine Wahlfreiheit bzgl. der Angebotsteilnahme zu gewähren, ebenso wie die Möglichkeit, die Zeit auch frei gestalten zu können.

(4.) Der Ganztag kann auf Angebotsebene unterschiedlich ausgestaltet werden. Neben angestellten Lehrkräften, Erzieher:innen, Sozialpädagog:innen oder Betreuer:innen werden externe Angebotsleitungen für die Durchführung bestimmter Angebote beauftragt. Für ein nachhaltiges Ganztagsangebot ist es von Bedeutung, auch auf Steuerungsgruppenebene auf die Zielsetzung und Gestaltung der einzelnen Angebote zu blicken: Passt das jeweilige Angebot in das Ganztagskonzept? Welche Ziele verfolgt es und wie sind bestimmte Bedürfnisse bei der didaktischen Planung der Schüler:innen berücksichtigt? Es kann lohnenswert sein, bestimmte Angebote für den Standort passgenau zu entwickeln. Nach Möglichkeit sollten aber auch bewährte Konzepte genutzt und/oder adaptiert werden. Die Steuerungsgruppe (oder die leitende Person) muss die Mitarbeitenden dazu ermutigen, ihr Angebot strukturiert und zielgerichtet zu konzipieren. Denn die Forschung zeigt, dass zielorientiert entwickelte Angebote auch ihre Wirkung entfalten (vgl. Abschnitt 1 sowie Tillmann et al., 2021). Damit die Angebote aber auch dann noch durchgeführt werden können, wenn bestimmte Mitarbeitende nicht mehr im Ganztag tätig sind, ist es im Sinne eines Wissensmanagements wichtig, die Angebotskonzepte zu bewahren und anderen im Ganztag tätigen Personen zugänglich zu machen.

5. Fazit

Der vorliegende Beitrag zeigte zunächst auf, dass eine gute Steuerung und Organisation für die Gestaltung, Qualität und positive Wirkung des Ganztags wichtig sind. Der anschließende Abschnitt verdeutlichte, dass es sehr viele unterschiedliche Themenbereiche der Steuerung gibt. Aufgrund der Komplexität der Themen lag die Betonung auf dem Vorteil von *kooperativen* Steuerungs- und Organisationsmodellen – speziell die Arbeit in einer übergreifenden Steuerungsgruppe wurde hervorgehoben. Als weiterer Vorteil der kooperativen Steuerungsarbeit wurde verdeutlicht, dass Konzepte und Weichenstellungen, die von nur einer Person (etwa der Schulleitung) ausgehen, von den Beteiligten als ‚übergestülpt' wahrgenommen und teils abgelehnt werden. Kooperative Arbeit auf Ebene der Steuerung und Organisation des Ganztags hat hier den Vorteil, alle Personen bzw. Personengruppen stets direkt ‚mitzunehmen'. Weiterhin führte der Beitrag die Arbeitsweise und die Kernaufgaben von Steuerungsgruppen aus. Insgesamt sollte durch die Lektüre des Beitrags deutlich geworden sein, dass die Steuerung bzw. Organisation des Ganztags herausforderungsvoll ist, sich gleichsam aber auch auszahlt: Eine gute Steuerungsgruppenarbeit stellt direkt die Weichen für die Gestaltung und Umsetzung eines guten Ganztags für die Kinder.

Literatur

AINSCOW, M. & Miles, S. (2008). Making Education for All inclusive. Where next? Prospects 38 (1), S. 15–34.

ALTERMANN, A., Beck, A., Spannruft, S., Steinhauer, R. & Vossiek, M. (Hg.) (2023). Kind- und jugendorientierte Ganztagsbildung. Impulse für die pädagogische Praxis und die Wissenschaft. Münster: Waxmann.

ARNOLDT, B., Furthmüller, P., Kielblock, S. & Gaiser, J. M. (2018). Aktuelle Entwicklungen der ganztagsschulischen Angebote in Deutschland. In M. Schüpbach, L. Frei & W. Nieuwenboom (Hg.), Tagesschulen. Ein Überblick. Wiesbaden: Springer VS, S. 249–267.

AUTORENGRUPPE BILDUNGSBERICHTERSTATTUNG (2018). Bildung in Deutschland 2018. Ein indikatorengestützter Bericht mit einer Analyse zu Wirkungen und Erträgen von Bildung. Bielefeld: wbv.

BLÖMEKE, S., Herzig, B. & Tulodziecki, G. (2007). Gestaltung von Schule. Eine Einführung in Schultheorie und Schulentwicklung. Bad Heilbrunn: Klinkhardt.

BONSEN, M., Hübner-Schwartz, C. & Mitas, O. (2013). Teamqualität in der Schule – Lehrerkooperation als Ausgangspunkt für Schul- und Unterrichtsentwicklung. In M. Keller-Schneider, S. Albisser & J. Wissinger (Hg.), Professionalität und Kooperation in Schulen. Beiträge zur Diskussion über Schulqualität. Bad Heilbrunn: Klinkhardt, S. 104–122.

BREMM, N. (2019). Schulen mit ganztägigem Angebot. Eine empirisch ermittelte Typologie. Weinheim & Basel: Beltz Juventa.

FELDHOFF, T. (2011). Schule organisieren. Der Beitrag von Steuergruppen und Organisationalem Lernen zur Schulentwicklung. Wiesbaden: Springer VS.

GAFÖG (2021). Gesetz zur ganztägigen Förderung von Kindern im Grundschulalter (Ganztagsförderungsgesetz – GaFöG). Bonn.

HEYL, K., Hirsch, A., Fischer, N. & Rollett, W. (2021). Individuelle Entwicklung von Schüler:innen. Wirksamkeit von Ganztagsschule in Deutschland. In GTS-Bilanz (Hg.), Qualität für den Ganztag. Weiterentwicklungsperspektiven aus 15 Jahren Ganztagsschulforschung. Frankfurt/M., S. 47–53.

HOLTAPPELS, H. G. (2009). Qualitätsmodelle – Theorie und Konzeptionen. In I. Kamski, H. G. Holtappels & T. Schnetzer (Hg.), Qualität von Ganztagsschule – Konzepte und Orientierungen für die Praxis . Münster: Waxmann, S. 11–25.

KIELBLOCK, S. (2015). Program implementation and effectiveness of extracurricular activities. An investigation of different student perceptions in two German all-day schools. International Journal for Research on Extended Education 3 (2), S. 79–98.

KIELBLOCK, S. (2021). Fünfzehn Jahre StEG-Ganztagsschulforschung. Bilanz und anzugehende Handlungsfelder. In F. Radisch, U. Schulz & I. Züchner (Hg.), Ganztagsschule und Übergänge im Bildungssystem. Jahrbuch Ganztagsschule 2021/2022. Frankfurt/M.: Debus Pädagogik, S. 135–147.

KIELBLOCK, S. (2022). Institution oder Profession? Analyse des pädagogischen Kooperationsnetzwerks an einem Ganztagsgrundschulstandort. Zeitschrift für Pädagogik 68 (6), S. 781–797.

KIELBLOCK, S. (2023). Guter Ganztag durch kooperative Steuerung. Organisation und Arbeitsweise von Steuerungsgruppen. Impaktmagazin (Oktober), S. 6–17.

KIELBLOCK, S., Arnoldt, B., Fischer, N., Gaiser, J. M. & Holtappels, H. G. (2021). Ganztagsschulen, individuelle Förderung und die Studie zur Entwicklung von Ganztagsschulen (StEG). In S. Kielblock, B. Arnoldt, N. Fischer, J. M. Gaiser & H. G. Holtappels (Hg.), Individuelle Förderung an Ganztagsschulen. Forschungsergebnisse der Studie zur Entwicklung von Ganztagsschulen (StEG). Weinheim & Basel: Beltz Juventa, S. 13–24.

KIELBLOCK, S. & Gaiser, J. M. (2017). Professionenvielfalt an Ganztagsschulen. In S. Maschke, G. Schulz-Gade & L. Stecher (Hg.), Jahrbuch Ganztagsschule 2017. Junge Geflüchtete in der Ganztagsschule. Integration gestalten – Bildung fördern – Chancen eröffnen. Schwalbach/Ts.: Debus Pädagogik, S. 113–123.

KIELBLOCK, S. & Maaz, K. (2021). Handlungsfelder für gute Ganztagsangebote. Erkenntnisse aus der Studie zur Entwicklung von Ganztagsschulen. SchulVerwaltung Nordrhein-Westfalen 32 (9), S. 240–242.

KIELBLOCK, S. & Stecher, L. (2014). Ganztagsschule und ihre Formen. In T. Coelen & L. Stecher (Hg.), Die Ganztagsschule. Eine Einführung. Weinheim & Basel: Beltz Juventa, S. 13–28.

KMK (2023a). Allgemeinbildende Schulen in Ganztagsform in den Ländern in der Bundesrepublik Deutschland. Statistik 2017 bis 2021. Berlin.

KMK (2023b). Empfehlungen zur Weiterentwicklung der pädagogischen Qualität der Ganztagsschule und weiterer ganztägiger Bildungs- und Betreuungsangebote für Kinder im Grundschulalter. Berlin.

MERCHEL, J. (2018). Trägerstrukturen und Organisationsformen in der Kinder- und Jugendhilfe. In K. Böllert (Hg.), Kompendium Kinder- und Jugendhilfe. Wiesbaden: Springer VS, S. 93–113.

QUALITÄTSDIALOG ZUM GANZTAG (2021). Ganztag erfolgreich steuern. Frankfurt/M.

REINERT, M. (2020). Die Ganztagskoordination und ihre Bedeutung für die multiprofessionelle Kooperation an Ganztagsschulen. Eine explorative Fallstudie. Zeitschrift für Bildungsforschung 10, S. 231–246.

STEG-KONSORTIUM (2019). Ganztagsschule 2017/2018. Deskriptive Befunde einer bundesweiten Befragung. Frankfurt/M.

TILLMANN, K., Lossen, K., Rollett, W., Holtappels, H. G. & Wutschka, K. (2021). Wirkungen eines förderorientierten Lernarrangements im Ganztag auf die Entwicklung des Leseverständnisses von Schülerinnen und Schülern der vierten Jahrgangsstufe. In S. Kielblock, B. Arnoldt, N. Fischer, J. M. Gaiser & H. G. Holtappels (Hg.), Individuelle Förderung an Ganztagsschulen. Forschungsergebnisse der Studie zur Entwicklung von Ganztagsschulen (StEG). Weinheim & Basel: Beltz Juventa, S. 179–203.

TILLMANN, K.-J. (2020). Schulautonomie und neue Steuerung. In P. Bollweg, J. Buchna, T. Coelen & H.-U. Otto (Hg.), Handbuch Ganztagsbildung. Wiesbaden: Springer VS, S. 1149–1159.

WOODS, P. A. & Roberts, A. (2018). Collaborative school leadership. A critical guide. London: SAGE.

KATHARINA GOSSE

Die Kinder- und Jugendhilfe als Kooperationspartner:in der Ganztagsgrundschulen

1. Einleitung

Die Kinder- und Jugendhilfe richtet sich an Kinder, Jugendliche, junge Erwachsene und ihre Familien. Im Mittelpunkt steht das Recht eines jungen Menschen auf die Förderung seiner Entwicklung und auf die Erziehung zu einer eigenverantwortlichen und gemeinschaftsfähigen Persönlichkeit (§ 1 Abs. 1 SGB VIII). Bereits vor dem im Jahr 2002 initiierten Ganztagsschulausbau hat es Formen der Zusammenarbeit dieses Teilbereichs der Sozialen Arbeit mit Schulen gegeben. Seitdem ist der Bedarf an außerschulischen Institutionen als Kooperationspartner:innen erheblich gestiegen, weshalb die Kinder- und Jugendhilfe wesentlich einbezogen wurde. Im Zuge dessen hat sich eine vielfältige Kooperationslandschaft entwickelt, deren Heterogenität u.a. darauf zurückgeführt werden kann, dass die genaue Ausgestaltung – die Form der Zusammenarbeit – auch von den bundeslandspezifischen Vorgaben aus Politik und Verwaltung abhängig ist.

Diese Konstellation ist Gegenstand des Beitrags, in dem zunächst einführend ein Überblick zu den Kooperationen gegeben wird, bevor dann im zweiten Abschnitt die Umsetzung in den Kommunen im Mittelpunkt steht, auch vor dem Hintergrund der dort postulierten Verantwortungsgemeinschaft. Im dritten Teil werden mit der offenen und der verbandlichen Kinder- und Jugendarbeit zwei Handlungsfelder der Kinder- und Jugendhilfe näher beleuchtet. Ihre Adressierung als Kooperationspartner:in von Ganztagsschulen durch die (Kommunal-)Politik hat teilweise zu problematisierenden fachpolitischen Reaktionen geführt, und es kann aufgezeigt werden, dass die Zusammenarbeit mit den Schulen bis heute nicht unumstritten ist.

2. Die Kinder- und Jugendhilfe zwischen Trägermodell und Angebotskooperationen

Nachmittagsangebote für Kinder im Grundschulalter wurden durch Kinder- und Jugendhilfe-Institutionen bereits vor dem Ausbau der Ganztagsgrundschulen verantwortet. Die Kultusministerkonferenz bringt zu Beginn der 1980er Jahre eine entsprechende Initiative auf den Weg, die in den Bundesländern unterschiedlich umgesetzt wird (Nörber, 2003, S. 166–168). In Nordrhein-Westfalen bspw. werden Modellprojekte installiert, bei denen die Kinder- und Jugendhilfe unterschiedliche Angebote mit Bezugnahme auf das Schulkind installiert – die sog. Übermittagsbetreuungen, Schulkindbetreuungen o.ä. Sie werden in dieser Phase zum Teil am Ort Schule, zum Teil in den eigenen Einrichtungen organisiert. Durch diese Projekte sollen die Horte ergänzt werden, jene Tagesbetreuungen der Kinder- und Jugendhilfe, die sich zu dieser Zeit an Kinder im Grundschulalter richten. In der BRD adressieren sie in den 1980er Jahren hauptsächlich Heranwachsende in schwierigen Lebenslagen, auch weil die Versorgung mit Plätzen bei lediglich ca. 4,4 % liegt. Anders stellt es sich gleichzeitig in der DDR dar. Hier kann der Hort als ein Regelangebot bezeichnet werden, denn er wird von 84 % der Kinder der ersten vier Klassenstufen genutzt (Markert, 2020).

Seit dem Ausbau der Ganztagsgrundschulen hat sich die Kinder- und Jugendhilfe zu einem Großteil auch jenseits des Hortes als ein(e) zentrale(r) Kooperationspartner:in etabliert. Deutschlandweit ist sie an 48,5 % der Primarschulen vertreten. Häufiger anzutreffen sind nur Sportvereine und Angebote der kulturellen Bildung (Ganztagsschule 2017/2018, 2019, S. 33). Die Unterscheidung in Kinder- und Jugendhilfe auf der einen Seite und Sportvereine/kulturelle Bildung auf der anderen ist etwas ungenau. So müssen bspw. Institutionen der Sportjugend zur verbandlichen Kinder- und Jugendarbeit nach § 12 SGB VIII gezählt werden. Deshalb ist davon auszugehen, dass der Anteil derjenigen Institutionen am Kooperationsgeschehen, die der Kinder- und Jugendhilfe zugeordnet werden können, insgesamt noch höher ausfällt. Zur Frage, wie präsent die Kinder- und Jugendhilfe in ganztägigen Primarschulen ist, bezogen auf die einzelnen Bundesländer, liegen nur punktuell statistische Erkenntnisse vor. Auch überwiegend vage bleibt das Wissen dazu, wie die Kooperationen ausgestaltet sind, d.h. um welche Formen der Zusammenarbeit es sich handelt. Zu differenzieren sind zwei Grundformen: (1.) Eine Kinder- und Jugendhilfe-Institution führt ein Angebot/Projekt im Kontext des Ganztags durch. (2.) Der gesamte außerunterrichtliche Bereich wird verantwortet. In diesem sog. Trägermodell organisiert das Kinder- und Jugendhilfe-Personal zumeist die Mittagsverpflegung, die Hausaufgaben-/Lernzeiten und die Freizeitgestaltung. Auf der Ebene des Trägers fallen die Aufgaben der Administration an, wie die Personalverwaltung, die Finanzen etc.

Oft sind in Ganztagsgrundschulen beide Grundformen der Kooperation installiert; zum einen übernimmt eine Institution der Kinder- und Jugendhilfe die

Trägerschaft und zum anderen führen weitere einzelne Angebote durch. Teilweise sind in diesem Zusammenhang auch Horte involviert. Bundesweit findet er sich in 21 % der Primarschulen (Ganztagsschule 2017/2018, 2019, S. 33), wobei seine quantitative Präsenz erheblich variiert. In den westdeutschen Bundesländern wurde er teilweise vollständig abgeschafft, teilweise besteht nach wie vor ein quantitativ relevantes Angebot und teilweise wird er auch ausgebaut (Markert, 2021, S. 82–84). In den ostdeutschen Flächenländern, wie in Sachsen, Sachsen-Anhalt und Brandenburg, findet man ihn nach wie vor als dominierende Einrichtung. Dort wurde er mit den Grundschulen zu Ganztagsschulen zusammengelegt (Autor:innengruppe, 2020, S. 121), wobei Thüringen hier einen Sonderfall darstellt, denn dort wird er nicht als Kinder- und Jugendhilfe-Angebot, sondern als Teil der Schule organisiert (Markert, 2020).

Nordrhein-Westfalen ist ein Beispiel für ein Bundesland, in dem der Hort zugunsten der Ganztagsgrundschule ab 2003/04 vollständig abgeschafft wurde. Stattdessen wurde für die offene Ganztagsgrundschule (OGS) ausdrücklich die (weitere) Kinder- und Jugendhilfe adressiert, sich in den neu entstehenden außerunterrichtlichen Bereichen am Mittag/Nachmittag einzubringen – sowohl als Träger als auch für einzelne Angebote. Gegenwärtig stellen in 94 % der Grundschulen freie Träger der Sozialen Arbeit das Angebot und in dieser Gruppe sind es 89 %, die der Kinder- und Jugendhilfe zugerechnet werden können (Altermann et al., 2018, S. 14). Ein weiteres Beispiel ist Hessen. Hier gibt es nach wie vor ein Hortangebot, das in unterschiedlicher Ausgestaltung in den Grundschulen relevant ist. Daneben hat sich eine Trägerlandschaft etabliert, die im Wesentlichen, aber nicht ausschließlich, (weitere) Institutionen der Kinder- und Jugendhilfe umfasst. Dazu zählen u.a. Verbände, Vereine der Kinder- und Jugendarbeit, Träger der Hilfen zur Erziehung oder Jugendämter. Ähnlich wie in NRW sind Kinder- und Jugendhilfe-Institutionen neben dem Trägermodell auch in Hessen mit einzelnen Angeboten aktiv (Fischer & Kuhn, 2021).

3. Die kommunale Verantwortungsgemeinschaft als politisch-fachliche Prämisse

Es wurde bislang dargestellt, dass die Kinder- und Jugendhilfe ein(e) wichtige(r) Kooperationspartner:in von Ganztagsschulen ist. Daran anschließend stellt sich die Frage, wie die Zusammenarbeit vor Ort in den Kommunen, d.h. den Städten und Landkreisen, organisiert wird. Wer ist verantwortlich bzw. zuständig für die außerunterrichtlichen Bereiche der Ganztagsgrundschulen? Münder et al. (2022, S. 17–18) unterscheiden in diesem Zusammenhang drei idealtypische

Modelle. (1.) Die Verantwortung liegt größtenteils bei der Schule bzw. bei der Schulaufsicht. Die Schulleitung hat Weisungs- und Aufsichtsbefugnisse für die außerunterrichtlichen Angebote. Das Jugendamt und die Jugendhilfeaufsicht sind nicht beteiligt. (2.) Die Verantwortung liegt gemeinsam bei Schule und Kinder- und Jugendhilfe, als gleichberechtigte Partner:in. Es wird ein Kooperationsvertrag geschlossen und die Schulleitung trägt lediglich eine Mitverantwortung für die außerunterrichtlichen Angebote. (3.) Die ausschließliche Verantwortung liegt beim Jugendamt. Diese Institution oder ein freier Träger der Jugendhilfe betreiben z.B. einen Hort für Schulkinder.

In der kommunalen Bildungsplanung wurde für die Ganztagsschule die Prämisse der sog. Verantwortungsgemeinschaft gesetzt. Sie zielt auf eine gemeinsame Verantwortungsübernahme von Kinder- und Jugendhilfe und Schule (Spies, 2018, S. 756). Da hier die gleichberechtigte Partnerschaft beider Institutionen intendiert ist, kann diese Form der Zusammenarbeit dem Modell 2 zugeordnet werden. Hinsichtlich der konkreten Umsetzung in den Schulen muss allerdings betont werden, dass die Aufteilung der Zuständigkeiten u.a. auch abhängig ist von den Vorgaben aus der (Kommunal-)Politik und den zuständigen Verwaltungen. Diese stimmen nicht immer überein mit der postulierten Verantwortungsgemeinschaft, eine Diskrepanz, die am Beispiel Nordrhein-Westfalen verdeutlicht werden kann (Münder et al., 2022).

Grundsätzlich wird auch in diesem Bundesland die Verantwortungsgemeinschaft entsprechend des Modells 2 anvisiert. Vorgegeben wird etwa, dass eine Kooperationsvereinbarung geschlossen werden muss, in der alle zentralen Aspekte wie Verantwortlichkeiten, rechtliche Grundlagen und die Verfahren der kommunalen Steuerung festgelegt werden. Letztere, die Steuerung der Ganztagsgrundschule, soll nicht ausschließlich durch die Schulentwicklungs-, sondern auch durch die Jugendhilfeplanung erfolgen – in gemeinsamer Abstimmung. Eine weitere Vorgabe, die die Verantwortungsgemeinschaft stützt, betrifft die Dienst- und Fachaufsicht über das Personal des außerunterrichtlichen Bereichs, denn diese liegt beim Kinder- und Jugendhilfe-Träger. Inhaltlich sollen sich die Ganztagsangebote zudem an den Grundsätzen des SGB VIII orientieren. Trotz dieser auf institutionelle Egalität abzielenden Vorgaben werden der Schule gleichzeitig mehr Befugnisse zugesprochen. Ein Beispiel hierfür ist, dass die Angebote der außerschulischen Träger formal als schulische Veranstaltungen gelten. Außerdem soll das Ganztagskonzept durch die Schule entwickelt, von der Schulkonferenz beschlossen und als Teil des Schulprogramms ausgewiesen werden. Und auch bei der Beschäftigung des Personals kann der außerschulische Träger für das eigene Angebot nicht – wie auch denkbar – autonom agieren, sondern muss im Einvernehmen mit der Schulleitung entscheiden (Münder et al., 2022, S. 17–18).

Um den Ausbau des Ganztags voranzubringen, wurde in Hessen, dem zweiten Beispiel, zum Schuljahr 2015/2016 durch das Land und die Schulträger der sog. Pakt für den Nachmittag eingerichtet (seit Ende 2022 ‚Pakt für den Ganztag'). Wie in NRW wird auch hier der politisch-fachlichen Prämisse der Verantwortungsgemeinschaft entsprechend des Modells 2 gefolgt. Über Kooperationsvereinbarungen soll der Schulträger mit den Trägern der Kinder- und Jugendhilfe die inhaltliche, qualitative und organisatorische Verbindung des Unterrichts und der übrigen Angebote entwickeln und steuern (Serviceagentur Ganztag Hessen, o.J.). Hinweise dazu, wie dies konkret vor Ort umgesetzt wird, finden sich in einer Befragung von Schulleiter:innen und Trägervertreter:innen (Fischer & Kuhn, 2021).

Insgesamt zeigt sich, dass sich beide Seiten die Gesamtverantwortung für den außerunterrichtlichen Bereich teilen. Die Kinder- und Jugendhilfe ist somit zwar wesentlich in die Organisation einbezogen und ihre Vertreter:innen äußern sich auch zufrieden mit der Zusammenarbeit, es besteht aber weiterer Entwicklungsbedarf. Die Verteilung der Zuständigkeiten ist nicht einheitlich geregelt, sie kann sich von Kommune zu Kommune unterscheiden. Zum Beispiel organisiert teilweise auch der Angebotsträger alleine den außerunterrichtlichen Bereich (Fischer & Kuhn, 2021, S. 107–108). Diese Uneinheitlichkeit in der Umsetzung der Verantwortungsgemeinschaft wird bspw. auch am Bereich Personalverwaltung ersichtlich. In ca. 55 % der untersuchten Ganztagsschulen ist der/die außerschulische Partner:in für die Gewinnung des Personals zuständig und für die Einwerbung von Kooperationspartner:innen in ca. 30 % (Fischer & Kuhn, 2021, S. 31). In einem Großteil der ganztägigen Primarschulen akquiriert somit die Schule das Personal für den außerunterrichtlichen Bereich. Ein nicht minder relevantes Thema ist die pädagogische Konzeptarbeit. Zwar wird diese überwiegend von Schul- und Trägervertreter:innen gemeinsam durchgeführt, allerdings geben 60 % der befragten Kinder- und Jugendhilfeakteur:innen an, dass sie für das gemeinsame Konzept viele Kompromisse eingehen mussten und für 44 % gestaltete sich die Konzeptentwicklung schwierig (Fischer & Kuhn, 2021, S. 38).

Im Hortmodell geht die Ganztagsgrundschule, wie sie bspw. in Sachsen konzipiert ist, zumindest idealtypisch über Modell 2 hinaus und reicht eher an das, von Münder et al. formulierte, Modell 3 heran. Auf der Basis einer Kooperationsvereinbarung zwischen Schule und Hort soll die Zusammenarbeit, inkl. der langfristigen Ziele, fixiert werden (Staatsministerium für Kultus Sachsen,

2023). Zudem ist ein ganztägiges Bildungsangebot zu erarbeiten, wobei beide Institutionen „ihren je spezifischen Auftrag professionell umsetzen und durch eine dialogische Grundhaltung die notwendige Kooperation gestalten“ (Staatsministerium für Kultus Sachsen, 2023, S. 13). Damit wird der Hort als autonome Institution mit eigenem Bildungsauftrag gesetzt. Diese für die Kinder- und Jugendhilfe grundsätzlich begrüßenswerte Konstellation muss allerdings zum einen hinsichtlich der Ressourcenausstattung und zum anderen hinsichtlich der inhaltlich-fachlichen Konzeption befragt werden. Es steht zu bedenken, dass die Ausrichtung als Tageseinrichtung der Kinder- und Jugendhilfe, inkl. ihrer spezifischen Erziehungs- und Bildungsziele, möglicherweise an Profil verliert, wenn der Hort in den Schulbereich integriert wird (Spies, 2018; Markert, 2014).

4. Die Kinder- und Jugendarbeit als Kooperationspartner:in

Bereits zu Beginn des Ausbaus wurden zwei Handlungsfelder der Kinder- und Jugendhilfe durch die (Kommunal-)Politik als außerschulische Partner:innen adressiert, die verbandliche Kinder- und Jugendarbeit nach § 12 SGB VIII (Jugendverbände und -gruppen) und die offene nach § 11 SGB VIII (Jugendzentren, offene Türen etc.). Sie sollten sich in die neuen ganztägigen Schulen einbringen, u.a. mit der Begründung, dass die (Nachmittags-)Angebote in Jugendzentren u.ä. nun nicht länger in dem Umfang benötigt würden. In der Kinder- und Jugendarbeit wurde angesichts dessen befürchtet, sie könnte so für Betreuung oder als Erfüllungsgehilf:in von Schule vereinnahmt werden (Deinet, 2002, S. 327–328). Teilweise wurde die intensivierte Beachtung durch das Schulsystem aber auch als Chance verstanden, neue Zielgruppen und parallel zu den Ganztagsschulkooperationen sogar einen Ausbau der bestehenden Angebote zu erwirken.

In den Folgejahren sind zahlreiche Formen der Zusammenarbeit entstanden. Im Schuljahr 2017/2018 sind Jugendzentren deutschlandweit in 14 % der Primarschulen aktiv (Ganztagsschule 2017/2018, 2019, S. 33). Differenziert werden muss hier noch einmal zwischen der Zusammenarbeit im Kontext von einzelnen Angeboten/Projekten und jener im Trägermodell. Aktuelle Zahlen zur offenen Kinder- und Jugendarbeit in Nordrhein-Westfalen deuten an, dass die Akteur:innen zumindest in diesem Bundesland vom Trägermodell eher Abstand nehmen. Der Anteil derjenigen Jugendzentren, die diese intensive Form der Kooperation umsetzen, ist von 7 % im Jahr 2008 auf 3,8 % in 2019 gesunken (Deinet, Icking & Rehrs, 2020, S. 26–27). Gleichzeitig zeigt die Studie aber auch, dass die Kooperationsaktivitäten insgesamt – auch jenseits des Trägermodells – mit 36,2 % relativ hoch sind.

Die Frage ist, warum sich die Kinder- und Jugendarbeit aus der Trägerschaft zurückzieht. Ein Grund könnten die nicht ausreichend vorhandenen Möglichkeiten sein, sich mit einem eigenen inhaltlichen Profil einzubringen. Ergebnisse aus einem ethnografischen Forschungsprojekt (Gosse, 2020), in dem der Handlungsvollzug eines Kooperationssettings der offenen Kinder- und Jugendarbeit mit einer Ganztagsschule in NRW beobachtet wurde, können hier Hinweise liefern. Zwar handelt es sich beim untersuchten Feld um eine Realschule, die Ergebnisse sind aber insofern auf den Primarbereich übertragbar, als das Angebot strukturell wesentliche Übereinstimmungen mit der Ganztagsgrundschulorganisation in NRW aufweist. Ein Jugendzentrum, d.h. ein Kinder- und Jugendhilfe-Träger, organisiert den gesamten Bereich nach dem Unterricht, ergo das Mittagessen, freie Zeit resp. Spielzeit und eine Hausaufgabenzeit für Kinder der 5. und 6. Klassen. Der Zusammenarbeit liegt eine Kooperationsvereinbarung zugrunde, in der das Angebot überwiegend als Betreuung, insbesondere als ‚pädagogische Betreuung' ausgewiesen wird.

Festzustellen ist insgesamt, dass die Mitarbeiter:innen des Jugendzentrums zwar am Ort Schule agieren, aber weitgehend in ausschließlicher Koexistenz. Oberflächlich ist ein reibungsloser Ablauf augenfällig, was u.a. darauf zurückgeführt werden kann, dass die Erziehungspraktiken und organisationalen Abläufe in hohem Maße in die Verfahrensordnungen, Regeln und Rituale der Institution Schule eingebunden sind. Forciert wird dies dadurch, dass die Akteur:innen, sowohl das Personal des Jugendzentrums als auch die Kinder, auf umfangreiches (Alltags-)Wissen zu Schule zurückgreifen können, sie dadurch über handlungsleitende Vorstellungen dazu verfügen, welche Regeln herrschen, wie die Abläufe zu gestalten und welche Aufgaben zu erledigen sind (Gosse, 2020, S. 301). Dadurch bleibt die offene Kinder- und Jugendarbeit mit den eigenen pädagogischen Prinzipien und Prämissen, wie sie bereits seit den 1960er Jahren auch in Abgrenzung zur Schule vertreten wurden, unsichtbar. Zu nennen sind bspw. Konzepte der non-formalen Bildung, Partizipation resp. politische Bildung, soziale Bildung etc.

Ein wichtiges Prinzip in diesem Zusammenhang ist auch die Freiwilligkeit der Teilnahme, die sich in der Arbeit im sog. offenen Bereich dadurch auszeichnet, dass sich die jungen Menschen frei bewegen können. Im untersuchten Kooperationssetting begrenzen die Rahmenbedingungen diese Bewegungsfreiheit, wie in der folgenden Szene deutlich wird, die im kombinierten Ess- und Freizeitraum lokalisiert ist:

> 13.30 Uhr. Die Teilnehmerinnen Helena und Toni sitzen auf dem Sofa in der Mensa und schauen auf ein Handy. Flori (Mitarbeiter) und Anna spielen Billard. Andrea und Bilal (Mitarbeiter:innen) sitzen an einem Tisch. Helena laut in Richtung der Tische: *Dürfen wir runter?* Bilal dreht sich zu ihr*: Nee, unten ist keiner.* Sie schaut wieder auf das Handy. Einige Momente später ruft Helena erneut laut zum Billardtisch schauend: *Boah Flori, ich will runter.* Er dreht sich zu dem Mädchen, zeigt mit der Queue, die er in der Hand hält, zum Fenster: *Es ist doch total schlechtes Wetter. Jetzt soll nur wegen dir einer runter? Du kannst Kicker spielen* und zeigt mit der Queue zum Kickertisch. Sie laut: *Boah, was soll ich mit Kicker?* Er: *Werd doch nicht gleich so aggressiv.* Einige Augenblicke später steht Helena auf, geht Richtung Tür, schaut zu Flori und sagt: *Ich geh mal ganz kurz.* Flori: *Wohin gehst du denn?* Sie: *Für kleine Mädchen.* Er: *Ja, alles klar,* nach dem Motto ‚ich glaub dir kein Wort'.

Die Situation bildet einen Konflikt ab, wie er typisch ist für den beobachteten Ganztag. Im Mittelpunkt steht die kindliche Bewegungsfreiheit. Diese wird auf eine Weise begrenzt, wie sie für die Arbeit der offenen Kinder- und Jugendarbeit jenseits von Schulkooperationen untypisch ist. Ursächlich ist hier die wirkmächtige schulische Aufsichtspflicht, die kontinuierlich, aktiv und präventiv ausgerichtet ist. Die Kinder sollen sich jederzeit beaufsichtigt fühlen und es muss möglich sein, unmittelbar auf Gefahren zu reagieren (Schulministerium NRW, o.J.) Dieses Verständnis von Aufsicht unterscheidet sich erheblich von jenem, wie es für die offene Kinder- und Jugendarbeit charakteristisch ist. Zu beachten ist dort lediglich die sog. Verkehrssicherungspflicht. Diese rechtliche Regelung gibt vor, dass von Räumen, die für die Öffentlichkeit zugänglich gemacht werden, keine Gefahren ausgehen dürfen. Dadurch wird den Kindern wesentlich mehr Bewegungsfreiraum gelassen. Ersichtlich wird somit, dass für die Schule und für die Kinder- und Jugendarbeit differente rechtliche Vorgaben gelten, die an dieser Stelle nicht kompatibel sind.

Diese Inkompatibilität führt in manchen Situationen dazu, dass die Mitarbeiter:innen des Jugendzentrums die schulischen Erziehungsregeln und Vorgaben unterlaufen bzw. distanziert mit diesen verfahren. Ein Beispiel dafür ist das Thema Handynutzung. In der Szene oben wurde bereits festgehalten, dass die Kinder im Freizeitsetting ihre Handys nutzen, „die Teilnehmerinnen Helena und Toni sitzen auf dem Sofa in der Mensa und schauen auf ein Handy". Ein uneindeutiger Umgang damit wird im folgenden Protokollauszug erkennbar:

> Die Mitarbeiterin Andrea und einige Kinder sitzen zusammen auf dem Schulhof. Ein Mädchen ist mit seinem Handy beschäftigt. Andrea schaut zu ihr und fordert sie auf: *Tu mal das Handy weg. Wenn das überhand nimmt, dürft ihr gar keine Handys mehr haben. In der Schule dürft ihr eh keine haben.*

Es zeigt sich, dass die Schule die Handynutzung zwar anscheinend untersagt, die Mitarbeiter:innen im Ganztag diese aber manchmal tolerieren und manchmal – wie hier in der ‚Schulöffentlichkeit' auf dem Hof – nicht. Begründet wird dies wenig plausibel mit Verweis auf die nicht definierte akzeptable Dosierung. Offenkundig liegen hierzu keine allgemeingültigen Regelungen für den außerunterrichtlichen Bereich vor. Dies bestätigt sich auch, als die Sozialpädagogin Andrea zur Handynutzung der Kinder befragt wird:

> Ich finde, also da nehm ich mir auch die Freiheit so, also wenn ähm wir sind als (..) integriert und kooperieren, aber wir sind halt (..) und das find ich auch okay, dass wir dann anders damit umgehen. Es ist nun mal Bestandteil der Freizeit der Kinder.

Diese kurze Interviewpassage zeigt zum einen bereits an den Pausen bzw. Auslassungen in der Rede, dass sie nicht benennen kann, in welchem Verhältnis sie als Institution zur Schule stehen. Kooperieren sie mit ihr und sind damit als Partner:in weiterhin tendenziell eigenständig oder sind sie in diese integriert, was eher eine (überwiegende) Übernahme der schulischen Regelungen und Verfahren nahelegen würde. Zum anderen bestätigt die Passage, dass es keine Absprachen zur Handynutzung auf der Ebene Träger – Schule gibt, dass sich vielmehr die Mitarbeiterin individuell ‚die Freiheit nimmt', anders damit umzugehen. Dabei rekurriert Andrea auf den Freizeitcharakter, aus dem sie diese Freiheit im Umgang ableitet.

Beide Beispiele, Aufsichtspflicht und Handyregelung, machen deutlich, dass die Verantwortungsgemeinschaft, als gleichberechtigte Zusammenarbeit zwischen Kinder- und Jugendhilfe und Schule, im Handlungsvollzug nicht umgesetzt wird. Der außerunterrichtliche Bereich wird vielmehr – wie bereits administrativ vorgegeben (Münder et al. 2022) – im Wesentlichen als schulische Veranstaltung verstanden.

5. Die Kinder- und Jugendhilfe und die Ganztagsgrundschule – Fazit und Ausblick

In den vergangenen 20 Jahren hat sich die Kinder- und Jugendhilfe als Akteur:in in Ganztagsgrundschulen etabliert. Gleichzeitig konnte in diesem Beitrag aufgezeigt werden, dass die Zusammenarbeit nach wie vor herausfordernd ist. Zentral für eine gleichberechtigte Planung und Umsetzung in einer Verantwortungsgemeinschaft sind Absprachen auf den unterschiedlichen Ebenen. Kooperationsvereinbarungen können in dem Kontext eine zentrale Grundlage darstellen. Dabei sollten inhaltliche Fragen eines gemeinsamen Bildungskonzepts im Mittelpunkt stehen, denn für die Zusammenarbeit der Kinder- und Jugendhilfe mit Schule darf nicht der Nutzen der Schule oder ihre Entlastung in der Aufgabe der Kinderbetreuung maßgeblich sein (Stüwe, 2019; Spies, 2018, S. 757).

Das empirische Beispiel bestätigt dies, da hier zwar eine Kooperationsvereinbarung vorliegt, diese aber eine konzeptionell-inhaltliche Engführung auf Betreuung aufweist. Damit fehlt eine an die Kinder- und Jugendarbeit anschlussfähige pädagogische Konzeption, die für die Mitarbeiter:innen handlungsleitend sein könnte. Ein anderer Aspekt, der im Kontext der Kooperationsvereinbarungen relevant ist, sind die rechtlichen Grundlagen. Auf der Basis der Ergebnisse des herangezogenen Forschungsprojektes stellt sich bspw. die Frage, ob die Vorgaben zur Aufsichtspflicht für den Unterricht und für den außerunterrichtlichen (Freizeit-) Bereich zwangsläufig identisch sein müssen.[1]

Darüber hinaus bedarf es weiterer Gremienarbeit, an der Vertreter:innen aus dem Schul- und dem Kinder- und Jugendhilfe-Bereich beteiligt sind. In Nordrhein-Westfalen bspw. haben sich dafür in den vergangenen Jahren verschiedene institutionelle Arrangements etabliert, etwa sog. Bildungsbüros oder auch sog. kommunale Qualitätszirkel, als „multiprofessionell zusammengesetzte, selbstorganisierte Steuerungsgruppen" (Institut für soziale Arbeit & Serviceagentur „Ganztägig lernen", 2019, S. 2).

Ein Blick in die Zukunft rückt abschließend den Rechtsanspruch auf einen Ganztagsschulplatz ab 2026 in den Fokus. Damit einher geht auch eine modifizierte rechtliche Grundlage. Die Ganztagsgrundschule wird als Tageseinrichtung im Kinder- und Jugendhilferecht in § 24 SGB VIII verankert. Anlässlich dessen müssen Grundentscheidungen neu verhandelt und getroffen werden. Diese

---

1 In Hamburg gibt es das Konzept der „Ganztägigen Bildung und Betreuung an Schulen (GBS)". Dabei führen der Kinder- und Jugendhilfeträger und die Schule Schul- und Hortpädagogik zusammen. In dem Kontext gilt am Vormittag das Schul- und am Nachmittag das Kinder- und Jugendhilferecht (Offermanns, 2021, S. 114).

sollten auf eine konsequent gedachte Verantwortungsgemeinschaft zielen und umfassen neben der Aufsicht auch die inhaltliche Ausgestaltung der Ganztage, etwa die Frage, wie die Kinder- und Jugendhilfe ihre Bildungsziele im Kontext der schulischen Bildung sinnvoll einbringen kann (Münder et al., 2022, S. 20–21).

Literatur

ALTERMANN, A., Lang, M., Menke, S., Rosendahl, J., Steinhauer, R. & Weischenberg, J. (2018). Bildungsbericht Ganztagsschule NRW 2018. Hg. v. Institut für soziale Arbeit e.V., Serviceagentur „Ganztägig lernen“ NRW. Eigenverlag Forschungsverbund DJI/TU Dortmund.

AUTOR:INNENGRUPPE BILDUNGSBERICHTERSTATTUNG (2020). Bildung in Deutschland 2020. Ein indikatorengestützter Bericht mit einer Analyse zu Bildung in einer digitalisierten Welt. Bielefeld: wbv. https://www.bildungsbericht.de/de/bildungsberichte-seit-2006/bildungsbericht-2020/pdf-dateien-2020/bildungsbericht-2020-barrierefrei.pdf (Zugriff: 15.10.2023).

DEINET, U. (2002). Schule und Jugendarbeit – von der Kooperation zur freundlichen Übernahme? Deutsche Jugend. Zeitschrift für die Jugendarbeit 50 (7/8), S. 327–333.

DEINET, U., Icking, M. & Rehrs, S. (2020). Offene Kinder- und Jugendarbeit und Schule in NRW. Abschlussbericht. Socialnet. https://www.socialnet.de/files/materialien/attach/594.pdf (Zugriff: 12.3.2024).

FISCHER, N. & Kuhn, H.P. (2021). Abschlussbericht der Evaluation „Pakt für den Nachmittag“ (PfdN). Kassel.https://www.pedocs.de/volltexte/2021/23314/pdf/Fischer_Kuhn_2021_Abschlussbericht_der_Evaluation_PfdN.pdf (Zugriff: 13.7.2024).

GANZTAGSSCHULE 2017/2018 (2019). Deskriptive Befunde einer bundesweiten Befragung. Studie zur Entwicklung von Ganztagsschulen, StEG. https://www.pedocs.de/volltexte/2019/17105/pdf/Ganztagsschule_2017_2018_StEG.pdf (Zugriff: 20.12.2023).

GOSSE, K. (2020). Pädagogisch betreut. Die offene Kinder- und Jugendarbeit und ihre Erziehungsverhältnisse im Kontext der (Ganztags-)Schule. Wiesbaden: Springer VS.

INSTITUT FÜR SOZIALE ARBEIT & SERVICEAGENTUR „GANZTÄGIG LERNEN“ (2019). Kommunale Qualitätszirkel für Ganztagsschulen in Nordrhein-Westfalen. https://www.ganztag-nrw.de/fileadmin/Dateien/Materialien/Qualitaetszirkel/QZ-Praesentation_Stand_08_05_2019.pdf (Zugriff: 20.12.2023).

MARKERT, T. (2014). Die Kindertageseinrichtung Hort – ein Irrtum der Kinder- und Jugendhilfe? Zeitschrift für Sozialpädagogik 12 (4), S. 361231–376.

MARKERT, T. (2020). Hort. Socialnet Lexikon. https://www.socialnet.de/lexikon/Hort#toc_3 (Zugriff: 20.12.2023).

MARKERT, T. (2021). Der Hort im Ganztag. In G. Graßhoff & M. Sauerwein (Hg.), Rechtsanspruch auf Ganztag. Zwischen Betreuungsnotwendigkeit und fachlichen Ansprüchen. Weinheim & Basel: Beltz Juventa, S. 81–95.

MÜNDER, J., Ennuschat, J., Heuchel, I., Fournier, K. & Altermann, A. (2022). Expertise zur landesrechtlichen Umsetzung des Artikel 1 Änderung des Achten Buches Sozialgesetzbuch – Ganztagsförderungsgesetzes (GaFöG) vom 2. Oktober 2021 in Nordrhein-Westfalen. Münster: Institut für soziale Arbeit e. V. https://www.ganztag nrw.de/uploads/media/ISA_Expertise_GaFoeG_NRW_final.pdf (Zugriff: 16.7.2024).

NÖRBER, M. (2003). Jugendarbeit und Schule. Zur Geschichte eines wechselhaften Verhältnisses. Hg. v. Hessischer Jugendring e. V. Wiesbaden: Eigenverlag.

OFFERMANNS, A. (2021). Der Hamburger Ganztag – Geschichte, Herausforderungen, Erfolge. In G. Graßhoff & M. Sauerwein (Hg.), Rechtsanspruch auf Ganztag. Zwischen Betreuungsnotwendigkeit und fachlichen Ansprüchen. Weinheim & Basel: Beltz Juventa, S. 112–126.

SCHULMINISTERIUM NRW (o.J.). Sicherheitsförderung und Aufsicht – in offenen und gebundenen Ganztagsschulen sowie in weiteren Betreuungsmaßnahmen in Schulen. https://www.schulministerium.nrw.de/docs/Schulsystem/Ganztag/Sicherheit_-Auf- sicht-und-Erste-Hilfe-im-Ganztag/Faltblatt_zur_Sicherheit_im_Ganztag.pdf (Zugriff: 10.4.2021).

SERVICEAGENTUR GANZTAG HESSEN (o.J.). Pakt für den Nachmittag. https://www.ganztag-hessen.de/pakt-fuer-den-ganztag (Zugriff: 4.9.2025).

SPIES, A. (2018). Jugendhilfe als Kooperationspartnerin von Schule – Strukturmaßnahmen im Bildungssetting. In K. Böllert (Hg.), Kompendium Kinder- und Jugendhilfe. Wiesbaden: Springer VS.

STAATSMINISTERIUM FÜR KULTUS SACHSEN (2023). Fachempfehlung „Ganztagsangebote an sächsischen Schulen". https://www.schule.sachsen.de/download/23_09_28_Fachempfehlung_09_2023.pdf (Zugriff: 15.7.2025).

STÜWE, G. (2019). Kooperation Schule und Jugendarbeit. Socialnet Lexikon. https://www.socialnet.de/lexikon/Kooperation-Schule-und-Jugendarbeit (Zugriff: 20.11.2023).

ALESSA SCHULDT

Multiprofessionelle Kooperation an inklusiven Ganztagsgrundschulen

1. Einleitung

Der Aufbau ganztägiger und inklusiver Bildungs-, Erziehungs- und Betreuungsarrangements im Grundschulbereich stellt ein komplexes Unterfangen dar, welches auf die Einbringung und das Zusammenspiel verschiedener pädagogischer Expertisen angewiesen ist. Eine zielgerichtete und wertegeleitete Kooperation unterschiedlicher schulischer und außerschulischer Akteursgruppen ist daher nicht nur unerlässlich für das Gelingen qualitativ hochwertiger Ganztagsbildung und Inklusion (Kielblock, Gaiser & Stecher, 2017; Lütje-Klose & Urban, 2014), sondern bietet auch vielfältige Potenziale. Hierzu zählen u.a. eine bessere Berücksichtigung der individuellen Lebens- und damit verbundenen Lernausgangslagen von Grundschulkindern, der Ausgleich herkunftsbedingter Bildungsbenachteiligungen und eine angemessene Unterstützung von Schüler:innen beim Erwerb fachlicher und psychosozialer Kompetenzen mithilfe gut verzahnter unterrichtlicher und außerschulischer Lern- und Förderangebote (KMK, 2018; SWK, 2022). Das Ziel dieses Beitrags ist es daher, zunächst die zentrale Bedeutung der multiprofessionellen Kooperation für inklusiv arbeitende Ganztagsgrundschulen hervorzuheben (Kapitel 2) und in die begrifflichen und theoretischen Grundlagen des Kooperationsbegriffs einzuführen (Kapitel 3). Anschließend wird der aktuelle Forschungsstand zur multiprofessionellen Kooperation an inklusiven Ganztagsschulen zusammengefasst, um daraus Herausforderungen und Konfliktpotenziale abzuleiten (Kapitel 4). Auf dieser Grundlage wird ein Fazit gezogen und ein kurzer Ausblick auf entsprechende Aus-, Fort- und Weiterbildungsbedarfe gegeben (Kapitel 5).

2. Multiprofessionelle Kooperation als Gelingensbedingung von Ganztagsbildung und Inklusion

Insbesondere die Primarstufe unterlag in den vergangenen Jahrzehnten einem strukturellen Wandel. Die Reformen zur *Ganztagsschule* und *Inklusion* haben hierzulande gleichzeitig den bundesweiten Aus- bzw. Umbau vom halbtäglichen hin zum Ganztagsschulsystem sowie die gemeinsame Beschulung von Kindern mit und ohne sonderpädagogischem Förderbedarf vorangetrieben. Auch wenn beide Reformvorhaben im erziehungswissenschaftlichen Diskurs bislang noch weitgehend getrennt voneinander diskutiert werden und mitunter sehr unterschiedliche Zielsetzungen verfolgen, wird gleichwohl auf gemeinsame Schnittmengen und Synergieeffekte zwischen den beiden Reformansätzen verwiesen (Demmer & Hopmann, 2020). Kielblock und Kolleg:innen (2017) sprechen deshalb auch von einer „doppelten Schulreform“ (ebd., S. 140 ff.). In der Praxis macht sich dies ebenfalls bemerkbar, da mittlerweile die Mehrheit der Schüler:innen mit einem diagnostizierten sonderpädagogischen Förderbedarf an Ganztagsschulen beschult wird und die Inklusion vielerorts zum Aufgabenspektrum von Ganztagsgrundschulen hinzugezählt wird (StEG-Konsortium, 2019a; SWK, 2022). Zudem stellt die Heterogenität der Schülerschaft ein zentrales Merkmal von Grundschulen dar, die sich traditionell (und stärker als andere Schulformen) als ‚Schule für alle Kinder‘ verstehen (Lütje-Klose, Miller & Ziegler, 2014). Daher sollten die beiden Reformen zunehmend zusammen gedacht werden, auch wenn „sie für sich genommen spezifische Anforderungen an die Schule stellen“ (Kielblock et al., 2017, S. 146). Aus diesem Grund wird im Folgenden auch von inklusiven Ganztagsgrundschulen gesprochen.

Da aber weder der Ganztagsschulbetrieb noch eine inklusive Bildung von Lehrkräften alleine bewältigt werden kann, hat in den vergangenen Jahren die Einbindung weiterer pädagogischer Berufsgruppen, wie z.B. Sonder- oder Sozialpädagog:innen, in das Schul- und Unterrichtsgeschehen an inklusiven Ganztagsgrundschulen eine hohe Relevanz erfahren (SWK, 2022). Diese zeichnen sich durch ihre personelle Vielfalt und einen erhöhten Personalschlüssel aus (Kielblock & Gaiser, 2017; Speck, 2010). So ergab die Schulleiterbefragung, die im Rahmen der *Studie zur Entwicklung von Ganztagsschulen* (StEG, 2019a) durchgeführt wurde, dass an knapp 69 % der Schulen im Primarbereich zusätzlich sonderpädagogisch ausgebildete Lehrkräfte und in knapp 42 % der Fälle DaZ- bzw. DaF-Lehrkräfte arbeiten (ebd., S. 139).[1] Hinzu kommen Sozialpädagog:innen (ebenfalls knapp 42 %), Erzieher:innen (40 %), Integrations-/Inklusionshelfer:innen (knapp 39 %), Lernbegleiter:innen (ungefähr 23 %) sowie in geringerem Umfang speziell ausgebildetes Personal (zusammengefasst knapp 19 %), zu denen u.a. Dolmetscher:innen, Ergo-/Physiotherapeut:innen,

1 Hierbei handelt es sich um Lehrkräfte, die über eine Zusatzqualifikation im Bereich *Deutsch als Zweit-* oder *Fremdsprache* verfügen.

Logopäd:innen oder Psycholog:innen zählen (ebd., S. 139; 182). In Abgrenzung zu Lehrkräften werden diese Berufsgruppen zwar häufig unter der Bezeichnung ‚weiteres pädagogisch tätiges Personal' (wptP) zusammengefasst (Höhmann, Bergmann & Gebauer, 2008), obwohl sich die verschiedenen Akteur:innen u. a. in Bezug auf ihre (pädagogischen) Qualifikationen, den Beschäftigungsstatus und -umfang, die Tätigkeitsbereiche sowie die Art der Einbindung in den inklusiven Ganztag deutlich voneinander unterscheiden (Tillmann, 2020).

Inklusive Ganztagsgrundschulen lassen sich daher als multiprofessionelle Organisationen bezeichnen (Speck, Olk & Stimpel, 2011a), in denen berufsgruppenübergreifende Zusammenarbeit einen zentralen Stellenwert besitzt (Kielblock et al., 2017 & 2020). Es handelt sich hierbei nicht nur um eine praktische Notwendigkeit, die aus der speziellen Personalsituation an inklusiven Ganztagsschulen resultiert, sondern vielmehr um eine entscheidende Voraussetzung, die den Schlüssel zu einer qualitativ hochwertigen inklusiven Ganztagsbildung darstellt (Kielblock et al., 2017; Werning & Urban, 2014).

3. Begriffliche und theoretische Grundlagen

Ausgehend von einer allgemeinen Begriffsbestimmung bezeichnen Olk und Kolleg:innen (2011) die multiprofessionelle Kooperation als die Zusammenarbeit von mindestens zwei verschiedenen pädagogischen Berufsgruppen (ebd.).[2] Im Kontext inklusiver Ganztagsgrundschulen kann diese entweder auf innerschulischer Ebene zwischen Lehrkräften und dem wptP oder aber auch mit außerschulischen, externen Partner:innen der Kinder- und Jugendhilfe erfolgen (Kielblock et al., 2017). In Anlehnung an die organisationspsychologische Definition des Kooperationsbegriffs nach Spieß (2004), an der sich die Debatten zur Ganztagsbildung und Inklusion im Wesentlichen orientieren, sind kooperative Handlungen geprägt durch *a) einen gemeinsamen Ziel- und Aufgabenbezug, b) gegenseitiges Vertrauen* und *c)* einen gewissen Grad an *Autonomie*, der die eigenständige Erledigung von (Teil-)Aufgaben zulässt (ebd.). Definitionsansätze aus dem inklusionspädagogischen Diskurs heben zusätzlich ein von den Kooperationspartner:innen geteiltes Werteverständnis hervor, das die Basis der gemeinsamen Zusammenarbeit bildet (Lütje-Klose & Urban, 2014). Je nach

2 In einigen Fällen werden auch die Begriffe *interdisziplinäre* bzw. *interprofessionelle* Kooperation synonym verwendet (Fabel-Lamla & Gräsel, 2022). Letzterer wird häufig als Gegenpart zur *intraprofessionellen Kooperation* benutzt, die die Kooperation von Angehörigen derselben Berufsgruppe beschreibt (ebd.).

Verwendungsweise des Kooperationsbegriffes können die Grenzen zwischen einer rein deskriptiven und normativ-wertenden Definition allerdings mitunter verschwimmen (Bauer & Fabel-Lamla, 2020; Fabel-Lamla & Gräsel, 2022), weshalb oftmals hohe Erwartungen, z.B. in Bezug auf eine effektivere individuelle Förderung, einen gesteigerten Kompetenzerwerb sowie verbesserte gesellschaftliche Teilhabechancen von Schüler:innen, mit der multiprofessionellen Kooperation verschiedener pädagogischer Berufsgruppen einhergehen (Bauer & Fabel-Lamla, 2020; Fabel-Lamla & Gräsel, 2022).[3]

Im Rahmen einer Studie zur Lehrer:innenkooperation konnten Gräsel und Kolleg:innen (2006) im Kontext der in der Schulpraxis vorkommenden Formen von Kooperation drei unterschiedliche Niveaustufen identifizieren, die sich in Bezug auf den Grad an Autonomie und Vertrauen unterscheiden (ebd.):

- Der kollegiale *Austausch* von Informationen oder Materialien stellt die einfachste Form der Lehrkräftekooperation dar und markiert damit die unterste Niveaustufe. Dieser erfolgt oftmals mithilfe sog. ‚Tür- und Angel-Gesprächen', in denen sich die Kooperationspartner:innen z.B. über bestimmte Ereignisse oder den Lern- und Entwicklungsstand von Schüler:innen austauschen, um sich auf den gleichen Informationsstand zu bringen (Dizinger & Böhm-Kasper, 2022). Dementsprechend setzt der Austausch lediglich (kurze) Gespräche und Treffen voraus, die weder einer übergeordneten Zielsetzung noch einer besonders engen und vertrauensvollen Zusammenarbeit bedürfen (Gräsel, Fussangel & Pröbstel, 2006). Daher wird der Austausch als „low cost"-Form der Kooperation betrachtet, die im Vergleich zu anderen Erscheinungsformen deutlich seltener mit negativ erlebten Konsequenzen, wie beispielsweise zeitraubenden Aushandlungsprozessen, Konflikten, Bedrohung des Selbstwertes usw., einhergehen (ebd., S. 210).

3 Hierzu finden sich je nach Argumentationslogik unterschiedliche Positionierungen: So plädieren vor allem Vertreter:innen einer qualitativ-rekonstruktiven Forschungstradition dafür, das berufsübergreifende Kooperationsgeschehen als solches zu untersuchen und rein deskriptiv zu fassen (Kunze, 2017). Zugleich warnen sie vor einer Idealisierung des Kooperationsbegriffs im Sinne einer „universale[n] Lösungsformel zur Bearbeitung von Problemlagen" (Bauer & Fabel-Lamla, 2020, S. 92). Im Unterschied dazu weisen insbesondere Vertreter:innen des inklusionspädagogischen Diskurses daraufhin, dass der normative Gebrauch des Kooperationsbegriffs aufgrund der eingangs beschriebenen Schlüsselfunktion unvermeidlich scheint (Lütje-Klose & Urban, 2014) und die Bearbeitung komplexer Problemlagen und langfristiger Schulentwicklungsaufgaben nur kooperativ zu bewältigen sei (Grosche, Fussangel & Gräsel, 2020; SWK, 2022).

- Bei der *arbeitsteiligen Kooperation* erledigen die einzelnen Kooperationspartner:innen unter Berücksichtigung einer gemeinsamen Zielsetzung jeweils unterschiedliche Teilaufgaben, die anschließend zu einem Gesamtergebnis zusammengefügt werden. Daher erfolgt diese Form der Kooperation in größerer Abhängigkeit zueinander als es beim Austausch der Fall ist und erfordert präzise Absprachen (ebd.), wenngleich die einzelnen Akteur:innen in der Ausübung ihrer individuellen Tätigkeiten relativ autonom bleiben (Dizinger & Böhm-Kasper, 2022). Die Arbeitsteilung kann sowohl in größeren Kontexten, wie z.B. schulischer Projektarbeit, als auch im kleineren Rahmen, beispielsweise bei der Aufteilung von Unterrichtssequenzen oder Elternarbeit, praktiziert werden (ebd.).
- Die intensivste und gleichzeitig anspruchsvollste Kooperationsform ist die *Ko-Konstruktion*. Bei ihr bringen die Kooperationspartner:innen individuelle Wissensbestände in die Teamarbeit mit ein und beziehen diese aufeinander, um gemeinsam Konzepte oder Problemlösungen zu entwickeln (Gräsel et al., 2006, S. 209 ff.). Ko-konstruktive Kooperationshandlungen sind geprägt durch ein hohes Maß an Wertschätzung und gegenseitigem Respekt, z.B. gegenüber der Expertise der jeweils anderen im inklusiven Ganztag vertretenen Berufsgruppen (Lütje-Klose & Urban, 2014). Im Gegensatz zum Austausch handelt es sich hierbei um eine sog. „high cost"-Form der Kooperation, die nicht nur eine enge und vertrauensvolle Zusammenarbeit der Teammitglieder untereinander voraussetzt, sondern zusätzlicher und präziser Abstimmungen vor und während des Arbeitsprozesses bedarf (ebd., S. 211). Im Vergleich zu den anderen beiden Niveaustufen kann die Autonomie der bzw. des Einzelnen bei dieser Form stärker eingeschränkt werden, was wiederum ein größeres Risiko für sachliche und soziale Konflikte birgt (ebd., S. 211, s.a. Kap. 4). Hiervon ist oftmals die Anfangsphase einer Kooperationsbeziehung betroffen, weil die beteiligten Kooperationspartner:innen zuerst Rollen und Aufgaben neu aushandeln und eine „gemeinsame Sprache [finden müssen] […], was nur bei gegenseitigem Vertrauen möglich ist" (Grosche et al., 2020, S. 466). Dazu braucht es zunächst Vertrauen, damit alle Partner:innen bereit sind, auch Schwächen zu zeigen und sich der gegenseitigen Unterstützung zu öffnen. In der schulischen Praxis kommt dieser Modus insbesondere bei der Bearbeitung komplexer Problemlagen und langfristiger Schulentwicklungsprozesse zum Tragen, die die Erarbeitung einer gemeinsamen Zielperspektive und gemeinsamer Lösungsansätze erfordert (Grosche et al., 2020; SWK, 2022). Hierzu zählen u.a. die Organisation bzw. der Ausbau von außerschulischen Ganztagsangeboten und ihre

sinnvolle Verzahnung mit dem Unterrichtsgeschehen. Weitere Beispiele betreffen die Kooperation verschiedener pädagogischer Berufsgruppen sowohl in unterrichtlichen als auch außerunterrichtlichen Situationen, wie etwa das Team Teaching von Regelschullehrkräften und Sonderpädagog:innen im Unterricht mit dem Ziel, eine verbesserte individuelle Förderung aller Schüler:innen – mit und ohne sonderpädagogischem Förderbedarf – zu erreichen, oder die Durchführung von Präventionsprogrammen gegen Gewalt und (Cyber-)Mobbing in Zusammenarbeit mit der Schulsozialarbeit oder Trägern der Kinder- und Jugendhilfe (Dizinger & Böhm-Kasper, 2022). Ein gelungenes Praxisbeispiel einer ko-konstruktiven Zusammenarbeit unterschiedlicher Berufsgruppen ist die Gebrüder-Grimm-Schule aus Hamm, die mit dem *Deutschen Schulpreis* ausgezeichnet wurde.[4]

An dieser Stelle sei aber noch einmal betont, dass weniger aufwendige Kooperationsformen nicht in Abrede zu stellen sind und je nach Aufgaben- bzw. Zielstellungen durchaus ein wesentlicher Teil von ko-konstruktiven Arbeitsprozessen sein können.

4. Aktueller Forschungsstand

Aufgrund des verstärkten Ganztagsausbaus und der anhaltenden Inklusionsdebatte ist die multiprofessionelle Kooperation an inklusiven Ganztagsschulen seit Beginn der 2000er Jahre ebenso verstärkt in den Blick der empirischen Bildungs- und Inklusionsforschung gerückt (Dizinger & Böhm-Kasper, 2022). Im Mittelpunkt der meisten Forschungsarbeiten steht die Kooperation zwischen Lehrkräften und Akteur:innen des wptPs. Im Zuge dessen konnten vor allem durch quantitative Studien umfassende Erkenntnisse über die genauen Aufgaben- und Tätigkeitsbereiche verschiedener Berufsgruppen, sowie über die Häufigkeit, Intensität und die Einfluss- und Bedingungsfaktoren der berufsübergreifenden Kooperation im inklusiven Ganztag gewonnen werden. Einen dezidierten Überblick zum multiprofessionellen Kooperationsgeschehen an inklusiven Ganztagsgrundschulen bietet das systematische Literaturreview von Hochfeld & Rothland (2022), weshalb im Folgenden nur die wichtigsten Ergebnisse kurz zusammengefasst werden:

---

4 Weitere Informationen unter: https://www.deutscher-schulpreis.de/preistraeger/gebrueder-grimm-schule

Bezogen auf die *Aufgabenverteilung* im inklusiven Ganztag an Grundschulen zeigt sich, dass Lehrkräfte vorrangig für die Planung und Durchführung des (Fach-)Unterrichts zuständig sind (Bellin, 2012; Niehoff et al., 2019). Dennoch bieten sie einigen Studien zufolge zusätzliche fachbezogene Lernangebote im Nachmittagsbereich an oder sind in der Hausaufgabenbetreuung tätig (Bellin, 2012). Obwohl die Gruppe des wptPs eine Vielzahl an pädagogischen Professionen und auch Lai:innen einschließt und man daher vermuten würde, dass sich für diese Akteursgruppe keine klaren Aufgaben- und Zuständigkeitsbereiche definieren lassen, identifizieren Studien den „primäre[n] Aufgabenbereich des wptPs [...] im Umgang mit dem Arbeits- und Sozialverhalten der Schüler:innen" (Hochfeld & Rothland, 2022, S. 471). So unterstützt das wptP unterstützt häufig „förderbedürftige" Schüler:innen während des Unterrichts durch eine 1:1-Betreuung oder in separaten Kleingruppenangeboten (Breuer, 2015). Im Nachmittagsbereich liegt der Schwerpunkt hingegen auf der Hausaufgabenbetreuung (Bellin & Tamke, 2009; Tillmann, 2020) sowie auf ungebundenen Freizeitaktivitäten (Bellin, 2012). Als gemeinschaftlicher Verantwortungsbereich konnten unter anderem Beratungsaufgaben, wie etwa Gespräche mit Eltern, identifiziert werden (Böhm-Kasper, Dizinger & Heitmann, 2013).

Was den *Umfang* und die *Intensität der multiprofessionellen Kooperation* betrifft, verweisen vor allem Untersuchungen aus dem Grundschulbereich auf positive Entwicklungstendenzen durch die feste Verankerung von Kooperation im Schulleben. So reservieren beispielsweise Grundschulen i. d. R. deutlich mehr feste Zeiträume für Kooperation als weiterführende Schulen (StEG-Konsortium, 2019b). Obwohl die Kooperation zwischen den Akteursgruppen oftmals positiv wahrgenommen wird (Böhm-Kasper, Demmer & Gausling, 2017), gelten sowohl die Häufigkeit als auch die Intensität der multiprofessionellen Kooperation als ausbaufähig (Hochfeld & Rothland, 2022). So erfolgt die Kooperation in den meisten Fällen eher auf niedrigem Niveau (z.B. Informationsaustausch in sog. Tür- und Angel-Gesprächen), wohingegen zeitintensive Kooperationsformen wie die Ko-Konstruktion nur selten bis gar nicht umgesetzt werden (Böhm-Kasper et al., 2017).

Zusätzlich werden in den Studien verschiedene *Einfluss- und Bedingungsfaktoren* identifiziert, die neben lokalen und regionalen Unterschieden Auswirkungen auf das Kooperationsgeschehen im Schulalltag haben. Hier sind zunächst die Beschäftigungsverhältnisse sowie Stundenumfänge als Einflussgröße zu nennen, weil in der Gruppe des wptPs häufig Teilzeit- und Honorarkräfte vertreten sind, die bei externen Partnern der Kinder- und Jugendhilfe und mit einem geringen wöchentlichen Stundenanteil angestellt sind (Beher et al., 2007; Böhm-Kasper et al., 2013). Demnach zeigen Beschäftigungsverhältnisse von weniger als 6,5 Wochenstunden eine kooperationshemmende Wirkung (Haenisch, 2010), wohingegen ab 7 Stunden pro Woche eine deutliche Zunahme an Kooperation zu verzeichnen ist (Beher et al., 2007). Zudem werden Mitarbeiter:innen von externen Partnern seltener in Schulentwicklungsprozesse oder Fortbildungen miteinbezogen (StEG-Konsortium, 2015 & 2019b). Hinzu kommt, dass sich die Statusunterschiede in Hierarchien oder mangelnder Anerkennung ausdrücken können (Breuer, 2015; Böhm-Kasper et al., 2017). Hiervon ist in erster Linie das wptP an offenen Ganztagsgrundschulen, die vorwiegende Organisationsform im Grundschulbereich (KMK, 2023), betroffen. Eine wertschätzende Verzahnung von unterrichtlichen und außerunterrichtlichen Aktivitäten findet hingegen eher im gebundenen Ganztag statt (Böhm-Kasper et al., 2013).

Trotz der umfangreichen Erkenntnisse in Bezug auf die strukturellen Rahmenbedingungen und die konkrete Ausgestaltung der multiprofessionellen Kooperation in der schulischen Praxis, liegen im Allgemeinen bislang kaum belastbare Ergebnisse zu den Wirkungen der berufsgruppenübergreifenden Zusammenarbeit vor (Demmer & Hopmann, 2020). Ebenfalls wünschenswert wären weitere Forschungsarbeiten, die die Perspektive von Kindern und Jugendlichen auf das Kooperationsgeschehen zwischen Lehrkräften und dem wptP berücksichtigen (ebd.). Inklusive Ganztagsgrundschulen bieten in diesem Kontext ein geeignetes Forschungsfeld, da im Grundschulbereich eine verstärkte Kooperation zu beobachten ist. Um die Wirkungsweisen und Synergieeffekte einer multiprofessionellen Kooperation zu untersuchen, sind allerdings längsschnittliche Forschungsdesigns erforderlich. Mithilfe dieser Designs könnte beispielsweise gemessen werden, ob sich ein intensives multiprofessionelles Kooperationsgeschehen positiv auf den Kompetenzerwerb von Grundschüler:innen auswirkt und herkunftsbedingte Benachteiligungen ausgeglichen werden. Ebenfalls wünschenswert wären Forschungsarbeiten, die die Perspektive von Kindern und Jugendlichen auf das Kooperationsgeschehen zwischen Lehrkräften und dem wptP berücksichtigen (ebd.).

Qualitative Forschungsarbeiten richteten das Forschungsinteresse vor allem darauf, verschiedene Muster der berufsgruppenübergreifenden Zusammenarbeit explorativ „zu untersuchen und in ihren theoretischen und praktischen Implikationen zu beschreiben“ (Kunze, 2017, S. 8 f.). Hierbei zeichnen insbesondere rekonstruktiv-ausgerichtete Forschungsarbeiten die multiprofessionelle Kooperation als ein spannungsvolles Unterfangen nach, welches vielfältige Konfliktpotenziale birgt. Den qualitativen Ergebnissen zufolge entstehen Kooperationsschwierigkeiten oftmals durch unklare Aufgabenbereiche und mangelnde Rollenklarheit, wie es z.B. häufig in der unterrichtsbezogenen Zusammenarbeit zwischen Regelschullehrkräften und Sonderpädagog:innen in inklusiven Settings der Fall ist (Werning & Arndt, 2013). Daher spricht Kunze (2016) in diesem Kontext von einem „Zuständigkeitsdiffusitätsproblem" (ebd., S. 265), das dem eigentlichen Kooperationsprozess vorausgeht und inhärentes Merkmal der berufsgruppenübergreifenden Zusammenarbeit darstellt (Kunze, 2017). Die multiprofessionelle Kooperation ist daher als fortwährender Aushandlungsprozess zu verstehen, der das (nicht immer konfliktfreie) Klären von Zuständigkeiten und professionellen Rollen mit sich bringt (Kunze, 2016; Lütje-Klose & Urban, 2014; Reiser et al., 1986). Zudem verfügen die verschiedenen Akteursgruppen z.T. über sehr divergierende Perspektiven, spezifische Selbst- bzw. Fremdbilder und Haltungen (Thimm, 2008). Dies kann bei der Arbeit im multiprofessionellen Team unter Umständen zu divergierenden Interessen und Zielkonflikten führen, weil die einzelnen Teammitglieder in ihren pädagogischen Grundsätzen nicht immer übereinstimmen oder unterschiedliche Auffassungen von der gemeinsamen Zusammenarbeit haben (Speck et al., 2011b). So verstehen z.B. Kooperationspartner:innen aus dem Kinder- und Jugendhilfebereich „ihr Engagement nicht selten als pädagogisches Kontrastangebot zur aus ihrer Sicht traditionellen, zukunftsorientierten Wissensvermittlung in Schulen" (ebd., S. 194), was insbesondere aus Sicht von Lehrkräften, die dem schulischen Bildungs- und Erziehungsauftrag verpflichtend sind, zu Irritationen führen kann.

5. Fazit

Abschließend ist festzuhalten, dass die multiprofessionelle Kooperation eine wesentliche Prämisse für eine sinnvoll aufeinander abgestimmte Bildungs-, Erziehungs- und Betreuungsarbeit in der inklusiven Ganztagsgrundschule darstellt (Kielblock et al., 2017), die sich an den individuellen Bedürfnissen und Lebenssituationen von Grundschüler:innen und ihren Eltern orientiert. Vor diesem Hintergrund erscheint eine intensive ko-konstruktive oder zumindest gut ineinandergreifende Form der Zusammenarbeit zwischen den verschiedenen an inklusiven Ganztagsgrundschulen beschäftigten pädagogischen Berufsgruppen nicht nur geboten, um eine qualitativ hochwertige Verzahnung von Unterricht und Ganztagsangeboten zu erreichen, sondern sie wird vielmehr zum Qualitätsmerkmal inklusiver Ganztagsgrundschulen (Kielblock et al., 2020; SWK, 2022). Empirische Untersuchungen zeigen allerdings, dass im Primarbereich vorwiegend das Modell der offenen Ganztagsschule praktiziert wird (KMK, 2023) und dort eher weniger anspruchsvolle Kooperationsformen wie z.B. der Austausch von Informationen zwischen Grundschullehrkräften und den anderen im inklusiven Ganztag vertretenen pädagogischen Berufsgruppen und Lai:innen dominieren (s. Kap. 3). Qualitative Forschungsbefunde weisen zusätzlich darauf hin, dass die berufsgruppenübergreifende Kooperation ein immanentes Konfliktpotenzial in sich trägt und professionell voraussetzungsreich ist, weil es hohe Anforderungen an die einzelnen Akteursgruppen von inklusiven Ganztagsgrundschulen stellt (Kunze, 2016, 2017; Sauerwein, Thieme & Chiapparini, 2019).

Für die Gestaltung kooperationsförderlicher Settings, die insbesondere kokonstrutive Modi der Zusammenarbeit zwischen schulischen Akteur:innen und der Kinder- und Jugendhilfe als außerschulischer Kooperationspartner begünstigen, scheint für die Primarstufe vor allem der gebundene Ganztag eine gewinnbringende Ausgangslage zu schaffen (Böhm-Kasper et al., 2013). Ebenso bedeutsam für die (Weiter-)Entwicklung von Kooperation an inklusiven Ganztagsgrundschulen ist aber auch die Unterstützung der Schulleiter:innen (Drossel & Eikelmann, 2013; SWK, 2022) sowie intensivierte Bemühungen in der Aus-, Fort- und Weiterbildung der verschiedenen pädagogischen Berufsgruppen und der in Schule tätigen Lai:innen (Speck et al., 2011b; Hopmann, Böhm-Kasper & Lütje-Klose, 2019; Danner et al., 2023). Um diese zukünftig besser und gemeinsam auf die Herausforderungen der multiprofessionellen Kooperation vorbereiten und Wissen über die Kompetenzen und professionellen Selbstverständnisse der jeweils anderen Berufsgruppen vermitteln zu können (Monitor Lehrerbildung, 2021), haben sich in jüngerer Vergangenheit vermehrt wissenschaftliche Forschungs- und Entwicklungsprojekte diesem Desiderat angenommen. Hierbei steht die (Weiter-)Entwicklung und Erprobung innovativer Lehrkonzepte und Fortbildungskonzepte im Vordergrund, die eine studiengangsübergreifende Seminararbeit forcieren und vielfältige didaktisch-methodische Ansätze verfolgen, um die Teilnehmenden z.B. für unterschiedliche pädagogische Berufskulturen und daraus resultierende Professions- bzw. Rollenverständnisse zu sensibilisieren und das Aushandeln von Zuständigkeiten in einem geschützten Rahmen zu simulieren. In diesem Kontext haben sich u.a. Rollenspiele oder eine fallbasierte Projektarbeit als ein geeigneter Übungskontext erwiesen (Schuldt et al., 2023; Schuldt, 2025) sowie interdisziplinär zusammengesetzte Lehrendenteams, die eine multiprofessionelle Kooperationskultur vorleben, als hilfreich erwiesen (Hopmann & Lütje-Klose, 2018; Hopmann et al., 2019; Schuldt et al., 2022). Ähnliches gilt für gemeinschaftliche Fort- und Weiterbildungen in der zweiten und dritten Phase der Lehrer:innenbildung, die ihr Potenzial i.d.R. aber nur dann vollends entfalten können, wenn alle im Ganztag vertretenen Berufsgruppen sowie Eltern mit eingebunden werden (Lütje-Klose et al., 2022; Lütje-Klose et al., o.J.; StEG-Konsortium, 2015). Entsprechende Ansätze zur Schulung der berufsgruppenübergreifenden Teamarbeit, die sich auch auf den Ganztag übertragen lassen, bieten z.B. das *Bielefelder Fortbildungskonzept zur Kooperation in inklusiven Schulen* (BiFoKi) (Lütje-Klose et al., 2022) oder das Verbundprojekt *Interprofessionelle Kooperation in inklusiven Grundschulen* (InproKiG) (Maykus et al., 2021).

Literatur

BAUER, P. & Fabel-Lamla, M. (2020). (Multi-)Professionelle Kooperation in der Lehrerinnen- und Lehrerbildung. In C. Cramer, J. König, M. Rothland & S. Blömeke (Hg.), Handbuch Lehrerinnen- und Lehrerbildung. Bad Heilbrunn: Klinkhardt, S. 91–97. DOI: 10.35468/hblb2020-010

BEHER, K., Haenisch, H., Hermens, C., Nordt, G., Prein, G. & Schulz, U. (2007). Die offene Ganztagsschule in der Entwicklung. Empirische Befunde zum Primarbereich in Nordrhein-Westfalen. Weinheim & Basel: Beltz Juventa.

BELLIN, N. (2012). Im Spannungsfeld von Zielvorgaben und Praxis. Befunde zur lernförderlichen Ausgestaltung der Ganztagsschule. In H. Merkens & N. Bellin (Hg.), Die Grundschule entwickelt sich. Münster: Waxmann, S. 141–179.

BELLIN, N. & Tamke, F. (2009). Ganztagsschule in Berlin. In H. Merkens, A. Schründer-Lenzen & H. Kuper (Hg.), Ganztagsorganisation im Grundschulbereich. Münster: Waxmann, S. 101–120.

BÖHM-KASPER, O., Demmer, C. & Gausling, P. (2017). Multiprofessionelle Kooperation im offenen versus gebundenen Ganztag. In B. Lütje-Klose, S. Miller, S. Schwab & B. H. Streese (Hg.), Inklusion. Profile für Schule und Unterricht in Deutschland, Österreich und der Schweiz. Theoretische Grundlagen – Empirische Befunde – Praxisbeispiele. Münster: Waxmann, S. 117–128.

BÖHM-KASPER, O., Dizinger, V. & Heitmann, V. (2013). Interprofessionelle Kooperation an offenen und gebundenen Ganztagsschulen. Zeitschrift für Grundschulforschung 6, S. 53–68.

BREUER, A. (2015). Lehrer-Erzieher-Teams an ganztägigen Grundschulen. Kooperation als Differenzierung von Zuständigkeiten. Berlin: Springer VS.

DANNER, A., Bock, F., Rohde, D., Graßhoff, G., Idel, T.-S. & Sauerwein, M. (2023). Laien als Akteure im Ganztag. Explorative Analysen im multiperspektivischen Mixed-Methods-Design (LAKTAT). Soziale Passagen 15, S. 281–287. DOI: 10.1007/s12592-023-00443-x

DEMMER, C. & Hopmann, B. (2020). Multiprofessionelle Kooperation in inklusiven Ganztagsschulen. In P. Bollweg, J. Buchna, T. Coelen & H.-U. Otto (Hg.), Handbuch Ganztagsbildung. Wiesbaden: Springer VS, S. 1467–1477. DOI: 10.1007/978-3-658-23230-6_108

BÖHM-KASPER, O. & Dizinger, V. (2020). Quantitative Ansätze. In T. Hascher, T.-S. Idel & W. Helsper (Hg.), Handbuch Schulforschung. Wiesbaden: Springer VS, S. 1–24.

DIZINGER, V. & Böhm-Kasper, O. (2022). Multiprofessionelle Kooperation. In M. Harring, C. Rohlfs & M. Gläser-Zirkuda (Hg.), Handbuch Schulpädagogik. Münster: Waxmann, S. 826–843. DOI: 10.36198/9783838587967

DROSSEL, K. & Eickelmann, B. (2013). Organisationale Bedingungen der der Entwicklung von Ganztagsgymnasien. In M. Weber, M. Göhlich, A. Schöer, C. Fahrenwald & H. Macha (Hg.), Organisation und Partizipation. Wiesbaden: Springer VS, S. 251–260. DOI: 10.1007/978-3-658-00450-7_22

FABEL-LAMLA, M. & Gräsel, C. (2022). Professionelle Kooperation in der Schule. In T. Hascher, T. S. Idel, & W. Helsper (Hg.), Handbuch Schulforschung. Wiesbaden: Springer VS, S. 1–21. DOI: 10.1007/978-3-658-24734-8_57-1

GRÄSEL, C., Fussangel, K. & Pröbstel, C. (2006). Lehrkräfte zur Kooperation anregen – eine Aufgabe für Sisyphos? Zeitschrift für Pädagogik 52 (2), S. 205–219. DOI: 10.1007/978-3-658-24734-8_57-1

GROSCHE, M., Fussangel, K. & Gräsel, C. (2020). Kokonstruktive Kooperation zwischen Lehrkräften. Aktualisierung und Erweiterung der Kokonstruktionstheorie sowie deren Anwendung am Beispiel schulischer Inklusion. Zeitschrift für Pädagogik 66 (4), S. 461–479. DOI: 10.25656/01:25803

HAENISCH, H. (2010). Bedingungen, Determinanten und Wirkungen der schulinternen Kooperation von Lehr- und Fachkräften in offenen Ganztagsschulen. In Wissenschaftlicher Kooperationsverbund (Hg.), Kooperation im Ganztag. Erste Ergebnisse aus der Vertiefungsstudie der wissenschaftlichen Begleitung zur OGS. Münster: Serviceagentur Ganztätig Lernen in NRW, S. 31–51. https://www.ganztag-nrw.de/uploads/media/GanzTag_Innenteil_Druck_einzel.pdf (Zugriff: 11.9.2025).

HOCHFELD, L. & Rothland, M. (2022). Multiprofessionelle Kooperation an Ganztags(grund)schulen. ZfG Zeitschrift für Grundschulforschung 15, S. 453–485. DOI: 0.1007/s42278-022-00146-x

HÖHMANN, K., Bergmann, K. & Gebauer, M. (2008). Das Personal. In H. G. Holtappels, E. Klieme, T. Rauschenbach & L. Stecher (Hg.), Ganztagsschule in Deutschland. Ergebnisse der Ausgangserhebung der „Studie zur Entwicklung von Ganztagsschulen“ (StEG) (2. Aufl.). Weinheim & Basel: Beltz Juventa, S. 77–85.

HOPMANN, B. & Lütje-Klose, B. (2018). Multiprofessionelle Kooperation in inklusiven Ganztagsschulen – Desiderat universitärer Ausbildung?! In A. Langner (Hg.), Inklusion im Dialog. Fachdidaktik – Erziehungswissenschaft – Sonderpädagogik. Bad Heilbrunn: Klinkhardt, S. 209–216.

HOPMANN, B., Böhm-Kasper, O. & Lütje-Klose, B. (2019). Multiprofessionelle Kooperation in inklusiven Ganztagsschulen in der universitären Lehre. Entwicklung inklusions- und kooperationsbezogener Einstellungen von angehenden Lehrkräften und sozialpädagogischen Fachkräften in einem interdisziplinären Masterseminar. Herausforderung Lehrer*innenbildung. Zeitschrift zur Konzeption, Gestaltung und Diskussion (HLZ) 2 (3), S. 400–421. DOI: 10.4119/hlz-2472

KIELBLOCK, S. & Gaiser, J. M. (2017). Professionenvielfalt an Ganztagsschulen. In S. Maschke, G. Schulz-Gade & L. Stecher (Hg.), Junge Geflüchtete in der Ganztagsschule. Integration gestalten – Bildung fördern – Chancen eröffnen. Schwalbach/Ts.: Debus Pädagogik, S. 113–123.

KIELBLOCK, S., Gaiser, J. & Stecher, L. (2017). Multiprofessionelle Kooperation als Fundament der inklusiven Ganztagsschule. Gemeinsam leben 25 (3), S. 140–148.

KIELBLOCK, S., Reinert, M. & Gaiser, J. (2020). Die Entwicklung von multiprofessioneller Kooperation an Ganztagsschulen aus Perspektive von Expertinnen und Experten. Eine Qualitative Inhaltsanalyse. Journal for Educational Research Online 12 (1), S. 47–66.

KULTUSMINISTERKONFERENZ (KMK) (2018). Bildung und Erziehung als gemeinsame Aufgabe von Eltern und Schule. Beschluss der Kultusministerkonferenz vom 11.10.2018. Berlin & Bonn, S. 1–9. https://www.kmk.org/fileadmin/Dateien/veroeffentlichungen_beschluesse/2018/2018_10_11-Empfehlung-Bildung-und-Erziehung.pdf (Zugriff: 11.9.2025).

KUNZE, K. (2016). Multiprofessionelle Kooperation – Verzahnung oder Differenzierung? Einige Einwände gegen die Polarisierungstendenz einer Diskussion. In T.-S. Idel, F. Dietrich, K. Kunze, K. Rabenstein & A. Schütz (Hg.), Professionsentwicklung und Schulstrukturreform. Zwischen Gymnasium und neuen Schulformen in der Sekundarstufe. Bad Heilbrunn: Klinkhardt, S. 261–277.

KUNZE, K. (2017). Multiprofessionelle Kooperation – (k)ein Thema der Lehrerbildung? journal für lehrerInnenbildung 1, S. 7–12.

LÜTJE-KLOSE, B., Miller, S. & Ziegler, H. (2014). Professionalisierung für die inklusive Schule als Herausforderung für die LehrerInnenbildung. Soziale Passagen 6 (1), S. 69–84.

LÜTJE-KLOSE, B. & Urban, M. (2014). Professionelle Kooperation als wesentliche Bedingung inklusiver Schul- und Unterrichtsentwicklung. Teil 1: Grundlagen und Modelle inklusiver Kooperation. Vierteljahresschrift für Heilpädagogik und ihre Nachbargebiete (VHN) 83 (2), S. 112–123.

LÜTJE-KLOSE, B., Grüter, S., Neumann, P., Gorges, J., Goldan, J., Weber, A. & Wild, E. (2022). Weil wir tatsächlich nicht voneinander wussten, was jeder Einzelne so an verborgenen Schätzen bringt. In D. Lutz, J. Becker, F. Buchhaupt, D. Katzenbach, A. Strecker & M. Urban (Hg.), Qualifizierung für Inklusion. Sekundarstufe. Münster: Waxmann, S. 163–178. DOI: 10.31244/9783830995142

LÜTJE-KLOSE, B., Grüter, S., Wild, E., Gorges, J., Neumann, P., Goldan, J. & Papenberg, A. (o.J.). Kooperation an inklusiven Schulen. Ein Praxishandbuch zur Zusammenarbeit in multiprofessionellen Teams und mit Eltern. Bielefeld: transcript.

MAYKUS, S., Herz., B., Wiedebusch, S., Gausmann, N. & Schilling, M. (2021). Inklusive Grundschule als Ort der Kooperation. Das Praxismanual InproKiG zur interprofessionellen Förderung von Kindern. Weinheim & Basel: Beltz Juventa.

MONITOR LEHRERBILDUNG (Hg.) (2021). Gemeinsam mehr erreichen – Multiprofessionelle Kooperation beginnt im Lehramtsstudium. https://www.monitor-lehrerbildung.de/wp-content/uploads/2021/08/Monitor-Lehrerbildung_Broschuere_Multiprofessionelle-Teams.pdf (Zugriff: 11.9.2025).

NIEHOFF, S., Fussangel, K., Lettau, W.-D. & Radisch, F. (2019). Individuelle Förderung in der Ganztagsgrundschule. Ein Anlass zur Kooperation? Die deutsche Schule 111 (2), S. 187–204.

REISER, H., Klein, G., Kreie, G. & Kron, M. (1986). Integration als Prozess. Sonderpädagogik 16 (3), S. 112–122.

SAUERWEIN, M., Thieme, N. & Chiapparini, E. (2019). Wie steht es mit der Ganztagsschule? Ein Forschungsreview mit sozialpädagogischer Kommentierung. Soziale Passagen 11, S. 81–97. DOI: 10.25656/01:17876

SCHULDT, A. (2025). BiMULTIProfessional: Förderung der multiprofessionellen Kooperationsfähigkeit von Lehramtsstudierenden als Professionalisierungsherausforderung in der universitären Lehrer*innenbildung. Bielefeld: Universität Bielefeld. DOI: 10.4119/unibi/3004737

SCHULDT, A., Böhm-Kasper, O., Lütje-Klose, B. & Demmer, C. (2022). Multiprofessionelle Kooperation in inklusiven Ganztagsschulen als Lerngegenstand in der digitalen Hochschullehre. In A. Schröter, M. Kortmann, S. Schulze, K. Kempfer, S. Anderson, G. Sevdiren, J. Bartz et al. (Hg.), Inklusion in der Lehramtsausbildung – Lerngegenstände, Interaktionen und Prozesse. Münster: Waxmann, S. 177–190.

SCHULDT, A., Palm, M., Neumann, P., Böhm-Kasper, O., Demmer, C. & Lütje-Klose, B. (2023). „Jede*r von uns sieht die Situation eben unterschiedlich – das ist zwar eine Schwierigkeit, aber auch eine Bereicherung". Rollenspiel für die inklusionssensible Lehrer*innenbildung im Blended-Learning-Format. Die Materialwerkstatt. Zeitschrift für Konzepte und Arbeitsmaterialien für Lehrer*innenbildung und Unterricht 5 (4), S. 70–88. DOI:10.11576/dimawe-6699

SEKRETARIAT DER STÄNDIGEN KONFERENZ DER KULTUSMINISTER DER LÄNDER IN DER BUNDESREPUBLIK DEUTSCHLAND (KMK) (Hg.) (2023). Allgemeinbildende Schulen in Ganztagsform in den Ländern in der Bundesrepublik Deutschland. https://www.kmk.org/fileadmin/Dateien/pdf/Statistik/Dokumentationen/GTS_2021_Bericht.pdf (Zugriff: 11.9.2025).

SPECK, K. (2010). Qualifikation, Professionalität und pädagogische Eignung des Personals an Ganztagsschulen. Der Pädagogische Blick 18 (1), S. 13–21.

SPECK, K., Olk, T. & Stimpel, T. (2011a). Auf dem Weg zu multiprofessionellen Organisationen? Die Kooperation von Sozialpädagogen und Lehrkräften im schulischen Ganztag. Empirische Befunde aus der Ganztagsforschung und dem Forschungsprojekt „Professionelle Kooperation von unterschiedlichen Berufskulturen an Ganztagsschulen" (ProKoop). In W. Helsper, & R. Tippelt (Hg.), Pädagogische Professionalität. Weinheim & Basel: Beltz Juventa, S. 184–201. DOI: 10.25656/01:7094

SPECK, K., Olk, T., Böhm-Kasper, O., Stolz, H.-J. & Wiezorek, C. (2011b). Multiprofessionelle Teams und sozialräumliche Vernetzung? Befunde zur Ganztagsbildung. In K. Speck, T. Olk, O. Böhm-Kasper, H.-J. Stolz & C. Wiezorek (Hg.), Ganztagsschulischer Kooperation und Professionsentwicklung. Studien zu multiprofessioneller und sozialräumlicher Vernetzung. Weinheim & Basel: Beltz Juventa, S. 7–28.

SPIESS, E. (2004). Kooperation und Konflikt. In N. Birnbaumer, C. F. Graumann & H. Schuler (Hg.), Organisationspsychologie – Gruppe und Organisation. Hogrefe: Göttingen, S. 193–247.

STÄNDIGE WISSENSCHAFTLICHE KOMMISSION DER KULTUSMINISTERKONFERENZ (SWK) (Hg.) (2022). Basale Kompetenzen vermitteln – Bildungschancen sichern. Perspektiven für die Grundschule. Gutachten der Ständigen Wissenschaftlichen Kommission der Kultusministerkonferenz (SWK), Bonn. DOI: 10.25656/01:2554

STEG-KONSORTIUM (Hg.) (2015). Ganztagsschule 2014/2015. Deskriptive Befunde einer bundesweiten Befragung. Frankfurt/M., Dortmund, Gießen & München: DIPF, DJI, IFS, Justus-Liebig-Universität.

STEG-KONSORTIUM (Hg.) (2019a). Ganztagsschule 2017/2018. Deskriptive Befunde einer bundesweiten Befragung. Studie zur Entwicklung von Ganztagsschulen, StEG. Frankfurt/M., Dortmund, Gießen & München: DIPF, DJI, IFS, Justus-Liebig-Universität 2019. DOI: 10.25656/01:17105

STEG-KONSORTIUM (Hg.) (2019b). Ganztagsschule 2017/2018. Deskriptive Befunde einer bundesweiten Befragung. Studie zur Entwicklung von Ganztagsschulen, StEG. Frankfurt/M., Dortmund, Gießen & München: DIPF, DJI, IFS, Justus-Liebig-Universität. DOI: 10.25656/01:19109

THIMM, K. (2008). Personelle Kooperation und Fortbildung. In T. Coelen & H.-U. Otto (Hg.), Grundbegriffe Ganztagsbildung. Wiesbaden: VS Verlag für Sozialwissenschaften. DOI: 10.1007/978-3-531-91161-8_80

TILLMANN, K. (2020). Weiteres pädagogisch tätiges Personal an Ganztagsschulen. In P. Bollweg, J. Buchna, T. Coelen & H.-U. Otto (Hg.), Handbuch Ganztagsbildung. Wiesbaden: Springer VS. DOI: 10.1007/978-3-658-23230-6_102

WERNING, R. & Urban, M. (2014). Inklusive Pädagogik in der Ganztagsschule. In S. Maschke, G. Schulz-Gade & L. Stecher (Hg.), Inklusion. Der pädagogische Umgang mit Heterogenität. Schwalbach/Ts.: Debus Pädagogik, S. 11–21.

WERNING, R. & Arndt, A.-K. (2013). Inklusion. Kooperation und Unterricht entwickeln. Bad Heilbrunn: Klinkhardt.

Schulleben im Ganztag

ANDREAS WILDGRUBER

Hausaufgaben- und Lernzeiten

1. Einleitung

Hausaufgaben bzw. Lernzeiten sind für sehr viele Schulkinder[1], Erziehungsberechtigte und Lehrkräfte ein selbstverständlicher Teil des Schulalltags. Es wird angenommen, dass Hausaufgaben dabei helfen, den Unterrichtsstoff zu vertiefen und selbstständiges Arbeiten einzuüben – denn die bei den Hausaufgaben stattfindende Wiederholung ist ein wichtiger Bestandteil des Lernens. Das Schulrecht deutscher Bundesländer verpflichtet Kinder sogar, Hausaufgaben normalerweise zu bearbeiten. Im Gegensatz dazu wird der Nutzen von Hausaufgaben seit Jahrzehnten kontrovers diskutiert.

Da Hausaufgaben bzw. Lernzeiten vielerorts zum Schulalltag gehören, sind sie bzw. ihre Begleitung[2] auch ein wichtiger Bestandteil von Ganztagsangeboten. Ganztagsangebote sollen zu mehr Bildungsgerechtigkeit, einer besseren Umsetzung von individueller Förderung und einer Veränderung der Lern- und Schulkultur beitragen – auch mittels der Begleitung der Hausaufgaben bzw. Lernzeiten.

Angebote der Hausaufgabenbegleitung und Lernförderung sind in deutschen Ganztagsangeboten weit verbreitet (StEG-Konsortium, 2019). Dies entspricht auch den Interessen der Erziehungsberechtigten. Die Hausaufgabenbegleitung ist für sie ein zentraler Aspekt, wonach sie die Qualität von Horten bemessen und ein wichtiger Anmeldegrund für Ganztagsschulen (Flack et al., 2019, S. 21). Das mag verschiedene Ursachen haben. Zum Beispiel erleben Eltern mit der Hausaufgabensituation in den Familien Streit und Auseinandersetzungen, eine negative Beziehungsdynamik kann entstehen (Moroni & Dumont, 2020). Die Hausaufgabenbegleitung im Ganztag bedeutet für sie daher Entlastung und weniger Stress.

1 Es wird in diesem Beitrag von „Schulkindern“ gesprochen, weil die Kinder nicht nur in ihrer Rolle als Schüler:innen gesehen werden, sondern umfassend als Kinder u.a. mit Bedürfnissen und Kompetenzen, die schulnah sein können, aber nicht müssen.

2 Es wird im Anschluss an Flack, Wildgruber und Kolleginnen (2019) der Begriff „Hausaufgabenbegleitung“ verwendet, denn die damit verbundenen Aufgaben sind viel mehr und anspruchsvollere, als sie mit dem Begriff der Betreuung im Allgemeinen abgedeckt werden können.

Es gibt also viele gute Gründe, um sich im Kontext der Ganztagsbildung mit dem Thema Hausaufgaben intensiv auseinanderzusetzen.

2. Definition und rechtliche Bestimmungen zu Hausaufgaben und deren Begleitung

2.1 Definition

Bei Hausaufgaben (auch Schulaufgaben oder -arbeiten genannt) handelt es sich um Aufgaben, die eine Lehrkraft mit einer didaktischen und/oder erzieherischen Zielsetzung explizit erteilt, um sie verpflichtend oder freiwillig außerhalb des Unterrichts bearbeiten zu lassen (Kohler, 2017).

Besuchen Schulkinder eine Halbtagsschule und gehen anschließend nach Hause, werden Hausaufgaben dort bearbeitet. Nehmen sie an einem Ganztagsangebot teil, findet ihre Bearbeitung zumeist dort statt. Die (Haus-)Aufgabenbegleitung wird in den Institutionen in unterschiedlichen Organisationsmodellen durchgeführt:

- als additive (Haus-)Aufgabenbegleitung in Horten, offenen Ganztagsschulen und (Über-)Mittagsbetreuungen,
- als Lern- und Übungszeiten an gebundenen Ganztagsschulen (als rhythmisierendes Element oder vollständig in den Unterricht integriert).

In diesem Beitrag wird im Allgemeinen der übergreifende Begriff der (Haus-) Aufgaben verwendet.

2.2 Rechtliche Bestimmungen zu Hausaufgaben

Schulbildung liegt in Deutschland in der primären Verantwortung der Bundesländer. Daher gibt es für jedes Bundesland eigene rechtliche Bestimmungen, die Aussagen zu Hausaufgaben bzw. Lernzeiten und deren Bearbeitung treffen. Dies können Schulgesetze, Schul(ver)ordnungen, Verwaltungsvorschriften oder Erlasse sein.

Die rechtlichen Bestimmungen benennen die *Funktionen* von Hausaufgaben. Dort und in der wissenschaftlichen Literatur (z.B. Standop, 2013) werden vor allem eine didaktische und eine erzieherische Funktion unterschieden.

Die didaktische Funktion bezieht sich darauf, dass Inhalte aus dem Unterricht

- wiederholt und eingeübt,
- vervollständigt, vertieft und mit früher Gelerntem verbunden und
- auf neue Aufgaben und andere Situationen übertragen werden sollen.

Hausaufgaben können auch zur Vorbereitung von Unterrichtsinhalten dienen, z.B. durch Informationsbeschaffung und -aufbereitung.

Für die erzieherische Funktion sollen Kinder selbstgesteuertes Arbeiten lernen. Sie entwickeln Lernstrategien und Arbeitstechniken sowie die dazu passende Motivation und Haltung, z.B. Ausdauer.

Eine weitere Funktion von Hausaufgaben besteht darin, Eltern einen Einblick in die Schulinhalte, deren Erwartungen sowie den Leistungsstand und die Arbeitsweise ihres Kindes zu geben. So soll die Kommunikation von Erziehungsberechtigten und Schule bzw. die Bildungs- und Erziehungspartnerschaft angeregt werden.

In den gesetzlichen Grundlagen ist auch die *Hausaufgabenpflicht* geregelt. Schulkinder müssen also im Allgemeinen Hausaufgaben bearbeiten, Eltern oder pädagogische Fachkräfte können Kinder davon nicht befreien. Lehrkräfte können Hausaufgaben jedoch auch auf freiwilliger Basis stellen.

Ein in den meisten rechtlichen Regelungen enthaltener Grundgedanke ist, dass Hausaufgaben *ohne die Hilfe anderer Personen* zu bearbeiten sind. In Ausführungen einiger Bundesländer sind Angaben enthalten, wie lange die *Bearbeitungszeit* von Hausaufgaben maximal dauern soll. Im Grundschulalter sind dies 30 bis 60 Minuten, je nach Klassenstufe und Bundesland. In anderen Bundesländern wird dies der Entscheidung der jeweiligen Schule überlassen, z.B. der Schulkonferenz. Vielfach wird zusätzlich darauf hingewiesen, dass im Lehrerkollegium eine Absprache und Abstimmung über Art und Umfang der Hausaufgaben zu erfolgen hat (vgl. Flack et al., 2019).

Für die Aufgabenbegleitung im Ganztag gelten aber nicht nur die schulischen Bestimmungen zu Hausaufgaben. Es handelt sich hier um eine pädagogische Situation, in der die pädagogischen Ziele und Standards der jeweiligen Institution gelten, die z.B. in Bildungsplänen für Horte und Qualitätsrahmen für ganztagsschulische Angebote festgehalten sind. Zum Beispiel ist in Horten die Partizipation als Kinderrecht ein hohes Gut, das auch in der Hausaufgabenbegleitung Berücksichtigung finden muss.

3. Forschungsergebnisse zu Hausaufgaben

3.1 Wirkung auf Schulleistungen

Ob Hausaufgaben das bewirken, was sie sollen, ist nicht leicht zu beantworten.

In der sogenannten Hattie-Studie „Visible Learning“ wurden zum Faktor Hausaufgaben Ergebnisse von neun Metaanalysen und insgesamt 265 Einzelstudien zusammengefasst (Visible Learning MetaX, 2023). Für Hausaufgaben konnte im Mittel nur ein sehr gering positiver Effekt gefunden werden, der unterhalb der vom Autor John Hattie gesetzten Relevanzschwelle liegt. Das bedeutet noch nicht, dass Hausaufgaben per se unwirksam sind. Es handelt sich bei diesem Ergebnis um einen Gesamtmittelwert über eine sehr unterschiedliche Praxis. So konnte für Hausaufgaben in Grundschulen keine bedeutsame leistungssteigernde Wirkung gefunden werden, für höhere Schulstufen dagegen schon. Hattie erklärt dieses Ergebnis damit, dass jüngere Kinder leichter ablenkbar sind und sie noch weniger Lernstrategien für selbstständiges Lernen erworben hätten. Es scheint wichtig, dass diese Strategien auch schon in der Grundschule eingeübt werden – denn „Hausaufgaben im Gymnasium können nur dann effektiv sein, wenn die Verantwortung dafür, die damit verbundene Arbeitskultur und die Selbstverpflichtung (commitment) eben schon von Anfang an gelernt wurde" (Hattie 2013, IX).

Die Interpretation der Hattie-Studie und die neuere Hausaufgabenforschung lenken den Blick darauf, dass es auf die jeweilige Umsetzung der Hausaufgabenpraxis ankommt. Was sind die entscheidenden Faktoren, damit Hausaufgaben die erwünschten Wirkungen zeigen?

3.2 Integratives Modell für Befunde zu Hausaufgaben und deren Begleitung

Britta Kohler (2017) hat ein Modell vorgestellt, das die Komplexität des ‚Lernprozesses Hausaufgabe' aufzeigt. Das Modell ordnet vorhandene Einzelforschungsergebnisse ein, strukturiert die Diskussion und gibt Hinweise für das pädagogische Handeln von Lehrkräften und pädagogischen Fachkräften.

Ob Hausaufgaben die gewünschten Wirkungen entfalten, hängt zuerst mit der Auswahl der Hausaufgaben, gefolgt von deren Vergabe, Bearbeitung und Begleitung, sowie der Kontrolle und Besprechung der Aufgaben in der Schule zusammen. Es kommt darauf an, wie die Lehrkraft bzw. Fachkraft im Ganztag den jeweiligen Schritt gestaltet und wie das Kind dies nutzt, jeweils beeinflusst durch die Rahmenbedingungen. Im Folgenden werden Forschungsergebnisse vorgestellt, in denen ein Einfluss auf die Entwicklung der Kinder, insbesondere deren Leistungsentwicklung, gefunden wurde. Viele Ergebnisse stammen aus Studien in der Sekundarstufe, eine Übertragbarkeit auf die Primarstufe ist zu prüfen.

Bei der *Auswahl* der Hausaufgaben kommt es auf deren *Qualität* an. Schulkinder in Klassen, die das Anspruchsniveau und den kognitiven Anregungsgehalt der Hausaufgaben vergleichsweise hoch einschätzten, lernten mehr als Schulkinder anderer Klassen, ihre Motivation und Anstrengung war größer. Werden die Aufgaben für Schulkinder mit schwächeren Leistungen zu schwierig, kann dies aber auch Nachteile für diese Kinder haben. Vergaben Lehrkräfte vor allem einfache wiederholende Übungsaufgaben, lernten die Schulkinder weniger (Niggli, Schnyder & Moroni, 2016). Zusätzlich gilt: „Schüler/innen lernen mehr, wenn sie sich von den Hausaufgaben einen Nutzen versprechen. Der Nutzen zeigt sich z.B. darin, dass eine Prüfung besser ausfällt, dass der Lerninhalt für den späteren Beruf von Bedeutung ist oder dass er im alltäglichen Leben wichtig bzw. sinnvoll erscheint. Ferner lernen die Schüler/innen mehr, wenn sie daran glauben, die Hausaufgaben selbstständig lösen zu können. [...] Vorbereitende Hausaufgaben können sinnvoll sein, um das Interesse für den nachfolgenden Unterricht zu erhöhen oder die Schülerinnen und Schüler ins Thema einzuführen. Die Informationen müssen nachher im Unterricht aber genutzt und weiterverarbeitet werden" (ebd., S. 7). Die Forschungsergebnisse zeigen zum einen, dass Hausaufgaben abwechslungsreich sein sollten, zum anderen weisen sie darauf hin, dass sie auf das Leistungsniveau der Kinder angepasst und damit differenziert sein sollten (siehe auch Kohler, 2017).

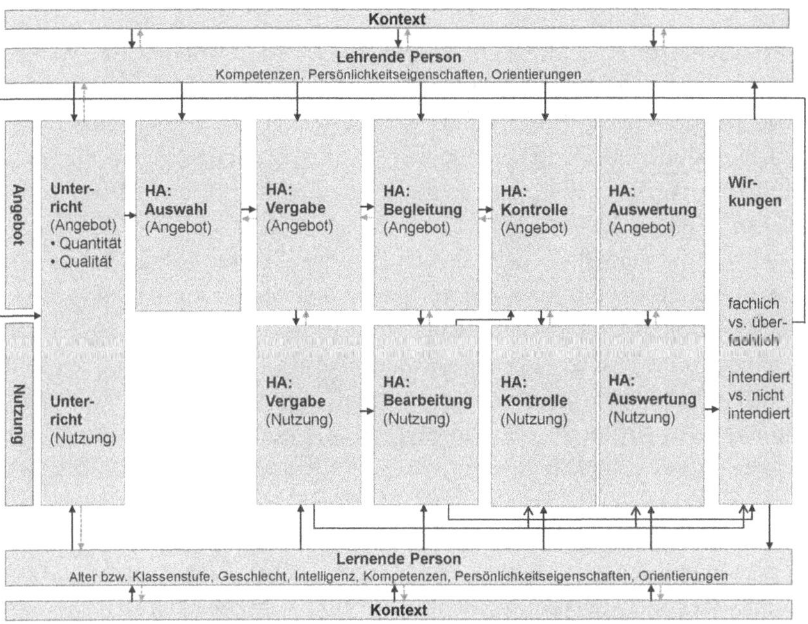

Abbildung 1: Vereinfachtes Prozessmodell zur Wirkungsweise von Hausaufgaben in Ganztagsangeboten (nach Kohler 2017, S. 28 ff., erweitert um das Feld „HA: Begleitung")

Auch *Umfang und Häufigkeit* der Hausaufgaben beeinflussen möglicherweise ihre Lernwirksamkeit. Am meisten lernen Kinder bei Lehrkräften, die regelmäßig und häufig, aber nicht zu umfangreich Hausaufgaben aufgeben (Lipowsky, 2007).

Studien zur *Vergabe* der Hausaufgaben machen kritisch darauf aufmerksam, dass diese häufig erst am Schluss und mit geringem zeitlichem Aufwand gestellt werden. Die Studie von Kohler (2020) in Grundschulen zeigte beispielsweise, dass etwa ein Viertel der Vergaben erst nach Stundenschluss beendet wurde. Die Schulkinder stellten selten Fragen und die Lehrkräfte forderten kaum dazu auf. Unklar blieb, wie dies zu bewerten ist, z.B. ob für die Schulkinder Fragen bestanden.

Ob Hausaufgaben wirkungsvoll sind, hängt auch von der Regelmäßigkeit und Qualität der *Bearbeitung* ab. „Die Bereitschaft, sich anzustrengen, ausdauernd an den Hausaufgaben zu arbeiten und sich durchzubeißen, auch wenn es Schwierigkeiten gibt, dürfte eine wichtige schülerbezogene Voraussetzung dafür sein, dass Hausaufgaben Wirkungen entfalten können" (Lipowsky, 2007, S. 8). Als wichtig hat sich zum einen die Gewissenhaftigkeit als Persönlichkeitsmerkmal von Kindern erwiesen. Zum anderen spielen motivationale und volitionale Aspekte sowohl bei einzelnen Schulkindern als auch in der Klasse eine große Rolle, z.B. der erlebte Nutzen und die erwartete eigene Kompetenz. Die Zeit, wie lange Kinder mit den Hausaufgaben verbringen, ist dagegen wenig aussagekräftig, denn ob lange Zeiten zu einer höheren Leistung führen, hängt davon ab, welchen Arbeitsstil Kinder haben.

Forschungsergebnisse zur Begleitung der Hausaufgaben liegen insbesondere aus der häuslichen, elternbegleiteten Bearbeitungssituation vor. Die Studien betonen, dass die kindliche Motivation für die Situation zentral ist. Übereinstimmend zeigt sich, dass Kinder davon profitieren, wenn sie in ihrer Selbstständigkeit und emotional unterstützt werden (Jiang et al., 2023). Die Autonomieentwicklung wird gefördert, wenn Eltern ihren Kindern Vertrauen in deren eigene Fähigkeiten vermitteln, wenn Kinder soweit wie möglich selbst bestimmen können und darin unterstützt werden, selbstständig zu sein, z.B. Lösungen für Probleme zu finden, und dann damit Erfolgserlebnisse haben, also Kompetenzerfahrungen machen (ebd.; Lipowsky, 2007). Präsent sein und helfen, wenn Kinder oder Jugendliche inhaltliche Hilfe wünschen, hat sich zum Teil als ebenfalls wirksam erwiesen, wobei gut darauf zu achten ist, dass Kindern dabei nicht mangelnde Kompetenz vermittelt wird. Denn dies kann zu Selbstzweifeln und damit einer negativen Auswirkung auf das Gefühl von Selbstwirksamkeit führen. Kinder sind intrinsisch motiviert und lernen, ihre Emotionen zu regulieren, wenn sie sich in Lernsituationen akzeptiert und wertgeschätzt fühlen, ein grundsätzliches Interesse der Eltern an schulischen Belangen wahrnehmen und von ihren Eltern getröstet und angespornt werden, wenn sie auf eigene Fehler stoßen oder vergeblich nach einem Lösungsweg suchen (Wittler, 2008). Die Forschungsergebnisse zeigen auch, dass strukturierende Einflüsse von Eltern, also klare Richtlinien für die Bearbeitungssituation, z.B. die Organisation des Lernumfeldes, wirksam sein können, teilweise aber auch einen negativen Einfluss haben (Jiang et al., 2023). Die Struktur darf nur so stark sein, dass die Kinder befähigt werden, selbst Kompetenz zu erleben, darf sie aber nicht daran hindern, dass sie selbst die Verantwortung übernehmen und den richtigen Weg finden. Kontrollierendes Verhalten im Sinne von häufiger und/oder aufdringlich erlebter Einmischung, Druck und Dominanz der Eltern erweist sich jedoch als nachteilig, denn es untergräbt die Selbstständigkeit der Schulkinder und die Erfahrung von Selbstwirksamkeit und hat einen negativen Einfluss auf die Leistungsentwicklung (ebd.). Dies gilt umso stärker, je älter die Kinder sind (Jiang et al., 2023; Kohler, 2017).

Es kann davon ausgegangen werden, dass diese Ergebnisse zur wirksamen Begleitung auch für pädagogische Fachkräfte handlungsleitend sein sollten, also dass diese in der Begleitung einen Fokus besonders auf das Autonomieerleben, Selbstwirksamkeitserfahrungen und emotionale Unterstützung der Kinder legen, Einmischung und beständig kontrollierendes Verhalten jedoch am besten vermeiden.

Die *Kontrolle* von Hausaufgaben in der Schule hat offenbar nur dann eine positive Wirkung, wenn Lehrkräfte und pädagogische Fachkräfte nicht nur die Bearbeitung kontrollieren, sondern auch inhaltliche Rückmeldungen geben, durch die die Schulkinder z.B. Informationen über ihr Können und vorhandene Lücken erhalten. Der Lernerfolg ist höher, wenn sich die Lehrkräfte nicht nur für die Ergebnisse, sondern auch für die Lösungsprozesse interessieren und auf Fehler so eingehen, dass sich hier die Wissenslücken schließen (Lipowsky et al., 2004). Gerade inhaltliche Rückmeldungen werden von den Lehrkräften jedoch deutlich seltener angewendet als kontrollierende, disziplinarische Rückmeldungen (Standop, 2013).

Hausaufgaben finden unter ungleichen Bedingungen statt. Insbesondere die Tatsache, dass Eltern ihre Kinder regelmäßig bei der Bearbeitung der Hausaufgaben unterstützen, aber unterschiedliche Kompetenzen dafür haben, muss kritisch beleuchtet werden. Oben wurde bereits deutlich, welches Handeln und welche Kompetenzen hierfür einen Ausschlag geben. Hausaufgaben, die zu Hause bearbeitet werden, haben damit das Potenzial, zur Verstärkung sozialer

Ungleichheit beizutragen. Tillack, Fischer und Kuhn (2015) konnten beispielsweise zeigen, dass Eltern ohne Migrationshintergrund, im Vergleich zu denen mit Migrationshintergrund, ihre Kinder etwas stärker unterstützen. Ihre Kinder nahmen die soziale Unterstützung im Ganztagsangebot besonders positiv wahr, was die Autoren zur These führt, dass Ganztagsangebote kompensatorisch wirken, also das Potenzial haben könnten, soziale Ungleichheiten auszugleichen (ebd., S. 125).

4. (Haus-)Aufgaben bzw. Lernzeiten in Ganztagsangeboten

Anknüpfend an die genannten Organisationsformen der (Haus-)Aufgabenbegleitung werden diese im Folgenden ausgeführt (vgl. hierzu auch StMUK, 2020). Anschließend werden empirische Daten zur Begleitung und zu deren pädagogischer Ausgestaltung dargestellt und gezeigt, wie Kinder diese erleben.

4.1 Organisation

In Horten und Offenen Ganztagsschulen bearbeiten die Kinder ihre Hausaufgaben nach dem Unterricht im Ganztagsangebot, als additives Modell bezeichnet. Die Hausaufgaben werden entweder in einem festgesetzten Zeitrahmen, z.B. nach dem Mittagessen von 14:00 bis 15:00 Uhr, bearbeitet, oder dieses Modell wird flexibler gehandhabt und stärker individualisiert. Das flexible Modell hat zum Ziel, den Kindern zu ermöglichen, dass sie nach ihren eigenen Bedürfnissen den für sie passenden Zeitpunkt auswählen. Dies ist damit verbunden, die eigenen Bedürfnisse wahrzunehmen und selbstgesteuertes Arbeiten zu erlernen, Phasen der An- und Entspannung abzuwechseln und das Recht an einer Mitgestaltung des Ganztagsangebotes zu leben. Kritisch im Blick ist zu behalten, inwiefern Kinder bereits über die dafür nötigen Kompetenzen der Selbstregulation verfügen und dass pädagogische Kräfte sie angemessen unterstützen, dies zu erlernen und erweitern.

An gebundenen Ganztagsschulen können im erweiterten additiven bzw. teilintegrativen Modell „Lern- und Übungszeiten" als rhythmisierendes Element in den Stundenplan fest eingebaut werden. In der Rhythmisierung werden die verschiedenen unterrichtlichen und außerunterrichtlichen Einheiten sinnvoll auf den Tag verteilt. Ziel ist der Wechsel von Konzentration und Entspannung, von Ruhe und Bewegung, kognitiven und praktischen Leistungen sowie von unterschiedlichen Lehr- und Lernformen. Im Stundenplan werden hierzu durch die Schulleitung Lernzeiten vorgesehen (äußere Rhythmisierung), z.B. täglich in der vierten Schulstunde, in denen die Kinder im Kern selbstständig arbeiten. Die Aufgaben, die Kinder im Rahmen der Lernzeiten bearbeiten, können entweder durch die Lehrkräfte in der Unterrichtsstunde täglich gestellt werden oder die verantwortlichen Lehrkräfte stellen gemeinsam einen Wochenplan auf, den die Schulkinder während der Lernzeiten zumeist selbstständig bearbeiten.

Im Gegensatz dazu sind im integrativen Modell die Lern- und Übungszeiten voll in den Unterricht integriert, sie werden im Stundenplan nicht mehr ausgewiesen. Wissenserwerb sowie Übung und Anwendung werden im Unterricht direkt miteinander verbunden. Dazu muss der gesamte Ganztag den Prinzipien der „inneren Rhythmisierung“ folgen. Dazu sollte der Stundenplan im Doppelstundenprinzip organisiert sein. Die Einführung des integrativen Modells sollte „im Rahmen eines intensiven Schulentwicklungsprozesses erfolgen, da die vollständige Integration der Lern- und Übungszeiten in den Unterricht ein Umdenken der gesamten Schulgemeinschaft erfordert“ (StMUK, 2020, S. 10).

4.2 Befunde

Nach der Schulleitungsbefragung (StEG-Konsortium, 2019) im Rahmen der bundesländerübergreifenden „Studie zur Entwicklung von Ganztagsschulen (StEG)“ hatten 2018 über 95 % der Ganztagsschulen, die Hausaufgaben erteilten, auch eine (Haus-)Aufgabenbegleitung angeboten. Dabei besucht nur ein Teil der Schulkinder diese Angebote, im Primarbereich ist dies etwa die Hälfte.

Gaiser, Sauerwein und Kielblock (2020) machen deutlich, dass für die Bewertung von (Haus-)Aufgabenbegleitungsangeboten auch andere außerunterrichtliche Lern- und Unterstützungsformen zu berücksichtigen sind. An Ganztagsschulen finden sich unterschiedliche Arrangements verschiedener Angebote. Ein Teil der Schulen fokussiert rein auf die (Haus-)Aufgabenbegleitung (im Primarbereich ca. 50 % der Ganztagsschulen). Daneben gibt es Schulen, die zusätzlich zur (Haus-)Aufgabenbegleitung verschiedene Lern- und Förderangebote bereithalten, diese aber nicht inhaltlich-konzeptionell vernetzen (43 % der Schulen). In der dritten Gruppe von Schulen wird ein breites Lern- und Förderangebot mit Lernzeiten kombiniert und vernetzt (7 % der Schulen) (ebd., S. 252). Die multiprofessionelle Kooperation gilt als Gelingensbedingung für die Umsetzung der Ziele des Ganztagsausbaus, z. B. einer neuen Lehr- und Lernkultur und damit mehr Qualität im Ganztag. Einzelne Studien berichten von einem Mehrwert, den die beteiligten Akteure aus einer intensiven Kooperation zwischen Schule und Hort erleben, z. B. dass ein umfassender Blick auf das Kind entsteht, da unterschiedliche Professionen in unterschiedlichen Situationen auf das Kind blicken (Wildgruber et al., 2023).

In wenigen Studien werden die Erfahrungen und die Leistungsentwicklung von Schulkindern in integrierten Lernzeiten mit denen in traditioneller Hausaufgabenbegleitung in der Ganztagsschule verglichen. Sowohl die Studie von Brisson und Theis (2020) als auch die von Hascher und Bischoff (2000) kamen zu dem Ergebnis, dass integrierte Lernzeiten gegenüber Hausaufgaben Vorteile im Hinblick auf die Aufgabenqualität sowie Motivation und Emotion der Schulkinder bei der Bearbeitung der Aufgaben mit sich bringen. Bei beiden Studien zeigte sich jedoch auch, dass der Lernzuwachs der Kinder im Lernzeitformat nicht größer war als bei traditioneller Hausaufgabenbegleitung (ebd.). Dies lässt sich so interpretieren, dass angesichts der Komplexität der Hausaufgabensituation die Umsetzung, z.B. die Begleitung durch Lehrkräfte bei den Lernzeiten, genauer in den Blick genommen werden sollte.

Bereits 2009 zeigten Stecher und Kolleg:innen, „dass die lernbezogenen Angebote in ihrer Vermittlungsstruktur dem Unterricht relativ ähnlich sind“ (Stecher et al., 2009, S. 197). Bei diesen Angeboten, u.a. die Hausaufgabenbegleitung, wurden am häufigsten klassische Arbeitsmedien (Bücher und Arbeitsblätter) sowie lehrer- bzw. betreuerzentrierte Methoden und Gruppenarbeiten eingesetzt. „Aktivierende“ Methoden, wie Präsentationen und Projektarbeit, kamen in den lernbezogenen Angeboten noch seltener vor als im Unterricht. Rabenstein und Podubrin (2015) kommen in ihrer Studie zum Fazit: In Hausaufgabensettings vollzieht sich „ein routinierter, auf schnelle Erledigung setzender Umgang mit Hausaufgaben“ (ebd., S. 242). Die pädagogischen Praktiken sind davon dominiert, „die Zeit effektiv zu nutzen“ und die Schulkinder „im Modus permanenter konzentrierter Aktivität zu halten“ (ebd., S. 243). Nordt und Röhner (2008) hatten auf Basis einer Kinder- und Pädagog:innenbefragung einen *Modus der „Aufgabenerledigung* in einem reglementierten Zeit- und Ordnungsrahmen, der den Kindern wenig Spiel und Handlungsräume für selbstregulatives wie selbstbestimmtes Lernen eröffnet“ (ebd., S. 76f.) zuvor bereits herausgearbeitet. Erweiternd zeigten Gaiser, Kielblock und Stecher (2016), dass es sich beim „Erledigen“ der Hausaufgaben jedoch nur um einen möglichen Modus der Hausaufgabenorganisation handelt. Andere dort herausgearbeitete Praktiken sind der *Modus der Ausrichtung auf Effektivität*, mit dem Ziel nicht nur die Hausaufgaben zu erledigen, sondern die Schulleistungen effektiv zu verbessern, sowie der *Modus der Erweiterung*, der das Ziel hat, Inhalte wirklich zu verstehen, zu reflektieren und einzuordnen. Gerade dem letztgenannten Modus der Erweiterung wird das Potenzial zugeschrieben, über die Wiederholung des Unterrichts hinauszugehen und kognitiv anregende Aufgaben zu bieten (ebd.).

Studien, in denen die Kinder berichteten, wie sie die Hausaufgabensituation erleben, bestätigen diese Ergebnisse. Bei Nordt und Röhner (2008) gaben die Kinder an, dass sie die Hausaufgabenbegleitung in der Offenen Ganztagsschule als stark strukturiert und geregelt wahrnehmen. Nordt (2013) betont darüber hinaus fehlende Freiheitsspielräume in den Angeboten, was bei den Schulkindern zu Langeweile bei zu leichten Aufgaben und zu Überforderung bei zu schweren Aufgaben führte. Eine häufige Alltagserfahrung der Kinder war, dass sie mit Hausaufgaben nicht fertig wurden, weil die Menge zu groß für die Bearbeitungszeit war oder die Aufgaben zu schwierig waren. Kinder machten zudem Erfahrungen des Nichtkönnens, wenn sie Aufgaben nicht selbstständig lösen konnten, ihnen nicht geholfen wurde oder sie negatives Feedback erhielten. In den Angeboten scheinen diese Kompetenzunterschiede – etwa durch zusätzliche herausfordernde Aufgaben oder durch Hilfestellungen bei zu schweren Aufgaben – nicht ausreichend aufgefangen bzw. ausgeglichen werden zu können.

Auch in Kindergruppeninterviews in bayerischen Horten (Wildgruber, Schuster & Fischer, 2019) war es ein wichtiges Thema, wie viel Freiräume Kinder für Entscheidung und Mitbestimmung haben. Sie erlebten es als negativ, wenn ihre Wünsche nach Selbstbestimmung bei den Hausaufgaben nicht berücksichtigt wurden, z.B. wenn ihnen Sitzplätze zugewiesen wurden, obwohl sie das Sitzen dort als ungut empfanden. Positiv erlebten sie, wenn sie mitbestimmen konnten, z.B. wenn sie selbstbestimmt Pausen einlegen durften oder auch darauf verzichten konnten. Kinder nahmen es als sehr negativ wahr, wenn sie Grundbedürfnisse, auf die Toilette zu gehen und zu trinken, nicht leben durften. In der Beziehung zu den pädagogischen Kräften, die die Hausaufgaben begleiteten, erlebten sie strenges, kontrollierendes Verhalten und negative Emotionen und Verhaltensweisen wie Schimpfen als negativ. Positiv empfanden die Kinder, wenn sie emotionale Nähe erfuhren, die pädagogischen Fachkräfte sich zu ihnen hinsetzten sowie nett und ruhig, entspannt im Umgang waren und ihnen halfen oder sie mit ihren Freunden Aufgaben gemeinsam bearbeiten konnten (ebd.).

Diese Ergebnisse deuten den Weiterentwicklungsbedarf der Praxis an. Dies verwundert nicht, wenn man die Erkenntnisse von Standop (2013) berücksichtigt, dass das Thema Hausaufgaben im Studium der Lehrkräfte und in den Bildungscurricula für die Lehrkräfte kaum vorkommt, ebenso wie Inhalte zum Ganztag. In den Studiengängen der Kindheitspädagogik und der Sozialpädagogik taucht die Ganztagsthematik teilweise auf, gemessen am Anteil in den Modulhandbüchern (Pilchowski, 2022).

5. Resümee: Umsetzung in die Praxis und Entwicklungsbedarfe

Die vorgestellten Befunde zeigen, dass die Frage danach, ob Hausaufgaben wirksam sind oder nicht, zu kurz greift. Die aktuelle Forschungsdiskussion lässt die Komplexität des Prozesses erkennen, wie bestimmte Faktoren dazu führen, dass Hausaufgaben lernwirksam werden. Viele Entscheidungen und Handlungen der Beteiligten sowie die Rahmenbedingungen bei der a) Auswahl von Aufgaben, b) deren Vergabe, c) Bearbeitung und Begleitung sowie d) Kontrolle und Besprechung im Unterricht tragen dazu bei. Es können folgend nur einzelne Punkte einer Umsetzung in die Praxis angesprochen werden.

- Hausaufgaben müssen sorgfältig geplant und eingesetzt werden. Zu berücksichtigen sind die Art der Aufgabenstellung, die Vorgehensweise, das Ziel der Aufgaben und die Differenzierung nach dem Kompetenzniveau der Kinder. Hausaufgaben sollten für die Kinder sinnhaft, kognitiv aktivierend und abwechslungsreich sein. Bei der Vergabe ist die kindliche Belastung durch verschiedene Fächer zu berücksichtigen und wie die Hausaufgaben in der folgenden Unterrichtsstunde überprüft und zielführend integriert werden (Standop, 2015).
- Die Vergabe der Hausaufgaben sollte nicht zwischen Tür und Angel stattfinden. Kinder können nur dann die Hausaufgaben selbstständig bearbeiten, wenn sie die Aufgaben sicher verstanden und schriftlich notiert haben. Dazu sollte der Situation der Hausaufgabenvergabe in der Unterrichtstunde der entsprechende, auch zeitliche, Stellenwert eingeräumt werden, der ihnen zukommen muss, damit sie Wirkung entfalten können (ebd.).
- Für die Begleitung der Hausaufgaben sind die Zielsetzungen zwischen Lehrkraft und betreuender pädagogischer Kraft zu klären, zum Teil auch für das individuelle Kind. Die kindliche Motivation für die Situation ist zentral. Kinder profitieren davon, wenn sie in ihrer Selbstständigkeit und emotional unterstützt werden sowie Kompetenzerfahrungen machen. Strukturgebende Einflüsse dürfen nur so stark sein, dass die Kinder zur selbstständigen Bearbeitung befähigt werden, dies darf von den Kindern aber nicht als übermäßige Einmischung erlebt werden. Die Bedürfnisse der Kinder, z.B. nach Bewegung, sind auch im Rahmen der Hausaufgaben zu berücksichtigen. Der außerunterrichtliche Teil der Ganztagsangebote sollte jedoch generell eine Balance zwischen den Anforderungen, insbesondere der Schule, und den kindlichen Bedürfnissen gewährleisten.
- Die Kontrolle und Besprechung der Hausaufgaben im Unterricht sollte sich auch für die Lösungsprozesse interessieren und inhaltliche Rückmeldungen zu den Hausaufgaben und ihrer Bearbeitung geben.

Die vorgestellten Studien weisen auf den Entwicklungsbedarf hin, damit (Haus-)Aufgaben in Zukunft mehr Wirksamkeit erlangen können.

- In vielen Hausaufgabenbegleitungsangeboten im Ganztag scheint der Fokus auf eine effiziente Bearbeitung von Lernaufgaben im Sinne einer „Erledigung" in einem reglementierten Zeit- und Ordnungsrahmen gerichtet zu sein, bei dem die Schulkinder wenig Handlungsräume für selbstreguliertes Lernen haben. Damit wird zum einen nur der „didaktischen" Funktion der Hausaufgaben gefolgt und weniger die „erzieherische" Zielsetzung angestrebt. Zum anderen sind negative Einflüsse auf die Motivation der Kinder und damit auf deren Leistungsentwicklung zu erwarten.
- Lernzeiten werden gerade im Primarbereich nur selten umgesetzt. In Lernzeiten scheinen stärker selbstständiges Lernen und individuelle Lernunterstützung im Vordergrund zu stehen (Gaiser et al., 2020). Erstaunlich ist, dass die verpflichtenden und zumeist von Lehrkräften angeleiteten Lernzeiten keinen deutlich positiveren Effekt auf die Leistungsentwicklung der Schulkinder haben als die reguläre Hausaufgabenbegleitung. Hier sind mehr Forschungsergebnisse zur Umsetzung der Lernzeiten notwendig. Eine Schlussfolgerung könnte sein, dass Maßnahmen zur Sicherstellung einer hohen Qualität der Aufgabenstellung (Wild, 2020) und der autonomiefördernden Begleitung der Hausaufgaben in Erwägung gezogen werden sollten. Ein Ziel des Ganztagsausbaus ist die Verringerung von Bildungsungleichheiten, in diesem Licht sollte die Unterstützung von sozial benachteiligten Kindern besonders fokussiert werden.
- Die genannten Forschungsergebnisse zur Aufgabenqualität, zur Vergabesituation sowie zur Kontrolle und Besprechung im Unterricht weisen insgesamt auf Entwicklungsbedarfe hin. Zusammengenommen mit der Erkenntnis, dass (Haus-)Aufgaben im Lehramtsstudium wohl eine randständige Rolle spielen, liegt die Schlussfolgerung nahe, dass diese stärker in die Ausbildung von Lehrkräften integriert und mehr in den Mittelpunkt der Schulentwicklung gestellt werden sollten. Dies gilt auch für die Aus- und Weiterbildung der pädagogischen Kräfte im Ganztag. Deutlich wird aber auch, dass für eine wirksame Begleitung hohe Kompetenzen bei den pädagogischen Kräften erforderlich sind. Angesichts von Erkenntnissen aus der Interaktionsforschung (Slot, 2018), die auf den Zusammenhang zwischen Qualität der Begleitung und Ausbildungsniveau hinweisen, erscheint fraglich, ob dies mit dem hohen Anteil an Personal ohne pädagogische Qualifikation im Ganztag gelingt. Regelmäßige Fort- und Weiterbildung, insbesondere im Team, ist hier eine wichtige Maßnahme.

- Die multiprofessionelle Kooperation zwischen Lehrkräften und pädagogischen Kräften im Ganztag wird als Gelingensbedingung für eine Realisierung der Ziele des Ganztagsausbaus angesehen. Eine wirksame Umsetzung der (Haus-)Aufgabenbegleitung erfordert eine gelingende Kooperation zwischen den Beteiligten und eine Vernetzung der Lern- und Förderangebote. Die Kooperation stellt in der Praxis oftmals eine Herausforderung für die Beteiligten dar, der Entwicklungsbedarf ist groß (Wildgruber et al., 2023). *Eine* Aufgabe der Fachkräfte im Ganztag ist, ihre eigene pädagogische Fachlichkeit, die eigene Qualität von Bildung, stärker zu konturieren und sich nicht schulischen Logiken unterzuordnen (Sauerwein, 2021).

Literatur

BRISSON, B. M. & Theis, D. (2020). Traditionelle Hausaufgaben oder integrierte Lernzeiten? Ein Vergleich der Erfahrungen und Leistungsentwicklungen von Schülerinnen und Schülern mit unterschiedlichen Übungsformaten. Psychologie in Erziehung und Unterricht 67 (4), S. 294–312.

FLACK, L., Wildgruber, A., Reiche, M. & Plehn, M. (2019). Hausaufgaben. Lern- und Übungszeiten pädagogisch gestalten. Freiburg: Herder.

GAISER, J. M., Kielblock, S. & Stecher, L. (2016). Hausaufgabenangebote an Ganztagsschulen. Fallstudien zur Verzahnung von Unterricht und außerunterrichtlichen Angeboten. Zeitschrift für Pädagogik 62, S. 797–811.

GAISER, J. M., Sauerwein, M. & Kielblock, S. (2020). Außerunterrichtliche Lern- und Förderarrangements an Ganztagsschulen. Bundesweite Trendanalysen und vertiefende Fallstudien. Psychologie in Erziehung und Unterricht 67 (4), S. 243–261.

HASCHER, T. & Bischof, F. (2000). Integrierte und traditionelle Hausaufgaben in der Primarschule – ein Vergleich bezüglich Leistung, Belastung und Einstellungen zur Schule. Psychologie in Erziehung und Unterricht 47, S. 252–265.

HATTIE, J. (2013). Lernen sichtbar machen. Baltmannsweiler: Schneider.

JIANG, Q., Shi, L., Zheng, D. & Mao, W. (2023). Parental homework involvement and students' mathematics achievement. A meta-analysis. Front. Psychol. 14. DOI: 10.3389/fpsyg.2023.1218534

KOHLER, B. (2017). Hausaufgaben. Überblick und Praxishilfen für Halbtags- und Ganztagsschulen. Weinheim & Basel: Beltz Juventa.

KOHLER, B. (2020). Die Hausaufgabenvergabe im Unterricht. Eine Beobachtungsstudie an Grundschulen. Zeitschrift für Grundschulforschung 13, S. 133–150.

LIPOWSKY, F. (2007). Hausaufgaben. Auf die Qualität kommt es an. Ein Überblick über den Forschungsstand. Lernende Schule 39, S. 7–9.

LIPOWSKY, F., Rakoczy, K., Klieme, E., Reusser, K. & Pauli, C. (2004). Hausaufgabenpraxis im Mathematikunterricht – ein Thema für die Unterrichtsqualitätsforschung? In J. Doll & M. Prenzel (Hg.), Bildungsqualität von Schule. Lehrerprofessionalisierung, Unterrichtsentwicklung und Schülerförderung als Strategien der Qualitätsverbesserung. Münster: Waxmann, S. 250–266.

MORONI, S. & Dumont, H. (2020). „Mensch, jetzt begreif es doch endlich mal!" Anlässe für Streit wegen Hausaufgaben aus Kind- und aus Elternperspektive. Psychologie in Erziehung und Unterricht 67, S. 262–278.

NIGGLI, A., Schnyder, I. & Moroni, S. (2016). Leitfaden Hausaufgaben-Praxis. Winterthur: IQES. http://www.schule-stansstad.ch/dl.php/de/6053048417a5c/Leitfaden_Hausaufgaben-Praxis.pdf (Zugriff: 9.8.23).

NORDT, G. (2013). Lernen und Fördern in der Hausaufgabenpraxis der offenen Ganztagsgrundschule in Nordrhein-Westfalen. Eine qualitative Studie aus der Perspektive der pädagogischen Kräfte und der Kinder. Münster: Waxmann.

NORDT, G. & Röhner, C. (2008). Hausaufgaben in der offenen Ganztagsgrundschule – ein Beitrag zur Förderung des schulischen Lernens und der Schulqualität? Widersprüche 28 (110), S. 67–79.

PILCHOWSKI, A. (2022). Wie viel Ganztag steckt in den Studiengängen der Kindheitspädagogik und der Sozialen Arbeit? Eine Analyse von Modulhandbüchern. Weiterbildungsinitiative Frühpädagogische Fachkräfte. WiFF Arbeitspapiere 8.

RABENSTEIN, K. & Podubrin, E. (2015). Praktiken individueller Zuwendung in Hausaufgaben und Förderangeboten. Empirische Rekonstruktionen pädagogischer Ordnungen. In S. Reh, B. Fritzsche, T.-S. Idel & K. Rabenstein (Hg.), Lernkulturen. Rekonstruktion pädagogischer Praktiken an Ganztagsschulen. Wiesbaden: Springer VS, S. 219–263.

SAUERWEIN, M. (2021). Vom Außerschulischen zum Schulischen. Überlegungen zu einer subjektorientierten Ganztagsbildung. neue praxis 2, S. 89–105.

SLOT, P. L. (2018). Structural Characteristics and Process Quality in Early Childhood Education and Care. A Literature Review. OECD Education Working Papers 176. DOI: 10.1787/edaf3793-en

STANDOP, J. (2013). Hausaufgaben in der Schule. Theorie, Forschung, didaktische Konsequenzen. Bad Heilbrunn: Klinkhardt.

STANDOP, J. (2015). Den Rest macht ihr zu Hause. Hausaufgaben sinnvoll auswählen und planen. Grundschule 45 (1), S. 6–9.

STECHER, L., Klieme, E., Radisch, F. & Fischer, N. (2009). Unterrichts- und Angebotsentwicklung – Kernstücke der Ganztagsschulentwicklung. In F. Prüß, S. Kortas & M. Schöpa (Hg.), Die Ganztagsschule. Von der Theorie zur Praxis. Anforderungen und Perspektiven für Erziehungswissenschaft und Schulentwicklung. Weinheim & Basel: Beltz Juventa, S. 185–201.

STEG-KONSORTIUM (2019). Ganztagsschule 2017/2018. Deskriptive Befunde einer bundesweiten Befragung. https://www.pedocs.de/volltexte/2019/17105/pdf/Ganztagsschule_2017_2018_StEG.pdf (Zugriff: 21.8.23).

STMUK (Bayerisches Staatsministerium für Unterricht und Kultus) (Hg.) (2020). Lernzeiten im Ganztag. Theoretische Grundlagen. https://www.ganztag.isb.bayern.de/fileadmin/user_upload/ganztag/ISB_Lernzeiten_im_Ganztag_Theorieteil.pdf (Zugriff: 21.8.23).

TILLACK, C., Fischer, N. & Kuhn, H. (2015). Hausaufgabenbetreuung in der Ganztagsschule. Soziale Unterstützung für Schülerinnen und Schüler mit Migrationshintergrund? Zeitschrift für Grundschulforschung 8 (2), S. 114–130.

VISIBLE Learning MetaX (2023). Homework. https://www.visiblelearningmetax.com/influences/view/homework (Zugriff: 9.8.23).

WILD, E. (2020). Hausarbeiten – ein überkommenes oder hoch aktuelles Konzept? Ein Diskussionsbeitrag. Psychologie in Erziehung und Unterricht 67, S. 314–325.

WILDGRUBER, A., Kottmair, A., Rudolph-Albert, F. & Gschwind, P. (2023). Evaluation des Modellversuchs Kombieinrichtung/Kooperative Ganztagsbildung. Abschlussbericht. https://www.ifp.bayern.de/imperia/md/content/stmas/ifp/abschlussbericht_evaluation_kooperative_ganztagsbildung_final.pdf (Zugriff: 22.8.23).

WILDGRUBER, A., Schuster, A. & Fischer, S. (2019). Weiterentwicklung der Hausaufgabenpraxis in Horten und Häusern für Kinder. https://www.ifp.bayern.de/imperia/md/content/stmas/ifp/projektbericht_35_-_hausaufgabenpraxis_im_hort.pdf (Zugriff: 21.8.23).

WITTLER, C. (2008). „Lernlust statt Lernfrust". Evaluation eines Elterntrainings zur Förderung autonomieunterstützender Instruktionsstrategien im häuslichen Lernkontext. Dissertation, Universität Bielefeld.

DÉSIRÉE THEIS, RAPHAELA SCHLICHT-SCHMÄLZLE

Ganztagsschulangebote im Primarbereich

1. Unterscheidungskriterien – Strukturelle und systemische Grundlagen

Die Forderung nach Ganztagsangeboten an Schulen wird in Deutschland mit zwei grundlegenden sozialpolitischen Annahmen begründet: Zum einen geht man davon aus, dass soziale Ungleichheiten im Bildungswesen durch Ganztagsangebote verringert werden können. Zum anderen ist durch die Veränderung familiärer Strukturen – insbesondere der Zunahme von alleinerziehenden Eltern und der gewachsenen Erwerbstätigkeit beider Elternteile – der Bedarf an Betreuung von Kindern an Nachmittagen gestiegen. Es wird angenommen, dass die Ganztagsschule zur Vereinbarung von Familie und Beruf beitragen kann.

Obwohl es auch frühere Bestrebungen gab, die politische Diskussion um die Ganztagsschule voranzutreiben, trug erst der PISA-Schock in den frühen 2000er Jahren maßgeblich zur politischen Debatte über die Ganztagsschule bei (Mersch, 2019). Vornehmlich durch das schlechte Abschneiden Deutschlands in der internationalen Vergleichsstudie bzgl. der Schüler:innenleistungen und der immensen sozialen Ungleichheiten in Deutschland nahm die Debatte über die Notwendigkeit eines längeren Schultags Fahrt auf. Aber auch die zunehmende Veränderung von Familien- und Arbeitsmodellen, weg vom klassischen Ernährer- und Hausfrauenmodell, unterstreichen den wachsenden Bedarf des Ausbaus von Ganztagsmodellen seit den frühen 2000er Jahren (KMK, 2023). Die Kultusministerkonferenz gab im Jahr 2001 in Reaktion auf die PISA-Ergebnisse eine Pressemitteilung heraus, in der der Ausbau der Ganztagsschule als eine Maßnahme zur Verbesserung der schulischen Bildung benannt wurde (KMK, 2001). Seit 2006 veröffentlicht die Kultusministerkonferenz regelmäßig statistische Daten zum Ausbau der Ganztagsschule in Deutschland (KMK, 2023). Schulische Ganztagsangebote in Deutschland sind von einer großen Vielfalt geprägt. Allerdings zeigt sich beim Abgleich verschiedener Statistiken mit der Realität des Ganztagsangebots an einzelnen Schulen auch, dass eine einheitliche und klare Kategorisierung von Ganztagsschulen bisher kaum gelingt. Gleicht man das Angebot mancher Schulen, die sich klar als „gebundene" Ganztagsschule vorstellen, mit der Definition der KMK ab, zeigt sich, dass diese oft lediglich offene oder teilgebundene Programme anbieten. Außerdem arbeiten unterschiedliche Bundesländer und Verwaltungseinheiten mit anderen Kategorisierungen. Während die KMK zwischen offenen, teilgebundenen und gebundenen Ganztagsschulen unterscheidet, unterscheidet beispielsweise das Hessische Kultusministerium (HKM) zwischen Schulen mit drei unterschiedlichen Ganztagsprofilen. Die Vielfalt an Kategorien und die unscharfen Abgrenzungen der Ganztagsangebote resultieren aus ihrer Diversität auf vielerlei Dimensionen. So variieren sie zum Beispiel bzgl. der Zeitangebote, der Professionalisierung der Durchführenden, der Zusammenarbeit bzw. Synthese von Schule und Nachmittagsbetreuung, hinsichtlich des inhaltlichen Angebots, aber auch bzgl. der Nachfrage und Nutzung durch verschiedene soziale Gruppen.

1.1 Offene versus gebundene Ganztagsschulen und hybride Systeme

In ihrer Statistik zu schulischen Ganztagsangeboten unterscheidet die KMK grundlegend drei Formen der Ganztagsschule: die offene, die gebundene und die teilgebundene Ganztagsschule. In der Grundschule – die Schulart mit dem größten Anteil der Ganztagsangebote – aber auch in allen anderen Schularten dominiert die offene Ganztagsschule. Laut KMK (2008) handelt es sich um ein Modell der offenen Ganztagsschule, wenn (einzelne) Schüler:innen auf Wunsch an ganztägigen Angeboten in der Schule teilnehmen.

Von offenem Ganztag spricht man, wenn diese Schüler:innen dort ein Bildungs- und Betreuungsangebot an mindestens drei Tagen pro Woche von mindestens sieben Stunden erhalten (KMK, 2008). Es gibt keinerlei Verpflichtung an diesem Angebot teilzunehmen. Meist handelt es sich um Betreuungsangebote, für die Kinder verbindlich angemeldet werden müssen, an denen es aber keine Teilnahmepflicht gibt. In Deutschland ist das die vorherrschende Form des Ganztagsangebots.

Von einer gebundenen Ganztagsschule spricht man hingegen, wenn alle Schüler:innen einer Schule verpflichtend an mindestens drei Tagen in der Woche für mindestens sieben Stunden am Angebot teilnehmen. In Deutschland gibt es in den meisten Bundesländern unter den öffentlichen Schulen nur sehr wenige gebundene Ganztagsschulen. Anders sieht das Bild im Privatschulsektor aus. Hier ist das Angebot an gebundenen Ganztagsschulen sehr stark ausgebaut.

In teilgebundenen Ganztagsschulen verpflichtet sich ein Teil der Schüler:innen an mindestens drei Tagen für sieben Stunden am Ganztagsangebot teilzunehmen. Diese Form der Ganztagsschule ist zwar immer noch nicht so weit verbreitet wie die offene Ganztagsschule, aber deutlich weiter als die gebundene Ganztagsschule.

Wie genau die drei Formen des Ganztags ausgestaltet sind, bis wie viel Uhr die Ganztagsangebote dauern und an welchen Wochentagen sie stattfinden, inwiefern die Angebote kostenpflichtig sind oder welche Art des Unterrichts oder der Betreuung an Nachmittagen angeboten werden und welche Qualifikation das Personal hat, unterscheidet sich in einer großen Bandbreite von Schule zu Schule und zwischen Verwaltungseinheiten.[1]

Die Frage nach gebundenen, teilgebundenen und offenen Ganztagsschulen steht auch in engem Zusammenhang mit dem Aspekt der Freiwilligkeit bzw. des verpflichtenden Besuchs der Ganztagsschule. Die meisten Bundesländer unterstreichen weiterhin das Prinzip der Freiwilligkeit für Familien zwischen Ganztags- und Halbtagsschule zu wählen (Hessisches Kultusministerium, 2024; Kultusministerkonferenz, 2015; Götzke, 2019). Familien sollen die Wahl haben, ob ihre Kinder am Ganztagsangebot teilnehmen oder nicht. Gründe dafür können die ca. 100 Jahre lange Tradition des Halbtagsschulwesens und die dadurch entstandene kulturelle Prägung sein und damit zusammenhängend die fortbestehenden Vorbehalte unter Eltern gegenüber einer ganztägigen Betreuung von Kindern in der Schule (Hagemann & Mattes, 2008). Diese Vorbehalte werden durch die jüngere Erfahrung mit zwei Diktaturen und einer starken Dominanz staatlicher Erziehung und Prägung (Bundeszentrale für Politische Bildung 2024; Edelstein, 2017; Mattes, 2009; Hagemann & Mattes, 2008) verstärkt. Die Einführung der Ganztagsschule in Deutschland geht daher auch mit einem starken kulturellen Wandel einher.

1.2 Kinder- und Jugendhilfe und das Schulwesen in der Ganztagsschule

Ein weiteres wichtiges Unterscheidungsmerkmal von Ganztagsangeboten ist deren Trägerschaft und damit einhergehend auch die Kostenstrukturen und Gebühren, die auf die Familien zukommen. Insbesondere im offenen Ganztag, aber auch teilweise im gebundenen Ganztag, wird das Angebot der Ganztagsschule in Deutschland nicht nur vom Schulsystem selbst bereitgestellt und koordiniert. Vielmehr beruht der Ausbau von Ganztagsangeboten auch maßgeblich auf den Systemen und Trägerschaften der Kinder- und Jugendhilfe. So sind viele nach-

1 Relevante Verwaltungseinheiten können zum einen die Schulamtsbezirke sein, die Vorgaben zum Ganztagsangebot und dessen Ausgestaltung machen, zum anderen aber auch die Landkreise, die Träger von Horten und Betreuungszentren sein können.

mittägliche Betreuungsangebote – zum Beispiel die Horte oder Betreuungseinrichtungen – institutionell nicht in den Schulen verankert und unterstehen nicht den Schulämtern, sondern werden von Trägern der Kinder- und Jugendhilfe bereitgestellt. Sie unterstehen damit der Sozialverwaltung in den Landkreisen oder Kommunen. Wichtig ist hierbei, dass das System der Kinder- und Jugendhilfe auf anderen Rechtsgrundlagen und institutionellen systemischen Strukturen aufbaut als das Schulsystem selbst. Die Kinder- und Jugendhilfe arbeitet auf der Rechtsgrundlage des Sozialgesetzbuchs (SGB VIII), dem Gesetz über die Kinder- und Jugendhilfe. Demnach ist der Staat zwar verpflichtet, Angebote der Kinder- und Jugendhilfe zu schaffen, allerdings gilt ein Primat der freien Trägerschaft. Freie Träger müssen somit in der Kinder- und Jugendhilfe vor staatlichen Angeboten priorisiert werden. Der Staat stellt nur Angebote bereit, sofern sich keine freien Träger finden. Nachmittägliche Betreuung in Horten und Betreuungseinrichtungen sind daher auch im Gegensatz zur Schule meistens über Gebühren finanziert.

Die beiden Systeme – Schule und Kinder- und Jugendhilfe – unterscheiden sich auch in ihren Verwaltungssystemen: Während Schulen den Schulämtern zugeordnet sind, ist die Kinder- und Jugendhilfe bei den Jugendämtern angesiedelt. Bei Ganztagsangeboten mit Trägerschaft in der Kinder- und Jugendhilfe entsteht daher schnell eine rechtliche Grauzone, bei der unklar ist, ob das staatliche Schulwesen oder die Kinder- und Jugendhilfe für das Angebot verantwortlich sind. Vorteile der Trägerschaft in der Kinder- und Jugendhilfe sind die Möglichkeit der Kooperation mit vielfältigen Kooperationspartnern in verschiedenen pädagogischen Bereichen und der Fokus auf extra-curriculare Angebote, sowie die stärkere Möglichkeit zur Arbeit in multiprofessionellen Teams, etwa Sozialarbeitende oder Mitarbeiter:innen in therapeutischen Berufen. In ihrem Ganztagsschulbericht von 2015 legt die KMK auch fest, dass sie die Zusammenarbeit der Schule mit freien Trägern der Kinder- und Jugendhilfe begrüßt (auch in den aktuellen Qualitätsempfehlungen der KMK 2023). Tendenziell sind die offenen Ganztagsschulen stärker auf die Kooperation mit der Kinder- und Jugendhilfe angewiesen als gebundene Ganztagsschulen. Aber auch gebundene Ganztagsschulen kooperieren mit externen Anbietern in extra-curricularen Bereichen (s. zu Kooperation auch die Beiträge von Gosse und Schuld in diesem Band). Wichtig ist, dass die Angebote der Ganztagsbetreuung der Kinder- und Jugendhilfe in der Regel für die Familien, die das Angebot in Anspruch nehmen, mit Gebühren einhergehen. Nachteile der Trennung der zwei Tageshälften in zwei verschiedene Trägersysteme – dem Vormittag unter dem System des Schulrechts und der offene Nachmittag unter dem System der Kinder- und Jugendhilfe – ist, dass auch die Aktivitäten von unterrichtsfokussiertem Lernen im Klassenverbund am Vormittag und extra-curricularen Aktivitäten am Nachmittag zeitlich unflexibel getrennt werden müssten. Gerade die Möglichkeit der Rhythmisierung verschiedener didaktischer Techniken über den gesamten Tagesablauf hinweg sehen Erziehungswissenschaftler:innen als großen Vorteil der Ganztagsschule (z.B. Waschler, 2010; Gantke, 2008).

1.3 Pädagogische Ausgestaltung des Ganztags

Die pädagogische Ausgestaltung des Ganztags variiert stark zwischen Einzelschulen und unterliegt beinahe ausschließlich den Vereinbarungen einzelner Schulen oder Schulen mit ihren Kooperationspartnern. Dies bezieht sich z.B. darauf, inwiefern das Ganztagsangebot unterrichtsfokussiert ist, ob eine strukturierte Hausaufgabenbetreuung stattfindet und evtl. sogar Hausaufgaben durch strukturelle Lernzeiten ersetzt werden, oder welche Qualifikation das durchführende Personal hat. In manchen Schulen wird die Nachmittagsbetreuung in Horten von qualifiziertem pädagogischem Personal durchgeführt. In anderen Schulen und Landkreisen arbeiten Quereinsteiger:innen ohne pädagogische Qualifikation in Betreuungseinrichtungen und in wieder anderen Schulen wird das Nachmittagsangebot teilweise in Kooperation mit Vereinen und dem Ehrenamt bereitgestellt. Zu einigen dieser Gestaltungsmerkmale gibt es bereits Erkenntnis, inwiefern sie sich auf die Bildungsleistung, kindliche Entwicklung und Chancengleichheit auswirken (siehe beispielsweise Fischer, Holtappels, Klieme, Rauschenbach, Stecher & Züchner, 2011).

2. Angebotsstatistik

In den nachfolgenden Absätzen wird beschrieben, welche Ganztagsangebote sich an Primarschulen in Deutschland finden und welche Formen dabei am häufigsten angeboten werden. Zudem wird dargestellt, inwiefern sich Eltern finanziell an der Teilnahme am Ganztagsprogramm beteiligen müssen und welche Teilnahme- bzw. Nachfragezahlen die Schulleitungen in Deutschland an Ganztagsprimarschulen verzeichnen. Die Angaben beziehen sich auf Daten einer im Jahr 2018 im Rahmen der Studie zur Entwicklung von Ganztagsschulen (StEG; StEG-Konsortium, 2019) durchgeführten repräsentativen Schulleitungsbefragung. Die Daten der Studie weisen den aktuellen Stand (d.h. zum Zeitpunkt der Befragung) an Ganztagsschulen in Deutschland auf. Zudem lassen sie einen Vergleich der Jahre 2012, 2015 und 2018 zu. Somit kann auch die Entwicklung der Ganztagsschulen über die Jahre ermittelt werden. Nach dem

Erscheinen dieses Statusberichts zur Entwicklung von Ganztagsschulen wurden bisher keine Erhebungen mit einer vergleichbaren, aber aktuelleren Datenlage veröffentlicht. Dementsprechend sind diese Daten, bis auf wenige Ausnahmefälle, zurzeit die beste verfügbare Grundlage zur Beschreibung von Ganztagsangeboten an Schulen in Deutschland. Wenn möglich, werden im Folgenden ergänzend aktuellere Datensätze, wie beispielsweise die Ganztagsschulstatistik der KMK, genutzt.

2.1 Angebotsformen und ihre Verteilung an Primarschulen in Deutschland

StEG zeigt, dass die Mehrzahl der Grundschulen in Deutschland an fünf Tagen in der Woche ein Ganztagsprogramm anbietet. Außerdem findet sich an Ganztagsschulen in Deutschland insgesamt ein breites Spektrum an außerunterrichtlichen Angeboten. Dies betrifft Schulen aller Schultypen (Primarschulen, Schulen mit Sekundarstufen (ohne Gymnasium) und Gymnasien) gleichermaßen. Am stärksten vertreten sind lernförderliche Angebote wie Hausaufgabenbetreuung oder Fördergruppen und -unterricht, aber auch Aktivitäten im musisch-kulturellen und sportlichen Bereich sind bei einem Großteil der Schulen mit im Angebot. Abb. 1 verdeutlicht, welche Angebotsformen sich an Primarschulen in Deutschland finden und zu welchem Umfang sie bereitgestellt werden. Aus der Abbildung geht hervor, dass 2018 an fast 90 % der Primarschulen eine Hausaufgabenbetreuung angeboten wurde. Zudem integrierten 44 % der Schulen aufgabenbezogene Lernzeiten in den Unterricht. 76 % der Ganztagsgrundschulen boten Förderunterricht/Fördergruppen und knapp 72 % spezifische Fördermaßnahmen an. Neben der Hausaufgabenbetreuung und spezifischen Förderangeboten gehören Angebote zur Sprachförderung (Deutsch-, Literatur- oder Leseangebote an mehr als 70 % der Grundschulen), Angebote im musisch-künstlerischen Bereich (fast 100 %) und sportliche Angebote (94 %) zu den häufigsten Angebotsformen an Primarschulen in Deutschland.

Angebote mit einem naturwissenschaftlichen Schwerpunkt und zu neuen Medien finden sich an gut der Hälfte aller Ganztagsgrundschulen. Mathematische/technische Angebote hingegen finden sich an ca. 30 % der Primarschulen. Relativ wenige Schulen haben Angebote zu Geschichte, Politik und Heimatkunde (13 %) oder Fremdsprachen (knapp 27 %) im Portfolio. Gut zwei Drittel bis drei Viertel der Schulen bieten jedoch Angebote aus den Bereichen soziales Lernen (ca. 67 %), Spiel- und Denksportangebote (ca. 71 %), Gesundheit und Ernährung (ca. 64 %) und handwerkliche bzw. hauswirtschaftliche Angebote (ca. 77 %) an.

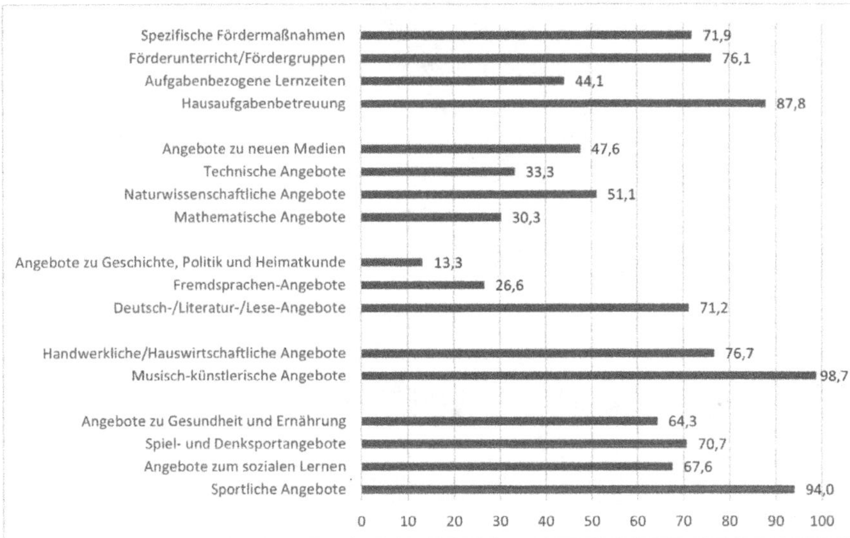

Abbildung 1: Angebotsformen und ihre Verteilung (Quelle: StEG-Schulleitungsstudie 2018 (StEG-Konsortium, 2019)

2.2 Familiäre Kostenbeiträge für die Teilnahme an Ganztagsangeboten an Primarschulen in Deutschland

StEG zeigt, dass die Teilnahme an Ganztagsangeboten häufig mit einem finanziellen Beitrag der Eltern einhergeht und damit nicht kostenfrei ist (StEG-Konsortium, 2019). Aus Abb. 2 geht hervor, dass das Mittagessen an fast allen Primarschulen in Deutschland kostenpflichtig ist. Die Kosten belaufen sich hier, laut der StEG-Schulleitungsstudie im Jahr 2018, auf durchschnittlich 2,68 bis 3,15 Euro.[2] Gleichzeitig fordern knapp die Hälfte der Schulen einen generellen Beitrag für die Teilnahme am Ganztagsschulprogramm (48 %). StEG zeigt, dass dies insbesondere an offenen Ganztagsschulen der Fall ist. Zudem ist die Teilnahme an einzelnen Angeboten an einem Viertel der Schulen (knapp 25 %) kostenpflichtig. Nur 17 % der Schulen fordert regelmäßige Beiträge für einzelne Angebote.

StEG zeigt außerdem, dass sich die Kostenbeiträge für das Ganztagsangebot an Primarschulen in Deutschland zwischen den Jahren 2012 und 2018 verändert haben. So hat sich die Zahl der Schulen, die einen generellen Beitrag

2 Vor dem Hintergrund der aktuellen Inflation und der wirtschaftlichen Lage ist davon auszugehen, dass die Preise in der Zwischenzeit erhöht wurden.

für die Teilnahme am Ganztagsangebot einfordern, von 59,5 % auf 48,2 % reduziert. Gleiches gilt für unregelmäßige finanzielle Beiträge für die Teilnahme an einzelnen Angeboten. Hier hat sich die Anzahl der Schulen, die Beiträge einfordern, von 31,3 % auf 24,5 % reduziert. Bei den Zahlen der Schulen, die regelmäßige Beiträge für einzelne Angebote und das Mittagessen einfordern, zeigt sich jedoch in den Jahren 2012 bis 2018 keine maßgebliche Veränderung.

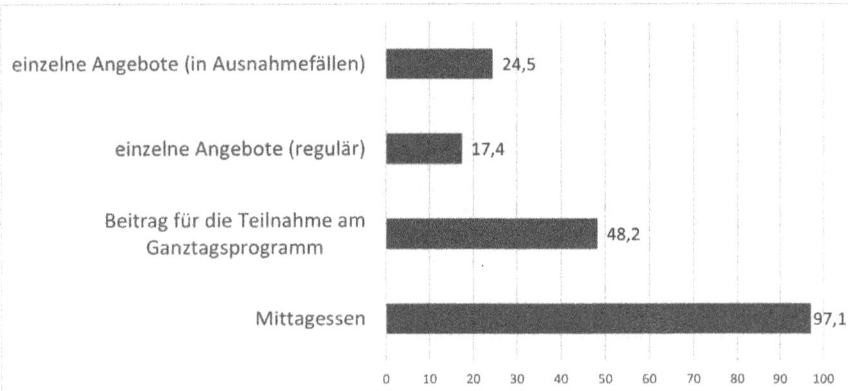

Abbildung 2: Kostenbeiträge für Ganztagsangebote (Quelle: StEG-Schulleitungsstudie 2018 (StEG-Konsortium, 2019)

2.3 Die Teilnahme an Ganztagsangeboten an Primarschulen in Deutschland

Der Ganztagsschulstatistik der KMK zufolge, nahmen im Schuljahr 2021/2022 knapp 50 % aller Kinder im Grundschulalter ein ganztägiges schulisches Angebot in Anspruch (KMK, 2023). Aus der DJI-Kinderbetreuungsstudie geht hervor, dass im Jahr 2022 deutschlandweit sogar 68 % der Grundschulkinder entsprechende Angebote nutzen (Hüsken, Lippert & Kuger, 2023). Die StEG-Schulleitungsstudie greift auf deutlich ältere Daten zurück, als die zuvor genannten Quellen. Gleichzeitig bieten diese Daten jedoch ein differenzierteres Bild. So zeigen sie, dass im Jahr 2018 durchschnittlich 58 % der Schüler:innen an Ganztagsprimarschulen an Ganztagsangeboten teilnahmen (StEG-Konsortium, 2019). Diese Zahl bleibt seit 2012 weitgehend stabil. In Schulen mit einem teilgebundenen Modell (verpflichtende Teilnahme für einzelne Klassen- bzw. Jahrgangsstufen) liegt diese Zahl mit 66 % deutlich höher. Insgesamt finden sich in Deutschland jedoch mehrheitlich Ganztagsschulen im Primarbereich, bei denen die Teilnahme am ganztägigen Programm auf Freiwilligkeit beruht (StEG-Konsortium, 2019).

Die Nachfrage nach Ganztagsangeboten im Primarbereich ist in knapp 40 % der Fälle konstant geblieben, in knapp 57 % der Fälle gestiegen und bei 4 % der Fälle gesunken. Im Primarbereich ist laut der Schulleitungen demnach mehrheitlich eine steigende bzw. konstante Nachfrage bzgl. der Teilnahme an Ganztagsangeboten zu verzeichnen. Der Vergleich mit 2012 zeigt, dass die Anzahl der Schulleitungen, die eine ansteigende Nachfrage verzeichnen, von 62,3 % auf 56,5 % gesunken ist und die Anzahl der Schulleitungen, die eine konstante Nachfrage verzeichnen, von 35 % auf 39,5 % gestiegen ist. Die Anzahl der Schulleitungen, die eine gesunkene Nachfrage verzeichnen, ist im Vergleich zu 2012 von 2,7 % auf 4 % gestiegen. StEG zeigt zudem, dass sich die Anmeldezahlen und das Platzangebot bei knapp 20 % der Ganztagsprimarschulen mit freiwilligen und (teil-)gebundenen Modellen in Deutschland decken. Knapp 60 % dieser Schulen versucht jedoch flexibel auf die Anmeldesituation im Ganztagsprogramm zu reagieren und legt zu Beginn des Schuljahres keine Platzkapazitäten fest. Nur knapp 6 % der Schulleitungen geben an, dass mehr Platzkapazitäten als Anmeldungen für das Ganztagsangebot gegeben sind und 17 % geben an, dass die Anzahl der Anmeldungen die Platzkapazitäten für die Teilnahme am Ganztagsprogramm der Primarschule übersteigt.

3. Der Zusammenhang zwischen Angebotsteilnahme, Angebotsqualität und Schüler:innenmerkmalen

Forschungsbefunde bzgl. des Effekts der generellen Teilnahme an Ganztagsangeboten in der Grundschule auf Leistungen der Schüler:innen und potenzieller kompensatorischer Effekte sind heterogen (Tillmann et al., 2019). Bellin und Tamke (2010) beschreiben beispielsweise positive Effekte auf die Leseleistung und erste Hinweise auf kompensatorische Wirkungen der Teilnahme an Ganztagsangeboten.[3] Bei Holtappels, Tillmann & Lossen (2018) zeigen sich hingegen keine positiven Effekte der Teilnahme an Leseangeboten auf die Lesekompetenz der Schüler:innen. Gleiches gilt hier für kompensatorische Wirkungen.

Insgesamt weisen Studien darauf hin, dass Effekte der Teilnahme an Ganztagsangeboten in der Grundschule auf Merkmale von Schüler:innen mit der Qualität der jeweiligen Angebote zusammenhängen (z.B. Fischer et al., 2011;

3 Dieser Befund zeigt sich nicht mehr, sobald bei der Analyse soziale Differenzkategorien einbezogen werden.

Schüpbach, 2016). Ganztagsangebote in Deutschland sind vergleichbar mit „after-school programs“ in den USA (Brümmer, Rollett & Fischer, 2011; Fischer et al., 2012). Auch Studien zu Effekten dieser Angebote identifizieren die Angebotsqualität als entscheidendes Merkmal (z.B. Durlak et al., 2010; Shernoff, 2010). Für Ganztagsangebote in der Grundschule in Deutschland zeigen beispielsweise Lossen et al. (2016), dass die Teilnahme an naturwissenschaftlichen Angeboten einen positiven Effekt auf das sachunterrichtsbezogene Selbstkonzept hat, wenn die Qualität der Angebote positiv bewertet wird. Zudem ergeben sich hier Hinweise auf kompensatorische Effekte bei höher eingeschätzter Angebotsqualität für Kinder aus bildungsferneren Haushalten und für Kinder mit Migrationshintergrund, die zu Hause nicht durchgängig Deutsch sprechen. Zur Erfassung der Angebotsqualität wurden die Schüler:innen gebeten anzugeben, inwiefern das Angebot strukturiert durchgeführt wird, es einen Bezug zu ihrem Unterrichts- und Lernstoff hat und es klare Regeln gibt. Außerdem sollten die Schüler:innen angeben, wie die Autonomieunterstützung und Motivationswirkung des Angebotes wahrgenommen wurden, inwiefern das Angebot darauf ausgerichtet war, sie beim Lernen und in ihrer Kompetenz zu unterstützen, und ob das Angebot zu ihrem aktuellen Leistungsstand passte. Basierend auf theoretischen Überlegungen und Befunden zur Qualität von Ganztagsangeboten wurde im Projekt StEG-Lesen (Lossen, Holtappels, Osadnik & Tillmann, 2019) ein „ziel- und kompetenzorientiertes und im Ganztag von Grundschulen praktisch umsetzbares Leseförderprogramm“ (Tillmann et al., 2019, S. 201 f.) entwickelt und auf seine Wirksamkeit getestet. Es zeigten sich positive Effekte auf die Lesekompetenz der teilnehmenden Schüler:innen sowie kompensatorische Effekte. Den Autor:innen zufolge weisen ihre Befunde darauf hin, dass sowohl die zusätzliche Zeit für das Lesen, das spielerische Lernen als auch das systematische Üben im Rahmen des Ganztagsangebots entscheidend für die erfolgreiche Förderung der Lesekompetenzen sind. Bei der Entwicklung des Angebots wurde zudem besonders darauf geachtet, dass es mit den „organisatorisch-strukturellen und personellen Rahmenbedingungen des schulischen Ganztags“ (Tillmann et al., 2019, S. 203) vereinbar ist. Es ist nicht unüblich, dass Angebote in Ganztagsschulen von Personen geleitet werden, die kein Lehramtsstudium absolviert haben und keine Qualifikation bzgl. der didaktischen Umsetzung von pädagogischen Angeboten haben. In der Teilstudie StEG-Lesen wurden die Angebotsleitungen des Leseförderangebots im Vorfeld angeleitet und während der Durchführung eng begleitet. Dies erwies sich im Laufe des Programms als besonders hilfreich (Tillmann et al., 2019). Die Angebotsqualität wurde in StEG-Lesen aber nicht nur anhand der Durchführbarkeit für Angebotsleitungen bewertet. Das Angebot wurde vielmehr gezielt so entwickelt, dass es für die Schüler:innen motivierend und verständlich ist, sie thematisch anspricht sowie eine angemessene Herausforderung für sie darstellt (Lossen et al., 2019). Anhand dieser Merkmale wurde die Qualität des Förderangebots von Angebotsleitungen des Programms positiv bewertet. Bei der Interpretation der Befunde der hier beschriebenen Studie muss beachtet werden, dass die Umsetzung des Angebotes unter relativ stark kontrollierten Bedingungen und unter enger wissenschaftlicher Begleitung durchgeführt wurde. Inwiefern sich dieses Angebot im Ganztagsschulalltag mit ähnlichen Ergebnissen umsetzen lässt, muss noch untersucht werden (Rother, Sauerwein & Fischer, 2024).

3.1 Theoretische Ansätze zur Rahmung der Angebotsqualität

Die hier beispielhaft aufgeführten Studien verdeutlichen, dass es unterschiedliche Methoden gibt, die Qualität von Ganztagsangeboten zu erfassen und zu bewerten. Als theoretische Grundlage zur Bewertung der Qualität von unterrichtsnahen Angeboten, wie z.B. Förderangebote, können die drei Basisdimensionen guten Unterrichts von Klieme und Kolleg:innen dienen (Klieme, 2019). Nach diesem Modell wird die Prozessqualität von Unterricht und Angeboten danach bewertet, inwiefern sie kognitiv aktivierend sind und klare Regeln und Strukturen (Klassenführung) sowie konstruktive Unterstützung bieten. Die erste Dimension, kognitive Aktivierung, befasst sich damit, ob im Unterricht gestellte Aufgaben so gestaltet sind, dass sie an das Vorwissen der Schüler:innen anknüpfen und dieses aktivieren, um darauf aufzubauen und so das Fähigkeitsselbstkonzept der Schüler:innen zu stärken. Dementsprechend sollten Aufgaben herausfordernd sein, kognitive Konflikte provozieren und metakognitive Denkprozesse anregen (Praetorius et al., 2018). Die zweite Dimension, Klassenführung, zielt darauf ab, wünschenswertes Schüler:innenverhalten in der Klasse zu fördern, sowie unerwünschtes Verhalten zu vermeiden. Klare Regeln und Strukturen können Lehrkräften dabei helfen, mit Störungen und disziplinären Problemen umzugehen (Emmer & Stough, 2001) und die Aufmerksamkeit der Schüler:innen zu fördern (Klieme, 2018). Die dritte Dimension, konstruktive Unterstützung, bezieht sich auf die Interaktion zwischen Lehrkräften und Schüler:innen. Diese Beziehung sollte durch einen respektvollen und zugewandten Umgang miteinander geprägt sein, wobei individuelle Bedürfnisse und Interessen der Schüler:innen beachtet werden (Klieme, 2018).

Ein weiteres Modell zur Operationalisierung und Erfassung der Angebotsqualität bietet die Selbstbestimmungstheorie von Deci und Ryan (2000). Diese Theorie geht davon aus, dass Individuen eine angeborene Neigung haben, ihre

Kompetenzen und Interessen aktiv weiterzuentwickeln und neue Erfahrungen zu machen (Niemiec & Ryan, 2009; Ryan & Deci, 2002). Die Theorie basiert auf der Annahme, dass die Erfüllung der drei psychologischen Grundbedürfnisse nach Kompetenz, Autonomie und sozialer Eingebundenheit dabei helfen kann, diesen Drang, sich weiterzuentwickeln, zu fördern. Im schulischen Kontext bedeutet dies, dass Lernumgebungen darauf abzielen sollten, Schüler:innen ein (den individuellen Fähigkeiten entsprechend) herausforderndes, klar strukturiertes Umfeld zu bieten, indem angemessenes Feedback und klare Erwartungen kommuniziert werden (Rakoczy, 2008). Das Feedback sollte sich dabei auf die individuelle Entwicklung der Schüler:innen beziehen (individuelle Referenznorm), informativ und konstruktiv sein (Sauerwein, 2017). Dies sollte dabei helfen, dass Schüler:innen sich kompetent fühlen. Außerdem sollten Schüler:innen die Möglichkeit haben, in einem gewissen Rahmen und in Abhängigkeit ihrer eigenen Interessen und Werte selbst zu entscheiden, welche Aufgaben und Themen sie bearbeiten möchten (Ryan & Deci, 2002). Zudem sollten Aufgaben einen Bezug zur Lebenswelt der Schüler:innen haben und der Wert für ihren individuellen Lernprozess deutlich für sie erkennbar sein (Meece, 1991). Lernumgebungen, die dies erfüllen, sollten dem Autonomiebedürfnis der Schüler:innen entgegenkommen. Ryan und Deci (2002) beschreiben als drittes Grundbedürfnis die soziale Eingebundenheit. Hierbei geht es darum, dass sich Personen danach sehnen, signifikante soziale Beziehungen einzugehen. Dementsprechend sollten sich Schüler:innen in ihrem Lernumfeld respektiert und wertgeschätzt fühlen (Niemiec & Ryan, 2009). Um dies zu erreichen, sollten Lehrkräfte versuchen, die Perspektiven der Schüler:innen bei Entscheidungen in Betracht zu ziehen, Interesse am jeweiligen Lernprozess zu zeigen und den Schüler:innen bzgl. schulischer und privater Themen Unterstützung zu bieten (Rakoczy, 2008).

Die Ausführungen hier zeigen, dass es Berührungspunkte zwischen den theoretischen Überlegungen zu den drei Basisdimensionen nach Klieme und Kolleg:innen und der Selbstbestimmungstheorie gibt. So stellen die Autor:innen bei der Dimension ‚konstruktive Unterstützung' selbst ausdrücklich Bezüge zur Selbstbestimmungstheorie her, da entsprechend gestaltete Lernumgebungen z.B. dem Bedürfnis der Schüler:innen nach sozialer Eingebundenheit entgegenkommen sollten (Praetorius et al., 2018). Es ist aber auch davon auszugehen, dass Lernumgebungen, die für Schüler:innen kognitiv aktivierend sind, gleichzeitig auch herausfordernd sind und somit dazu beitragen können, dass sie sich kompetent fühlen.

In einem dritten Ansatz greift Sauerwein (2017) in seinen Überlegungen zur Angebotsqualität ganztägiger Lernumgebungen ebenfalls auf die beiden oben aufgeführten theoretischen Darstellungen zurück. Der Autor stellt darüber hinaus Bezüge zu sozialpädagogischen Theorien sowie der Forschung zu extracurricular activities in den USA her und ergänzt Aspekte der Anerkennungstheorie nach Honneth (1994). Dies mündet in einer Heuristik zur Operationalisierung der Angebotsqualität in Ganztagsschulen. Letztlich umfasst die Heuristik die Dimensionen Classroom Management, kognitive Aktivierung, Autonomie-Unterstützung, Anerkennung (emotional, solidarisch und rechtlich), Partizipation/Teilhabe und Alltagsorientierung. Im Vergleich zu den oben aufgeführten theoretischen Modellen stellen in dieser Darstellung vor allem die anerkennungstheoretischen Überlegungen eine Ergänzung dar. Sauerwein unterscheidet hier zwischen emotionaler, solidarischer und rechtlicher Anerkennung. Auf Prengel (2005) verweisend, erklärt Sauerwein (2017, S. 167), dass es bei der emotionalen Anerkennung um die „prinzipielle Anerkennung der Einzelperson und die Achtung ihrer Persönlichkeit" geht. Es geht also darum, den Schüler:innen wertschätzend, respektvoll und freundlich zu begegnen. Konfliktreichen Verhaltensweisen, die zu sozialem Ausschluss führen können, wird begegnet, in dem Kinder und Jugendliche einerseits in ihrer Individualität respektiert werden, andererseits aber auch auf die Probleme des Verhaltens hingewiesen werden und die Entwicklung von Perspektivenübernahme und Empathie gefördert werden. Bei der rechtlichen Anerkennung geht es darum, dass Schüler:innen in Lernumgebungen fair und nach gleichem Recht behandelt werden sollten. Dies umfasst auch Teilhabemöglichkeiten (d.h. Zugang zu Lerngelegenheiten) und die Möglichkeit aller, sich gleichermaßen in Entscheidungsprozesse einzubringen (d.h. Partizipationsmöglichkeiten für Schüler:innen; Sauerwein, 2017). Die Kehrseite rechtlicher Anerkennung wird als Missachtung beschrieben, die auch einen Teil dieses Qualitätsmerkmals ausmacht. Hiermit sind beispielsweise ungleiche Teilhabemöglichkeiten an Lerngelegenheiten gemeint. Neben emotionaler und rechtlicher Anerkennung beschreibt Sauerwein (2017) solidarische Anerkennung als wichtiges Merkmal der Angebotsqualität. Hiermit ist gemeint, dass Schüler:innen Wertschätzung für ihre individuellen Eigenschaften, Einstellungen, Neigungen und Kompetenzen erfahren. Es wird davon ausgegangen, dass dies maßgeblich mit einem positiven Selbstbild einhergeht, bei dem individuelle Eigenschaften als Besonderheiten positiv bewertet werden (Sauerwein & Fischer, 2020).

4. Fazit

Der Ausbau der Ganztagsschulen war in Deutschland mit großen Hoffnungen verbunden, was die Förderungen kognitiver und non-kognitiver Kompetenzen und den Ausgleich von Bildungschancen betrifft. Die in diesem Kapitel beschriebenen theoretischen Überlegungen und empirischen Befunde zeigen, dass in der Regel nicht die reine Teilnahme an extracurricularen Angeboten der entscheidende Faktor ist. Vielmehr trägt die Qualität der Angebote maßgeblich zu deren Effektivität bei. Es gibt zahlreiche Hinweise auf relevante Qualitätsmerkmale für Angebote an Ganztagsschulen in Deutschland. Nehmen Schüler:innen in der Grundschule an Angeboten teil, die diese Merkmale erfüllen, so kann die Teilnahme zu einer Verbesserung schulischer Kompetenzen, wie beispielsweise die Lesekompetenz, von Schüler:innen beitragen. Außerdem zeigen sich erste Hinweise auf kompensatorische Wirkungen von Angeboten für Schüler:innen aus bildungsferneren Haushalten. Ganztagsschulen in Deutschland sind jedoch sehr unterschiedlich und stehen vor verschiedenen Herausforderungen, was die organisatorische und konzeptuelle Gestaltung der Angebote betrifft. Zudem basiert die Teilnahme an den Angeboten gerade im Grundschulbereich in der Regel auf Freiwilligkeit. Um einen Beitrag zum Ausgleich von Bildungschancen leisten zu können, müssen die Angebote auch jene Schüler:innen erreichen, die davon profitieren können. An vielen Ganztagsgrundschulen sind Angebote zudem teilweise kostenpflichtig, was die Teilnahme für Schüler:innen aus bildungsfernen und ökonomisch schlechter gestellten Familien erschwert.

Literatur

BELLIN, N. & Tamke, F. (2010). Bessere Leistungen durch Teilnahme am offenen Ganztagsbetrieb? Empirische Pädagogik 24 (2), S. 93–112.

BRÜMMER, F., Rollett, W. & Fischer, N. (2011). Prozessqualität der Ganztagsangebote aus Schülersicht. Zusammenhänge mit Angebots- und Schulmerkmalen. In N. Fischer, H. G. Holtappels, E. Klieme, T. Rauschenbach, L. Stecher & I. Züchner (Hg.), Ganztagsschule. Entwicklung, Qualität, Wirkungen. Längsschnittliche Befunde der Studie zur Entwicklung von Ganztagsschulen (StEG). Weinheim & Basel: Beltz Juventa, S. 162–186. DOI: 0.25656/01:19194

BUNDESZENTRALE FÜR POLITISCHE BILDUNG (2024). Bildung in der DDR. https://www.bpb.de/themen/bildung/dossier-bildung/230381/bildung-in-der-ddr/ (Zugriff: 30.9.2025).

DECI, E. L. & Ryan, R. M. (2000). The „What" and „Why" of Goal Pursuits. Human Needs and the Self-Determination of Behavior. Psychological Inquiry 11 (4), S. 227–268.

DURLAK, J. A., Weissberg, R. P. & Pachan, M. (2010). A meta-analysis of after-school programs that seek to promote personal and social skills in children and adolescents. American Journal of Community Psychology 45 (3–4), S. 294–309. DOI: 10.1007/s10464-010-9300-6

EDELSTEIN, B. (2017). Schulgeschichte bis 1945. Von Preußen bis zum Dritten Reich. In BpB (1.1.2017). https://www.bpb.de/themen/bildung/dossier-bildung/229629/schulgeschichte-bis-1945-von-preussen-bis-zum-dritten-reich/ (Zugriff: 30.9.2025).

EMMER, E. T. & Stough, L. M. (2001). Classroom management. A Critical Part of Educational Psychology, With Implications for Teacher Education. Educational Psychologist 36 (2), S. 103–112. DOI: 10.1207/s15326985ep3602_5

FISCHER, N., Holtappels, H. G., Klieme, E., Rauschenbach, T., Stecher, L. & Züchner, I. (2011). Ganztagsschule. Entwicklung, Qualität, Wirkungen. Längsschnittliche Befunde der Studie zur Entwicklung von Ganztagsschulen (StEG). Weinheim & Basel: Beltz Juventa. DOI: 10.25656/01:19185

FISCHER, N., Radisch, F., Theis, D. & Züchner, I. (2012). Qualität von Ganztagsschulen – Bedingungen, Wirkungen und Empfehlungen. Expertise für die SPD Bundestagsfraktion. Frankfurt/M. DOI: 10.25656/01:6794

GANTKE, C. (2008). Die gebundene Ganztagsschule in Bayern. In D. Bosse, I. Mammes & C. Nerowski (Hg.), Ganztagsschule. Perspektiven aus Wissenschaft und Praxis. Bamberg: University of Bamberg Press, S. 159–170.

GÖTZKE, M. (2019). Langzeitstudie zu Ganztagsschulen. Viel freiwillige Angebote, wenig gezielte kognitive Förderung. https://www.deutschlandfunk.de/langzeitstudie-zu-ganztagsschulen-viel-freiwillige-angebote-100.html (Zugriff: 30.9.2025).

HAGEMANN, K. & Mattes, M. (2008). Ganztagserziehung im deutsch-deutschen Vergleich. Aus Politik und Zeitgeschichte 23, S. 7–14.

HESSISCHES KULTUSMINISTERIUM (2024). Aktueller Stand. Ganztägige Bildung und Betreuung. https://kultus.hessen.de/schulsystem/ganztagsprogramm-des-landes-hessen/ganztaegige-bildung-und-betreuung (Zugriff: 30.9.2025).

HOLTAPPELS, H. G., Tillmann, K. & Lossen, K. (2018). Lernen von Kindern mit und ohne Migrationshintergrund an Ganztagsschulen. Differenzielle Effekte einer StEG-Längsschnittstudie. In F. Schwabe, N. McElvany, W. Bos & H. G. Holtappels (Hg.), Jahrbuch der Schulentwicklung. Bd. 20. Schule und Unterricht in gesellschaftlicher Heterogenität. Weinheim & Basel: Beltz Juventa, S. 106–145.

HONNETH, A. (1994). Kampf um Anerkennung. Zur moralischen Grammatik sozialer Konflikte. Mit einem neuen Nachwort. Frankfurt/M.: Suhrkamp.

HÜSKEN, K., Lippert, K. & Kuger, S. (2023). Bildungs- und Betreuungsangebote für Grundschulkinder – entsprechen sie den Bedarfen der Eltern? DJI Kinderbetreuungsreport 2023. München: DJI. DOI: 10.25656/01:30081

KLIEME, E. (2018). Unterrichtsqualität. In M. Haring, C. Rohlfs & M. Gläser-Zikuda (Hg.), Handbuch Schulpädagogik. Münster: Waxmann, S. 393–408.

KLIEME, E. (2019). Unterrichtsqualität. In M. Gläser-Zikuda, M. Harring & C. Rohlfs (Hg.), Handbuch Schulpädagogik (1. Aufl.). Münster & New York: Waxmann.

KULTUSMINISTERKONFERENZ (KMK) (2001). 296. Plenarsitzung der Kultusministerkonferenz am 05./06. Dezember 2001 in Bonn. Kultusministerkonferenz. https://www.kmk.org/aktuelles/artikelansicht/296-plenarsitzung-der-kultusministerkonferenz-am-0506dezember-2001-in-bonn.html (Zugriff: 30.9.2025).

KULTUSMINISTERKONFERENZ (KMK) (2008). Allgemeinbildende Schulen in Ganztagsform in den Ländern in der Bundesrepublik Deutschland – Statistik 2002 bis 2006. Sekretariat der Ständigen Konferenz der Kultusminster der Länder in der Bundesrepublik Deutschland. https://www.kmk.org/fileadmin/veroeffentlichungen_beschluesse/2008/2008_03_04-Allgem-Schulen-Ganztagsform-02-06.pdf (Zugriff: 30.9.2025).

KULTUSMINISTERKONFERENZ (KMK) (2015). Ganztagsschulen in Deutschland. Kultusministerkonferenz. https://www.kmk.org/fileadmin/Dateien/veroeffentlichungen_beschluesse/2015/2015-12-03-Ganztagsschulbericht.pdf (Zugriff: 30.9.2025).

KULTUSMINISTERKONFERENZ (KMK) (2023). Ganztagsschulen in Deutschland. Kultusministerkonferenz. https://www.kmk.org/themen/allgemeinbildende-schulen/bildungswege-und-abschluesse/ganztagsschulen-in-deutschland.html (Zugriff: 30.9.2025).

KULTUSMINISTERKONFERENZ (KMK) (2023). Empfehlungen zur Weiterentwicklung der pädagogischen Qualität der Ganztagsschule und weiterer ganztägiger Bildungs- und Betreuungsangebote für Kinder im Grundschulalter. (Beschluss der Kultusministerkonferenz vom 12.10.2023).

LOSSEN, K., Holtappels, H. G., Osadnik, F. & Tillmann, K. (2019). StEG-Lesen. Konzeption des Studiendesigns und des Leseförderprogramms. In S. Kielblock, B. Arnoldt, N. Fischer, J. M. Gaiser & H. G. Holtappels (Hg.), Individuelle Förderung an Ganztagsschulen. Weinheim & Basel: Beltz Juventa, S. 158–178.

LOSSEN, K., Tillmann, K., Holtappels, H. G., Rollett W. & Hannemann, J. (2016). Entwicklung der naturwissenschaftlichen Kompetenzen und des sachunterrichtsbezogenen Selbstkonzepts bei Schüler/-innen in Ganztagsgrundschulen. Ergebnisse der Längsschnittstudie StEG-Pzu Effekten der Schülerteilnahme und der Angebotsqualität. Zeitschrift für Pädagogik 62 (6), S. 760–779. DOI: 10.25656/01:16888

MATTES, M. (2009) Ganztagserziehung in der DDR. „Tagesschule" und Hort in den Politiken und Diskursen der 1950er- bis 1970er-Jahre. Zeitschrift für Pädagogik 54, S. 230–246.

MEECE, J. L. (1991). The classroom context and children's motivational goals. In M. L. Maehr & P. R. Pintrich (Hg.), Advances in Motivation and Achievement. Greenwich, CT: JAI Press, S. 261–286.

MERSCH, B. (2019). 50 Jahre Ganztagsschule. Es scheitert an Schulküchen, Essensräumen – und Geld. Deutschlandfunk. https://www.deutschlandfunk.de/50-jahre-ganztagsschule-es-scheitert-an-schulkuechen-100.html (Zugriff: 30.9.2025).

NIEMIEC, C. P. & Ryan, R. M. (2009). Autonomy, competence, and relatedness in the classroom. Applying self-determination theory to educational practice. Theory and Research in Education 7 (2), S. 133–144. DOI: 10.1177/1477878509104318

PRAETORIUS, A.-K., Klieme, E., Herbert, B. & Pinger, P. (2018). Generic dimensions of teaching quality. The German framework of Three Basic Dimensions. ZDM Mathematics Education 50 (3), S. 407–426. DOI: 10.1007/s11858-018-0918-4

PRENGEL, A. (2005). Heterogenität in der Bildung – Rückblick und Ausblick. In K. Bräu & U. Schwerdt (Hg.), Heterogenität als Chance. Vom produktiven Umgang mit Gleichheiten und Differenz in der Schule. Münster: LIT, S. 19–35.

RAKOCZY, K. (2008). Motivationsunterstützung im Mathematikunterricht. Unterricht aus der Perspektive von Lernenden und Beobachtern. Münster: Waxmann.

ROTHER, P., Sauerwein, M. N. & Fischer, N. (2024). Qualität in der Ganztagsschule – Qualität im Ganztag. Soziale Passagen 16, S. 145–160. DOI: 10.1007/s12592-024-00495-7

RYAN, R. M. & Deci, E. L. (2002). An Overview of Self-Determination Theory. An Organismic-Dialectical Perspective. In E. L. Deci & R. M. Ryan (Hg.), Handbook of self-determination research. Rochester, NY: University of Rochester Press, S. 3–33.

SAUERWEIN, M. (2017). Qualität in Bildungssettings der Ganztagsschule. Über Unterrichtsforschung und Sozialpädagogik. Weinheim & Basel: Beltz Juventa.

SAUERWEIN, M. & Fischer, N. (2020). Qualität von Ganztagsangeboten. In P. Bollweg, J. Buchna, T. Coelen & H.-U. Otto (Hg.), Handbuch Ganztagsbildung. Wiesbaden: Springer Fachmedien Wiesbaden, S. 1523–1534.

SCHÜPBACH, M. (2016). Extended Education. Professionalization and Prefessionalism of Staff. IJREE – International Journal for Research on Extended Education 4 (1), S. 5–8. DOI: 10.3224/ijree.v4i1.24772

SHERNOFF, D. J. (2010). The Experience of Student Engagement in High School Classrooms. Influences and Effects on Long-Term Outcomes. Saarbrücken: Lambert Academic Publishing.

STEG-KONSORTIUM (2019). Ganztagsschule 2017/2018. Deskriptive Befunde einer bundesweiten Befragung. Studie zur Entwicklung von Ganztagsschulen, StEG. Frankfurt/M., Dortmund, Gießen & München: DIPF, DJI, IFS, Justus-Liebig-Universität. DOI: 10.25656/01:17105

TILLMANN, K., Lossen, K., Rollett, W., Holtappels, H. G. & Wutschka, K. (2019). Wirkungen eines förderorientierten Lernarrangements im Ganztag auf die Entwicklung des Leseverständnisses von Schülerinnen und Schülern der vierten Jahrgangsstufe. In S. Kielblock, B. Arnoldt, N. Fischer, J. M. Gaiser & H. G. Holtappels (Hg.), Individuelle Förderung an Ganztagsschulen. Weinheim & Basel: Beltz Juventa, S. 179–210.

WASCHLER, G. (2010). Die Gestaltung eines „Bewegten Ganztags“. In C. Nerowski & U. Weier (Hg.), Ganztagsschule organisieren – ganztags Unterricht gestalten. Bamberg University of Bamberg Press, S. 195–203.

HOLGER RENNER

Mittagessen und Ernährungsbildung im Ganztag

1. Einleitung

Die Kultusministerkonferenz beschreibt in ihren Empfehlungen für die Weiterentwicklung der pädagogischen Qualität des Ganztags, dass allen daran teilnehmenden Kindern jeden Tag ein Mittagessen bereitgestellt wird (vgl. KMK, 2023, S. 8). Gemeint ist damit zunächst die Nahrungsaufnahme. Doch Essen ist weit mehr als das. Es geht hierbei um die Gestaltung sozialer Kontakte, um die Mittags(ruhe)pause, um Ernährungsbildung, soziale und kulturelle Erfahrungen und Regeln.

Die Mittagszeit im Ganztag ist die Mittagspause der Kinder, in der sie neben der Nahrungsaufnahme ihren weiteren Bedürfnissen nachgehen können. Das Mittagessen hat in der Ganztagsschule nicht nur einen festen zeitlichen Platz, sondern bietet auch eine Gelegenheit zur sozialen Interaktion. Es kann sowohl ein erfreulicher Höhepunkt als auch eine potenzielle Quelle von Stress und Unbehagen sein. Die Schülerinnen und Schüler kommen aus verschiedenen Alltagssituationen und haben unterschiedliche Bedürfnisse. Während Erwachsene normalerweise strukturierte und ruhige Abläufe bevorzugen, sehnen sich Kinder manchmal nach besonderer Aufmerksamkeit. Einige teilen ihre Erlebnisse am Vormittag, andere werden laut, streiten oder ziehen sich zurück. Manche freuen sich auf das Essen, während andere dagegen wenig Interesse zeigen. Diese Interaktionen finden definitiv statt, selbst wenn das Mittagessen oft in einen engen Zeitplan gepresst wird und in begrenzten räumlichen Strukturen stattfindet. Dies stellt angesichts vieler Mahlzeiten pro Tag eine erhebliche Herausforderung dar (Vgl. Rytz & Frey, 2015, S. 5).

Die nachfolgenden Kapitel geben einen Überblick über die Funktion des Mittagessens und der Ernährungsbildung im Ganztag.

2. Studien zur Ernährung von Kindern

Die Studie zur Gesundheit von Kindern und Jugendlichen in Deutschland (KiGGS) ist eine umfangreiche, bevölkerungsbasierte Studie, die vom Robert

Koch-Institut durchgeführt wird (vgl. Robert Koch-Institut, 2020). Das Ziel der KiGGS-Studie ist es, einen umfassenden Überblick über die Gesundheit und das Wohlbefinden von Kindern und Jugendlichen in Deutschland zu gewinnen. Im Rahmen dieser Studie wurde in zwei Erhebungswellen die „Ernährungsstudie im KiGGS-Modul“ (EsKiMo) durchgeführt. Die erste Erhebungswelle wurde im Jahr 2006 durchgeführt, die zweite zwischen 2015 und 2017. Das Ziel war eine Bestandsaufnahme des Ess- und Ernährungsverhaltens von Kindern und Jugendlichen in Deutschland (Robert Koch-Institut, 2020). Zusammenfassend sagt die Studie aus, dass die meisten Kinder und Jugendlichen zu wenig Obst, Gemüse und pflanzliche Lebensmittel mit einem hohen Gehalt an komplexen Kohlenhydraten, wie Vollkornbrot und Kartoffeln, zu sich nehmen. Demgegenüber ist der Konsum von Fleisch, Wurstwaren und den sogenannten ‚geduldeten‘ Lebensmitteln, zu denen Süßigkeiten, Limonaden und Knabbereien zählen, eindeutig zu hoch (vgl. Robert-Koch-Institut, 2020, S. 164). Die Studie gibt auch Handlungsempfehlungen, unter anderem für Schulen – da gerade Ganztagsschulen durch die längere Verweildauer der Kinder eine immer größere Bedeutung in der Ernährungsbildung zukommt (vgl. Robert-Koch-Institut, 2020, S. 107).

Eine weitere Studie, die Kinder- und Jugendgesundheitsstudie „Health Behaviour in School-aged Children“ (HBSC), dient der Datengewinnung und -analyse der Gesundheit und gesundheitsbezogenen Wahrnehmungen, Einstellungen und Verhaltensweisen von Schülerinnen und Schülern der fünften, siebten und neunten Klasse. Sie richtet sich demnach eher an ältere Kinder und Jugendliche, gibt aber wichtige Ansatzpunkte für Prävention und Gesundheitsförderung im Ganztag auch in Primarschulen. Die wichtigsten Ergebnisse dieser Studie sind in Form von themenspezifischen Faktenblättern zusammengefasst, die online abrufbar sind (vgl. WHO, 2006).

3. Entwicklung des Ernährungsverhaltens

Wie Kinder im Grundschulalter essen und was sie gerne mögen oder auch nicht, ist abhängig von der Entwicklung ihres Ernährungsverhaltens. Damit sind die Veränderungen und Fortschritte im Essverhalten der Kinder gemeint.

Die prä- und postnatale Ernährung der Mutter kann Einfluss auf die Geschmacksbildung von Kindern haben: Wenn die Schulverpflegung eine breite Palette an geschmacklich vielfältigen Lebensmitteln anbietet, können Kinder die Möglichkeit haben, neue Geschmacksrichtungen zu entdecken und eine gesündere Ernährung zu entwickeln.

Genetisch bedingte Präferenz für süße Lebensmittel: Wenn die Schulverpflegung hauptsächlich süße und zuckerhaltige Speisen anbietet, kann dies die Präferenz für süße Lebensmittel verstärken und zu einer unausgewogenen Ernährung führen. Eine ausgewogene Schulverpflegung sollte daher eine Vielzahl von Geschmacksrichtungen und Lebensmitteln anbieten, um sicherzustellen, dass Kinder eine breitere Palette an gesunden Optionen haben.

Der Mere Exposure Effect sagt aus, dass das wiederholte Angebot von Lebensmittel sich positiv auf die Wahrnehmung von unbekannten Speisen auswirkt: Wenn Schulen gesunde Lebensmittel in einer ansprechenden und wiederkehrenden Weise präsentieren, können Kinder dazu ermutigt werden, diese Lebensmittel auszuprobieren und möglicherweise ihre Vorlieben zu erweitern. Dies kann dazu beitragen, dass Kinder gesündere Essgewohnheiten entwickeln.

Im Laufe des Lebens können Innenreize (Essen bei Hunger) durch Außenreizen (Mahlzeiten nach Uhrzeiten) abgelöst werden. Soziale und kulturspezifische Einstellungen beeinflussen darüber hinaus das Ernährungsverhalten: Manche Kinder haben ein gutes Gespür dafür, ob sie hungrig sind oder nicht. Bei manchen Kindern braucht es seitens der Fachkräfte Rückfragen an die Kinder, ob die Portionsmenge ihrem Körpergefühl entspricht oder nicht. Ein nicht leer gegessener Teller kann Zeichen eines guten Körpergefühls sein (vgl. Ellrott, 2013, S. R59).

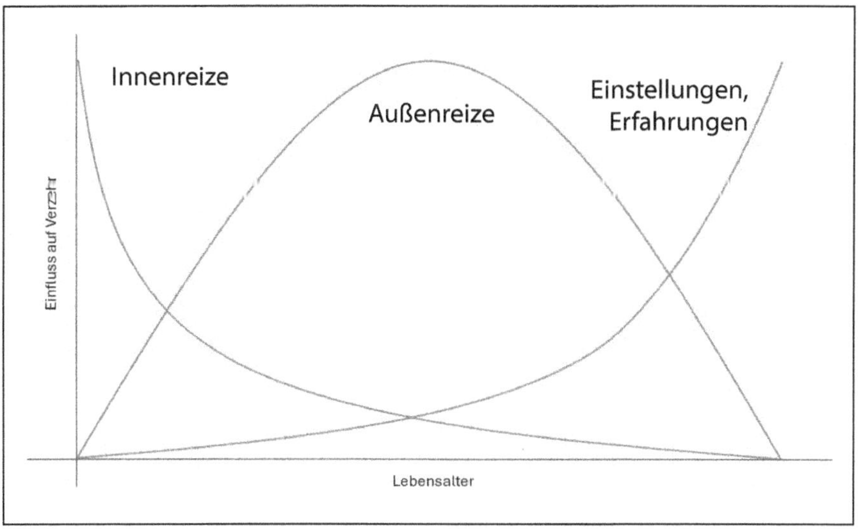

Abbildung 1: Einfluss auf die Ernährung (eigene Darstellung nach Ellrott, 2013, S. R60)

4. Ernährungsbildung im Ganztag als Qualitätsmerkmal gesamtschulischer Gesundheitsförderung

Auf die Ernährungsbildung im Ganztag wird großen Wert gelegt, weil die Weichen für einen gesunden Lebensstil im Kindes- und Jugendalter gelegt werden. Hierbei spielen die gesunde Ernährung und eine positive Einstellung zu frischen und unverarbeiteten Lebensmitteln eine entscheidende Rolle.[1] Die Nahrung ist Energielieferant und beugt gleichzeitig Erkrankungen vor, die durch die Ernährung mitbestimmt werden können. Die beschriebene Entwicklung des Ernährungsverhaltens ist die Basis für die Arbeit im Ganztag, denn die Kinder verbringen den Großteil ihrer Freizeit im Ganztag. Er ist damit zentraler Lebensort und Erfahrungsraum, in dem alle am Ganztag teilnehmenden Kinder erreicht werden und zu einem gesunden und ausgewogenen Ernährungsverhalten begleitet werden können (vgl. Hillenbrand, Schütz & Steinhäuser, 2017, S. 32 f.).

Das Ernährungswissen ist eine Alltagskompetenz, die bisher vornehmlich in der Familie erworben wurde. Dieses Lernen ist unter anderem durch den Wandel der gesellschaftlichen Rahmenbedingungen, der auch die vermehrte Nutzung ganztägiger Einrichtungen für Kinder beinhaltet, nicht mehr überall und immer gegeben. Und bedingt durch den Aufenthalt der Kinder in ganztägigen Einrichtungen reduziert sich somit zunehmend die Zeit der gemeinsamen Mahlzeiten in der Familie. Dadurch wird in den Elternhäusern immer weniger gekocht, was zu einem zunehmenden Verlust des Wissens um Lebensmittel und deren Zubereitung führen kann (vgl. Kuttenkeuler, 2018, S. 76).

Ein richtiger und wichtiger Akt ist es, die Schulverpflegung und Ernährungsbildung in den pädagogischen Konzepten der ganztägigen Einrichtungen zu verankern.

Der Ganztag entfaltet dann seine Wirkung, wenn Schul- und Sozialpädagogik Hand in Hand zum Wohle des Kindes zusammenarbeiten. Das Bundesministerium für Ernährung und Landwirtschaft (BMEL) hat im Jahr 2019 die Studie „Ernährungsbezogene Bildungsarbeit in Kita und Schule“ (vgl. BMEL, 2019) vorgestellt. Im Rahmen dieser Studie wurden die einzelnen Bundesländer und deren Rahmenvorgaben zum fächerübergreifenden und fachbezogenen Unterricht hinsichtlich der Ernährungsbildung untersucht.

Grundlage für die Analyse sind die von der Kultusministerkonferenz (KMK) herausgegebenen Empfehlungen zur „Gesundheitsförderung und Prävention in

---

1 Neben der gesunden Ernährung sind jedoch noch andere Bedingungen von einem gesunden Lebensstil abhängig: Bewegung, Entspannung, Schlaf etc.

Schulen“ (vgl. KMK, 2012) sowie zur „Verbraucherbildung in Schulen“ (vgl. KMK 2013). Diese Richtlinien betonen die Bedeutung der Gesundheitsförderung in der Schule und die Rolle der Ernährungsbildung. In den Empfehlungen zur „Verbraucherbildung an Schulen“ wird ‚Ernährung und Gesundheit‘ als eine von vier Dimensionen der Verbraucherbildung hervorgehoben (vgl. BMEL, 2019, S. 78). Ihre Wirkung auf die ernährungsbezogene Bildungsarbeit wurde jedoch bisher noch nicht untersucht (vgl. BMEL, 2019, S. 5). Die KMK sieht die Gesundheitsförderung als einen entscheidenden Teil der schulischen Entwicklung an. Ihr Ziel ist es, Schülerinnen und Schüler in die Lage zu versetzen, einen gesunden Lebensstil zu führen und Möglichkeiten zur Förderung ihrer Gesundheit in ihrer Umwelt zu schaffen (vgl. BMEL, 2019, S. 78).

Um eine nachhaltige Wirkung von ernährungsbezogenen Maßnahmen zu erzielen, ist es entscheidend, die Ernährungsbildung in den Schulentwicklungsprozess zu integrieren. Dies bedeutet nicht nur die Einbindung in den Fachunterricht, sondern auch die Berücksichtigung der Schulverpflegung als Teil der schulischen Ernährungsbildung. Es ist wichtig zu betonen, dass allein das Angebot einer Mittagsverpflegung nicht ausreicht, um von Ernährungsbildung zu sprechen. Die Integration von Ernährungsbildung in den schulischen Alltag erfordert eine ganzheitliche Herangehensweise, bei der Schülerinnen und Schüler die Bedeutung gesunder Ernährung verstehen und in ihrem Alltag umsetzen können (vgl. BMEL, 2019, S. 159 f.). Die Zusammenarbeit von Schul- und Sozialpädagogik ist hierbei essenziell.

5. Bedeutung der Mittagszeit für die Kinder im Ganztag und die Auswirkung auf dessen Gestaltung

Wer die Chance nutzt, das Mittagessen und die Ernährungsbildung miteinander zu verknüpfen und nicht „nur“ eine reibungslose Versorgung und damit eine eher funktionale Essensversorgung zu gestalten, kann die Kinder in ihren Bedürfnissen unterstützen, ihnen die Welt der Ernährung näherbringen und somit einen wichtigen Beitrag zur Gesundheit und Entwicklung der Kinder leisten.

In der Mittagszeit absolvieren die Kinder ihre Pause und erholen sich von einem anstrengenden Vormittag und sammeln Energie für den anstehenden Nachmittag. Neben der Einnahme von ausgewogener und gesunder Ernährung sind also das Ausruhen, die Bewegung und der Kontakt zu anderen Kindern von zentraler Bedeutung.

Neben den Kindern haben verschiedene Akteure mit sehr unterschiedlichen Zielen Einfluss auf diesen für die Kinder gestalteten Moment:

a) *Die Schule:* Die Gestaltung des Mittagessens hängt von verschriftlichten und vereinbarten Schulschwerpunkten und Anforderungen seitens der Bildungspläne von der Akzeptanz der handelnden Personen in den Schulen ab. Oftmals fällt die Gestaltung des Mittagessens in den Zuständigkeitsbereich des Jugendhilfeträgers bzw. der Kommune. In Baden-Württemberg z.B. ist die Verantwortung des Schulträgers im Schulgesetz festgeschrieben (s.u.). Dennoch bestimmt die Schule mit der Stundenplanung die Dauer der Mittagspause und ist damit mitverantwortlich, ob das Mittagessen in entspannter Atmosphäre stattfinden kann.
b) *Der Caterer/Koch/Speisenanbieter:* Der Speisenanbieter hat ein wirtschaftliches Interesse daran, dass möglichst viele Kinder am Mittagessen teilnehmen. Er ist einer der Hauptverantwortlichen für die Akzeptanz der Verpflegung (vgl. Renner, Perry & Plehn, 2022, S. 50).
c) *Die Schulverwaltung bzw. der Träger der Mittagsverpflegung:* Der Träger der Schulverpflegung hat die zentrale Verantwortung: Er ist zuständig für den Mensabau, die Kücheneinrichtung, das Verpflegungs- und Abrechnungssystem und die Vertragsgestaltung mit dem Verpflegungsanbieter.
d) *Die Eltern:* Die Eltern und Erziehungsberechtigten sind die Experten für ihre Kinder, die ersten Ansprechpartner in der Erziehung und in den Essgewohnheiten ihre Vorbilder. Die Ernährungsgewohnheiten von zu Hause spiegeln sich auch in den Einrichtungen wider. Ebenso in Sachen Ernährungsbesonderheiten und Unverträglichkeiten sind sie die erste Bezugsperson für die Kinder.

6. Beteiligungsmöglichkeiten von Kindern

Die Möglichkeit zur Mitwirkung und Mitgestaltung der Kinder und Jugendlichen bei der Mittagszeit ist von zentraler Bedeutung. Wenn die Partizipation gelingt, wird das Verpflegungsangebot langfristig attraktiver und akzeptierter, was sich wiederum positiv auf die Zufriedenheit der Kinder auswirkt und ihre Identifikation mit der Schule stärkt. Dabei bezieht sich die Beteiligung nicht (ausschließlich) auf die Beteiligung an den Aufgaben, die rund um das Essen entstehen, also das Tischdecken und Abräumen, die Reinigung des Essplatzes usw. Vielmehr geht es darum, die Kinder in die komplette Gestaltung des Mittagessens einzubeziehen und mit ihren Entwicklungsbedürfnissen zu verknüpfen. Kinder im Grundschulalter möchten mitmachen. Sie wollen selbst gestalten und ausprobieren und dadurch Kompetenz und Selbstwirksamkeit erleben. Ebenso haben Kinder genaue

Vorstellungen davon, wie ein gutes Mittagessen aussehen kann und wollen dies einbringen.

Folgende Grundsätze gelten hierbei:

- Alle Beteiligungsprojekte brauchen eine zeitnahe und für alle sichtbare Umsetzung. Nur so können die Kinder es mit ihren Ideen in Verbindung setzen. Eine zu lange Dauer der Umsetzung führt dazu, dass die Kinder keinen Bezug mehr zwischen ihren Ideen und der Realisierung sehen.
- Die Kinder werden als Expertinnen und Experten ihrer eigenen Entwicklung wahrgenommen.
- Beteiligung der Kinder setzt ein hohes Fachwissen der pädagogischen Fachkräfte voraus. Diese gilt es durch fachliche Inputs regelmäßig zu schärfen.
- Nichts ist für die Ewigkeit: Partizipation ist ein fortlaufender Prozess. Entscheidungen, die einmal zur Gestaltung des Mittagessens getroffen wurden, können durch andere Kinder auch wieder anders bewertet werden.
- Beteiligung mag zunächst nach einem höheren Arbeitsaufwand aussehen, der „Lohn“ jedoch ist eine signifikant höhere Identifikation der Kinder mit der Einrichtung, eine veränderte, vertiefte Beziehung zu den Kindern und eine höhere Akzeptanz des Mittagessens (vgl. Renner, Perry & Plehn, 2022, S. 96).

Doch wo können sich die Kinder konkret beteiligen?

Räumliche Gestaltung: Kinder haben großartige Ideen, wenn es um die Gestaltung des Raumes für das Mittagessen geht, sei es die Anordnung der Tische und Stühle oder die generelle Gestaltung des Speiseraumes. Solchen könnten beispielsweise sein: „*Wir wünschen uns eine Schiffsdeko über dem Tisch, bunte Lampions über dem Tisch.*“

Zeitliche Gestaltung: Es wurde bereits erwähnt, dass das Mittagessen oftmals in ein enges Zeitkorsett gespannt ist, bei dem die Kinder kein Mitspracherecht haben. Dabei wissen sie am besten, wieviel Zeit sie für das Essen und das „Drumherum“ benötigen und was ihnen in der Mittagszeit wichtig ist.

Regeln und Rituale: Die Erarbeitung von Regeln und Ritualen hat für die Kinder identitätsstiftenden Charakter. Die Kinder bringen aus ihren Herkunftsfamilien viele unterschiedliche Rituale und Regelungen zum Essen mit. Für das Ganztagsteam ist dies eine sehr spannende Möglichkeit, mehr Einblicke in die Lebenswelt der Kinder zu erhalten und die Kinder in ihrer individuellen Persönlichkeit noch besser wahrzunehmen. Und Regelungen, die die Kinder selbst einbringen, werden oftmals „schärfer“ kontrolliert, als wenn diese von den Erwachsenen eingebracht werden.

Kinder kochen selbst: Das ist die wohl spannendste Möglichkeit der Beteiligung von Kindern am Mittagessen. Hier findet nicht nur eine hohe Identifikation der Kinder mit dem Mittagessen statt, in dieser Beteiligungsmöglichkeit findet in höchstem Maße Ernährungsbildung statt. Die Kinder können aus den rohen Ausgangsprodukten ein Essen herstellen und dabei den Kreislauf des Lebensmittels bis zu seinem Verzehr begleiten. Im Optimalfall kommt dabei ein Teil der Lebensmittel aus dem eigenen Schulgarten.[2]

Wie geschieht die Planung des Speiseplans: In den meisten Fällen wird von Erwachsenen (Caterer etc.) in Abgleich mit den Standards für Schulverpflegung der Deutschen Gesellschaft für Ernährung (DGE) ein Speiseplan erstellt, der alle wichtigen Nährstoffe abdeckt, sowie eine gewisse Variabilität in der Speisenauswahl sicherstellt. Wenn Kinder selbst ihre Ideen mit einbringen, was sie sich zum Essen wünschen und in der Erstellung des Speiseplans beteiligt werden, findet wiederum eine erhöhte Identifikation mit der Einrichtung statt und die Wahrscheinlichkeit steigt, dass die Kinder die Gerichte essen. Am besten kann dies gelingen, wenn die Köchin oder der Koch direkt in der Einrichtung arbeiten. Aber auch in Zusammenarbeit mit einem Caterer kann die Beteiligung gelingen, beispielsweise über Briefkästen, in die die Kinder ihre Speisewünsche einwerfen können. Vielleicht als „Essen der Woche" oder „Lieblingsessen" o.ä. (vgl. Renner, Perry & Plehn, 2022, S. 99). Wichtig ist hierbei, dass die Briefkästen regelmäßig geleert, mit den Kindern zusammen gesichtet werden und mit ihnen gemeinsam darüber diskutiert wird, was (warum) möglich ist und was nicht.

Kinder wollen an der Gestaltung ihres Ganztags mitwirken und ihn mitgestalten. Dies ist eine der Qualitätsdimensionen, die Walther, Nentwig-Gesemann und Fried (2021) in ihrer Arbeit zum Ganztag aus der Perspektive von Kindern nennen. Dazu gehört auch die Gestaltung des Mittagessens und die Qualität der angebotenen Gerichte. Eine Beteiligung am Mittagessen schafft Identifikation und vermittelt den Kindern, dass es sich um ihren Ganztag handelt (vgl. Walther, Nentwig-Gesemann & Fried, 2021, S. 64 ff.).

Daher ist es unerlässlich, die Kinder im Sinne der Qualitätssicherung ihr Essen selbst beurteilen zu lassen. Die Stadt Freiburg hat in ihren Schulmensen Tablets installiert, an denen die Kinder im Hinausgehen die einzelnen Komponenten des Essens beurteilen können. Diese Rückmeldungen gehen dann direkt an den Caterer, sodass dieser immer über die Annahme des Essens unterrichtet ist und gegebenenfalls gegensteuern kann.

---

2 Ein Beispiel für ein solches Vorgehen: https://www.paul-dohrmann-schule.com/671-2/

7. Ernährungsbildung – mehr als nur Mittagessen

Wenn sich das Lebensumfeld der Kinder im Ganztag immer mehr in die Schule verlagert, nimmt die Bedeutung der Ernährungsbildung in den Institutionen zu.

Ernährungsbildung bezieht sich auf den Prozess, bei dem Menschen Kenntnisse, Fähigkeiten und Einstellungen in Bezug auf Ernährung und gesunde Essgewohnheiten entwickeln. Es zielt darauf ab, das Bewusstsein für eine ausgewogene Ernährung zu schärfen, fundiertes Wissen über Nährstoffe und Lebensmittel zu vermitteln und positive Einstellungen zum Essen zu fördern.

Die Ernährungsbildung umfasst verschiedene Aspekte:

- Wissen über Ernährung
- Praktische Fähigkeiten
- Förderung gesunder Essgewohnheiten
- Zusammenhang mit Gesundheit und Wohlbefinden

Im Zusammenhang mit der Bildung für nachhaltige Entwicklung, dem zunehmenden Wissen über gesundheitliche Aspekte industriell hergestellter Lebensmittel und des allgemeinen Ressourcenverbrauchs kommt der Ernährungsbildung noch eine wesentlich höhere Bedeutung zu, damit Kinder zukünftig selbstbestimmt leben können. In immer mehr ganztägigen Einrichtungen werden zunehmend vegetarische Gerichte angeboten. Dies bedeutet auch, dass Kinder mit neuen Geschmackseindrücken durch bisher unbekannte Lebensmittel konfrontiert werden, wie beispielsweise Tofu und Soja. Sehen die Kinder diese Produkte ausschließlich beim Mittagessen in der Einrichtung, ohne darauf vorbereitet zu sein, kann dies zu vermehrten Speiseresten führen. Hier setzt die Ernährungsbildung an, mit der die Kinder die Möglichkeit haben, einen erweiterten Blick auf die Lebensmittel zu werfen und bestimmte Dinge auszuprobieren. Im Falle des Tofus bestände die Möglichkeit, diesen aus dem Ursprungsprodukt, dem Soja selbst, herzustellen, im besten Falle mit selbst geerntetem Soja aus einem regionalen Landwirtschaftsbetrieb. Die Ökostation in Freiburg bietet ein solches Projekt an.[3]

8. Personal im Ganztag und seine Aufgabe(n) und Rolle(n) in der Ernährungsbildung

Die Begleitung des Mittagessens durch pädagogische Kräfte spielt eine herausragende Rolle. Sie setzen den Rahmen des Mittagessens, in dem sich die Kinder bewegen, wohlfühlen und entspannen können. Sie organisieren das Mittages-

3 Das Projekt lässt sich unter https://www.oekostation.de/ finden.

sen, sie begleiten die Kinder und kooperieren mit Eltern, Schule und anderen Institutionen. Dabei ist es von zentraler Bedeutung, für die Kinder den Stress so gering wie möglich zu halten, um ihnen eine angenehme Mittagspause zu ermöglichen (vgl. Renner, Perry & Plehn, 2022, S. 58). Wichtig ist beim Mittagessen auch immer, eine Überpädagogisierung des Settings zu vermeiden, also auf eine Überbetonung der pädagogischen Maßnahmen zu verzichten. Dabei unterscheidet man zwischen den Bedürfnissen der Kinder und den pädagogischen Aufgaben, die von Fachkräften umgesetzt werden müssen.

Kinder äußern auch beim Mittagessen ihren Wunsch nach Selbstbestimmtheit, Vertrautheit und Ebenbürtigkeit (vgl. Walther, Nentwig-Gesemann & Fried, 2021, S. 47) und wünschen sich Fachkräfte, die in Beziehungen interagieren, die von Vertrauen und Zugewandtheit geprägt sind. Egal ob Erwachsener oder Kind, niemand möchte beim gemeinsamen Essen mit Freunden ständig beobachtet, überwacht, gelobt oder getadelt werden. Zu den Aufgaben der Fachkräfte gehört es, mit den Kindern (die das wollen) in Interaktion zu treten.

Sie haben die Möglichkeit, mit den Kindern beim Essen ungezwungen ins Gespräch zu kommen und ihre Bedürfnisse so feinfühlig wahrzunehmen. So kann sich zwischen Kindern und Fachkräften eine Beziehung entfalten, welche die Entwicklung der Kinder unterstützt. „Erwachsene, die in einer von positiver Zuwendung getragenen Grundstimmung Menüs gerne, sorgfältig und freudvoll zusammenstellen, kochen oder anbieten, den Kindern Zeit lassen, eigene Erfahrungen zu machen, und ihre Entscheidungen über Menge und Wahl der Nahrung akzeptieren, leisten einen wichtigen Beitrag zur psychischen Gesundheit und Prävention von Essstörungen“ (Rytz & Frei, 2015, S. 11). Kinder haben in der Regel ein gutes Gespür für ihren Hunger und ihre Sättigung. Dies geschieht in der Regel unbewusst. Allerdings können die Erlebnisse des Alltags diese Wahrnehmung überlagern. Dann braucht es pädagogische Fachkräfte, die die Kinder in ihrer Selbstwahrnehmung und -regulation unterstützen und begleiten (vgl. Renner, Perry & Plehn, 2022, S. 59 f.).

Wenn pädagogische Fachkräfte mit den Kindern an einem Tisch sitzen, dann müssen sie auch die Möglichkeit haben, das gleiche Mittagessen wie die Kinder zu sich zu nehmen. Wenn dies vom Arbeitgeber auch finanziell getragen wird, können sie ihrer Vorbildfunktion beim Mittagessen gerecht werden.

Wenn sie gemeinsam mit den Kindern die gleichen Gerichte essen, kann es sein, dass sie mit ihnen genau darüber in den Austausch kommen und dadurch zur Ernährungsbildung beitragen. Somit ist es wichtig, dass pädagogische Fachkräfte über Ernährungswissen verfügen (vgl. Renner, Perry & Plehn, 2022, S. 67).

9. Steuerung und Zusammenarbeit

Das Mittagessen an Ganztagsschulen ist ein Moment, der von vielen „Köchen" bespielt wird. Die Kinder wollen eine angenehme Atmosphäre beim Mittagessen und am liebsten ihre Lieblingsgerichte essen. Die Eltern und Erziehungsberechtigten sind Expertinnen und Experten für ihre Kinder, die ersten Ansprechpartner in der Erziehung und in den Essgewohnheiten ihre Vorbilder. Die Ernährungsgewohnheiten von zu Hause spiegeln sich auch in den Einrichtungen wider.

An Ganztagsschulen organisiert der Schulträger das Mittagessen und führt es durch. Das heißt, er ist in öffentlichen Schulen verantwortlich für den Bau, den Unterhalt und die Organisation der Schulverpflegung. In Einrichtungen der Jugendhilfe, dem Hort, ist dieser auch für die Organisation und Durchführung des Mittagessens verantwortlich.

Die Caterer bzw. Köche in der Schulverpflegung bringen das Essen auf den Tisch und sind verantwortlich dafür, dass die Ernährungsvorgaben der Deutschen Gesellschaft für Ernährung (DGE) umgesetzt werden. Sie haben damit auch einen großen Einfluss auf die Akzeptanz des Essens im Ganztag. Wobei zu beachten ist, dass dieser Qualitätsstandard nur in einigen Bundesländern verpflichtend ist.

Die Einbindung des Mittagessens in das pädagogische Konzept der Ganztagsschule zeigt, welchen Stellenwert die Schulverpflegung in der Einrichtung hat.

Für die Eltern und Erziehungsberechtigten fallen in der Regel durch die Teilnahme der Kinder am Mittagessen zusätzliche Kosten an. Mit Ausnahme ostdeutscher Flächenländer bedeutet die Teilnahme an der Schulverpflegung, dass die Eltern die Kosten dafür übernehmen (vgl. StEG-Konsortium, 2019, S. 118 f.). Anspruchsberechtigte des Bildungs- und Teilhabepakets erhalten die Schulverpflegung kostenfrei.

Um das Mittagessen möglichst kindgerecht und reibungsfrei organisieren und durchführen zu können, ist es empfehlenswert, regelmäßig alle oben genannten Akteure an einen Tisch zu bekommen und gemeinsam die Leitlinien des Essens zu besprechen. Dabei geht es zum einen um den Speiseplan und den reibungslosen Ablauf des Mittagessens, zum anderen aber auch darum, weiterführende Projekte rund um die Ernährungsbildung zu diskutieren und initiieren. Letztendlich sorgt ein solches Gremium, wenn es regelmäßig stattfindet, für Transparenz bei allen Beteiligten und damit für eine erhöhte Akzeptanz der Schulverpflegung. Sehr wichtig ist es dabei, dass diese Arbeitskreise mit Beteiligung der Kinder stattfinden und nach deren Bedürfnissen gestaltet werden (vgl. Renner, Perry, Plehn & 2022, S. 63).

Literatur

BMEL (Hg.) (2019). Schlussbericht für das Bundesministerium für Ernährung und Landwirtschaft (BMEL). Ernährungsbezogene Bildungsarbeit in Kitas und Schulen (ErnBildung). Universität Paderborn. https://www.bmleh.de/SharedDocs/Archiv/Downloads/StudieErnahrungsbildunglang.pdf?__blob=publicationFile&v=3 (Zugriff: 1.10.2025).

ELLROTT, T. (2013). Psychologische Aspekte der Ernährung. Diabetologie 8 (6). DOI: 10.1055/s-0033-1356280

HILLENBRAND, A.-K., Schütz, H. & Steinhäuser, H. (2017). Schulverpflegung. Praxis in der Ganztagsschule. Freising-Weihenstephan: AfG media (Studienhefte für Ganztagsschulpädagogik Bd. 3.1).

KUTTENKEULER, M. (2018). Schulverpflegung – Ein Reader für das Modul Schulverpflegung. FH Münster.

RENNER, H., Perry, B. & Plehn, M. (Hg.) (2022). Kinder essen im Ganztag – Wissen, Praxis und Projekte für Schulkinder. Freiburg: Herder.

ROBERT KOCH-INSTITUT (Hg.) (2020). EsKiMo II – Die Ernährungsstudie als KiGGS-Modul. Berlin. https://edoc.rki.de/bitstream/handle/176904/6887.2/EsKiMoII_Projektbericht.pdf?sequence=3&isAllowed=y (Zugriff: 18.7.2023).

RYTZ, T. & Frey, S. (2015). PEP – gemeinsam essen. Ess- und tischkultur in Tagesschulen. Ein praxisnahes Handbuch für Leitungs- und Betreuungspersonen. Bern. https://pepinfo.ch/media/docs/Projekte-PEP/gemeinsam-essen/HandbuchGemeinsamEssen_Printversion.pdf (Zugriff: 13.7.2023).

KMK (2012). Empfehlung zur Gesundheitsförderung und Prävention in der Schule. https://www.kmk.org/fileadmin/Dateien/veroeffentlichungen_beschluesse/2012/2012_11_15-Gesundheitsempfehlung.pdf (Zugriff: 1.10.2025).

KMK (2013). Verbraucherbildung an Schulen. https://www.kmk.org/fileadmin/Dateien/veroeffentlichungen_beschluesse/2013/2013_09_12-Verbraucherbildung.pdf (Zugriff: 1.10.2025).

KMK (2023). Empfehlungen zur Weiterentwicklung der pädagogischen Qualität der Ganztagsschule und weiterer ganztägiger Bildungs- und Betreuungsangebote für Kinder im Grundschulalter. https://www.kmk.org/fileadmin/Dateien/veroeffentlichungen_beschluesse/2023/2023_10_12-Ganztag-Empfehlung.pdf (Zugriff: 1.3.2024).

STEG-KONSORTIUM (2019). Ganztagsschule 2017/2018. Deskriptive Befunde einer bundesweiten Befragung. Frankfurt/M., Dortmund, Gießen & München: DIPF, DJI, IFS, Justus-Liebig-Universität. https://www.dipf.de/de/forschung/pdf-forschung/llib/bericht-ganztagsschulen-2017-2018 (Zugriff: 28.2.2024).

WALTHER, B., Nentwig-Gesemann, I. & Fried, F. (2021). Ganztag aus der Perspektive von Kindern im Grundschulalter – Eine Rekonstruktion von Qualitätsbereichen und -dimensionen. Gütersloh: Bertelsmann.

WHO (Hg.) (2006). Health Behaviour in School-Aged Children. Addressing the socioeconomic determinants of healthy eating habits and physical activity levels among adolescents. Genf. https://iris.who.int/bitstream/handle/10665/107356/9789289021807-eng.pdf (Zugriff: 1.3.2024). Faktenblätter auf Deutsch: https://www.gbe-bund.de/gbe/isgbe.information?p_uid=gast&p_aid=16555183&p_sprache=D&p_thema_id=14467&p_thema_id2=1&p_thema_id3=&p_thema_id4= (Zugriff: 1.3.2024).

NATALIE FISCHER, LEA STAHL

Schulisches Wohlbefinden in der Ganztagsgrundschule

Die Bedeutung autonomieunterstützender pädagogischer Beziehungen

1. Einleitung

Die Schule ist eine wichtige Sozialisationsinstanz im Leben von Kindern. Wenn sich die dort verbrachte Zeit verlängert, stellt sich umso mehr die Aufgabe, sie nicht nur zum Lern- sondern auch zum Lebensort zu machen, sodass Kinder sich im Rahmen formeller, non-formaler und informeller Lernprozesse in einer sicheren Umgebung entwickeln können (z.B. Ewert, 2019). Mögliche Ziele dieser Entwicklung werden aktuell in Debatten um sogenannte Zukunftskompetenzen diskutiert. Hier steht die Frage im Mittelpunkt, wie Nachhaltigkeit sowie gesellschaftliches und individuelles Wohlergehen in einer sich verändernden Welt gesichert werden können (OECD, 2019). Die in diesem Zusammenhang genannten Bildungsziele dienen der Vorbereitung der Schülerinnen und Schüler auf die Übernahme von Verantwortung in der demokratischen Gesellschaft und entsprechen im Wesentlichen dem Bildungsverständnis der Ganztagsschule, das z.B. auf Wertebildung, soziales Lernen und die Förderung von Selbstständigkeit verweist. Dieser Anspruch einer simultanen Förderung der Leistungs- und Persönlichkeitsentwicklung ist längst in den Schulgesetzen der Länder verankert und auch unabhängig von Ganztagsschulen in der Debatte um Grundschulqualität präsent (Kammermeyer & Martschinke, 2009).

Der Fokus liegt demnach auf der Förderung von Fähigkeiten, Werten und Wissensbeständen, die nachhaltig wirksam sind (Fischer & Richey, 2021; OECD 2019) sowie soziale und kulturelle Teilhabe ermöglichen. Dies gilt als Voraussetzung von Agency bzw. einer eigenständigen sozialen Handlungswirksamkeit (OECD, 2019). Dafür muss ein Umfeld realisiert werden, das Kinder darin unterstützt, in Selbst- und sozialer Ko-Konstruktion nachhaltig Wissen, Kompetenzen und ihre Identität zu entwickeln (zsf. Fischer & Richey, 2021). Die Forschung zeigt: Solche nachhaltigen Lernprozesse sind stark abhängig vom Wohlbefinden der Lernenden und der Qualität sozialer Beziehungen (ebd.).

Im Folgenden soll anhand von vier Thesen theoretisch und empirisch begründet werden, warum individuelles (schulisches) Wohlbefinden ein wichtiges Qualitätsmerkmal für Ganztagsgrundschulen darstellt und wie die Gestaltung pädagogischer Beziehungen damit in Verbindung steht. Anschließend werden Ergebnisse zu diesem Bereich aus einer Studie in hessischen Ganztagsgrundschulen berichtet und in den Forschungsstand eingeordnet.

2. Wohlbefinden und Beziehungsqualität im Ganztag

These 1: Wohlbefinden ist ein schulisches Qualitätsmerkmal und eine Lernvoraussetzung

Die Lebensqualität des Menschen ist wesentlich von seiner allgemeinen Zufriedenheit bzw. dem physischen, psychischen und sozialen Wohlbefinden abhängig. Dieses wird in den letzten Jahren – oft unter dem Stichwort Well-Being – in der Kindheitsforschung verstärkt in den Blick genommen. Das Konzept des kindlichen Wohlbefindens umfasst sowohl materielle und weitere objektive Rahmenbedingungen als auch subjektives Erleben (Andresen, 2018). Entscheidend für die Entwicklung ist hier die Wahrnehmung der Kinder selbst. Die Forschung zeigt, dass das Wohlbefinden von Kindern stark mit ihrer Entwicklung in verschiedenen Bereichen, z.B. der Fähigkeit zur Stressbewältigung, aber auch dem Schulerfolg zusammenhängt (zsf. Obermeier, 2021). Im Kontext frühkindlicher Bildung, Betreuung und Erziehung wird Wohlbefinden bereits als Indikator pädagogischer Qualität betrachtet (Eberlein & Schelle, 2018). Das lässt sich auf die Ganztagsschule übertragen.

Die Schule stellt einen wichtigen Bereich in Bezug auf das Well-Being der Kinder dar, sei es als Ressource für das Wohlbefinden oder als eigenständige Dimension dieses Konstrukts (Andresen, 2018). Daher rückt das schulische Wohlbefinden, als allgemein positive Haltung zur Schule in den Fokus. Hascher (2004) definiert Schulfreude, positive Einstellungen zur Schule und einen hohen schulischen Selbstwert als positive Dimensionen des schulischen Wohlbefindens. Daneben gibt es Merkmale, die fehlendes Wohlbefinden ausdrücken: Sorgen und körperliche Beschwerden wegen sozialer Probleme in der Schule. Dies verweist auf die Bedeutung positiver Beziehungen für das Wohlbefinden.

Wenn auch die Nachhaltigkeit der Lernprozesse bisher nicht gezielt im Zusammenhang mit schulischem Wohlbefinden untersucht wurde, gibt es einige Forschungsergebnisse zum Zusammenhang des Wohlbefindens mit Motivation und Schulerfolg aus der Sekundarstufe I. Ein hohes schulisches Wohlbefinden kann die Entwicklung der Schulnoten und der Lernmotivation positiv beeinflussen (Fischer & Theis, 2014). Vermutlich schlägt sich das Wohlbefinden deshalb in verbesserten Leistungen nieder, weil es u.a. mit höherer Anstrengungsbereitschaft und tieferer Verarbeitung des Gelernten assoziiert ist (Hagenauer & Hascher, 2011). Zwischen Leistung und Wohlbefinden liegen aber komplexe Wechselwirkungen vor. So wirken sich gute Schulleistungen auch positiv auf die Schulfreude und den schulischen Selbstwert aus (Hascher & Edlinger, 2009).

In der Grundschule ist das schulische Wohlbefinden höher ausgeprägt als in weiterführenden Schulen (zsf. Lohrmann, 2022). Hagenauer, Hascher & Reitbauer (2011, S. 4) konstatieren, „dass die Grundschule ein Ort häufigen Freudeerlebens ist". In Bezug auf die Lernfreude zeigen sich bereits im Anfangsunterricht enge Zusammenhänge mit schulischen Leistungen (Kammermeyer & Martschinke, 2009). Das schulische Wohlbefinden kann also sowohl als eigenes Ziel und Qualitätsmerkmal der Ganztagsschule, als auch als Grundvoraussetzung für gelingende und nachhaltige Lernprozesse gesehen werden.

These 2: Positive pädagogische Beziehungen sind Voraussetzungen für schulisches Wohlbefinden

Neben individuellen Voraussetzungen der Kinder, allgemeinen Rahmenbedingungen sowie Merkmalen der Unterrichtsqualität sind es die Beziehungen zu Lehrkräften und pädagogischem Personal (pädagogische Beziehungen) sowie Mitschülerinnen und Mitschülern, die das schulische Wohlbefinden entscheidend beeinflussen (Hascher, 2004). Für den Grundschulbereich zeigen Markus & Schwab (2021), dass positive pädagogische Beziehungen das schulische Wohlbefinden der Kinder stärken. Zusätzlich zu den direkten gibt es indirekte Wirkungen, die über den Einfluss des Lehrkraftverhaltens auf die Peerbeziehungen in den Klassen vermittelt sind. Die Lehrkraft dient den Kindern demnach auch als Verhaltensmodell in Bezug auf den Umgang der Kinder untereinander. Die Bedeutsamkeit der pädagogischen Beziehungen für das Wohlbefinden wird also durch die Bezüge zur Qualität der Peerbeziehungen noch gesteigert.

These 3: Autonomieunterstützung ist ein Qualitätsmerkmal pädagogischer Beziehungen

Insbesondere mit Blick auf die Entwicklung von Agency und sozialen sowie demokratischen Basiskompetenzen erfolgt in der Qualitätsdebatte häufig ein Bezug zu den Grundbedürfnissen nach Autonomie, Kompetenzerleben und sozialer Eingebundenheit (u.a. Eberlein & Schelle, 2018). Beziehungen sind assoziiert mit hoher Zufriedenheit und Wohlbefinden, wenn sie die Erfahrung sozialer Eingebundenheit ermöglichen und die Entwicklung des Selbst unterstützen. Dazu müssen auch die Grundbedürfnisse nach Autonomie und Kompetenzerleben berücksichtigt werden (Ryan & Deci, 2017). Für die formale schulische Bildung gilt als nachgewiesen: Ein autonomieunterstützender Unterricht (d.h. ein Unterricht, der alle drei Grundbedürfnisse beachtet) ist eng mit den positiven Komponenten des schulischen Wohlbefindens assoziiert (ebd.). So richteten Lehrkräfte in Grundschulklassen, denen laut der KILIA-Studie besonders positive Entwicklungen von Lernfreude, Selbstkonzept und Leistung attestiert wurden, den Anfangsunterricht an den Grundbedürfnissen aus (Kammermeyer & Martschinke, 2009).

Autonomieunterstützende Lehr- und Fachkräfte ermöglichen Gelegenheiten zur Partizipation und stellen Bezüge zur Lebenswelt der Kinder her. Ihre Rückmeldungen sind eher informativ und unterstützend als kontrollierend, sie versuchen, die Perspektive der Kinder nachzuvollziehen und ermöglichen sowohl Selbstständigkeit als auch Austausch zwischen den Kindern (Ryan & Deci, 2017). Zur Unterstützung von Wohlbefinden und Agency müssen Lehr- und Fachkräfte also Verantwortung (z.B. in Bezug auf die Tagesgestaltung, das eigene Lernen, die Gestaltung der Schule usw.) an die Kinder abgeben. Dies bedarf eines Vertrauensverhältnisses in pädagogischen Beziehungen. Passend dazu wünschen sich Kinder in pädagogischen Beziehungen mit dem Ganztagspersonal respektvolle Zuwendung, Vertrauen, Gerechtigkeit und Mitbestimmung (Walther, Nentwig-Gesemann & Fried, 2021). Auch Ergebnisse aus der Sekundarstufe I stützen die Annahme, dass das Erleben von Autonomie, Kompetenz und sozialer Eingebundenheit in Ganztagsangeboten mit positiven Entwicklungen des schulischen Wohlbefindens assoziiert ist (Fischer & Theis, 2014). Die Wirkungen von Ganztagsangeboten auf Motivation, schulischen Selbstwert und Lernleistungen scheinen besonders stark verknüpft mit dem Autonomieerleben, wobei sowohl die Freiwilligkeit der Entscheidung zur Teilnahme an einem Angebot als auch das Erleben von Autonomieunterstützung im Angebot eine Rolle spielen (Sauerwein, 2019).

These 4: Ganztagsschule bietet besondere Potenziale für die Beziehungsqualität

Es kann angenommen werden, dass der außerunterrichtliche Bereich der Ganztagsschule im Vergleich zum Unterricht ein günstigeres Setting für die beschriebene Qualität pädagogischer Beziehungen aufweist. Die Angebote haben einen weniger stark formalisierten Charakter und Hierarchien zwischen Kindern und Erwachsenen schlagen weniger zu Buche, da die Leistungsbewertung entfällt und mehr Entscheidungs-, Gestaltungs- und Mitbestimmungsspielräume für Kinder entstehen können (zusammenfassend Fischer & Richey, 2021). Damit können die genannten Grundbedürfnisse in den Angeboten stärker angesprochen werden. Die Forschung zeigt, dass pädagogische Beziehungen in Ganztagsangeboten in der Sekundarstufe I tatsächlich positiver eingeschätzt werden als die Beziehungen zu Lehrkräften im Unterricht (Fischer & Kuhn, 2015).[1]

Zu Potenzialen für pädagogische Beziehungen in der Ganztagsgrundschule liegen vergleichsweise wenige Studien vor, vor allem qualitative Erhebungen aus Sicht des Personals. So geben Fachkräfte aus der Schweiz an, dass (bei Konstanz der Betreuungsperson) durch den Ganztag eine vertrauensvolle Beziehung sowie eine Anpassung an die Bedürfnisse der Kinder ermöglicht wird (Näpfli & Strittmatter, 2021). Ergebnisse einer Interviewstudie von Haenisch (2009) weisen darauf hin, dass Lehrpersonen, die Kinder und Jugendlichen, die sie auch in außerunterrichtlichen Zusammenhängen kennenlernen, weniger auf Beobachtungen im Unterricht reduzieren und sie ganzheitlicher betrachten. Fischer & Richey (2021) betonen in diesem Zusammenhang die Bedeutung außerunterrichtlicher Settings für das andere bzw. bessere Kennenlernen zwischen Kindern und Lehr- bzw. Fachkräften. Das könnte sich in veränderten gegenseitigen Erwartungen und einem besseren Verständnis für die jeweiligen Bedürfnisse niederschlagen. Dieses Potenzial der Ganztagsschule bezieht sich nicht nur auf die Ganztagsangebote und Betreuungssettings, sondern auf die vielfältigen Begegnungsanlässe außerhalb des Unterrichts, u.a. beim Mittagessen oder während frei gestaltbaren Zeiten. Insgesamt liegt für Ganztagsgrundschulen noch vergleichsweise wenig Forschung zu Wohlbefinden und Beziehungsqualität vor.

In der Evaluation des Pakts für den Nachmittag (PfdN[2]) in Hessen wurden gezielt Fragen der Bedeutung von pädagogischen Beziehungen sowie selbstgewählten und -gestalteten Aktivitäten in Ganztagsgrundschulen für das schulische Wohlbefinden untersucht (Fischer & Kuhn, 2020; Stahl, 2019). Die Ergebnisse werden im Folgenden dargestellt.

1 Ergebnisse für die Grundschule werden im Folgenden berichtet.

2 Das Ganztagsprogramm wurde im Dezember 2022 umbenannt in Pakt für den Ganztag, hier wird die Bezeichnung verwendet, die bei der Durchführung der Evaluationsstudie gültig war.

3. Kurzbeschreibung der Evaluationsstudie

In den Jahren 2018 und 2019 wurden im Auftrag des Hessischen Kultusministeriums (HKM) multiperspektivische Befragungen in Ganztagsgrundschulen im PfdN durchgeführt (Fischer & Kuhn, 2020[3]). In diesem Ganztagsschulprogramm sind die Schulträger und das Land Hessen gemeinsam verantwortlich für ein verlässliches Bildungs- und Betreuungsangebot,[4] das von den Familien freiwillig genutzt werden kann (HKM, 2018). Die hier berichteten Ergebnisse entstammen einer Online-Befragung von Lehrpersonen aus 122 Schulen sowie einer Fragebogenstudie mit Grundschulkindern aus 29 Schulen. Hier wurden sowohl Schülerinnen und Schüler, die am Ganztagsangebot ihrer Schule teilnahmen, als auch Kinder, die den Ganztag nicht besuchten, in den Jahrgangsstufen drei und vier (zum Teil im Längsschnitt) befragt. Die Kinder machten Angaben zum Erleben der pädagogischen Beziehungen zur Klassenlehrperson und zum pädagogischen Personal und den Lehrkräften in der Nachmittagsbetreuung[5] sowie zum schulischen Wohlbefinden allgemein und zum Wohlbefinden in der Nachmittagsbetreuung. Zusätzlich wurden an ausgewählten Schulen insgesamt sechs Gruppendiskussionen mit Schülerinnen und Schülern der Jahrgangsstufe vier durchgeführt, hier konnten die am Ganztag teilnehmenden Kinder jeweils Auskunft darüber geben, an welchen Orten sie sich besonders (un-)wohl fühlten und warum.

4. Ergebnisse

Ergebnis 1: Wohlbefinden in Schule und Nachmittagsbetreuung wird durch positive pädagogische Beziehungen erhöht

Analog zu den oben berichteten Ergebnissen aus der Grundschule wurden sowohl das schulische Wohlbefinden als auch die pädagogischen Beziehungen von den Kindern sehr positiv bewertet. Anders als in Studien in der Sekundarstufe I wurde die Beziehung zum Personal in Ganztagsangeboten nicht positiver

3 Der ausführliche Evaluationsbericht kann unter DOI: 10.25656/01:23314 eingesehen werden.

4 Der PfdN wird mit unterschiedlichen Angebotsträgern, oft auch mit Horten umgesetzt.

5 Das Bildungs- und Betreuungsangebot des PfdN wird in den verschiedenen Schulen sehr unterschiedlich bezeichnet. In der Evaluationsstudie wurde unter „Nachmittagsbetreuung" die organisierte Zeit im Anschluss an den Unterricht verstanden, in der Mittagessen, Lernzeiten und/oder Hausaufgabenbetreuung sowie weitere fach- und freizeitbezogene Angebote organisiert werden sowie in der Regel Zeiträume für selbstorganisierte Aktivitäten der Kinder bestehen.

eingeschätzt als die zur Klassenlehrkraft. Mit Blick auf die Entwicklung des Wohlbefindens und die Beziehung zur Klassenlehrkraft ergaben sich keine Unterschiede zwischen den Ganztagsteilnehmenden und deren Mitschülerinnen und Mitschülern. Die Ergebnisse untermauern allerdings, dass pädagogische Beziehungen einen bedeutsamen Einfluss auf das schulische Wohlbefinden haben. Dies gilt für die Beziehung zur Klassenlehrkraft und das schulische Wohlbefinden genauso wie für das Wohlbefinden in der Nachmittagsbetreuung und die Beziehung zur Lehr- oder Fachkraft dort (Stahl, 2019).

Ergebnis 2: Autonomieunterstützung im Ganztag ist aus Sicht der Kinder bedeutsam und noch ausbaufähig

Die Gruppendiskussionen bezogen sich insbesondere auf den Nachmittag. Die Aussagen der Kinder unterstreichen die Bedeutung einer autonomieunterstützenden Beziehungsgestaltung für schulisches Wohlbefinden. Sie zeigen aber auch, dass die Autonomiebedürfnisse der Kinder aus ihrer Perspektive (noch) nicht zufriedenstellend erfüllt sind.

Das Personal wurde häufig im Zusammenhang mit Kontrolle, Beaufsichtigung und Regeldurchsetzung erwähnt. Dabei beklagten die Kinder zum Teil, dass Regeln und Verbote nicht nachvollziehbar seien und Ungerechtigkeiten aufträten. Die Beziehung zu den Betreuerinnen und Betreuern wurde als Machtverhältnis wahrgenommen. Wünsche und Forderungen nach Autonomie, im Sinne von Freiheit und Mitbestimmung, wurden von den Kindern häufig geäußert. Die Kinder wünschen sich mehr Partizipationsmöglichkeiten, z.B. in Bezug auf das Mittagessen oder bei der Wahl von Ganztagsangeboten. Im Besonderen störe es sie, wenn sie über ihre Zeit und Aktivitäten nicht selbst entscheiden können oder ihre Tätigkeiten aufgrund von äußeren Anforderungen ab- oder unterbrechen müssen. Die Kinder fühlen sich dort wohl, wo sie sich unbeaufsichtigt und selbstbestimmt erleben. Haben sie die freie Wahl, an welchem Ort sie sich aufhalten bzw. welchen Aktivitäten sie nachgehen wollen, so wählen sie auch danach, ob sie sich mit dem dort anwesenden Personal gut verstehen. Im Mittelpunkt der Aussagen in den Gruppendiskussionen standen meist selbstgewählte Aktivitäten und mit Freundinnen und Freunden verbrachte Zeit. Lernen wurde informell als gemeinsame Aktivität mit den Peers konstruiert und weniger im Zusammenhang mit formalen und institutionell organisierten Angeboten (Fischer & Kuhn, 2020; Stahl, 2019).

Die Fragebogendaten untermauern, dass frei gestaltbare Zeiten für die Kinder zentral sind. Das Zusammensein mit Freundinnen und Freunden ist für die Kinder das wichtigste Motiv für die Teilnahme am Ganztag. Während die

Vielfalt der besuchten organisierten Ganztagsangebote keinen Zusammenhang mit dem schulischen Wohlbefinden aufweist, ist dieses insbesondere bei den Kindern hoch ausgeprägt, die angeben, im Ganztag einer breiten Palette selbst organisierter Aktivitäten (z.B. mit Freunden spielen, toben, lesen, basteln) nachzugehen (Stahl & Fischer, 2019; siehe auch Walther et al., 2021). Das unterstreicht die Relevanz informeller Lerngelegenheiten für das Erleben von Wohlbefinden in Ganztagsgrundschulen.

Ergebnis 3: Begegnungen in außerunterrichtlichen Kontexten beinhalten aus Sicht der Lehrpersonen Potenziale in Bezug auf die Beziehungsqualität

In der Evaluation des PfdN wurden Lehrpersonen, die sowohl im Unterricht als auch in außerunterrichtlichen Settings tätig waren, dazu befragt, ob ihre Mitarbeit im Ganztag zu einem besseren und anderen Kennenlernen der Schülerinnen und Schüler führt und ob sie die Bedürfnisse der Kinder dadurch besser verstehen können.

In Bezug auf die subjektiven Wirkungen der Mitarbeit im außerunterrichtlichen Bereich liegen Angaben von zwischen 81 (Nachmittagsbetreuung) und 136 (Freizeitangebote) Lehrerinnen und Lehrern vor. Egal, ob der Einsatz im Rahmen von Betreuungs-, Freizeit- oder Fach- und Förderangeboten erfolgte, gaben die Lehrpersonen jeweils zu einem großen Anteil an, dass sich ihr Blick auf die Kinder durch die Erfahrungen in den Ganztagsangeboten verändere, sie die Kinder besser kennenlernen und ihre Bedürfnisse besser verstehen könnten. Zusätzlich bejahten die meisten, dass sie dadurch Hinweise für die Förderung der Schülerinnen und Schüler im Unterricht bekämen (Fischer & Kuhn, 2020).

5. Fazit

Die Befunde aus der Evaluation des PfdN in Bezug auf hohes Wohlbefinden und positive Einschätzungen der Beziehungen zu Lehrpersonen und Ganztagspersonal aus Sicht der Kinder schließen an ähnliche Befunde aus Fragebogenstudien bei Grundschulkindern an. Im Einklang mit Befunden aus der Sekundarstufe I zeigt sich, dass das Wohlbefinden im Unterricht und im außerunterrichtlichen Bereich der Ganztagsschule stark mit der erlebten Qualität der pädagogischen Beziehungen zusammenhängt.

Allerdings lassen sich, anders als in der Sekundarstufe I, keine Unterschiede in Bezug auf die Beziehungsqualität und das Wohlbefinden im außerunterrichtlichen Bereich (hier Nachmittagsbetreuung) im Vergleich zum Unterricht finden. Dies kann auch dadurch bedingt sein, dass in der Grundschule mehr Zeit mit der Klassenlehrperson zur Verfügung steht – eine wichtige Bedingung für den Aufbau stabiler Beziehungen (Fischer & Richey, 2021). Eventuell verschwimmen gerade in der Grundschule die Unterschiede zwischen Unterricht und Angeboten (siehe auch Sauerwein, 2019). Studien im Zusammenhang mit der Stage-Environment-Fit Theorie zeigen, dass der Unterricht an weiterführenden Schulen weniger autonomieunterstützend ist als an Grundschulen (Eccles & Roeser, 2009). Das könnte einerseits dazu führen, dass in der Sekundarstufe I größere Unterschiede zwischen den Settings wahrgenommen werden. Andererseits könnte das Personal in Ganztagsangeboten in weiterführenden Schulen aufgrund des Alters der Schülerinnen und Schüler mehr Freiheiten einräumen als das Betreuungspersonal in Ganztagsgrundschulen.

Es gibt zu denken, dass die Kinder, trotz der berichteten positiven Beziehungen, die Autonomieunterstützung im Ganztag als defizitär wahrnehmen. Dies ist besonders bedeutsam, wenn die Entwicklung von Agency und Basisqualifikationen für die Übernahme von Verantwortung in der Demokratie als Bildungs- und Erziehungsziele gelten. Interessanterweise gibt es ähnliche Ergebnisse aus Schweden, obwohl dort der demokratische Anspruch an den Ganztagsbereich noch höher ist. Auch hier wird das Ganztagspersonal von den Kindern eher kontrollierend als unterstützend erlebt und es werden mangelnde Partizipationsmöglichkeiten beklagt (Fischer, Elvstrand & Stahl 2022, siehe auch Walther et al., 2021).

Dass die Autonomieunterstützung noch ausbaufähig ist, untermauern auch deutsche Studien, die sich gezielt mit Partizipationsgelegenheiten in Ganztagsgrundschulen befassen (zsf. Peyerl, Züchner & Dotzert, 2021). Kinder und Personal schätzen Partizipation in Unterricht und Angeboten gleichermaßen als bedeutsam ein, es gibt aber Unterschiede hinsichtlich der subjektiven Wahrnehmung entsprechender Möglichkeiten (Coelen & Wagener, 2011). Dabei geht das Personal in der Regel von mehr Mitbestimmungsgelegenheiten aus als die Kinder. Kindern scheint es weniger auf strukturelle Beteiligungsmöglichkeiten (Schülerinnen- und Schülerselbstverwaltung, Klassenrat, u. ä.) anzukommen als auf Mitsprache in inhaltlicher und sozialer Hinsicht (ebd.). Sauerwein (2019) berichtet Ergebnisse in Bezug auf Schülerinnen und Schüler zu Beginn der Sekundarstufe I: Sie erlebten insbesondere dann Partizipationsmöglichkeiten in Ganztagsangeboten, wenn sie freiwillig teilnahmen. Dies ist ein Hinweis auf die Bedeutung der subjektiven Wahrnehmung der Schülerinnen und Schüler und passt zum Ergebnis aus der Evaluation des PfdN, dass insbesondere vielfältige frei gewählte Aktivitäten im Ganztag das Wohlbefinden erhöhen.

Peyerl et al. (2021) gehen davon aus, dass Selbst- und Mitbestimmung sowie soziales Lernen der Kinder häufig konzeptionell in Ganztagsgrundschulen verankert sind, es aber noch wenig Forschung hinsichtlich der Umsetzung gibt. Die Ergebnisse aus Schweden, wo ein auf Demokratieförderung ausgerichtetes Curriculum für den Ganztag vorliegt, lassen jedoch vermuten, dass allein die konzeptionelle Arbeit nicht dazu führt, dass Kinder sich selbstbestimmt fühlen (Fischer et al., 2022). Mit Blick auf die Bedeutung subjektiven Erlebens für positive Wirkungen von Beziehungen, Wohlbefinden und Lernen stellt sich also die Frage nach Gestaltungsmöglichkeiten, die von den Kindern auch als solche wahrgenommen und geschätzt werden. Letztlich ist dies auch (und vielleicht vor allem) davon abhängig, wie Lehrkräfte und pädagogisches Personal die Beziehung gestalten. Die von Kindern immer wieder geäußerten Bedürfnisse müssen vom Personal „wahr- und ernst-“ genommen werden (Sauerwein & Graßhoff, 2022, S. 220). Die aufgezeigten Ergebnisse aus dem PfdN sprechen dafür, dass das Kennenlernen der Kinder im außerunterrichtlichen Setting zur Erweiterung der Perspektiven der Erwachsenen auf die Kinder und zu einem besseren Verständnis der kindlichen Bedürfnisse führen kann. So könnten sich die Voraussetzungen für eine an den Bedürfnissen der Kinder orientierte Pädagogik verbessern. Hier bestehen allerdings noch Forschungslücken, insbesondere in Bezug auf die Gegenseitigkeit der Effekte des Kennenlernens in außerunterrichtlichen Kontexten. Gleichzeitig wären in diesem Zusammenhang auch die Potenziale der Autonomieunterstützung im Ganztag für die Beziehungen zu Fachkräften und die Rolle multiprofessioneller Kooperation zu berücksichtigen.

6. Ausblick

Das schulische Wohlbefinden wird sowohl in Bezug auf die unterrichtlichen als auch mit Blick auf die außerunterrichtlichen Anteile des Ganztags von der erlebten Beziehungsqualität zum jeweiligen Personal beeinflusst. Im vorliegenden Beitrag wurden die Förderung von sozialer Eingebundenheit sowie Autonomie- und Kompetenzerleben als Qualitätsmerkmale pädagogischer Beziehungen konzipiert. Die Forschung zeigt, dass die Kinder dieses Qualitätsverständnis teilen. Sie möchten Selbstbestimmung erleben und wünschen sich, in der Beziehung zu Erwachsenen in der Schule ernst genommen zu werden. Wohlbefinden und Lernen im Ganztag sind für die Kinder insbesondere mit selbstbestimmten Tätigkeiten unter Freundinnen und Freunden, aber auch mit positiven Beziehungen zum Personal assoziiert.

Gerade wenn die Förderung von Agency und demokratischen Werten Ziele schulischer Bildung darstellen, haben frei gestaltbare Zeiten mit autonomieunterstützenden erwachsenen Ansprechpartnerinnen und Ansprechpartnern ein hohes Potenzial. Die Bedürfnisse nach selbstgewählten und selbstorganisierten Aktivitäten werden vermutlich insgesamt in Ganztagsgrundschulen noch wenig erfüllt und auch die Forschung konzentriert sich bisher vorwiegend auf den Unterricht und organisierte Ganztagsangebote. Für Forschung und Praxis gilt es, diesen Bereich in Zukunft vertieft im Zusammenhang mit Potenzialen für Beziehungsqualität und Wohlbefinden sowie im Sinne von Lerngelegenheiten in den Blick zu nehmen. Der hohe Stellenwert autonomieunterstützender pädagogischer Beziehungen sowie der Förderung von Wohlbefinden und Agency sollte zudem in der Ausbildung von Lehrpersonen und Pädagoginnen und Pädagogen verstärkt berücksichtigt werden.

Literatur

ANDRESEN, S. (2018). Child Well-Being im Schnittfeld von Forschung und Politik. Versuch einer Typologie. In T. Betz, S. Bollig, M. Joos & S. Neumann (Hg.), Gute Kindheit. Wohlbefinden, Kindeswohl und Ungleichheit. Weinheim & Basel: Beltz Juventa, S. 70–81.

COELEN, T. & Wagener, A. L. (2011). Partizipation an ganztägigen Grundschulen. Ausgewählte Ergebnisse einer empirischen Erhebung. In S. Appel & U. Rother (Hg.), Mehr Schule oder doch: Mehr als Schule?. Schwalbach/Ts.: Wochenschau, S. 115–126.

EBERLEIN, N. & Schelle, R. (2018). Aspekte kindlichen Wohlbefindens als Indikator für pädagogische Qualität? Eine Dokumentenanalyse von Qualitätsmessinstrumenten für den frühpädagogischen Bereich. Diskurs Kindheits- und Jugendforschung 4, S. 387–402.

ECCLES, J. S. & Roeser, R. W. (2009). Schools, academic motivation, and stage-environment fit. In R. M. Lerner & R. Steinberg (Hg.), Handbook of adolescent psychology. Hoboken: Wiley, S. 404–434.

EWERT, B. (2019). Multiple Identitäten von Schülerinnen und Schülern im Lern- und Lebensraum Schule. In R. Langer & T. Brüsemeister (Hg.), Handbuch Educational Governance Theorien. Wiesbaden: Springer VS, S. 399–416.

FISCHER, N., Elvstrand, H. & Stahl, L. (2022). Promoting quality of extended education at primary schools in Sweden and Germany. A comparison of guidelines and children's perspectives. Zeitschrift für Grundschulforschung 15, S. 273–289.

FISCHER, N. & Kuhn, H. P. (2015). Ganztagsschule als Chance für das soziale Klima? Friedrich Jahresheft 23, S. 114–116.

FISCHER, N. & Kuhn, H. P. (2020). Abschlussbericht der Evaluation „Pakt für den Nachmittag". Kassel. DOI: 10.25656/01:23314

FISCHER, N. & Richey, P. (2021). Pädagogische Beziehungen für nachhaltiges Lernen. Eine Einführung für Studium und Unterrichtspraxis. Stuttgart: Kohlhammer.

FISCHER, N. & Theis, D. (2014). Quality of extracurricular activities. Considering developmental changes in the impact on school attachment and achievement. Journal for Educational Research Online (JERO) 6, S. 54–75.

HAENISCH, H. (2009). Verzahnung zwischen Unterricht und außerunterrichtlichen Angeboten im offenen Ganztag. Der GanzTag in NRW 5, S. 6–27.

HAGENAUER, G. & Hascher, T. (2011). Lernfreude, engagierte Mitarbeit im Unterricht und erfolgreiches Leisten bei instrumentellen Formen der Lernmotivation – ein Widerspruch in sich? Zeitschrift für Bildungsforschung 1, S. 97–113.

HAGENAUER, G., Hascher, T. & Reitbauer, E. (2011). Freudeerleben in der Grundschule. Sache-Wort-Zahl. Lehren und Lernen in der Grundschule 39 (117), S. 4–10.

HASCHER, T. (2004). Wohlbefinden in der Schule. Münster: Waxmann.

HASCHER, T. & Edlinger, H. (2009). Positive Emotionen und Wohlbefinden in der Schule – ein Überblick über Forschungszugänge und Erkenntnisse. Psychologie in Erziehung und Unterricht 56 (2), S. 102–122.

HKM (2018). Ganztägig arbeitende Schulen. Wiesbaden: HKM.

KAMMERMEYER, G. & Martschinke, S. (2009). Qualität im Anfangsunterricht. Ergebnisse aus der KILIA-Studie. Unterrichtswissenschaft 37, S. 35–54.

MARTSCHINKE, S. & Kammermeyer, G. (2006). Selbstkonzept, Lernfreude und Leistungsangst und ihr Zusammenspiel im Anfangsunterricht. In A. Schründer-Lenzen (Hg.), Risikofaktoren kindlicher Entwicklung. Migration, Leistungsangst und Schulübergang. Wiesbaden: VS, S. 125–139.

LOHRMANN, K. (2022). Emotionen im Unterricht. Psychologische, pädagogische und fachdidaktische Perspektiven. Stuttgart: Kohlhammer.

MARKUS, S. & Schwab, S. (2021). Zusammenhänge von sozialen Beziehungen mit schulischem Wohlbefinden und emotionalem Erleben von Grundschüler*innen. In G. Hagenauer & D. Raufelder (Hg.), Soziale Eingebundenheit. Sozialbeziehungen im Fokus von Schule und Lehrer*innenbildung. Münster: Waxmann, S. 351–366.

NÄPFLI, J. & Strittmatter, J. (2021). Tagesstrukturen-Potenzial für die schulische Integration? In A. Holzinger, S. Kopp-Sixt, S. Luttenberger & D. Wohlhart (Hg.), Fokus Grundschule Bd. 2. Qualität von Schule und Unterricht. Münster: Waxmann, S. 89–100.

OBERMEIER, R. (2021). Bedeutung von Familie und Schule für schulisches Wohlbefinden. Münster: Waxmann.

OECD (2019). OECD Future of Education and Skills 2030. OECD Learning Compass 2030 – A Series of Concept Notes. https://www.oecd.org/content/dam/oecd/en/about/projects/edu/education-2040/1-1-learning-compass/OECD_Learning_Compass_2030_Concept_Note_Series.pdf (Zugriff: 13.9.2025).

PEYERL, K., Züchner, I. & Dotzert, A. (2021). Demokratieförderung im Grundschulalter. Perspektiven auf den Hort und die Angebote der Kinder- und Jugendhilfe. München: DJI.

RYAN, R. M. & Deci, E. L. (2017). Self-Determination Theory. Basic Psychological Needs in Motivation, Development, and Wellness. New York: Guilford Press.

SAUERWEIN, M. (2019). Partizipation in der Ganztagsschule – vertiefende Analysen. Zeitschrift für Erziehungswissenschaft 22, S. 435–459.

SAUERWEIN, M. & Graßhoff, G. (2022). Subjektorientierte Ganztagsbildung – ein kindheitsbezogener Blick auf die Ganztagsschule. Diskurs Kindheits- und Jugendforschung 2, S. 211–224.

STAHL, L. (2019). Soziale Beziehungen und Wohlbefinden in Unterricht und Ganztagsangebot – eine empirische Studie an hessischen Ganztagsgrundschulen. Kassel (unveröffentlichte Masterarbeit).

STAHL, L. & Fischer, N. (2019). Time-use, well-being and social relationships in the afternoon. Survey data from German Primary Schools. Presentation at the WERA-IRN Extended Education conference, 26.9.2019, Stockholm, Sweden.

WALTHER, B., Nentwig-Gesemann, I. & Fried, F. (2021). Ganztag aus der Perspektive von Kindern im Grundschulalter. Eine Rekonstruktion von Qualitätsbereichen und -dimensionen. Gütersloh: Bertelsmann.

Ganztag in der Grundschule weiterentwickeln

JANA BERKEMEYER, NILS BERKEMEYER,
BJÖRN HERMSTEIN, ZOE NICOLAI

Rechtsanspruch auf Ganztag

Konsequenzen für die Schulsystementwicklung

1. Einleitung

Ganztägige Bildungs- und Betreuungsangebote sind potenziell zentrale Stellgrößen der Generierung chancengerechter Verhältnisse im Bildungssystem sowie der Kinder- und Jugendhilfe (Berkemeyer et al., 2013; Holtappels, 2006; Rother in diesem Band). Die Ganztagsschule kann dabei als ein Moment schulischer Sozial- und Systemintegration begriffen werden. Dies gilt insbesondere vor dem Hintergrund der Annahme, dass auf den Ebenen der Inhalte und Prozesse im (Ganztags-)Schulalltag qualitative Unterschiede, auch im Vergleich zur Halbtagsschule, vorliegen. Die Realisierung eines solchen Anspruchs kann aber nicht gelingen, wenn einfach nur mehr vom Selben angeboten wird. Denn wer „den ganzen Tag, statt den halben, zur Schule geht, muss deswegen nicht besser lesen lernen" (Oelkers, 2004, S. 243).

Trotz dieser kritischen Einlassungen: Der Ausbau des Ganztagsschulwesens gilt hierzulande im Zuge der Veröffentlichung der PISA-2000-Ergebnisse als zentraler Bestandteil der bildungspolitischen Agenda (vgl. die KMK-Handlungsfelder; KMK, 2002), von der man sich Wirkungen zur Behebung der Mängel in den Bildungswirkungen von Schule erhofft hat (siehe für einen Überblick: Sauerwein, 2017). Trotz großangelegter Ausbauprogramme wie dem IZBB von Bund und Ländern muss konstatiert werden, dass die bildungspolitisch intendierten gerechtigkeitsförderlichen Effekte bisher kaum empirisch nachgewiesen werden konnten (Berkemeyer et al., 2013). Möglicherweise, und hierin sollte das wesentliche Entwicklungsmoment des Rechtsanspruchs auf einen Ganztagsplatz im Grundschulbereich liegen, hat sich der grosso modo bemerkenswerte quantitative Ausbau ganztägiger Schulangebote in deutschen Schulsystemen (Berkemeyer et al., 2017) (noch) nicht gleichermaßen in den durch Schul(system)entwicklung zu modernisierenden pädagogischen Leistungsstrukturen qualitativ niedergeschlagen.

Dieser nach wie vor offenen Fragestellung nimmt sich der vorliegende Beitrag an. Er nimmt dabei die Perspektive der Schulsystementwicklung ein, der neben der Ebene der Einzelschule zwingend auch die steuernden und Ressourcen bereitstellenden Makro- und Meso-Ebenen mit in den Blick nimmt. Eine solche Beobachtungspraxis bezieht neben Prozessen ganztagsbezogener Qualitätsentwicklung auf Ebene der Einzelschule (Holtappels & Rollett, 2009) auch die Analyse der Beiträge schulischer Unterstützungssysteme, wie der Schulträger (Hermstein, 2021a, b) oder etwa der Schulaufsicht (Klein, 2021) in Bezug auf nicht gewährter Teilhabechancen und ausbleibender sozialer Anerkennung in (Ganztags-)Schulen mit ein (Berkemeyer & Hermstein, 2023).

Anknüpfend an eine solche, auf Ebenen übergreifende Bedingungskonstellationen fokussierende Perspektive auf Schulsystementwicklung (Abschn. 2) werden nachfolgend zunächst die Umsetzungsstrategie der Kultusministerkonferenz (KMK) und somit die qualitativen Empfehlungen zur Gestaltung des Wandels beleuchtet, bevor anschließend Befunde zum Ausbaustand und zur Wirksamkeit ganztägiger Bildung betrachtet werden. In einem weiteren Abschnitt werden die zukünftigen Herausforderungen aus Sicht der Schulsystementwicklungsforschung beschrieben. Hierzu greifen wir auch auf eine kurze Fallskizze aus einer nordrhein-westfälischen Kommune zurück. Im Ausblick werden Herausforderungen und Lösungsmöglichkeiten skizziert.

2. Wieso Schulsystementwicklung(sforschung)?

Die Entwicklung der 16 bundesdeutschen Schulsysteme verläuft sowohl in Bezug auf die Angebotsstruktur (Ridderbusch, 2019; Hermstein, 2022) wie auch die Ergebnisqualität recht unterschiedlich (Berkemeyer et al., 2017; Berichte zum IQB-Bildungstrend). Gründe hierfür liegen u.a. in der bundesländerbasierten Steuerung des Schulsystems und den daraus resultierenden uneinheitlichen rechtlichen Rahmenbedingungen (Berkemeyer, 2010). Hinzu kommen zum Teil erhebliche sozio-ökonomische wie sozial-geografische und demografische Faktoren (Edelstein & Hermstein, 2022) sowie eine Steuerungsphilosophie, die trotz der zahlreichen Instrumente neuer Steuerung (Altrichter & Maag Merki, 2016) wesentlich noch immer im Paradigma der Einzelschulentwicklung verläuft (Rolff, 1993). Somit liegt die Hauptlast und die Verantwortung der Veränderung von Schule bei der Einzelschule selbst.

Gefragt sind zunehmend Strategien einer komprehensiven Bildungsreform (Rolff, 2023a) bzw. einer Schulsystementwicklung (Berkemeyer & Mende, 2018). Weder reine Makrosteuerung wie in den 1960er und 1970er Jahren noch die dezentrale Mikrosteuerung haben sich als Lösungsstrategien bewährt. Die Kopplungsprobleme im Schulsystem bleiben offensichtlich (Rolff, 1998) und können nur im Rahmen von Strategien einer Gesamtsystementwicklung bearbeitet werden (Berkemeyer, 2019). Diese Notwendigkeit wird umso dringlicher, beachtet man einen vergleichsweise neuen „Treiber" (Rolff, 2023a, S. 180), der nicht als gestaltbares Element zu sehen ist, sondern zunächst distal und ohne wesentliche Zugriffs- bzw. Gestaltungsmöglichkeiten durch die Einzelschulen Druck im Schulsystem erzeugt. Gemeint sind hier rechtliche Regelungen, die nicht schulsystemimmanent entstehen, sondern aus Anforderungen resultieren, die jenseits schuleigener Logiken oder Pfade ihren Ursprung haben. In letzter Zeit lassen sich solch exogene Regelungen, die bundesweit in gleicher Weise wirksam werden, vermehrt beobachten. Der gesamte Tatbestand der Inklusion lässt sich hierunter genauso subsumieren wie das erst vor Kurzem nun endgültig verfassungsrechtlich bestätigte Recht auf Bildung (Hugo et al., 2024) und nicht zuletzt die Änderung des SGB VIII, die einen Rechtsanspruch auf ganztägige Betreuung in Grundschulen vorsieht. In allen Fällen sind Entwicklungen erforderlich, die weit über die Einzelschule und im Falle des Rechtsanspruchs auf Ganztagsbetreuung auch über die Systemgrenzen hinausgehen.

3. Das Recht auf ganztägige Betreuung in der Grundschule

Mit dem Gesetzesbeschluss zur *ganztägigen Förderung von Kindern im Grundschulalter* muss ab dem Schuljahr 2026/2027 für Grundschulkinder[1] erstmals ein bedarfsgerechtes Ganztagsangebot in Tageseinrichtungen geschaffen werden. Dieses umfasst werktäglich acht Zeitstunden, wobei der zeitliche Unterrichtsumfang sowie die Angebote der (offenen) Ganztagsschulen angerechnet werden. Die Länder können darüber hinaus Schließzeiten im Umfang von bis zu vier Wochen während der Schulferien regeln. Gleichwohl muss den Schüler:innen jederzeit ein bedarfsgerechtes, d.h. den subjektiven Bedarfseinschätzungen der Kinder und ihrer Eltern entsprechendes (Rixen 2022, Rn. 27), Angebot abgesichert sein.

Mit einem Rechtsanspruch auf Ganztagsbetreuung erhofft sich der Gesetzgeber die Verlässlichkeit der nicht-elterlichen Kinderbetreuung zu stärken (ebd., Rn. 7), Kinder zu fördern und somit „mehr Chancengerechtigkeit für die Kinder und eine bessere Vereinbarkeit von Familie und Beruf für die Eltern" zu ermöglichen.[2]

1 Mit Beginn der ersten bis zum Beginn der fünften Klassenstufe.
2 BT-Dr. 19/30236, S. 9.

Unter diesen Gesichtspunkten erscheint es nicht verwunderlich, die Regelungen zur schulischen Ganztagbetreuung an das formelle Sozialrecht[3] anzugliedern, welches neben der Herstellung sozialer Sicherheit auch auf die Verwirklichung sozialer Gerechtigkeit[4] abzielt und somit das grundrechtlich verankerte Sozialstaatsprinzip[5] auf der Ebene des einfachen Gesetzes zum Ausdruck bringt (vgl. Mrozynski, 2019, Rn. 1). Soziale Gerechtigkeit, als unbestimmter Rechtsbegriff, ist nach wie vor auslegungsbedürftig (Schuetze 2015). In der heutigen rechtswissenschaftlichen Diskussion hat sich allerdings ein Minimalkonsens herausgebildet, nach welchem soziale Gerechtigkeit erreicht ist, „wenn jeder die Chance hat, die seinen individuellen Kräften und Fähigkeiten entsprechende Stellung in Staat und Gesellschaft zu erlangen oder zu behalten“ (Kokemoor 2018, Rn. 7). Dieses Ziel lässt sich jedoch nur erreichen, „wenn jeder auf die gleichen Voraussetzungen zur freien Entfaltung seiner Persönlichkeit trifft“ (Schaumberg 2018, Rn. 384). Eine Ausweitung des Ganztagsangebots durch den Ausbau von Ganztagsschulen oder anderer Bildungs- und Betreuungsangebote kann, so die bildungspolitische Annahme, hierzu beitragen. Es biete den Kindern nicht nur den zeitlichen Rahmen für mehr Lernangebote, zusätzlich würden auch Gelegenheiten zur Schließung von Freundschaften und der gemeinsamen Freizeitgestaltung geschaffen (KMK 2023a, S. 3).

Der Bereich der sozialen Förderung, wie er im SGB VIII vorgehsehen ist und welcher auch durch die hier diskutierte Rechtsnorm konkretisiert wird, enthält grundsätzlich Leistungen, welche die „Entwicklung junger Menschen fördern und die Erziehung in der Familie ergänzen und unterstützen sollen“ (Schaumberg 2018, Rn. 384). Diese Leistungen sind prinzipiell förderorientiert, d.h. sie zielen weniger darauf ab, die Leistungsberechtigten mit Geld- bzw. geldwerten Sachleistungen auszustatten, als vielmehr eine ausreichende Infrastruktur an Förder- und Hilfsangeboten – in diesem Falle Ganztagsangebote für Grundschüler:innen – sicherzustellen (ebd., Rn. 385).

Festzuhalten bleibt, dass das Gesetz

- die Länder dazu verpflichtet, ein Ganztagsangebot für Kinder im Grundschulalter, in einem quantitativen Sinne, sicherzustellen.
- mit dem Ziel verbunden ist, durch die Verwirklichung von mehr Chancengleichheit soziale Gerechtigkeit herzustellen. Hierbei werden sowohl schul-

3 genauer: § 24 Abs. 4 SGB VIII.
4 § 1 Abs. 1 S. 1 SGB I.
5 i. S. d. Art. 20 Abs. 1 GG.

pflichtige Kinder (Förderung ihrer Entwicklung) als auch ihre Eltern (Vereinbarkeit von Familie und Beruf) adressiert.

- im Kontext des SGB VIII unter dem Aspekt der „Sozialen Förderung" gelesen werden muss. Ziel ist es, durch den Ausbau des Ganztagsangebots die Entwicklung der jungen Menschen zu fördern und die Erziehung in der Familie, im Rahmen des Art. 6 GG, zu ergänzen und zu unterstützen.
- vorerst keinen qualitativen Mindeststandard des Ganztagsangebots definiert.

4. Stand Ausbau, Nutzung und empirische Befunde zur Wirksamkeit

Grundsätzlich sind die Schulsysteme in den letzten zwei Dekaden von einer wahrnehmbaren Dynamik hinsichtlich der Etablierung von ganztägigen Schulangeboten gekennzeichnet. Lag der Anteil der Grundschulen in Ganztagsform nach der KMK-Definition in öffentlicher und privater Trägerschaft im Jahr 2006 noch bei 23 %, kann im Jahr 2022 eine gesamtdeutsche Quote von 71 % verzeichnet werden (BMFSFJ, 2023). Damit sind Grundschulen im Jahr 2022 dreimal so häufig ganztägig organisiert wie 16 Jahre zuvor.

Der am Anteil der Ganztagsgrundschulen an allen Grundschulen gemessene Ausbau schulischer Ganztagsangebote gestaltet sich regional sehr unterschiedlich. Betrachtet man den Ausbau nach Bundesländern differenziert, werden teils erhebliche Unterschiede sichtbar, auch wenn in nahezu allen Ländern im Schuljahr 2021/2022 die Mehrheit der Grundschulen ganztägig organisiert ist (vgl. Prognos/ITES, 2023). In Berlin, Sachsen und Thüringen werden ausschließlich Ganztagsgrundschulen vorgehalten, weiterhin sind sie im Saarland und in Hamburg (98 %), in Nordrhein-Westfalen (95 %) und Rheinland-Pfalz (94 %) besonders weit verbreitet. In Bayern, Brandenburg, Bremen, Mecklenburg-Vorpommern und Schleswig-Holstein liegt der entsprechende Anteil mit jeweils 50 bis 70 % deutlich niedriger. Den niedrigsten Anteil an Ganztagsgrundschulen verzeichnet im Schuljahr 2021/2022 mit 29 % Baden-Württemberg. Die unterschiedliche Verbreitung von Ganztagsgrundschulen in den Ländern ist vor allem darauf zurückzuführen, dass Bildungs- und Betreuungsangebote für Kinder im Grundschulalter in einigen Ländern nach wie vor auch in Tageseinrichtungen im alleinigen Zuständigkeitsbereich der Kinder- und Jugendhilfe vorgehalten werden. Diese Angebote sind dementsprechend nicht in der KMK-Statistik, sondern in der KJH-Statistik erfasst.

Aufgrund erkennbarer Doppelzählungen in den Statistiken der KMK und der KJH kann insbesondere für die ostdeutschen Flächenländer, mit Ausnahme Thüringens, nicht ausgeschlossen werden, dass Angebote im Zuständigkeitsbereich der Kinder- und Jugendhilfe auch in der KMK-Statistik erfasst werden.

Die Analyse der Inanspruchnahmequote nach Angebotsform lässt erkennen, dass die Mehrheit der Länder vorrangig oder ausschließlich schulische Ganztagsangebote ausgebaut hat (vgl. ebd.). In Berlin, Hamburg, Nordrhein-Westfalen und Thüringen werden nahezu ausschließlich schulische Ganztagsangebote vorgehalten, während es in den übrigen westdeutschen Ländern daneben, wenn auch zu einem teils deutlich geringeren Teil, Bildungs- und Betreuungsangebote in Tageseinrichtungen mit Schulkindbetreuung gibt. Teilweise kooperieren die Ganztagsschulen hier jedoch eng mit der Kinder- und Jugendhilfe (zum Beispiel in Nordrhein-Westfalen).

Betrachtet man den auf Basis der DJI-Kinderbetreuungsstudie ermittelten elterlichen Bedarf an ganztägigen Bildungs- und Betreuungsangeboten für Kinder im Grundschulalter, wird zunächst in den Ganztagsbedarf und den Bedarf an Übermittagsbetreuung unterschieden (vgl. ebd.). Einen Ganztagsbedarf haben definitionsgemäß Eltern, die eine ganztägige Bildung und Betreuung ihres Kindes in einer Ganztagsschule, einem Hort oder einer anderen Angebotsform wünschen, soweit diese im Durchschnitt länger als bis 14.30 Uhr benötigt wird.

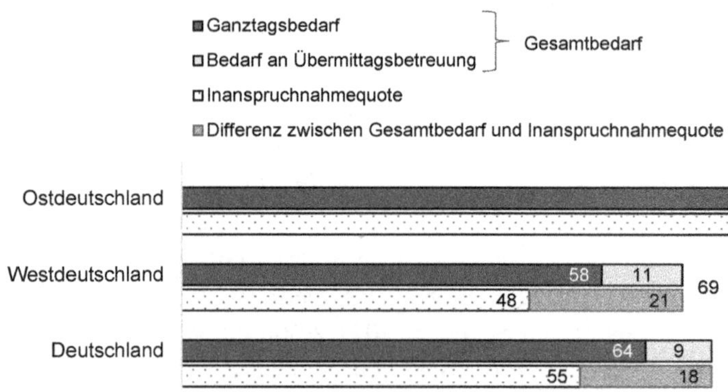

Abbildung 1: Betreuungsbedarf von Kindern im Grundschulalter aus Elternsicht im Vergleich mit der Inanspruchnahmequote von Ganztagsschulen und Tageseinrichtungen nach Art des Bedarfs, 2022. Anteil in Prozent, Differenz in Prozentpunkten (Daten: DJI – Kinderbetreuungsstudie 2022; Destatis – Statistiken der Kinder- und Jugendhilfe. Kinder und tätige Personen in Tageseinrichtungen; Sekretariat der KMK – Allgemeinbildende Schulen in Ganztagsform in den Ländern der Bundesrepublik 2021, Quelle: Prognos/ITES 2023, S. 19)

Einen Bedarf an Übermittagsbetreuung haben dagegen Eltern, die kürzere Angebotsumfänge in anderen Angebotsformen als Ganztagsschulen und Horten wünschen. Dem elterlichen Bedarf wird die auf Basis der KMK- und KJH-Statistik ermittelte Inanspruchnahmequote von Ganztagsschulen und Tageseinrichtungen gegenübergestellt.

Im Jahr 2022 äußerten knapp drei Viertel aller Eltern eines Grundschulkindes in Deutschland Betreuungsbedarf, eine Mehrheit in Form von Ganztagsbedarf (siehe Abb. 1), weniger in Form eines Bedarfs an Übermittagsbetreuung. Insgesamt 75 % des Gesamtbedarfs werden gedeckt, während ein Viertel der Eltern, die eines Betreuungsplatzes bedürfen, nicht versorgt werden. In Westdeutschland ist diese Differenz zwischen Betreuungsbedarf und Inanspruchnahmequote dreimal so hoch wie in Ostdeutschland. Die vergleichsweise hohe Differenz in Westdeutschland dürfte nicht nur auf ein nicht bedarfsgerechtes Bildungs- und Betreuungsangebot zurückzuführen sein, sondern auch darauf, dass Kinder im Grundschulalter in Westdeutschland laut DJI-Kinderbetreuungsstudie häufig Angebote der (Über-)Mittagsbetreuung nutzen, die über die KMK- und die KJH-Statistik nicht standardmäßig erfasst werden.

Dennoch müssen dem „Bericht der Bundesregierung zum Ausbaustand der ganztägigen Bildungs- und Betreuungsangebote für Grundschulkinder nach § 24a SGB VIII" (Prognos/ITES) zufolge die Ausbaubemühungen deutlich verstärkt werden, um ein bedarfsgerechtes Angebot mit Blick auf den ab dem Schuljahr 2026/2027 wirksam werdenden Rechtsanspruch vorhalten zu können. Dies gilt vor allem für die westdeutschen Länder.

Neben dem Blick auf das Ausmaß des Ausbaus und der Nutzung von Betreuung im Grundschulalter sind auch Daten zum Beschäftigungsumfang der Lehrkräfte in Bezug auf die Kapazitäten zur Umsetzung der Reform interessant. Zwar werden diese nicht explizit für Ganztagsschulen ausgewiesen, sondern lediglich für Schulen im Allgemeinen, jedoch kann davon ausgegangen werden, dass sich der Arbeitszeitumfang der Lehrerinnen und Lehrer an ganztägig organisierten Grundschulen nicht grundsätzlich vom Umfang an Halbtagsschulen unterscheidet.

Nach Daten des Statistischen Bundesamtes waren im Schuljahr 2021/2022 durchschnittlich gut 45 % aller Grundschullehrkräfte in Vollzeit beschäftigt und etwa 42 % in Teilzeit (siehe Abb. 2). Neben den in Voll- und Teilzeit arbeitenden Lehrerinnen und Lehrern gibt es zudem die stundenweise Beschäftigten im Schulbereich, zu denen mit knapp 13 % etwa jede achte Grundschullehrkraft zählt. Hierunter fallen etwa sonderpädagogische Fachkräfte, Bademeisterinnen und Bademeister, sofern sie eigenverantwortlich unterrichten, katholische und

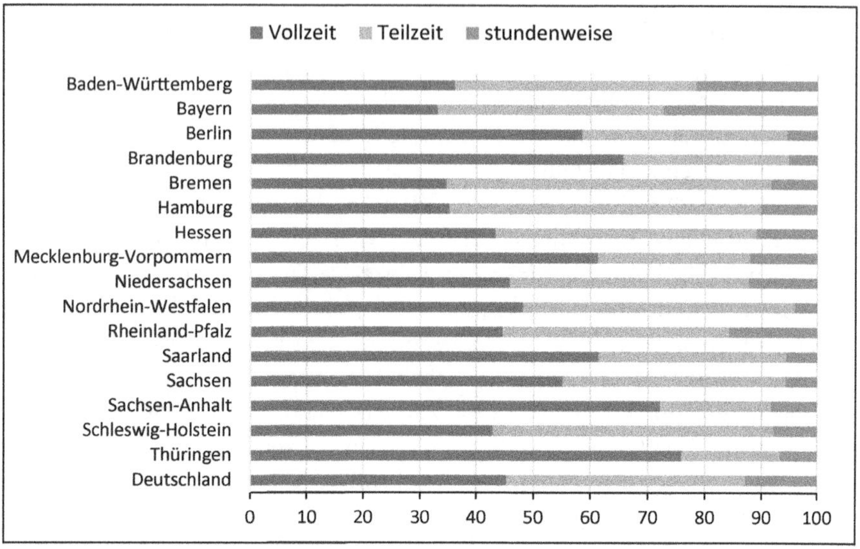

Abbildung 2: Lehrkräfte in Grundschulen nach Beschäftigungsumfang, 2021/2022 (Statistisches Bundesamt (2022). Allgemeinbildende Schulen, Schuljahr 2020/2021. Fachserie 11, Reihe 1; eigene Berechnung und Darstellung)

evangelische Geistliche oder Personen, die – mit oder ohne Lehramtsausbildung – in Mangelfächern wie z.B. Musik, Sport, Kunst oder auch Religion stundenweise unterrichten. Zum Vergleich: An den weiterführenden Schulen arbeiten mit 56 und 33 % durchschnittlich mehr Lehrkräfte in Voll- bzw. weniger in Teilzeit.

Der jeweilige Beschäftigungsumfang der Lehrkräfte im Grundschulbereich variiert zwischen den Ländern teils stark. Während etwa an Thüringer Grundschulen drei Viertel aller Lehrerinnen und Lehrer in Vollzeit arbeiten, ist es in Bayern lediglich ein Drittel. Gleichzeitig weist Bayern den im Ländervergleich größten Anteil an stundenweise Beschäftigten aus, der in Nordrhein-Westfalen wiederum am niedrigsten ausfällt.

Angesichts der Tatsache, dass Kooperation als ein wichtiges Merkmal von Schulentwicklungsprozessen gewertet wird, kann ein vergleichsweise hoher Anteil an Teilzeitbeschäftigung und an stundenweiser Beschäftigung eher ungünstige Bedingungen für Schulentwicklung indizieren. Je mehr Lehrkräfte einen geringen Beschäftigungsumfang aufweisen, desto weniger mögliche gemeinsame Zeitfenster für eine Zusammenarbeit gibt es. Jedoch sind hohe Kooperationsintervalle grundsätzlich günstiger für eine wirkungsvolle Kooperation. Hinzu kommt, dass an Ganztagsschulen mehr Berufsgruppen miteinander in Berührung kommen und multiprofessionelle Zusammenarbeit gefragt ist.

Hinweise auf die hohe Relevanz der Partizipation der Lehrkräfte für die Qualität der Ganztagsschule bieten einige wissenschaftliche Studien, die untersucht haben, welche Effekte die Mitwirkung der Lehrkräfte bewirkt. Die Ergebnisse zeigen, dass sich Schulen, die die Partizipation ihrer Lehrkräfte im Ganztagsbereich fördern, durch ein höheres Ausbauniveau und eine bessere Entwicklung der Angebote auszeichnen. Zudem scheint die aktive Mitarbeit der Lehrkräfte bei der Entwicklung des Ganztagskonzepts zu einer besseren Verzahnung von Unterricht und Ganztagsangeboten zu führen (Wutschka, 2021).

Eine kultivierte Innovationsbereitschaft der Lehrkräfte hat einen positiven Einfluss auf die Intensität der Qualitätsentwicklungsmaßnahmen sowie auf den Umfang und die Breite der Ganztagsangebote. Lehrkräfte mit einer hohen Innovationsbereitschaft sind generell zufriedener mit dem Ganztagsbetrieb und stehen der multiprofessionellen Kooperation mit dem weiteren pädagogisch tätigen Personal aufgeschlossener gegenüber. Allerdings zeigt sich auch, dass gerade Lehrkräfte einen wahrnehmbaren Pessimismus gegenüber dem Sinn ganztägiger Schulangebote hegen (ebd.).

5. Herausforderungen für die Schulsystementwicklung

Bevor etwas genauer in analytischer Absicht auf die durch den Rechtsanspruch erzeugten Herausforderungen für die Schulsystementwicklung geschaut wird, beginnen wir mit einer kurzen Falldarstellung aus einer nordrhein-westfälischen Kommune. Der hier nur angedeutete Fall ist in mancherlei Hinsicht instruktiv und kann als Ausgangspunkt für die weitere Systematisierung verwendet werden.

5.1 Strategien der Ganztagsentwicklung – ein Fallbeispiel

Nachfolgend wird keine umfassende und theoretisch gesättigte Analyse dargeboten, sondern mittels einer Fallstudie in Herausforderungen eingeführt, die im Bereich der Schulentwicklung vor dem Hintergrund der nahenden Umsetzung des Rechtsanspruchs identifiziert werden. Konkret handelt es sich um eine nordrhein-westfälische mittelgroße Großstadt, die den Ganztag im Grundschulbereich ausschließlich als offenes Modell in Kooperation mit Trägern der freien Wohlfahrtspflege organisiert. Mit einer mittleren Teilnahmequote am offenen Ganztag von über 75 % (Tendenz steigend) weist die Kommune einen deutlich überdurchschnittlichen Ausbaustand auf. Trotz dessen ist, auch vor dem Hintergrund erwarteter schulbaulicher Investitionen durch Bund und Land, die Frage der schulbaulichen Modernisierung und räumlichen Erweiterung virulent.

Daneben, und hierauf wird nun der Fokus gelegt, stehen Aspekte der genuin „inneren Schulentwicklung“ im Vordergrund. Diese wurden in der Fallkommune unter anderem im Rahmen eines pädagogischen Fachtags behandelt, an dem alle Schul- und Ganztagsleitungen der rund 30 Grundschulen im Sommer des Jahres 2023 teilnahmen. Sie waren seitens der Steuerungsakteure Schulaufsicht und Schulträger unter Teilnahme von Vertreter:innen der freien Träger dazu aufgefordert worden, konkrete Entwicklungsbausteine der Ganztagsschulentwicklung in den kommenden drei Jahren herauszuarbeiten. Als „erschwerende Bedingung“ wurde ein größtmöglicher Realismus in Bezug auf „externe Ressourcen“ eingeführt, sprich: die sachlich richtige, aber die pädagogische Praxis bisweilen allzu entlastende Rede von schlechten (räumlichen, personellen und finanziellen) Rahmenbedingungen sollte weitgehend ausgespart werden, auch weil die kommunale und Landesbildungspolitik im Kontext des Fachtags keine tragenden Rollen spielten.

Im Sinne einer kategorialen Abstrahierung können vier inhaltliche Handlungsfelder mitsamt konkreter Unterthemen benannt werden, die das pädagogisch-organisatorische Entwicklungsprogramm der Fallkommune in den kommenden Jahren ausmachen:

1) Verbesserung der übergeordneten Systemstrukturen
   - Ausbau der Netzwerke
   - personelle und sächliche Ausstattung
   - Herstellung von Verbindlichkeit
   - tragfähige und standardbasierte Raumkonzepte
   - Digitalisierung
2) Kooperative Teamentwicklung und Haltung
   - begriffliche Abgrenzungen der Professionen überprüfen
   - Austauschformate etablieren
   - Teambuilding-Aktivitäten
   - professionelle Verinselung der Raumnutzung aufbrechen
3) Kindgerechte Rhythmisierung der Tagesstruktur
   - Zeiten-Raster entwickeln
   - kindgesteuerte Organisation des Mittagessens
4) Neuausrichtung der Unterrichts- und Erziehungskonzepte
   - gemeinsames Classroom-Management
   - Lernzeitenmodelle
   - für Unterricht und Freilernphasen adaptive Beobachtungsbögen

Alle vier Oberthemen sind nicht unabhängig voneinander zu bewerkstelligen, sondern sind im Sinne einer Schulsystementwicklung (Abschn. 2) eng miteinander verwoben zu denken. Wie schon Rolff (1993) mit seinem Drei-Wege-Modell der Schulentwicklung bemerkte, dass eine Pädagogische Schulentwicklung mit der Kernaufgabe der Unterrichtsentwicklung nicht ohne Organisations- und Personalentwicklung zu haben ist („Keine UE ohne OE und PE" usw.), muss auch auf dieser Ebene von einer rein analytisch zu denkenden inhaltlichen Aufgliederung ausgegangen werden.

Es zeigen sich also auffällige Kongruenzen zu früheren Modellentwicklungen, die aber um die Perspektive der Schulsystementwicklung zu erweitern sind. So bedarf eine neu rhythmisierte, an kindlichen Bedürfnissen ausgerichtete Tagesstruktur zwangsläufig einer Novellierung der Unterrichts- und Erziehungskonzepte, da eine Taktung in 45-minütigen Unterrichtsblöcken allein am Vormittag dieses Erfordernis bereits konterkariert. Auf dem Weg dorthin bedarf es zudem zwingend dieser Ressourcen: zum einen die Ressource innerschulischer Motivation zur Veränderung, die auf eine kooperative Team- und Haltungsentwicklung angewiesen ist, und zum anderen die institutionelle Ressource der normativen Durchsetzung adaptiver Arbeitszeit- und Qualifikationsmodelle, die allein durch verbesserte übergeordnete Systemstrukturen (hier: Schulaufsicht, Träger der freien Wohlfahrtspflege) bereitgestellt werden können.

Diese Einsicht hat äußerst praktische Folgen, nämlich dass beispielsweise die Bildung von einzelschulischen professionellen Lerngemeinschaften, die allein an einem der aufgeworfenen Themen arbeiten, ohne Meta-Koordinierung praktisch folgenlos wäre. Es zeigt sich somit, dass eine aussichtsreiche Ganztagsschulentwicklung nicht allein auf einzelschulischen innovativen Ideen und Visionen basieren kann, sondern es einer kommunalen Bildungssystementwicklung bedarf, in der auch institutionelle Machtressourcen zielbewusst für ein koordiniertes „Alignmentverhalten" einzusetzen sind. Ansonsten, so muss konstatiert werden, „besteht die riskante Aussicht, vornehmlich Enttäuschung über verpasste Chancen und nicht erreichte (bzw. von vornherein außer Reichweite liegende) Resultate zu produzieren" (Hermstein & Berkemeyer, 2023, S. 64).

5.2 Felder der Schulsystementwicklung im Rahmen der Realisierung des Rechtsanspruchs auf Ganztagsbetreuung

Dieser kurze Einblick in faktische Praktiken der Bearbeitung der Herausforderung des Rechtsanspruchs auf Ganztagsgrundschule zeigt eindrücklich, wie klassische Strategien der Einzelschulentwicklung, wie auch die Formate „Neuer Steuerung", die noch ganz auf die Unterrichtsschule bis mittags abstellen, Gefahr laufen, ihre Wirkung zu verfehlen. Der Fall verdeutlicht relevante Felder, die künftig theoretisch und empirisch weiter zu erhellen sind und hier vorerst weiter exploriert werden:

- Schulsystementwicklung gesellschaftstheoretisch informiert analysieren und verstehen
- Schulsystementwicklung und Recht
- Schulsystementwicklung im Spiegel von Zuständigkeiten und Systemebenen
- Schulsystementwicklung und intersystemische Kopplungsprobleme

Einige dieser Felder sollen nachfolgend vor dem Hintergrund der gesellschaftlichen Zielbestimmungen einerseits und der programmatischen Umsetzungsempfehlungen andererseits weiter operationalisiert und exemplarisch analysiert werden. Ein solches Vorgehen vermeidet eine bloß systemimmanente Betrachtung genauso wie eine einseitig auf Qualitätsfragen bezogenen Analyse.

5.2.1 Schulsystementwicklung gesellschaftstheoretisch informiert analysieren und verstehen

Die Tatsache, dass ganztägige Betreuung rechtlich verankert worden ist, weist auf gesellschaftliche Veränderungen hin, die es in ihrer Bedeutung für schulsystematischen Wandel gesellschaftstheoretisch zu reflektieren und analysieren gilt. Wie aus den Überlegungen zum SGB VIII bereits deutlich geworden ist, zielt die Ganztagsgrundschule auch auf soziale Gerechtigkeit, vermittelt durch die Teilnahme am Arbeitsmarkt und der dadurch reduzierten oder vermiedenen Bedrohung von Kinderarmut einerseits und Altersarmut andererseits. Es erscheint zunächst plausibel, dass eine ganztägige Betreuung als Bedingung der Möglichkeit zur Armutsvermeidung betrachtet werden kann.

Doch es ist auch angezeigt darauf hinzuweisen, dass das Schulsystem hier zunächst nur einen neuen Möglichkeitsraum für Sorgeberechtigte eröffnet. Gerechtigkeitstheoretisch muss hier aber zumindest gefragt und geprüft werden, ob dieser Möglichkeitsraum auch mit äquivalenten Möglichkeiten auf der Erwerbsseite ausgestattet ist. Anders formuliert: es muss fraglich erscheinen, ob die Ganztagsgrundschule nicht ebenfalls Polarisierungstendenzen in der Gesellschaft fördert, weil sie gut ausgebildeten Sorgeberechtigten neue Spielräume eröffnet, für andere, vom Arbeitsmarkt abgekoppelte, Gruppierungen in der Gesellschaft aber weniger attraktiv ist. Es wird darauf ankommen, die Bildungsberichterstattung so weiterzuentwickeln, dass solchermaßen auf gesellschaftliche Wechselwirkungen abstellende Fragestellungen systematisch miterfasst werden, sodass auch über die gesellschaftlich relevanten Aspekte des Schulsystems (neben seinen bekannten Funktionen) Auskunft erteilt werden kann (Berkemeyer et al., 2017).

Für die Schulsystementwicklung bedeutet dies dann gezielt darüber nachzudenken, wie sie Angebote bereitstellen kann, die für alle relevant sind und ob künftig die Frage der Weiterqualifizierung der Menschen stärker mit den Schulstandorten verwoben werden kann. Dann nämlich würden Sorgeberechtigte und Kinder die Chance haben, an einem Standort zu lernen. All diese Fragen bleiben vorerst aber ungestellt, die Reform wird vorerst nur als Verwaltungsreform der Organisation und des Personals gedacht. Kreative Lösungen werden dann großzügig in die Hände der Akteure vor Ort gelegt und den Bildungslandschaften überlassen, was eben nur partielle Schulsystementwicklung nach sich zieht und zu Friktionen führt.

5.2.2 Schulsystementwicklung und Recht

Innerhalb der sich ausdifferenzierenden und wechselnden Steuerungsstrategien, erweist sich das Recht als konstanter, zudem wachsender distaler Treiber von Schulentwicklungsprozessen (Berkemeyer et al., 2017; Rolff, 2023b), obwohl über seine konkreten Wirkungsweisen hinsichtlich der Initiierung und Lenkung von Schulentwicklungsprozessen vergleichsweise wenig bekannt ist (Weishaupt, 2009). Ungeachtet dessen liegen zumindest auf gesetzgeberischer Seite annehmbare Rechtfertigungsgründe vor, mit denen sich die zunehmende Regelungsdichte erklären lässt: Neben dem Konservieren von bereits bestehenden Werten oder Praktiken sowie dem Reagieren auf gesellschaftliche Veränderungen war stets die Idee relevant, „Recht als Mittel zur gesellschaftlichen Bewusstseinsbildung zu nutzen“ (Frankhauser, 2000, zitiert nach Weishaupt, 2009, S. 221), um somit soziale Einstellungen, entlang rechtsstaatlicher Prinzipien durch Gesetze und Erlasse, zu archivieren bzw. zu verändern.

Die Anbindung des hier diskutierten Ganztagsförderungsgesetzes für Grundschulkinder an das achte Sozialgesetzbuch enthält unter dieser Lesart verschiedene Implikationen: Zum einen erzwingen die veränderten Vorstellungen von Familie, Beruf, Lernen und Erziehungsverantwortlichkeiten eine Anpassung der Gesetzeslage. Zum anderen habe sich das Bildungs- und Beschäftigungssystem an verfassungsrechtlichen Grundprinzipien zu orientieren. Die Frage der Herstellung von Chancengleichheit und sozialer Gerechtigkeit liegt nicht länger in der Eigenverantwortlichkeit der Länder, Kommunen und Einzelschulen, sondern wird zu einer bundesweit verpflichtenden Aufgabe. Der Gesetzesentwurf verdeutlicht, dass Schule eben nicht nur subjektorientierte Entwicklungs- und zukunftsgerichtete Reproduktionsaufgaben gesellschaftlicher Subsysteme bewältigen soll, sondern gleichfalls als ein bildungspolitisches Mittel zur Bewältigung aktueller systemübergreifender Herausforderungen angesehen wird. Schulentwicklung habe dies zu berücksichtigen. Eine nach innen gerichtete und allein auf Einzelschulen rekurrierende Perspektive sollte daher um eine ganzheitliche und systemübergreifende Betrachtungsweise ergänzt werden.

Herausforderungen und Potenziale für die Schulentwicklung ergeben sich vorrangig aus der Konstruiertheit rechtlicher Normen. Die Abstraktheit ihrer Sprache und die vielfache Verwendung von finalen und appelativen Rechtssätzen (Avenarius, Hanschmann & Eichele, 2019) machen es notwendig, dass Bildungspolitiker:innen und Schulakteure die konkrete Umsetzung der neu geschaffenen gesetzlichen Möglichkeiten selbst verantworten müssen. Der Zwangscharakter des Rechts kann als juristischer Motor von Schulentwicklungsprozessen verstanden werden, weil er die Adressaten zwar zu Veränderungen und Anpassungen nötigt, ihnen hingegen keine konkreten Lösungswege und Ermöglichungsmaßnahmen vorgibt. In welcher Form und Qualität sich das Recht tatsächlich umgesetzt sieht, steht hiernach in einem engen Zusammenhang mit der Aushandlungsbereitschaft der entsprechenden Akteure sowie der Praktikabilität ihrer Lösungsversuche. Die schulrechtlichen Reformen laufen aufgrund der angesprochenen Unbestimmtheit und dem Zwangscharakter jedoch Gefahr, bei den Betroffenen auf Widerstand und Überforderung zu treffen, wenn ihnen nicht zeitgleich Ressourcen und Lösungsansätze für die Anwendung des Rechts zur Verfügung gestellt werden (Weishaupt, 2009).

Dementsprechend wird es bis 2026 notwendig sein, nicht nur Fragen der Organisation und Bedarfsdeckung zu klären, sondern sich auch um Einigung hinsichtlich eines Qualitätsanspruchs der Ganztagsangebote zu bemühen. Vorgaben zu den qualitativen Mindeststandards (z.B. über die Qualität von Personal, Lern- und Freizeitangeboten oder die personelle und sächliche Ausstattung) enthält das SGB VIII nicht. Teilweise ergeben sich Hinweise zur Qualitätssicherung und -entwicklung aus landesrechtlichen Bestimmungen.[6] Aber selbst hier wird zurückhaltend bei der Bestimmung von Qualitätsmarken agiert. Vielmehr müssen Lösungen außerhalb des Rechts in den jeweiligen Fachdisziplinen und mit pädagogischer Expertise gefunden werden. Insbesondere die aktuell veranlasste Diskussion um qualitative Mindeststandards des grundrechtlich verankerten „Rechts auf Bildung“ (z.B. bei Hugo et al., 2024) könnte hinweisbringend für die Ausgestaltung der Ganztagsangebote werden – vice versa.

---

6 Z.B. § 56a HMBSG (Hamburger Schulgesetz).

Auch das im achten Sozialgesetzbuch kodifizierte und auf das Ganztagsförderungsgesetz anwendbare *Wunsch- und Wahlrecht* dürfte, bei bewusster Inanspruchnahme, für eine auf Marktmechanismen beruhende Qualitätsbestimmung und -entwicklung sorgen. Denn dort heißt es, dass „[d]ie Leistungsberechtigten [...] das Recht [haben], zwischen Einrichtungen und Diensten verschiedener Träger zu wählen und Wünsche hinsichtlich der Gestaltung der Hilfe zu äußern" (§ 5 Abs. 1 S. 1 SGB VIII). Hierbei soll der „Wahl und den Wünschen entsprochen werden, sofern dies nicht mit unverhältnismäßigen Mehrkosten verbunden ist" (§ 5 Abs. 2 Satz 1). Das Wunschrecht richtet sich grundsätzlich nur auf die Ausgestaltung der Hilfe in ihrer Ausführung, also auf die Arbeitsformen, Methoden, Inhalte, Personen und Dauer (Winkler in BeckOK SozR, 2023, § 5 Rn. 4), die Frage der Leistungsverpflichtung wird dadurch nicht berührt. Mit anderen Worten: Eltern ist die rechtliche Möglichkeit gegeben, das Ganztagsangebot in einem gewissen Rahmen mitzugestalten.

Das Wahlrecht bezieht sich auf die Auswahl der Einrichtung bzw. des Dienstes innerhalb des gesamten Spektrums bereits vorhandener Angebote[7] und sieht keine räumliche Begrenzung vor (Wiesner, Wapler & Dürbeck, 2022, § 5, Rn. 10). Nicht inbegriffen ist hingegen die Auswahl einer bestimmten Einzelperson (ebd., Rn. 9a). Sollte dieses Recht zur Geltung gelangen, könnte bei ausreichender Nachfrage an Ganztagsangeboten eine wettbewerbliche Situation entstehen, in welcher die Einrichtungen um die Kinder und ihre Eltern konkurrieren und sich schließlich „gute" Ganztagsangebote durchsetzen.

Eine besondere Herausforderung für die Umsetzung der Ganztagsreform ergibt sich schließlich aus der Tatsache, dass die Anspruchsgrundlage an das achte Sozialgesetzbuch angegliedert ist und somit sowohl die Schule als auch die Kinder- und Jugendhilfe betrifft. Um die intendierten Ziele der Vereinbarkeit von Familie und Beruf, individueller Förderung und Ausgleich herkunftsbedingter Disparitäten zu erreichen, sind notwendigerweise Fragen der institutionellen Vernetzung und Kooperation, aber auch der individuellen Zusammenarbeit verschiedener pädagogischer Professionen zu klären.

5.2.3 Schulsystementwicklung – Akteure im Mehrebenensystem und ihre Kopplungsprobleme

Aktuell lässt sich bereits ein Wettbewerb um im weitesten Sinne pädagogisches Personal im Sozialraum feststellen. An den Schulen entstehen aktuell hochgradig attraktive Stellen, beispielsweise im Vergleich etwa zu Stellen mit Schicht-

7 OVG Lüneburg NJW 2015, 970; OVG Berlin-Brandenburg NJ 2017, 422.

diensten im Rahmen stationärer Hilfen, für Sozialarbeiter:innen und akademisch ausgebildetes Personal in Kitas und auch im Nachmittagsbereich von Schulen. Zugleich konkurrieren die verschiedenen, das pädagogische Personal einstellenden Instanzen mit ungleichwertigen Stellen um die gleichen Qualifikationen. In Nordrhein-Westfalen etwa (und nicht nur dort) schafft das Land neue Entfaltungsoptionen für Personal mit Studienabschlüssen in Sozialpädagogik und Sozialer Arbeit, z.B. mit dem Erlass „Sozialpädagogische Fachkräfte in der Schuleingangsphase" (RdErl. D. Ministeriums für Schule und Bildung v. 8.6.2018). Solche Landesstellen sind häufig unbefristet und besser bezahlt, wodurch ein Transfer der Qualifikationen vom Ganztag bzw. von den freien Wohlfahrtsträgern und Kommunen in unterrichtsnahe Sphären des Schulpädagogischen gefördert wird.

Es kommt somit zu einer Verknappung von Personalressourcen bei gleichzeitig vergleichsweisen klaren Vorteilen der Rahmenbedingungen in anderweitigen Tätigkeitsfeldern, etwa für Schulsozialarbeiter:innen oder im Bereich der (kommunalen) Jugend- und Schulverwaltung. Für die Idee der Bildungslandschaft ist dies sicherlich misslich, zumal steuernde Eingriffe durch den Staat, so dieser denn überhaupt steuernd eingreifen möchte, kaum möglich sind, da die Sozialarbeit in nicht unerheblichen Teilen in freier Trägerschaft organisiert ist und damit nur sehr lose an den institutionellen Kern des Schulsystems gekoppelt ist.

Neue Forschungsbefunde zeigen darüber hinaus, dass bereits jetzt Menschen ohne pädagogischen Abschluss die größte Personalgruppe im Ganztag darstellen und auch Leitungspositionen besetzen (Danner & Sauerwein, 2023). Dieser Befund zeigt wiederum, dass insofern die qualifikatorische Ausstattung an Ganztagsschulen als verbesserungswürdig betrachtet wird, reine Einzelschulentwicklung zu kurz greift. Vielmehr sind an dieser Stelle die bereits benannten Steuerungsebenen gefordert, ihre virulenten Kopplungsprobleme zu bearbeiten, zum einen hinsichtlich der Problemdefinition, zum anderen in der Suche nach Lösungsmöglichkeiten, beispielsweise im Bereich einer gemeinsamen Fortbildungsplanung.

Betrachtet man nun die Empfehlungen der KMK, so wird schnell ersichtlich, dass die wesentliche Idee der Reformgovernance in partizipativen und kooperativen Elementen besteht, die allesamt auf die wohlwollende Umsetzung durch die je angesprochenen Akteure setzen. Dass nun ausgerechnet die organisational ohnehin schwache Grundschule, die bis heute im Grunde dem Prinzip pares inter pares verpflichtet ist, diese auf Freiwilligkeit basierende Governance gewährleisten soll, muss überraschen. Hinzu kommt, dass gerade im Grundschulbereich aufgrund der hohen Frauenquote unter den Beschäftigten, der Anteil an Teilzeitkräften hoch ist und somit die Wahrscheinlichkeit zu weitergehenden internen wie externen Kooperationen abnimmt. Es ist offensichtlich, dass den nachvollziehbaren Kooperationserfordernissen gleichsam eine organisationale Rahmung fehlt. Diese könnte in einer weitergehenden Professionalisierung der (erweiterten) Schulleitung mit zusätzlichen Funktionsstellen oder auch möglichen Arbeitszeitmodellen gedacht werden. Der durch die Kooperationserfordernisse entstehende Mehraufwand ist hingegen kaum zu überschätzen, ebenso wie die durch Kooperation entstehenden Konflikte, die durch Rollendiffusion, ungleiche Professionen, überbordende Erwartungen und fehlende Unterstützung unvermeidlich sein werden.

6. Ausblick

Der Beitrag hat gezeigt, dass das Gesetz zum Anspruch auf Ganztagsbeschulung eine Herausforderung nicht allein für die Einzelschulentwicklung, sondern für eine deutlich breiter gefasste Schulsystementwicklung ist, die auch Fragen von Zuständigkeiten, Verantwortlichkeiten wie auch kooperativen Formaten etwa im Bereich der Fortbildungsplanung und -durchführung adressieren. In Bezug auf den Ausbaustand haben wir gesehen, dass zwischen den Bundesländern sehr unterschiedliche Ausgangssituationen bestehen. Doch auch für „fortgeschrittene" Länder beim Ausbau bleiben die notwendigen Anstrengungen groß.

Für die anstehenden Aufgaben wurde von der KMK ein Papier mit Empfehlungen veröffentlicht. Wenngleich die KMK-Empfehlungen zumindest Kooperationserfordernisse hervorheben, bleiben sie im Wesentlichen der Logik der Einzelschulentwicklung verhaftet und haben für zahlreiche Herausforderungen keine konkreten Empfehlungen. Dies gilt zum Beispiel für die Frage der Weisungsbefugnisse an Schulen auch für Personal, das formal andere Dienstvorgesetzte (Kommunen, Träger der freien Wohlfahrtspflege) hat.

Darum haben wir vorgeschlagen, stärker aus einer Perspektive der Schulsystementwicklung die Herausforderungen zu betrachten und zu analysieren. Diese nimmt nicht nur eine erweiterte Akteurskonstellation in den Blick, sondern ist auch für gesellschaftliche Entwicklungen und deren Zusammenhang mit dem Schulsystem sensibel und reflektiert ebenfalls stärker die Rolle des Rechts im Kontext der Schulsystementwicklung (exemplarisch Hugo et al., 2024). Eingeleitet wurden diese Überlegungen mittels eines kommunalen Fallbeispiels, das in Ansätzen zeigen konnte, wie komplex die Herausforderung der Umsetzung des Rechtsanspruchs für die gesamte Schul(system)entwicklung ist. Vor allem ist sichtbar geworden, dass selbstredend der Schulträger als konstitutiver Akteur der Schulsystementwicklung wieder selbstverständlich mitgedacht werden muss.

Bis zur Einführung des bundesweiten Ganztagsanspruchs ab dem Schuljahr 2026/27, welches sich als ein „umfassendes gesellschaftliches Projekt" (Graßhoff & Sauerwein, 2021, S. 7) darstellt, ist es nun vor dem Hintergrund unserer Ausführungen angezeigt, nochmals Fragen zu benennen, von deren Beantwortung eine gelingende Schulsystementwicklung im Kontext des Rechtsanspruchs abhängen wird:

- Wie lassen sich zuverlässige Kapazitätsberechnungen in den Kommunen erstellen, auch angesichts sich rasch wandelnder gesellschaftlicher Rahmenbedingungen?
- Wie kann man mit den Forderungen einer Ausweitung des Rechtsanspruchs organisatorisch, aber vor allem auch pädagogisch und aus Sicht der Schulentwicklung umgehen, auch in Bezug auf eine Neuausrichtung einer auf Multiprofession angelegten Lehrkräftebildung?
- Wie lassen sich Fragen der gemeinsamen Personalentwicklung und Professionalisierung beantworten und organisatorisch lösen?
- Wie lassen sich in diesem Zusammenhang die differenzierten Träger- und Zuständigkeitsstrukturen im Schulsystem zielorientiert aneinander koppeln, sodass motivationsförderliche strukturelle Irritationen erzeugt werden?
- Wie kann gewährleistet werden, dass durch Ganztagsbeschulung nicht nur die Vereinbarkeit von Familie und Beruf gestärkt wird, sondern auch pädagogische Zielsetzungen effektiver erfüllt werden?
- Wie lassen sich Zusammenhänge zwischen schulrechtlichen Maßnahmen auf die Schulentwicklung bzw. Schulsystementwicklung systematisch beobachten, angesichts einer nur rudimentär ausgebauten Bildungsverwaltungsforschung sowie einer stark an einzelne Personen gebundene Schulrechtsszene?

Es zeigt sich, wie diese hier angeführten Forschungsbereiche verdeutlichen, dass sich die Schulentwicklung künftig stärker als Schulsystementwicklung verstehen muss. Wenngleich auch kleinteilige Lösungen vor Ort in den jeweiligen Organisationen notwendig sind, so muss doch gesehen werden, dass die Gestaltung von Schulen wieder stärker von gesamtsystemischen Überlegungen geleitet werden muss. Die Referenzsysteme für Schulen sind diesbezüglich zu eng. Es ist daher an der Zeit wieder einmal zu fragen, was Schule für die Gesellschaft leisten soll und kann. So betrachtet dürfte es klar sein, dass Betreuungssicherheit für Eltern zwar wichtig ist, schulpädagogisch aber nur ein notwendiges Kriterium für einen juristisch gesicherten Ganztag bildet, keineswegs jedoch ein hinreichendes. Hierfür wären Lernentwicklung und die Befähigung zur gesellschaftlichen Teilhabe der Schüler:innen in den Blick zu nehmen. Wenn wir uns hierauf verständigen können, dann ist es zwingend, dass wir über die Organisation des Schulsystems umfassend und neu nachdenken.

Literatur

ALTRICHTER, H. & Maag Merki, K. (Hg.) (2016). Handbuch Neue Steuerung im Schulsystem (2., überarb. u. akt. Aufl.). Wiesbaden: VS Verlag für Sozialwissenschaften.

AVENARIUS, H., Hanschmann, F. & Eichele, M. (2019). Schulrecht. Ein Handbuch für Praxis, Rechtsprechung und Wissenschaft (9., neu bearb. Aufl.. Kronach & Köln: Carl Link.

BECKOK SozR (2023). Beck'scher Online-Kommentar Sozialrecht. Hg. v. C. Rolfs, P. Udsching, M. Adams, A. Bogan, R. Giesen, M. Meßling, & R. Kreikebohm (71. Ed., Stand: 1.12.2023/SGB XIV: 1.1.2024.). München: Beck.

BERKEMEYER, N. & Hermstein, B. (2023). Warum Schulentwicklung(sforschung) und Bildungsverantwortliche eine klare Vorstellung von sozialer Gerechtigkeit benötigen. DDS – Die Deutsche Schule 115 (3), S. 262–273.

BERKEMEYER, N. & Mende, L. (2018). Bildungswissenschaftliche Handlungsfelder des Lehrkräfteberufs. Eine Einführung. Münster: Waxmann.

BERKEMEYER, N. (2010). Die Steuerung des Schulsystems. Theoretische und praktische Explorationen. Wiesbaden: VS Verlag für Sozialwissenschaften.

BERKEMEYER, N. (2019). Die Referenzrahmen für Schulsystemqualität – Reform durch Evidenzorientierung? In N. Berkemeyer, W. Bos & B. Hermstein (Hg.), Schulreform. Zugänge, Gegenstände, Trends. Weinheim & Basel: Beltz Juventa, S. 420–434.

BERKEMEYER, N., Bos, W., Hermstein, B., Abendroth, S. & Semper, I. (2017). Chancenspiegel – eine Zwischenbilanz. Zur Chancengerechtigkeit und Leistungsfähigkeit der deutschen Schulsysteme seit 2002. Gütersloh: Bertelsmann.

BERKEMEYER, N., Bos, W., Manitius, V., Hermstein, B. & Khalatbari, J. (2013). Chancenspiegel 2013. Zur Chancengerechtigkeit und Leistungsfähigkeit der deutschen Schulsysteme. Gütersloh: Bertelsmann.

DANNER, A. & Sauerwein, M. N. (2023). Pädagogische Lai_innen im Ganztag. Mythos Öffnung der Ganztagsschule. Sozial Extra 47 (5), S. 311–315.

EDELSTEIN, B. & Hermstein, B. (2022). Editorial zum Schwerpunktthema: Governance im Schulsystem unter dem Eindruck demografischen Wandels. DDS – Die Deutsche Schule 114 (2), S. 127–134. DOI: 10.31244/dds.2022.02.01

FANKHAUSER, R. (2000). Steuerung durch das Recht. In Die Vielfalt orchestrieren. Steuerungsaufgaben der zentralen Instanz bei grösserer Selbständigkeit der Einzelschulen. Beiträge des OECD/CERI-Regionalseminars für deutschsprachige Länder in Rheinfelden (Schweiz) vom 18.-22. Oktober 1999. Innsbruck: Studienverlag, S. 153–168.

GRASSHOFF, G. & Sauerwein, M. N. (Hg.) (2021). Rechtsanspruch auf Ganztag. Zwischen Betreuungsnotwendigkeit und fachlichen Ansprüchen (1. Aufl.). Weinheim & Basel: Beltz Juventa.

HERMSTEIN, B. & Berkemeyer, N. (2023). Alignment und Ko-Konstruktion in der Bildungskommune. Hypothesen zur Bedeutung von Interessen, Motivation und Normen. Empirische Pädagogik 37 (2), S. 48-66.

HERMSTEIN, B. (2022). Der Wandel regionaler Schulangebote. Theoretische und empirische Analysen zur Rolle kommunaler Schulträger. https://nbn-resolving.org/urn:nbn:de:gbv:27-dbt-20230418-151024-007 (Zugriff: 26.3.2024).

HERMSTEIN, B. (2021a). Wer spielt warum mit? Schnittstellen in der Schulsystementwicklung und Prozesse ihrer Rationalisierung. DDS – Die Deutsche Schule 113 (1), S. 14–29.

HERMSTEIN, B. (2021b). Zur Unterstützung von Einzelschule und Schulentwicklung durch kommunale Schulträger. In T. Webs & V. Manitius (Hg.), Unterstützungssysteme für Schulen. Konzepte, Befunde und Perspektiven. Bielefeld: wbv, S. 215–236.

HOLTAPPELS, H. G. (2006). Stichwort: Ganztagsschule. Zeitschrift für Erziehungswissenschaft 9 (1), S. 5–29.

HOLTAPPELS, H. G. & Rollett, W. (2009). Schulentwicklung in Ganztagsschulen. Zur Bedeutung von Zielorientierungen und Konzeption für die Qualität des Bildungsangebots. In L. Stecher, C. Allemann-Ghionda, W. Helsper & E. Klieme (Hg.), Ganztägige Bildung und Betreuung. Weinheim & Basel: Beltz Juventa, S. 18–39.

HUGO, J., Berkemeyer, N., Helbig, M. & Nicolai, Z. (2024). Das neue Bildungsrecht im Spiegel von Empirie und Gerechtigkeitstheorie. DDS – Die Deutsche Schule 116 (1), S. 52–69.

KLEIN, E. D. (2021). Die Schulaufsicht als Unterstützungsinstanz für Schulentwicklung. In T. Webs & V. Manitius (Hg.), Unterstützungssysteme für Schulen. Konzepte, Befunde und Perspektiven. Bielefeld: wbv, S. 195–213.

KMK – Kultusministerkonferenz (2002). PISA 2000 – Zentrale Handlungsfelder. Zusammenfassende Darstellung der laufenden und geplanten Maßnahmen in den Ländern (Stand: 7.10.2002). https://www.kmk.org/fileadmin/Dateien/veroeffentlichungen_beschluesse/2002/2002_10_07-Pisa-2000-Zentrale-Handlungsfelder.pdf (Zugriff: 26.3.2024).

KMK – Kultusministerkonferenz (2023a). Empfehlungen zur Weiterentwicklung der pädagogischen Qualität der Ganztagsschule und weiterer ganztägiger Bildungs- und Betreuungsangebote für Kinder im Grundschulalter (Beschluss der Kultusministerkonferenz vom 12.10.2023). https://www.kmk.org/fileadmin/veroeffentlichungen_beschluesse/2023/2023_10_12-Ganztag-Empfehlung.pdf (Zugriff: 21.11.2023).

KOKEMOOR, A. (2018). Sozialrecht (8., neu bearb. u. verb. Aufl.). München: Vahlen. DOI: 10.15358/9783800658336

MROZYNSKI, P. (2019). SGB I. Allgemeiner Teil. Kommentar (6., vollst. neu bearb. Aufl.). München: Beck.

OELKERS, J. (2004). Gesamtschule und Ganztagsschule – Politische Dimensionen des deutschen Bildungswesens. In H.-U. Otto & T. Coelen (Hg.), Grundbegriffe der Ganztagsbildung. Beiträge zu einem neuen Bildungsverständnis in der Wissensgesellschaft. Wiesbaden: Springer VS, S. 221–246.

RIDDERBUSCH, J. (2019). Deutschland auf dem Weg zum zweigliedrigen Schulsystem. Transfer- und Lernprozesse in der Bildungspolitik. Wiesbaden: VS Verlag für Sozialwissenschaften. DOI: 10.1007/978-3-658-25710-1

RIXEN, S. (2022). § 24 Anspruch auf Förderung in Tageseinrichtungen und in Kindertagespflege. In Schlegel/Voelzke, jurisPK-SGB VIII (3. Aufl.), § 24 SGB VIII (Stand: 1.8.2022).

ROLFF, H.-G. (1993). Wandel durch Selbstorganisation. Theoretische Grundlagen und praktische Hinweise für eine bessere Schule. Weinheim & Basel: Beltz Juventa.

ROLFF, H.-G. (1998). Selbstorganisation, Gesamtsteuerung und Koppelungsprobleme. In E. Risse (Hg.), Von der Bildungsplanung zur Schulentwicklung. Neuwied: Luchterhand, S. 63–72.

ROLFF, H.-G. (2023a). Komprehensive Bildungsreform. Wie ein qualitätsorientiertes Gesamtsystem entwickelt werden kann. Weinheim & Basel: Beltz Juventa.

ROLFF, H.-G. (2023b). Schulentwicklung kompakt. Modelle, Instrumente, Perspektiven (4. vollst. akt. u. erw. Aufl.). Weinheim & Basel: Beltz Juventa.

SAUERWEIN, M. N. (2017). Qualität in Bildungssettings der Ganztagsschule. Über Unterrichtsforschung und Sozialpädagogik. Weinheim & Basel: Beltz Juventa.

SCHAUMBERG, T. (2018). Sozialrecht. Einführung (2. Aufl.). Baden-Baden: Nomos. DOI: 10.5771/9783845283241

SCHUETZE, H. G. (2015). Schule, Recht und Gerechtigkeit. In V. Manitius, B. Hermstein, N. Berkemeyer & W. Bos (Hg.), Zur Gerechtigkeit von Schule. Theorien, Konzepte, Analysen. Münster & New York: Waxmann, S. 51–71.

WEISHAUPT, H. (2009). Finanzierung und Recht als Ansatzpunkte schulpolitischer Steuerung. Eine Ideenskizze. DDS – Die Deutsche Schule 101 (3), S. 217–230.

WIESNER, R., Wapler, F. & Dürbeck, W. (2022). SGB VIII. Kinder- und Jugendhilfe. Kommentar (6. Aufl.). München: Beck.

WINKLER, J. (2023). § 5 Wunsch- und Wahlrecht. In C. Rolfs, R. Giesen, M. Meßling & P. Udsching (Hg.), BeckOK Sozialrecht (68. Aufl., Stand: 1.6.2024.), Rn. 1–12. München: Beck.

WUTSCHKA, K. (2021). Den Wandel mitgestalten. Partizipation, Innovationsbereitschaft und die neue Rolle von Lehrkräften an Ganztagsschulen. In B. Arnoldt, B. Brisson, L. Brücher, N. Fischer, J. M. Gaiser, K. Heyl, A. Hirsch, S. Kielblock, K. Maaz, K. Pfaff, M. Rinck, W. Rollett, N. Wazinski & K. Wutschka (Hg.), GTS-Bilanz – Qualität für den Ganztag. Weiterentwicklungsperspektiven aus 15 Jahren Ganztagsschulforschung. Frankfurt/M.: DIPF, S. 24–29.

SEBASTIAN RAHN

Ganztagsbetreuung als Feld von Jugendhilfeentwicklung?

Fachliche und strukturelle Perspektiven auf die Ganztagsbetreuung als Feld der Kinder- und Jugendhilfe

1. Ganztagsbetreuung an (Grund-)Schulen als Entwicklungsfeld der Jugendhilfe[1] – einleitende Überlegungen

Unterschiedliche Ereignisse und politische Prozesse (z.B. Diskussion der PISA-Ergebnisse, Forderung nach Vereinbarkeit von Familie und Beruf) beförderten in den letzten etwa 20 Jahren die Entwicklung von Halbtags- zu Ganztags(grund)schulen im gesamten Bundesgebiet (KMK, 2001; Heimer, Henkel & Donges, 2011). Diese Entwicklung setzt sich mit dem im Jahr 2021 im Rahmen des Ganztagsförderungsgesetzes beschlossenen und ab 2026 geltenden Rechtsanspruch auf einen Betreuungsplatz fort (BMFSFJ, 2021). Im Zusammenhang mit der Verankerung des Rechtsanspruchs im § 24 Abs. 4 SGB VIII (Wissenschaftliche Dienste des Deutschen Bundestags, 2022) scheint sich hier für die Kinder- und Jugendhilfe (KJH) ein Handlungsfeld zu eröffnen, das bereits in den letzten Jahren stark gewachsen ist – von 765.732 Grundschulkindern in Horten oder schulischen Ganztagsangeboten im Jahr 2007 auf 1.645.902 im Jahr 2019 (Autorengruppe Kinder- und Jugendhilfestatistik, 2021) – und in den kommenden Jahren weiter an Bedeutung gewinnen wird. Als Reaktion auf die gestiegene Bedeutung dieses und anderer schulnaher Arbeitsfelder[2] gibt es seit Beginn der 2000er Jahre Versuche, das Verhältnis von Jugendhilfe- und Schulsystem theoretisch-konzeptionell zu rahmen, insbesondere mit den Konzepten der „Ganztagsbildung“ (Coelen, 2002) sowie der „kommunalen Sozialpädagogik“ (Maykus, 2017). Diese Beiträge lassen sich als Versuche lesen, auf eine stärkere Verzahnung unterschiedlicher Bildungs-, Betreuungs- und Unterstützungsstrukturen hinzuwirken. Darüber hinaus hat sich ein Diskurs um

---

1 Die Begriffe „Jugendhilfe“ sowie „Kinder- und Jugendhilfe“ werden im vorliegenden Beitrag synonym genutzt.

2 Zu nennen wären hier etwa die Schulsozialarbeit (Speck 2022).

die Möglichkeiten und Grenzen von Multiprofessionalität im Erziehungs- und Bildungssystem entwickelt, der aus der Perspektive verschiedener pädagogischer Teildisziplinen nach den Bezügen zwischen den unterschiedlichen Akteuren fragt (u.a. Bauer, 2013; Hoppmann et al., 2023).

Insofern ließe sich die These formulieren, dass sich mit dem im SGB VIII verankerten Rechtsanspruch eine von der KJH fachlich vorangetriebene Professionalisierung der Betreuungsangebote in Ganztagsschulen fortsetzt. Dies setzt allerdings voraus, dass sich zum einen im Fachdiskurs jugendhilfespezifische Perspektiven identifizieren lassen, die eine entsprechende Profilierung vorantreiben, und dass sich zum anderen die Ganztagsbetreuung strukturell überhaupt als Feld der Kinder- und Jugendhilfe beschreiben lässt. Im vorliegenden Beitrag werden diese beiden Annahmen diskutiert: Aus einer *qualitativen* Perspektive wird analysiert, *wie Ganztags(grundschul)betreuung als Gegenstand des Jugendhilfediskurses erörtert wird* und welche Differenzlinien sowie Kristallisationspunkte dabei sichtbar werden (Abschn. 2). Aus einer *quantitativen* Perspektive wird anhand verfügbarer Statistiken ergänzend analysiert, *inwieweit Ganztagsbetreuung in ihren Strukturen überhaupt als Teil der Kinder- und Jugendhilfe beschrieben werden kann* (Abschn. 3). Beide Zugänge werden abschließend unter der Frage zusammengeführt, wie sich Ganztagsbetreuung in der Grundschule als Gegenstand der Jugendhilfeentwicklung gegenwärtig charakterisieren lässt (Abschn. 4).

2. Ganztagsbetreuung als Gegenstand des Kinder- und Jugendhilfediskurses

In Anlehnung an das Foucaultsche Diktum, dass Diskurse „systematisch die Gegenstände bilden, von denen sie sprechen“ (Foucault, 1981, S. 74), werden im Folgenden drei Themenkomplexe des Jugendhilfediskurses vorgestellt, die sich in der Auseinandersetzung mit der Ganztagsschule herausgebildet haben und gegenwärtig die feldspezifische Sicht der KJH auf die Ganztagsbetreuung prägen.[3] Zunächst werden allgemeine Entwicklungsperspektiven dargestellt, die im Jugendhilfediskurs zur GTS formuliert werden. Neben dem bereits seit mehreren Jahren etablierten Diskurs um Kooperation und Multiprofessionalität in der Zusammenarbeit von Jugendhilfe und Schule werden in jüngeren Studien die Sichtweisen der Adressat:innen (zur Perspektive von Kindern vgl.

3 Aufgrund des begrenzten Umfangs hat die Darstellung lediglich einen *illustrierenden Charakter und erhebt damit keinen Anspruch auf Vollständigkeit.*

auch Deinet und Reutlinger in diesem Band) von Ganztagsangeboten fokussiert, weshalb diese beiden letztgenannten Diskursstränge kurz vertieft behandelt werden

2.1 Allgemeine fachliche Entwicklungsperspektiven

Generell lässt sich die Entwicklung von der Halbtags- zur Ganztagsschule, wie von Graßhoff und Sauerwein (2021a, S. 7) aufgrund einer Literaturzusammenstellung festgestellt wird, als „Institutionalisierung von Kindheit, Scholarisierung von Freizeit sowie [als] eine generelle Auflösung zwischen schulischen und außerschulischen Lernorten und Lebenswelten" deuten, der Defizitzuschreibungen an Familie sowie als Zielvorstellungen ein Abbau problematischen Sozialverhaltens und eine Förderung des Schulerfolgs unterliegen (ebd.; Sauerwein, 2021, S. 91). Gleichzeitig finden sich im Jugendhilfediskurs mehrere skeptische Positionen zu der Frage, ob diese Entwicklung tatsächlich zu mehr Bildungsgerechtigkeit und einem breiteren Schulerfolg führen wird (u.a. Graßhoff & Haude, 2019; Baitinger, 2022). Stattdessen wird kritisiert, dass sozialpädagogische Grundprinzipien wie Partizipation und Alltagsorientierung in der GTS zugunsten schulischer Logiken vernachlässigt werden (Graßhoff et al., 2019; Sauerwein, 2021), und es wird gefordert, sozialpädagogische Expertise in der Ganztagsbetreuung zu etablieren (Graßhoff & Sauerwein, 2021b).

Über die Diskussion grundlegender struktureller und organisatorischer Aspekte hinaus (AGJ, 2020; 2022) gibt es hierfür unterschiedliche fachliche Ansätze, wie beispielsweise die Ausrichtung auf eine *subjektorientierte Ganztagsbildung* als Leitlinie für sozialpädagogisches Handeln in der Ganztagsschule (Sauerwein, 2021) oder die Schaffung einer *Jugend ermöglichenden Struktur des Ganztags*[4] (BMFSFJ, 2017; Graßhoff & Haude, 2019). Obwohl diese Perspektiven bisher nur in begrenztem Umfang für die Umsetzung ausgearbeitet sind, zeigen sie erste Schritte in Richtung einer eigenständigen Positionierung der KJH in Bezug auf die Betreuung in Ganztagsschulen. Allerdings stellen Graßhoff et al. (2019, S. 195) in ihrer Analyse der Strukturierung von Ganztagsangeboten fest, dass obwohl sozialpädagogische Prinzipien den außerschulischen Angeboten zugeschrieben werden, diese in den bestehenden Schulstrukturen nur eingeschränkt umsetzbar sind.

4 Wie dieser Anspruch auf den Primarbereich übertragen werden könnte, zeigen Walther und Nentwig-Gesemann (2022), die Qualitätskriterien für den Ganztag aus der Perspektive von Grundschulkindern formulieren.

2.2 Kooperationen und Multiprofessionalität

Ein zentrales Diskursfeld bzgl. dieser Umsetzung ist die *Kooperation unterschiedlicher pädagogischer Akteur:innen* am Ort Schule. Zu den Kooperationspartnern an der GTS zählen aber nicht nur Einrichtungen der KJH, sondern beispielsweise auch Vereine oder kommerzielle Organisationen (Arnoldt & Züchner, 2020, S. 1087; Arnoldt, 2021, S. 38). Das in der Ganztagsbetreuung eingesetzte Personal verfügt nicht durchgängig über eine pädagogische Ausbildung bzw. ein pädagogisches Studium. Stattdessen sind hier auch sogenannte ‚pädagogische Laien' tätig, wie etwa Elternteile, Senior:innen, oder Sportler:innen (Idel, 2021; Hochfeld & Rothland 2022). Um diese heterogene Gruppe zu beschreiben, gibt es in empirischen Untersuchungen verschiedene begriffliche Definitionen: Einerseits wird die Gruppe über eine Abgrenzung zum Lehrpersonal als „Nicht-Lehrkräfte" beschrieben, andererseits im Zusammenhang mit ihrer Tätigkeit als „pädagogisches Ganztagspersonal", bezogen auf ihre Qualifikation als „pädagogische Laien" oder aufgrund ihrer Tätigkeit im Ganztag als „Nachmittagspersonal", charakterisiert (Tillmann, 2020, S. 1379). Interessanterweise sind die Zuordnung zum Jugendhilfesystem und die damit verbundenen Unterscheidungskriterien der KJH, wie Arbeitsfelder, Angebote und anerkannte Träger, in diesen Definitionen nicht als relevante Abgrenzungsfaktoren berücksichtigt. Stattdessen orientieren sich die Unterscheidungen in erster Linie an den *schulischen Logiken des Ganztagsbetriebs*, wie der Unterscheidung zwischen Vor- und Nachmittagsbereich sowie zwischen Lehrer:innen und Nicht-Lehrer:innen.

Auch in den empirischen Befunden zu den Kooperationspartnern der GTS wird die Zugehörigkeit zur KJH nur selten als Differenzierungskriterium genutzt (Arnoldt, 2021, S. 38 f.; 41). Zusammenstellungen entsprechender Befunde von Arnoldt (ebd.) sowie Arnold und Züchner (2020) verdeutlichen drei Aspekte der Einbindung der KJH in die GTS:

- Im Vergleich zu anderen Kooperationspartnern, die sich stärker auf ihr ‚Kerngeschäft' fokussieren (z.B. Sportvereine), bieten Einrichtungen der KJH ein *breites Spektrum von Angeboten* in der GTS an, wie etwa Freizeitangebote, Hausaufgabenhilfe und Mittagsbetreuung. Dies liegt auch daran, dass (unterschiedliche) Einrichtungen der KJH überproportional häufig die Trägerschaft von Ganztagsangeboten übernehmen.
- Einrichtungen der KJH legen vergleichsweise häufiger Wert auf den gegenseitigen Austausch mit der Schule sowie auf eine erweiterte Förderung der Schüler:innen als *Ziele ihrer Kooperation*. In Kontrast dazu streben gewerblich-gewinnorientierte Akteure (z.B. kommerzielle Musikschulen) vergleichsweise häufiger an, die eigene Organisation zu stärken.

- Fachkräfte der KJH sind stärker *in den Schulbetrieb integriert* als andere außerschulische Kooperationspartner. Sie sind häufig in schulischen Gremien vertreten und betrachten sich eher als gleichberechtigte Partner. Gleichzeitig bewerten Einrichtungen der KJH die Kooperation mit der Schule kritischer, was in den genannten Publikationen auf ihre intensivere Einbindung zurückgeführt wird.

Obwohl die Zugehörigkeit zur KJH im Fachdiskurs nur vereinzelt als relevantes Differenzierungskriterium zur Bezeichnung der außerschulischen Akteure im Ganztag herangezogen wird, werden von Seiten der Jugendhilfe Qualitätskriterien bezogen auf ebendieses Personal eingefordert (AGJ, 2020; 2022). Hierzu gehört insbesondere eine angemessene Qualifikation, die sich am Fachkräftegebot des § 72 SGB VIII orientiert,[5] eine angemessene Personalausstattung im Ganztag sowie die strukturelle Stärkung von multiprofessioneller Kooperation, beispielsweise durch den Qualitätsrahmen Ganztag (vgl. AGJ, 2020; 2022). Zusammenstellungen von Studien zu ebendieser multiprofessionellen Kooperation zeigen, dass diese Zusammenarbeit von allen Beteiligten grundsätzlich positiv bewertet wird (Kielblock, Reinert & Gaiser, 2020, S. 49), eine strukturelle Integration der beteiligten Akteure die Kooperation erleichtert (ebd., S. 50f.), während hierarchische Strukturen eine gleichberechtigte Kooperation erschweren (Kielblock & Rinck, 2021, S. 32). Allerdings stellen Hochfeld und Rothland (2022, S. 476) – analog zur Perspektive von Graßhoff et al. (2019, S. 195; vgl. s.o.) – fest, dass die Strukturen an GTS ein hierarchisches Kooperationsverhältnis begünstigen, in dem die Lehrkräfte eine übergeordnete Position einnehmen – eine Diagnose, die aus Sicht der Jugendhilfe wiederum kritisch betrachtet wird (AGJ, 2022, S. 13).

2.3 Sichtweisen der Adressat:innen

In jüngster Zeit hat in Bezug auf die Thematik der Betreuung in GTS die *Perspektive der Adressat:innen* zunehmend an Bedeutung gewonnen (Deinet et al, 2017; Nentwig-Gesemann & Walther, 2021; Sauerwein, Lünenschloß & Kellner, 2023; vgl. Deinet und Reutlinger in diesem Band).[6] Zwei Aspekte sind aus

5 Allerdings fordert die AGH (2022, S. 11f.) in ihrem neuesten Positionspapier zur Ganztagsbildung keine strikte Einhaltung des im § 72 SGB VIII formulierten Fachkräftegebots, sondern orientiert sich vielmehr an dem gesetzlichen Auftrag des § 22 Abs. 2 SGB VIII und erwähnt explizit die Möglichkeit von Anpassungsqualifizierungen für Personal ohne einschlägige pädagogische Vorerfahrungen oder Quereinsteiger:innen.

6 Alle genannten Studien wurden mit Kindern im Grundschulalter durchgeführt.

diesen Studien vorliegend von besonderem Interesse: Erstens messen die beteiligten Kinder der organisatorischen Gestaltung des Ganztags und der Unterscheidung in verschiedene Betreuungsmodelle (vgl. Abschn. 3) keine große Bedeutung bei (vgl. Sauerwein et al., 2023, S. 88 f.). Dies legt nahe, dass die Frage nach dem Kooperationsverhältnis zwischen KJH und Schule möglicherweise für deren Alltagserleben nicht in dem Maße von Belang ist, wie es in erwachsenenzentrierten Diskussionen angenommen wird. Zweitens weisen Untersuchungsergebnisse allerdings auch darauf hin, dass eine ganztägige schulische Betreuung der Ausweitung kindlicher Handlungsspielräume im Grundschulalter tendenziell entgegenwirkt (vgl. Deinet et al., 2017, S. 94 f.) und Kinder sich in diesen Betreuungssettings pädagogische Fachkräfte wünschen, die über die klassische Beziehung zwischen Pädagog:innen und Schüler:innen hinaus ein persönliches Vertrauensverhältnis zu ihnen aufzubauen (vgl. Nentwig-Gesemann & Walther, 2021, S. 251). Diese zweitgenannten Erkenntnisse unterstreichen aus sozialräumlicher Perspektive die Bedeutung der Einbindung außerschulischer Akteure in den Ganztag. Diese Akteure können nicht nur Arbeitsbeziehungen zu den Adressat:innen über die schulische Einbindung hinaus aufbauen, sondern auch eine sozialräumliche Sichtweise jenseits des schulischen Standorts in die Ganztagsbetreuung einbringen.

Zusammengefasst erscheint aus der Perspektive der Adressat:innen eine Ganztagsgestaltung angemessen, die sich an den rechtlich verankerten sowie im Fachdiskurs formulierten Prinzipien der KJH orientiert. Dabei spielt aus Sicht der Kinder weniger die konkrete Organisationsform der GTS eine Rolle als vielmehr die durch sie ermöglichten Räume, Praktiken, Erfahrungen und Beziehungsgefüge. Dementsprechend lässt sich an die nun folgende strukturbezogene Analyse von GTS die Frage formulieren, inwieweit sich der Einfluss jugendhilfespezifischer Prämissen und Perspektiven in einer quantitativen Vermessung des Arbeitsfelds nachvollziehen lässt.

3. Ganztagsbetreuung als Kinder- und Jugendhilfestruktur

Die Klärung der Frage, inwiefern die Kinder- und Jugendhilfe als struktureller Bestandteil in der Ganztagsbetreuung vorzufinden ist, muss die vielfältigen und teilweise nach Bundesland stark unterschiedlichen Kooperationsformen und -strukturen des Ganztags berücksichtigen. Eine Übersicht entsprechender Differenzierungslinien findet sich in Tab. 1.

Merkmal	Quelle(-n)	Differenzierung
Verpflichtungsgrad (1)	(KMK, 2023)	• Voll gebundene GTS (Teilnahme an mind. siebenstündigen Ganztagsangebot an mind. drei Wochentagen) • Teilgebundene GTS (Verpflichtung nur für Teil der Schüler:innen) • Offene GTS (freiwillige Nutzung des Ganztagangebots)[7]
Integrationsmodell (2)	(Wrase, 2021)	• Integrative Modelle (pädagogisches Gesamtkonzept) • Additive Modelle (Trennung von Unterricht und Betreuungsangebot) • Teilintegrative Modelle (stellenweise Verzahnung beider Bereiche)
Trägerschaft (3)	(Wrase, 2021; Lange, Hüsken & Alt, 2017)	• Schulische Trägerschaft (im Schulrecht verankert) • Betreuung in Trägerschaft der Jugendhilfe • Mix aus unterschiedlichen Trägerschafts- und Kooperationsmodellen
Relevanz von Horten (4)	(Markert, 2021)	• Keine Nutzung von Horten (mehr)/Überführung der Angebote in schulische Verantwortung (z. B. Hamburg) • Flächendeckendes Angebot von Horten zur Deckung entsprechender Betreuungsbedarfe (z. B. Sachsen) • Stabiles und begrenztes Angebot mit Nutzungsquoten zwischen ca. 5 und 15 % (z. B. Baden-Württemberg) • Ausbau des Hortangebots und Anstieg der Nutzung (z. B. Bayern)

Tabelle 1: Differenzierungslinien innerhalb der Ganztagsbetreuung (eigene Darstellung)

In Bezug auf die Differenzierungsebenen (1) – (3) zeigen sich zudem Verbindungslinien, beispielsweise dahingehend, dass voll gebundene GTS oftmals einem integrativen Modell folgen (vgl. Wrase, 2021, S. 27 f.). Ergänzend ist hinsichtlich der Relevanz von Horten (4) zu beachten, dass der Hortbegriff aufgrund unterschiedlicher „Betreuungstraditionen“ in Westdeutschland (Horte als Randphänomen) und Ostdeutschland (Schulhorte als Standardangebot) sowohl in der Alltagssprache als auch in empirischen Studien uneinheitlich genutzt wird (vgl. Markert, 2021, S. 82 f.). Derzeit sind die unterschiedlichen Hortangebote rechtlich in § 22 SGB VIII als Tageseinrichtungen der KJH verankert und stellen in den Bundesländern, in denen Horte weiterhin genutzt werden, entweder konkurrierende oder parallele Angebote zu GTS dar, decken ergänzend

7 Zu den offenen GTS werden in der Statistik der KMK (2021, S. 21) auch diejenigen Schulen gezählt, an denen die „die Schulleitung auf der Basis eines gemeinsamen pädagogischen Konzeptes mit einem außerschulischen Träger kooperiert und eine Mitverantwortung der Schulleitung für das Angebot besteht.“

Betreuungsbedarfe ab, die von GTS nicht abgedeckt werden, oder werden als Kooperationspartner genutzt, um gemeinsam Ganztagsmodelle zu entwickeln (Rißmann, 2016, S. 102 f.).

Die genannten Differenzlinien zwischen den Betreuungsangeboten spiegeln die bundeslandübergreifend wie auch innerhalb der Länder sehr vielfältigen Rahmungen der Angebotslandschaft der Ganztagsbetreuung wider. Bei Betrachtung der Verteilung verschiedener Kooperationsstrukturen in dieser Landschaft kann insbesondere auf die Zahlen der amtlichen Kinder- und Jugendhilfestatistik (Autorengruppe Kinder- und Jugendhilfestatistik, 2021), der Ganztagsschulstatistik der Kultusministerkonferenz (KMK, 2023), der DJI-Kinderbetreuungsstudie (Rauschenbach et al., 2021; Hüsken, 2021; Hüsken, Lippert & Kuger, 2022; Guglhör-Rudan et al., 2022), der Studie zur Entwicklung von Ganztagsschulen (StEG-Konsortium, 2019) sowie der Sekundärauswertung „Bildung in Deutschland" (Autor:innengruppe Bildungsberichterstattung, 2022) zurückgegriffen werden. Eine Zusammenstellung zentraler Befunde aus diesen Datenquellen zeigt:

- Der *Anteil der GTS an allen Schulen*[8] ist bei den ‚klassischen' Schulformen in den letzten Jahren kontinuierlich gestiegen. Je nach Schulform sind inzwischen 60–80 % der Schulen GTS und knapp die Hälfte der Schüler:innen an allgemeinbildenden Schulen nimmt am Ganztagsbetrieb teil. Bei den Grundschulen ist der Anteil der Grundschulen mit Ganztagsbetrieb an allen Grundschulen von 2017 (68,2 %) bis 2021 (72,1 %) gestiegen.
- Im Primarbereich ist ein Großteil dieses Anstiegs auf *schulische Ganztagsangebote* zurückzuführen. Hier ist die Nutzung zwischen 2007 und 2019 um etwa das 2,8-fache gestiegen (von 399.666 auf 1.106.432 Kinder), während die Zahl der Grundschulkinder in Hortangeboten im gleichen Zeitraum um lediglich das 1,3-fache zugenommen hat (von 366.066 auf 486.798 Kinder).
- Insgesamt und insbesondere an den ‚klassischen' Schulformen dominieren *offene Ganztagsformen* (61 % aller Grundschulen sind im Schuljahr 2020/21 offene GTS), die nur von einem Teil der Schüler:innen genutzt werden.
- Sowohl das Angebot und die Nutzung als auch der Bedarf an Ganztagsangeboten sind in den *ostdeutschen Bundesländern* und im *Stadtstaat Hamburg* am höchsten. Insgesamt bleiben deutschlandweit rund 7 % des elterlichen Betreuungsbedarfs nicht oder nur teilweise gedeckt.

8 In Anlehnung an die Definition der KMK (2021, S. 19 ff.) sind hier sowohl GTS in schulischer Trägerschaft als auch solche, bei denen das Ganztagsangebot innerhalb oder außerhalb der Schule in Trägerschaft der KJH erbracht wird, erfasst.

- Die *Trägerschaft* der Ganztagsangebote liegt überwiegend (zu ca. zwei Dritteln) bei den Schulen bzw. den Schulträgern. Diese greifen jedoch häufig auf außerschulische *Kooperationspartner* (75–80%) sowie weiteres pädagogisches Personal (90%) zur Gestaltung des Ganztagsangebots zurück. Weit überwiegend (bei ca. 68–75%) werden die Angebote teilweise von den Kooperationspartnern durchgeführt, nur selten (bei ca. 4–9%) vollständig. Inwieweit diese Kooperationspartner der KJH zuzurechnen sind, kann auf Basis der hier zitierten Veröffentlichungen nicht eindeutig ermittelt werden.

Einerseits liegt somit zum allgemeinen Ausbau von GTS sowie zur Abdeckung von Betreuungsbedarfen inzwischen eine breite und kontinuierlich aktualisierte Datenbasis vor. Andererseits ist aus den Daten nur eingeschränkt ersichtlich, inwieweit die entsprechenden Angebote *als Angebote der KJH bzw. in Verantwortung von oder Kooperation mit Jugendhilfeträgern durchgeführt* werden. Auch Daten zur Umsetzung von Qualitätsstandards der KJH in Ganztagsangeboten, etwa im Hinblick auf die Umsetzung des Fachkräftegebotes des SGB VIII, liegen bundesweit nur punktuell vor. Auf der Strukturebene lässt sich somit zusammenfassend festhalten, dass es sich bei der Ganztagsbetreuung um ein äußerst vielfältiges Arbeitsfeld (z.B. in Bezug auf Kooperationsstrukturen, Trägerschaft) handelt, in dem *die Bedeutung einer sozialpädagogischen bzw. kinder- und jugendhilfespezifischen Perspektive* noch nicht abschließend geklärt erscheint.

4. Fehlendes Strukturwissen und die Suche nach fachlicher Profilbildung – abschließende Perspektiven

Zusammenfassend lässt sich festhalten, dass die Ganztagsbetreuung im Kontext der GTS ein quantitativ zunehmend bedeutsames Arbeitsfeld darstellt. Die Vielfalt der unterschiedlichen Ganztagsformate und Kooperationsmodelle erschwert es jedoch, die aktuelle Bedeutung der Kinder- und Jugendhilfe in diesem Arbeitsfeld exakt zu bestimmen und damit auch zu klären, was die Verankerung des Rechtsanspruchs im SGB VIII für dessen fachliche Umsetzung konkret bedeutet. Einerseits erscheint die KJH hinsichtlich des eingesetzten Personals und der damit verbundenen Ausgaben als ein bedeutender Teil der Betreuungsstrukturen, andererseits geht aus den entsprechenden Strukturberichten nicht immer hervor, inwieweit die Betreuungsangebote als Jugendhilfeangebote zu bezeichnen sind und deren rechtlichen sowie fachlichen Grundsätzen folgen. Zu diesen Grundsätzen gibt es mittlerweile mehrere Perspektiven im sozialpädagogischen Fachdiskurs, da die Einbindung der KJH in die Ganztagsbetreuung als zunehmend relevantes Themenfeld erkannt und versucht wird, sozialpädagogische Maximen als Leitorientierungen für dieses Arbeitsfeld durchzusetzen. Inwieweit dies jedoch bisher auch in der Praxis gelingt, erscheint vor dem Hintergrund der vorliegenden Forschungsarbeiten zu persistenten wirkmächtigen Hierarchiegefügen in der GTS zumindest fraglich.

Hinsichtlich dieser Umsetzung existieren Befunde, die darauf hindeuten, dass zumindest die inter- und intraprofessionelle Kooperation an GTS mit einer steigenden Ganztagsschulerfahrung zunimmt (Hochfeld & Rothland, 2022, S. 472). Darüber hinaus deuten Erfahrungen aus der Stadt Hamburg, in der ein zu dem nun bundesweit geplanten Modell ähnlicher Rechtsanspruch auf Betreuung bereits 2012 im Landesrecht eingeführt wurde (Offermanns, 2021),[9] darauf hin, welche Rahmenbedingungen die Zusammenarbeit von Jugendhilfe und Schule im Rahmen der Ganztagsbetreuung (mindestens) benötigt: klare rechtliche Grundlagen zu unterschiedlichen Facetten einer möglichst gleichberechtigten Kooperation, eine ausreichende Finanzierung und Personalausstattung, eine Orientierung am Fachkräftegebot des SGB VIII sowie eine zeitliche Planung, die potenzielle Auseinandersetzungen und Konflikte in der Annäherung von Jugendhilfe- und Schulsystem berücksichtigt und dauerhafte institutionalisierte Reflexionsorte vorsieht.

Literatur

AGJ (Arbeitsgemeinschaft für Kinder- und Jugendhilfe) (2020). Guter Ganztag?! Rechtsanspruch auf Ganztagsbetreuung im Grundschulalter mit Qualität verbinden. https://www.agj.de/fileadmin/files/positionen/2020/AGJ-Zwischenruf_guter-Ganztag.pdf (Zugriff: 5.12.2023).

9 Der Rechtsanspruch in Hamburg umfasst jedoch eine breite Zielgruppe von jungen Menschen bis zur Vollendung des 14. Lebensjahres. Hinsichtlich der Ausrichtung und Gestaltung des Ganztags gibt es in Hamburg zwei Modelle, in denen der KJH jeweils eine unterschiedliche Rolle zukommt (Offermanns, 2021, S. 113 ff.): In den „Ganztagsschulen nach Rahmenkonzept (GTS)" liegt die alleinige Verantwortung für den Ganztag bei den Schulen. Träger der KJH werden lediglich als Dienstleister miteinbezogen, etwa zur Abdeckung von Rand- und Ferienzeiten oder zur übergreifenden Organisation des Ganztags und der Betreuungszeiten. Daneben gibt es für Grundschulen noch das Konzept der „Ganztägigen Bildung und Betreuung an Schulen (GBS)". Hier agieren Jugendhilfeträger und Schule als Kooperationspartner: Während der Vormittagsbereich in der Verantwortung der Schule liegt und dort auch das Schulrecht gilt, wird das Ganztagsangebot am Nachmittag vom Jugendhilfeträger verantwortet und dementsprechend gilt hier dann das Kinder- und Jugendhilferecht. Im Schuljahr 2019/20 liegt der Anteil an ‚GBS-Grundschulen' bei etwa 61 % (127 von 209 Schulen; ebd., S. 116).

AGJ (Arbeitsgemeinschaft für Kinder- und Jugendhilfe) (2022). Auf gute Zusammenarbeit in der Ganztagsbildung! Qualität durch Multiprofessionalität, qualifiziertes Personal und kooperationsförderliche Rahmenbedingungen. https://jugendhilfeportal.de/fileadmin/user_upload/Positionspapier_Ganztagsbildung.pdf (Zugriff: 5.12.2023).

ARNOLDT, B. (2021). Außerschulische Akteure im Ganztag. In B. Arnoldt et al. (Hg.), GTS-Bilanz – Qualität für den Ganztag. Weiterentwicklungsperspektiven aus 15 Jahren Ganztagsschulforschung. Frankfurt/M.: DIPF, S. 37–45.

ARNOLDT, B. & Züchner, I. (2020). Kooperationsbeziehungen von Ganztagsschulen mit außerschulischen Trägern. In P. Bollweg, J. Buchna, T. Coelen & H.-U. Otto (Hg.), Handbuch Ganztagsbildung (2. Aufl.). Wiesbaden: Springer VS, S. 37–45.

AUTOR:INNENGRUPPE BILDUNGSBERICHTERSTATTUNG (2022). Bildung in Deutschland 2022. Bielefeld: wbv.

AUTORENGRUPPE KINDER- UND JUGENDHILFESTATISTIK (2021). Kinder- und Jugendhilfereport Extra 2021. Eine kennzahlenbasierte Kurzanalyse. Eigenverlag Forschungsverbund DJI/TU Dortmund.

BAITINGER, O. (2022). Bildungs(miss)erfolg im System. Kann der neue Rechtsanspruch auf einen Ganztagsplatz zur Lösung von alten Problemen der Bildungsgerechtigkeit nachhaltig beitragen? Zeitschrift für Sozialpädagogik 20 (1), S. 40–62.

BAUER, P. (2013). Multiprofessionelle Kooperation und institutionelle Vernetzung an der (Ganztages-)Schule. In T. Bohl & S. Meisner (Hg.), Expertise Gemeinschaftsschule. Forschungsergebnisse und Handlungsempfehlungen für Baden-Württemberg. Weinheim & Basel: Beltz Juventa, S. 161–176.

BMFSFJ (Bundesministerium für Familie, Senioren, Frauen und Jugend) (2017). 15. Kinder- und Jugendbericht. Bericht über die Lebenssituation junger Menschen und die Leistungen der Kinder- und Jugendhilfe in Deutschland.

BMFSFJ (Bundesministerium für Familie, Senioren, Frauen und Jugend) (2021). Rechtsanspruch auf Ganztagsbetreuung für ab 2026 beschlossen. https://www.bmfsfj.de/bmfsfj/aktuelles/alle-meldungen/rechtsanspruch-auf-ganztagsbetreuung-fuer-ab-2026-beschlossen-178826. (Zugriff: 5.12.2023).

COELEN, T. (2002). „Ganztagsbildung" – Ausbildung und Identitätsbildung von Kindern und Jugendlichen durch die Zusammenarbeit von Schulen und Jugendeinrichtungen. Neue Praxis 32 (1), S. 53–66.

DEINET, U., Gumz, H., Muscutt, C. & Thomas, S. (2017). Wie erleben Kinder die Ganztagsschule? In S. Maschke, G. Schulz-Gade & L. Stecher (Hg.), Junge Geflüchtete in der Ganztagsschule. Integration gestalten – Bildung fördern – Chancen eröffnen. Schwalbach/Ts.: Debus Pädagogik, S. 87–96.

FOUCAULT, M. (1981). Archäologie des Wissens. Frankfurt/M.: Suhrkamp.

GRASSHOFF, G. & Haude, C. (2019). Der Ganztag ohne die Jugend? Jugendtheoretische Perspektiven auf die Ganztagsschule. Sozialmagazin 44 (1–2), S. 22–29.

GRASSHOFF, G., Haude, C., Bebek, C., Schütz, A. & Idel, T.-S. (2019). Die andere Seite der Bildung? Versuch einer Ordnungsbestimmung von außerunterrichtlichen Angeboten an Ganztagsschulen. Neue Praxis 49 (2), S. 181–197.

GRASSHOFF, G. & Sauerwein, M. (2021a). Einleitung. In G. Graßhoff & M. Sauerwein (Hg.), Rechtsanspruch auf Ganztag. Zwischen Betreuungsnotwendigkeit und fachlichen Ansprüchen. Weinheim & Basel: Beltz Juventa, S. 7–20.

GRASSHOFF, G. & Sauerwein, M. (2021b). Sozialpädagogische Konzepte und Methoden in der Schule. In G. Graßhoff & M. Sauerwein (Hg.), Rechtsanspruch auf Ganztag. Zwischen Betreuungsnotwendigkeit und fachlichen Ansprüchen. Weinheim & Basel: Beltz Juventa, S. 202–218.

GUGLHÖR-RUDAN, A., Hüsken, K., Gerleigner, S. & Langmeyer, A. (2022). Betreuungsformate im Grundschulalter. Angebote und Kosten. DJI-Kinderbetreuungsreport 2021. Deutsches Jugendinstitut.

HEIMER, A., Henkel, M. & Donges, D. (2011). Vereinbarkeit von Familie und Beruf mit Schulkindern. https://www.bmbfsfj.bund.de/resource/blob/93138/cefdb07a55611894fbf569bc78526be1/ue-6-vereinbarkeit-von-familie-und-beruf-mit-schulkindern-data.pdf (Zugriff: 5.12.2023).

HOCHFELD, L. & Rothland, M. (2022). Multiprofessionelle Kooperation an Ganztags(grund)schulen. Ein systematisches Review. Zeitschrift für Grundschulforschung 15 (2), S. 453–485.

HOPMANN, B., Marr, E., Molnar, D., Richter, M., Thieme, N. & Wittfeld, M. (Hg.) (2023). Soziale Arbeit im schulischen Kontext. Zuständigkeit, Macht und Professionalisierung in multiprofessionellen Kooperationen. Weinheim & Basel: Beltz Juventa.

HÜSKEN, K. (2021). Bildung, Betreuung – was suchen Eltern am Schuleintritt? In F. Radisch, U. Schulz & I. Züchner (Hg.), Ganztagsschule und Übergänge im Bildungssystem. Frankfurt/M.: Debus Pädagogik, S. 44–59.

HÜSKEN, K., Lippert, K. & Kuger, S. (2022). Bedarf an und Nutzung von Betreuungsangeboten im Grundschulalter. DJI-Kinderbetreuungsreport 2022. München: Deutsches Jugendinstitut.

IDEL, T.-S. (2021). Laienpersonal in unterrichtsfernen Ganztagsangeboten. Empirische und theoretische Perspektiven auf eine in der Forschung vernachlässigte Gruppe. In G. Graßhoff & M. Sauerwein (Hg.), Rechtsanspruch auf Ganztag. Zwischen Betreuungsnotwendigkeit und fachlichen Ansprüchen. Weinheim & Basel: Beltz Juventa, S. 184–200.

KIELBLOCK, S., Reinert, M. & Gaiser, J. M. (2020). Die Entwicklung multiprofessioneller Kooperation an Ganztagsschulen aus der Perspektive von Expertinnen und Experten. Eine Qualitative Inhaltsanalyse. Journal for educational research online 12 (1), S. 47–66.

KIELBLOCK, S., Rinck, M. (2021). Multiprofessionelle Kooperation. In B. Arnoldt et al. (Hg.), GTS-Bilanz – Qualität für den Ganztag. Weiterentwicklungsperspektiven aus 15 Jahren Ganztagsschulforschung. Frankfurt/M.: DIPF, S. 30–36.

KMK (Kultusministerkonferenz) (2001). Pressemitteilung von der 296. Plenarsitzung der Kultusministerkonferenz am 05./06. Dezember 2001 in Bonn. www.kmk.org/presse/pressearchiv/mitteilung/detail/News/296-plenarsitzung-der-kultusministerkonferenz-am-0506dezember-2001-in-bonn.html (Zugriff: 5.12.2023).

KMK (2021). Definitionenkatalog zur Schulstatistik 2022. Berlin: Sekretariat der Ständigen Konferenz der Kultusminister der Länder. https://www.kmk.org/fileadmin/Dateien/pdf/Statistik/Dokumentationen/Defkat2022.pdf (Zugriff: 5.12.2023).

KMK (2023). Allgemeinbildende Schulen in Ganztagsform in den Ländern in der Bundesrepublik Deutschland – Statistik 2017 bis 2021. Sekretariat der Ständigen Konferenz der Kultusminister der Länder. https://www.kmk.org/fileadmin/Dateien/pdf/Statistik/Dokumentationen/GTS_2021_Bericht.pdf (Zugriff: 5.12.2023).

LANGE, J., Hüsken, K. & Alt, C. (2017). Kinderbetreuung im Grundschulalter. Angebotsstrukturen und Betreuungswünsche. München: Deutsches Jugendinstitut.

MARKERT, T. (2021). Der Hort im Ganztag. In G. Graßhoff & M. Sauerwein (Hg.), Rechtsanspruch auf Ganztag. Zwischen Betreuungsnotwendigkeit und fachlichen Ansprüchen. Weinheim & Basel: Beltz Juventa, S. 81–95.

MAYKUS, S. (2017). Kommunale Sozialpädagogik. Theorie einer Pädagogik des Sozialen in der Stadtgesellschaft. Weinheim & Basel: Beltz Juventa.

NENTWIG-GESEMANN, I. & Walther, B. (2021). Kinderperspektiven auf Ganztag im Grundschulalter. In F. Radisch, U. Schulz & I. Züchner (Hg.), Ganztagsschule und Übergänge im Bildungssystem. Frankfurt/M.: Debus Pädagogik, S. 166–186.

OFFERMANNS, A. (2021). Der Hamburger Ganztag – Geschichte, Herausforderungen, Erfolge. In G. Graßhoff & M. Sauerwein (Hg.), Rechtsanspruch auf Ganztag. Zwischen Betreuungsnotwendigkeit und fachlichen Ansprüchen. Weinheim & Basel: Beltz Juventa, S. 112–126.

RAUSCHENBACH, T., Meiner-Teubner, C., Böwing-Schmalenbrock, M. & Olszenka, N. (2021). Plätze. Personal. Finanzen. Bedarfsorientierte Vorausberechnungen für die Kindertages- und Grundschulbetreuung bis 2030 (Teil 2: Ganztägige Angebote für Kinder im Grundschulalter). Eigenverlag Forschungsverbund DJI/TU Dortmund an der Fakultät 12 der TU Dortmund.

RISSMANN, M. (2016). Horte und Ganztagsschulen. Eine institutionelle Standortbestimmung. In C. Förster, E. Hammes-Di Bernardo, M. Rißmann & S. Tänzer (Hg.), Pädagogische Lebenswelten älterer Kinder. Zwischen Anspruch und Wirklichkeit. Freiburg: Herder, S. 98–108.

SAUERWEIN, M. (2021). Vom Außerschulischen zum Schulischen. Überlegungen zu einer subjektorientierten Ganztagsbildung. Neue Praxis 51 (2), S. 89–105.

SAUERWEIN, M., Lünenschloß, J. & Kellner, J. (2023). Bedürfnisse von Kindern im Ganztag. Ergebnisse einer qualitativen Befragung. Soziale Arbeit 72 (3), S. 82–91.

SPECK, K. (2022). Schulsozialarbeit – Eine Einführung (5. Aufl.). München & Basel: Reinhardt.

STEG-KONSORTIUM (2019). Ganztagsschule 2017/2018. Deskriptive Befunde einer bundesweiten Befragung. Frankfurt/M., Dortmund, Gießen & München: DIPF, DJI, IFS, Justus-Liebig-Universität https://www.pedocs.de/volltexte/2019/17105/pdf/Ganztagsschule_2017_2018_StEG.pdf (Zugriff: 5.12.2023).

TILLMANN, K. (2020). Weiteres pädagogisch tätiges Personal an Ganztagsschulen. In P. Bollweg, J. Buchna, T. Coelen & H.-U. Otto (Hg.), Handbuch Ganztagsbildung (2. Aufl.). Wiesbaden: Springer VS, S. 1377–1394.

WISSENSCHAFTLICHE DIENSTE DES DEUTSCHEN BUNDESTAGES (2022). Ganztagsförderung für Kinder im Grundschulalter. § 24 Abs. 4 SGB VIII neue Fassung. https://www.bundestag.de/resource/blob/889224/8efa4365e619817cfa1d48fbf4b243d0/WD-9-113-21-pdf-data.pdf (Zugriff: 5.12.2023).

WRASE, M. (2021). Der Rechtsanspruch auf Ganztagsförderung zwischen Bildungs- und Jugendhilferecht. Verfassungs- und sozialrechtliche Vorgaben. In G. Graßhoff & M. Sauerwein (Hg.), Rechtsanspruch auf Ganztag. Zwischen Betreuungsnotwendigkeit und fachlichen Ansprüchen. Weinheim & Basel: Beltz Juventa, S. 22–39.

OTTO SEYDEL

Weichenstellungen für Räume im Ganztag

1. Siebzehn Thesen zur Planung des Gebäudes einer Ganztagsschule

Welche Räume braucht eine Ganztagsschule? Vordergründig scheint die Frage mit einer schlichten Funktionsliste leicht zu beantworten. Die Ganztagsbetreuung braucht: Räume für das Mittagessen, für die „Haus"-aufgabenzeit, für Spiel und kreatives Gestalten, für Ruhe und Bewegung. Außerdem nicht zu vergessen: ein diskreter Telefonplatz für die Betreuungsleitung. Für die konkrete Planung eines Ausbaus im Bestand oder eines Neubaus reicht eine solche Liste allerdings nicht. Unterricht nach Lehrplan einerseits und Ganztagsbetreuung andererseits liegen in den meisten Schulen zwar in *unterschiedlichen* Händen – es braucht aber ein gemeinsam abgestimmtes Konzept für das *eine* gemeinsam genutzte Gebäude. Eine solche Abstimmung ist aus verschiedenen Gründen notwendig. Das in den Anfängen der Ganztagsschulentwicklung in Deutschland häufig verfolgte Modell von eigenständigen Sonderbauten für die Betreuung hat sich als unzweckmäßig erwiesen:

Es führt für den Schulträger zu einer erheblichen Dopplung der Kosten für Flächen, die am Vormittag weitgehend leer stehen.

Mögliche Synergien bleiben ungenutzt, die – eine klare Absprache vorausgesetzt – eine Win-Win-Situation für beide Partner bedeuten können.

Die räumliche Begrenzung des Sondergebäudes ist kaum anpassungsfähig an zukünftig wachsende Zahlen der Schüler:innen, die den Ganztag in Anspruch nehmen.

Es gibt eine ganze Reihe von Funktionen, die in der kurzen Liste nicht abgedeckt, die aber von erheblicher Bedeutung sind sowohl für die Unterrichtszeit wie auch die Betreuung, z.B. *Zugang zu den Toiletten, Garderobenspind, Schulhof und vieles mehr.*

Je enger die Zusammenarbeit von Lehrkräften und Betreuer:innen ist, desto größer ist die Chance für positive pädagogische Effekte des Ganztags. Ivon Züchner und Natalie Fischer formulierten bereits im ersten im Ergebnisbad der STEG-Studie: „Eine vordringliche Aufgabe der Ganztagsschule scheint eine Integration der verschiedenen Inhalte und Akteure in eine *gemeinsame* Bildungskonzeption der Schule zu sein" (Fischer et al., 2011, S. 13; vgl. auch Kielblock, Reinert & Gaiser, 2020, S. 47 ff.). Und die Entwicklungsaufgabe betrifft nicht nur eine Frage der Kooperationsbereitschaft der beteiligten Menschen und der konsequenten Integration von Leitungsfunktionen, sondern immer auch die Frage der Räume. Und an der Dringlichkeit dieser Aufgabe hat sich in den vergangenen 15 Jahren seit diesem Statement nicht viel verändert.

Darum ist es an dieser Stelle geboten, einen gesamtheitlichen Blick auf die Konturen einer „guten Schule“ zu werfen und nicht nur einzelne Sonderräume der Betreuung isoliert zu betrachten. Diese Konturen werden mit siebzehn Thesen nachgezeichnet.[1] Jede These mündet nach einer pädagogischen Erläuterung in die „räumliche“ Weiche, die bei der Planung eines Um- oder Neubaus gestellt werden muss. Je nach Altersstufe – Grundschule, Mittelstufe oder Oberstufe – werden manche dieser Weichen anders gestellt werden müssen.

2. Rahmenbedingungen

These 1: Lernen braucht elementare physische Bedingungen.

Ein Kopf benötigt zum erfolgreichen Lernen seinen ganzen restlichen Körper. Dies setzt voraus: sich ausreichend bewegen, gut hören, gut sehen, gute Luft atmen können, nicht frieren oder schwitzen müssen. Unzureichende physische Bedingungen dürfen nicht zu Stressoren werden, die Lernen verhindern oder erschweren. Vor allem aber ist Schule – zumal als Ganztagsschule – nicht nur Lernraum, sondern auch Lebensraum. Darum steht diese Forderung „gesunder“ Räume an allererster Stelle (vgl Brägger et al., 2008).

Von engen und ungesunden Räumen zu ausreichend Fläche, konsequenter Schallreduktion, anpassungsfähiger Licht- und Temperaturregulierung, genügend Sauerstoff.

---

1 Die erste Fassung mit 8 Thesen wurde vom Autor bereits 2010 formuliert (Seydel, 2010). Sie wurde 2012 gemeinsam mit dem Autorenteam des Grundlagenwerks „Schulen planen und bauen“ zu den 10 Thesen der Montag Stiftung weiterentwickelt (Montag Stiftung Jugend und Gesellschaft, 2017, S. 25 ff. sowie 249 ff.). Es folgten weitere Versionen (z. B. https://www.ganztaegig-lernen.de/12-thesen-zum-bau-einer-zukunftsfaehigen-schule). Für das Buch „Anforderungen an ein Schulgebäude“ (Seydel, 2023) wuchs die Sammlung auf 17 Thesen, die in dem Buch ausführlich mit konkreten Beispielen erläutert werden. Für die hier vorgelegte Fassung wurden sie mit Blick auf die Fragestellungen einer Ganztagsschule weiter geschärft. Das Bild von Schule, das diesen Thesen zugrunde liegt, ist wesentlich geprägt von dem Leitbild des Schulverbundes „Blick über den Zaun“ (2017) (https://blickueberdenzaun.de/).

These 2: Lernen braucht Sicherheit.

Präventive Maßnahmen müssen eine sichere Umgebung gewährleisten. Brandschutz- und Sicherheitsanforderungen können allerdings in einer Ganztagsschule zu Planungskonflikten führen, wenn z.B. Flure und Treppenhäuser nicht nur Verkehrsflächen sein sollen, sondern auch für Arbeitsplätze und Aufenthaltsbereiche pädagogisch nutzbar werden sollen (vgl. Bund Deutscher Architekten BDA et al., 2017); und wenn Freiräume und Bewegungsbereiche insbesondere im Nachmittagsprogramm für Kinder und Jugendliche einen echten Herausforderungscharakter erhalten sollen.

Die notwendigen Sicherheitsregeln müssen darum im Zuge eines Planungsprozesses rechtzeitig gemeinsam mit den Verantwortlichen auf den konkreten Einzelfall übertragen werden. Dies fällt dann leicht, wenn sich die Beteiligten darüber im Klaren sind, dass es am Ende weder hundertprozentige Sicherheit noch den „idealen" pädagogischen Schulbau gibt.

Zum Thema „Sicherheit" gehört ein belastbarer sozial-emotionale Anker: „Da ist mein Platz. Da ist meine Gruppe. Da ist der Erwachsene, der mich zuverlässig begleitet".

Von schematischer Anwendung von Schutz- und Sicherheitsregeln zu „intelligenten Lösungen", von unübersichtlichen Großsystemen zu überschaubaren sozial-räumlichen Einheiten und im offenen Nachmittagsprogramm zu einem klar definierten Anlaufpunkt.

These 3: Lernen braucht eine anregende und wohltuende Umgebung.

Je mehr positive Emotionen mit dem Ort verbunden sind, umso günstigere Voraussetzungen sind für eine positive Motivation zum Lernen gegeben. Kinder – wie auch Erwachsene – sollen sich gern an diesem Ort aufhalten. Dazu tragen Anmutungsqualität *und* Erhaltungszustand des Gebäudes bei. Sie sind zugleich Ausdruck der Wertschätzung, die eine Gemeinde der jungen Generation zukommen lässt. Damit Schule ein kulturstiftender Mittelpunkt wird, der auch dem Gemeinwesen insgesamt dient, braucht sie einen identitätsstiftenden Auftritt: Spiel mit Licht und Farben, sinnliche Qualitäten der Materialien, Proportionen der räumlichen Gliederung, Höhe der Räume, Sichtbeziehungen nach innen und außen, Einbettung der Schule in die Umgebung – und nicht zuletzt der Erhaltungszustand. Ein ansprechendes Bauwerk kann in den 15.000–20.000 Stunden Lebenszeit, die ein junger Mensch in einer Ganztagsschule verbringt, eine ästhetisch bildende Kraft entfalten, die über jede kunstgeschichtliche „Belehrung" hinausgeht.

Ob Kinder und Erwachsene das Gebäude als einen Ort annehmen, an den sie „gern" kommen und bleiben, ist nicht nur eine Frage der Fassade. Eine Schlüsselrolle spielen die sogenannten Schwellenräume: Tag um Tag um werden die Schwellen einer Schule viele Male übertreten. Es geht um die Aktivitäten „in der Schule ankommen", „vor oder in der Schule warten", „Kleidung und Schulsachen ablegen", „auf die Toilette gehen", und vieles andere. Die Settings, in denen sich diese Schwellensituationen abspielen, haben eine prägende Kraft nicht nur für das, *was* dort geschieht und *wie* es geschieht. Vermittelt der Ort Signale einer „Willkommenskultur", erlaubt er ein entspanntes Ankommen, ein stressfreies Innehalten – oder bewirkt er das Gegenteil? Schwellenorte wirken nachhallend und nachhaltig auf das Wohlbefinden und die Motivationslage, die die Schüler:innen anschließend in jeden Unterricht und die Betreuungszeit mitbringen (vgl. Seydel, 2023a, S. 30–62).

Der Raum, seine Ausstattung und die Regeln, die in ihm gelten, haben eine unterstützende Funktion. Insbesondere dann, wenn es sich um weitgehend „lehrerfreie" Orte handelt, ist dieses Setting wirksam. Schule ist Begegnungsort – zumal an den „Schwellen". Darum ist es alles andere als förderlich, wenn Kinder und Jugendliche über diese Stellen „stolpern".

Je deutlicher die Schüler:innen die Qualitäten des Gebäudes und der Ausstattung nicht nur erkennen, anfassen und verstehen, sondern in einigen Teilen sogar mitgestalten können, desto mehr steigt die Bereitschaft, achtsam und verantwortungsbewusst damit umzugehen.

Von einem gesichtslosen Zweckbau einer „Lernmaschine" zu einem kulturstiftenden Ort.

3. Bildungswege

These 4: Lernen braucht Beziehung.

Lernen ist ein individueller Prozess. Zugleich ist es angewiesen auf Anregung und Austausch, Lob und nicht beschämende Kritik: von Altersgenossen zur Begegnung auf Augenhöhe, von Erwachsenen als Anreger, Vorbilder, Korrektiv. Die pädagogische Professionalität *aller* Erwachsenen – den Lehrkräften im Unterricht, den Betreuer:innen im Ganztag – wird bestimmt durch ihre Fähigkeit, die Balance von Bindung und Freiheit, von Nähe und Distanz in altersgerechter Form zu wahren. Dafür muss Ganztagsschule ein Ort des Vertrauens und der sozialen Achtsamkeit sein, an dem keiner verloren geht oder ausgegrenzt wird, weder im Unterricht noch im Nachmittagsprogramm.[2]

Von einer stereotypen Flurschule zu Orten der Begegnung.

These 5: Lernen braucht aktive Zugänge und unterschiedliche Perspektiven.

Lehren wurde in der „alten" Schule verstanden als ein Prozess direkter frontaler Informationsvermittlung, *Lernen* als „Rezeption", als „Verarbeitung und Abspeicherung von angebotenem Wissen". Aktivitäten wie Zuhören und Lesen, Abschreiben und Nachsagen waren aufseiten der Schüler:innen dominant. Die heutige Auffassung von Lernen hat sich grundlegend geändert. Lernen ist ein *aktiver individueller Aneignungsvorgang*, der das Anzueignende an das eigene bereits vorhandene Wissen anknüpft, modifiziert, bricht, verändert, der Kritik unterwirft, mitteilbar macht (vgl. Reich, 2010). Außerdem: Je mehr menschliche Sinne aktiv beteiligt sind, desto nachhaltiger der Lernprozess. Darum gilt es, parallel verschiedene Zugänge zum Lernen zu ermöglichen. Und: Lernen findet nicht nur im formalisierten Unterricht statt: Auch dem informellen Lernen außerhalb des Klassenzimmers kommt eine große Bedeutung zu.

Von der Fixierung aller Aktivitäten auf ein enges Klassenzimmer zu einem Angebot unterschiedlicher und zugleich überschaubarer Räume, die persönliche Begegnung und Dialog ermöglichen: sowohl geschützte als auch offene Lernbereiche, Werkstätten, Bühne, Atelier, die niedrigschwellig zu nutzen sind.

These 6: Lernen braucht den Wechsel der Sozialformen.

Ein systematischer Wechsel der Sozialformen – allein, zu zweit, in der Kleingruppe, im Klassenverband, in der Jahrgangstufe, in der Schulgemeinde – ist nicht nur im Blick auf die Vielfalt der Zugänge zum Lernen gefordert. Jedes Kind, jede:r Jugendliche besitzt nicht nur unterschiedliche Begabungen, sondern arbeitet und lernt auch auf je eigene Art. Schüler:innen einer vermeintlich „homogenen" Jahrgangsklasse unterscheiden sich gravierend: unter anderem in Entwicklungsstand, Lernstil, soziale und kulturelle Herkunft, individuelle Interessen, Leistungsmotivation. Die in der Vergangenheit übliche Organisation von Schule kann dieser grundlegenden

---

2 Vgl. die Zusammenstellung aktueller Studien zum Thema Beziehungsarbeit in der Schule von Eva Traumberger (2023). https://www.lehrer-news.de/blog-posts/beziehungsarbeit-in-der-schule-der-schlussel-zum-erfolg

Heterogenität nicht gerecht werden: Alle Schüler:innen einer Klasse sollten zum gleichen Zeitpunkt das Gleiche mit den gleichen Methoden im gleichen Tempo mit dem gleichen Ziel lernen. Heute dagegen wird ein produktiver Umgang mit der Heterogenität einer Lerngruppe zum Ausgangspunkt für die Unterrichtsplanung. „Individualisierung" ist nur die eine Seite. Denn es geht in der Schule nicht nur um den Erwerb individueller kognitiver Kompetenzen, sondern genauso um soziale Kompetenzen. Die Entwicklung der Kommunikations- und Kooperationsfähigkeit ist für Zusammenarbeit und Zusammenleben der Schüler:innen unverzichtbar. Und vor allem: Für Arbeit und Zusammenhalt in unserer Gesellschaft sind diese Kompetenzen genauso elementar wie Lesen, Schreiben, Rechnen.[3]

Vom engen Klassenzimmer zum differenzierten Raumangebot für unterschiedliche Formen individuellen und gemeinsamen Lernens.

These 7: Lernen braucht die Balance von Ruhe und Bewegung.

Das Stichwort „Ruhe" erscheint oft nur als Reaktion auf Disziplinstörungen: „Ruhe jetzt!" Aber beim Thema Ruhe geht es um mehr. Mit dem Ausbau der Ganztagsschule zum „Lebens- und Erfahrungsraum" erhält es eine wichtige Rolle (Kasischke, 2021, S. 27 ff.; Derecik, 2019). Ruhe ist notwendige Bedingung für erfolgreiches Lernen, sowohl im Blick auf die Sicherung der Konzentration wie auf die Sicherung von ruhigen „Pausen", in denen neue Informationen sich gleichsam „absetzen" können. Ruhe ist wichtige Voraussetzung körperlicher Leistungsfähigkeit und Gesundheit. Rückzugsmöglichkeiten im Ganztag sind notwendig, um das pädagogische Programm nicht in einem sozialen Dauerstress enden zu lassen.

Genauso elementar ist das Thema „Bewegung". Es darf nicht auf zwei Fachstunden Sport und auf Bewegungsanreize im Pausenhof beschränkt bleiben. Wie Ruhe ist auch Bewegung ein Grundbedürfnis des Menschen. Die schiere Bewegungsfreude eines Kindes und Jugendlichen über Jahre für viele Stunden des Tages in der klassischen Schulbank einzuzwängen war „wider" die Natur. Bewegung ist Voraussetzung und Motor für erfolgreiches Lernen. Im Nachmittagsprogramm des Ganztags hat sie eine Schlüsselfunktion (vgl. Hildebrandt-Stramann, 2014, S. 422 ff.).

Von der Teerwüste auf dem Schulhof zu vielfältigen Bewegungslandschaften außen und innen, von unbehaglichen hallenden Fluren zu Oasen der Ruhe.

---

3 Vgl. z.B. den „Methodenpool" von Kersten Reich. http://methodenpool.uni-koeln.de/frameset_uebersicht.htm

These 8: Lernen braucht im Zeitalter der „digitalen Revolution" mehr als nur Computer.

Computer und KI gewinnen als *Werkzeug* in den weiterführenden Schulen zunehmend an Bedeutung für die tägliche Arbeit der Lernenden: Recherche, Texterstellung, Präsentation und vieles mehr. Als *Instruktor* erschließt er beliebige Wissensbestände. Als *Trainer* passt er sich mithilfe individualisierender Lernprogramme dem Lernstand, der Arbeitsgeschwindigkeit, den Gewohnheiten des einzelnen Lerners an – jederzeit, an jedem Ort. Ob diese Möglichkeiten in Zukunft bereits in der Grundschule verstärkt genutzt werden sollten, ist strittig. Vollständig verbannen sollte man sie aus der Grundschule sicher nicht.

Unstrittig ist: Der Computer wird weder die Erwachsenen als Begleiter noch das Schulgebäude einer Grundschule als Ort für das gemeinsame Aufwachsen von Kindern ersetzen. Denn: Lernen braucht Beziehung und Dialog. Schule muss „Fach- und Methodenkompetenz" *und* „Selbst- und Sozialkompetenz" vermitteln. Respekt und Toleranz wird nicht am Computer, sondern im täglichen persönlichen Umgang gelernt. Vor allem aber: Schule muss die Eigenkräfte der Kinder stärken. Ganztagsschule muss *vor* und *mit* der Nutzung der digitalen Werkzeuge die Gestaltungskraft der *eigenen* Sinne, der *eigenen* Hände, des *eigenen* Körpers stärken. Angesichts des unvorstellbaren Fortschritts der künstlichen Intelligenz und der technischen Prothesen der Menschheit sollte gerade im Grundschulalter die Schule ein Ort sein, an dem die Erfahrung von *Selbstwirksamkeit* in einem elementaren Sinn spürbar wird. Angesichts der ungeheuren *Beschleunigung*, die die Digitalisierung ermöglicht, braucht es für alle Heranwachsenden die Schule als Ort, der systematisch *verlangsamt* und den eigenen Sinneseindrücken Zeit gibt, den zweiten und dritten Blick zulässt, den inneren Impuls abwartet (vgl. Seydel, 2019).

Von der Fixierung auf eine Perfektionierung der Hardware zu einer achtsamen und altersgemäßen Integration der digitalen Technik in eine lebendige Schule.

4. Erfahrungsräume

These 9: Theaterspielen und Tanzen, Singen und Gestalten, Malen und Musizieren schaffen die Basis kultureller Bildung und öffnen Wege der Persönlichkeitsentwicklung.

Bildung bedeutet nicht nur Erwerb sprachlicher oder mathematisch-naturwissenschaftlicher Kompetenzen, sondern schließt musikalisches, kinästhetisches und räumliches Gestalten ein. Je dichter diese Aktivitäten miteinander verknüpft werden, desto umfassender ist der Lerneffekt. Die ästhetische und kreative Dimension darf allerdings nicht zu einer bloßen Unterstützungsleistung für das „eigentliche" Lernen verkürzt werden. Musik, Kunst, Theater sind viel zu kostbar, als dass sie „funktionalisiert" werden dürften. Sie haben einen unüberbietbaren Eigenwert. Ihre Marginalisierung in sogenannten *Neben*fächern und das personelle Austrocknen zensurenfreier Arbeitsgemeinschaften war einer der großen Irrtümer der Schulentwicklung der letzten Jahrzehnte. Die Antwort auf den PISA-Schock hätte nicht heißen dürfen: „weniger", sondern „mehr davon"! Nicht zuletzt vor dem Hintergrund der digitalen Revolution müssen eigenes Theaterspielen und Tanzen, Singen und Gestalten, Musizieren und Malen mit ausreichend Zeit und Raum zur *Haupt*sache werden können – *im „Tun"*, nicht im bloßen „Darüber-Reden". Dieses „Lernen durch Tun" erfordert Orte für die Erfahrung von Selbstwirksamkeit, die sowohl im Vormittagsunterricht als auch in der Betreuungszeit niedrigschwellig genutzt werden können. Solche Orte müssen eine andere Gestalt haben als die, die für einen frontalen „paper & pencil"-Unterricht geplant waren (vgl. Seydel, 2019).

Vom engen Musik- und Kunstraum zu vielfältig nutzbaren Erfahrungs- und Präsentationsflächen.

These 10: Staunen und Neugier sind Basis naturwissenschaftlicher und technischer Bildung. Eigenes Experimentieren verankert das Verständnis für theoretische Konzepte und wissenschaftliche Methoden.

Der experimentierende *praktische* Zugang auf der einen Seite, das Verstehen *theoretischer* naturwissenschaftlicher Konzepte auf der anderen müssen sich altersangemessen wechselseitig ergänzen. Dies setzt in den weiterführenden Schulen die vertiefte Beschäftigung mit den verschiedenen Methoden voraus, die von Einzelfächern – Physik, Chemie, Biologie, Technik, Informatik – bereitgestellt werden. Gleichzeitig müssen fachübergreifende Perspektiven ermöglicht werden: Die Welt, in der wir leben, ist nicht nach Fächern geordnet, sondern stellt „ganzheitlich" zu lösende Anforderungen. Die Fachdidaktik der MINT-Fächer der weiterführenden Schulen steht damit vor einer komplexen Herausforderung, denn als Motivationsgrundlage muss das Staunen und die Neugier im Lauf der Schulzeit immer wieder neu geweckt werden. Zu Beginn der Grundschulzeit sind Staunen und Neugier meist noch ungebrochen – dies kann vielfältig gepflegt werden. Grundschulen brauchen keine naturwissenschaftlichen Fachräume, wohl aber einen altersgerecht universal einsetzbaren niedrigschwellig zugänglichen „Makerspace“, in dem sich ungehindert „machen“ und entdecken lässt. Für weiterführende Schulen lautet die Anforderung (vgl. Schneider & Seydel, 2019):

Von Hörsaalbestuhlung und engen Fachgrenzen zu Experimentierfeldern, die vielfältige disziplinübergreifende Zugänge unterstützen und (außer in sicherheitskritischen Bereichen) niedrigschwellig zugänglich sind.

These 11: Die Schule ist Vorbild und Projektfeld im ressourcenschonenden Umgang mit Natur und Technik.

Es gibt zahlreiche miteinander zusammenhängende *technische* Abläufe, die das Gebäude bewohnbar machen, deren menschengemachten Funktionszusammenhänge aber kaum noch „sichtbar“ sind: Wärme, Kühlung, Licht, Strom- und Wasserversorgung, Regenwassermanagement, Recycling etc. Damit ist ein elementares Bildungsthema definiert – keineswegs nur für die Nachhaltigkeitserziehung, sondern für die naturwissenschaftlich-technische Bildung insgesamt. Das Schulgebäude selbst bietet Gelegenheiten diese Prozesse mit Projekten und Experimenten für die Schüler:innen aktiv nachvollziehbar werden zu lassen. Und im Schulalltag müssen alle Beteiligten – Schüler:innen, Lehrer:innen, Hausmeister:innen, Reinigungspersonal – aktiv und sinnvoll in die nachhaltige Ressourcenschonung einbezogen werden können: von der Mülltrennung über den Wasserverbrauch bis zur Heizungssteuerung.

Gleiches gilt für das Thema Natur. Schule muss für Schüler:innen ein positives Verhältnis zur natürlichen Umwelt erlebbar werden lassen. Eine naturnahe Pavillonbauweise am Stadtrand, die von jedem Klassenzimmer aus den direkten Zugang in die Natur ermöglicht, ist für Schulen in Deutschland nur selten möglich. Bei der Standortwahl einer Schule muss der Zugang zu naturnah gestaltbaren Außenflächen ein Kriterium sein – und sei es im dicht bebauten Zentrum einer Großstadt wenigstens zum Schulgarten auf dem Dach (Montag Stiftung Jugend und Gesellschaft, 2017, S. 316 ff.; vgl. DBU & TUM, 2024).

Von unsichtbarer Gebäudetechnik zu begreifbaren Modellen und praktischen Erfahrungsfeldern.

These 12: Der demokratische Staat benötigt eine demokratische Schule: Demokratie muss praktiziert werden, um verstanden zu werden.

Demokratie „im Kleinen“ ist notwendig, um zu lernen, miteinander in gelingender Kommunikation zu leben, anderen Menschen tolerant zu begegnen, Konflikte gewaltfrei auszuhandeln. Voraussetzung ist, selbst „eine Stimme zu haben“, die Stimmen der anderen zu hören und *andere* Sichtweisen und Wertungen zu respektieren. Diese Fähigkeiten kann man nicht als Schulfach-Wissen erwerben. Sie müssen zuallererst als Vorbild bereitstehen und selbst *praktiziert* werden, um verstanden zu werden.

Mit der Zunahme der Heterogenität einer Schule – zumal durch Inklusion und Migration – wird gelebte Toleranz zu einem sozialen Schlüsselthema (Montag Stiftung Jugend und Gesellschaft, 2017, S. 311 ff.).

Von einer Schule ohne Mittelpunkt zu einem gemeinsamen Ort für die Schulgemeinde, von der Vereinzelung im Klassenraum zu kommunikativen Formen der Sitzanordnung.

5. Lebens- und Arbeitsort

These 13: Die Schule öffnet sich zur Stadt, die Stadt öffnet sich zur Schule.

Der architektonisch-ästhetische Auftritt des Schulgebäudes signalisiert: Dies ist ein kultureller Kristallisationspunkt für den ganzen Stadtteil. Dazu tragen nicht nur ein einladender Eingangsbereich, die Gestaltung der Fassade und Transparenz nach außen bei. Die Kultur einer Schule entwickelt und zeigt sich schulöffentlich und im Ortsteil. Sie stellt aus, feiert, präsentiert ihre Ergebnisse. Gleichzeitig werden – in altersgerechter Form – Lern- und Erfahrungsfelder insbesondere auch im Ganztag außerhalb der Schulgrenzen erschlossen. Genauso wichtig ist, Menschen von außen, aus dem „realen Leben“ in die Schule hinein zu holen, als Expert:innen, Mitlerner:innen, Kritiker:innen. Schule soll als Teil einer „Bildungslandschaft“ – zum Beispiel im Rahmen eines regelrechten Campus, der unterschiedliche Einrichtungen vereint – ihre Ressourcen für den Stadtteil öffnen. Diese Öffnung von dafür geeigneten Schulräumen ist nicht nur kostensparend, sondern zugleich ein Gewinn für alle Beteiligten (vgl Seydel, 2015; Coelen, Heinrich & Million, 2015).

Von der „geschlossenen“ Schule zur wechselseitigen Nutzung vielseitiger Funktionsbereiche in regionalen Bildungslandschaften.

These 14: Ganztagsschule ist nicht nur Lernort, sondern auch Lebensort: Toben und Chillen, Spielen und Reden, Essen und Trinken, Feiern und Präsentieren u. v. a.

Mit der Verschränkung von intentionalem und nicht-intentionalem, formellem und informellem Lernen in einem gesunden Rhythmus entstehen neue Qualitäten – vorausgesetzt, es sind ausreichend personelle und flächenmäßige Ressourcen auch für den Ganztag gegeben. Ausbildung und offene Begleitung können wirksam miteinander verschränkt werden. War Schule früher ein Ort, der mehr oder weniger ausschließlich auf *formelles* Lernen ausgelegt war, so gewinnen jetzt auch Felder *informellen* Lernens zunehmend an Bedeutung (vgl. Derecik, 2014).[4]

Sobald Ganztagsschule nicht nur *Lern-* sondern auch *Leben*sort der Schüler:innen werden soll, muss aber auch vor einer Gefahr gewarnt werden: Die Schule beginnt, viele Lebensbereiche der Kinder und Jugendlichen zu okkupieren, die bisher in eigener Verfügung waren. Mit einer Tendenz zur „totalen Institution“ aber wird das Gegenteil von Bildung bewirkt: Entmündigung. Darum muss die wechselseitige Öffnung von Stadt und Schule ein besonderes Gewicht erhalten. Und es muss – innerhalb und außerhalb der Schule – Aktions- und Begegnungsfelder geben, die offen, veränderbar, frei gestaltbar sind. So wird auch Spontanem, Unvorhersehbarem, Ungewöhnlichem Raum gegeben.

Die meisten Aktivitäten im Rahmen eines Ganztagsangebotes am Nachmittag unterschieden sich bei genauerer Betrachtung auch nicht von den Pausenaktivitäten am Vormittag, wenn man fragt: Was *tun* Kinder und Jugendliche während der „Betreuungszeit“, in der kein Unterricht stattfindet? Die Antworten: essen und trinken, sich mit anderen Kindern treffen, spielen, toben, bolzen, Tischtennis spielen etc. Es gibt allerdings auch Aktivitäten in der Betreuungszeit, die über eine lebendige Pausensituation am Vormittag hinausgehen und die räumlich unterstützt werden müssen: den Ganztagstreffpunkt aufsuchen, zu Mittag essen, „Haus“-aufgaben machen, etwas herstellen und gestalten, etwas erforschen und ausprobieren. Vor allem aber auch: sich aus dem Trubel zurückziehen, ausruhen, lesen, nichts tun. Appel (2017) listet die räumlichen Bereiche auf, die durch den Ganztag bespielt werden können sollten. Das Bemerkenswerte an dieser Übersicht: Es gibt keine Sonderräume für den Ganztag. *Alle*

---

4 www.sag-berlin.de/wp-content/uploads/2022/03/Bildungselemente3.pdf (Zugriff: 11.9.2025).

Bereiche werden von Unterricht und Betreuung mit unterschiedlicher Intensität und zu unterschiedlichen Zeiten gemeinsam bespielt.

1. *Unterrichtsbereich:* Lernprozesse sollen in Ruhe angebahnt und die Wissensvermittlung flexibel gestaltet werden (bewegliches Mobiliar!). Räume: für Hausaufgaben, Differenzierungen, Einzelarbeitsplätze.
2. *Verpflegungsbereich:* Bei ganztägigem Aufenthalt ist eine warme Mittagsmahlzeit unabdingbar. In üblichen Lehrküchen oder im Cafeteriabetrieb darf die Essensversorgung nicht laufen. Räume: Mensa mit Zubereitungsküche und Personalraum, Lagerraum, Abfallentsorgung.
3. *Begegnungsbereich:* Die Schule der Gegenwart ist längst Ort der Sozialen Geschwister (Mitteilungsbedürfnis, Wunsch nach vielfältigen sozialen Beziehungen). Räume: Cafeteria, Clubraum (Musikhören/Tanzen), Spielothek (Tischspiele). Außenanlage: Außencafeteria, Sitzgruppen, Bänke.
4. *Rückzugsbereich:* Nicht immer möchten Schüler:innen ihre Zeit im Trubel der Altersgenossen verbringen, oftmals sind Ruhezeiten gefragt. Räume: Kleingruppen-Sitzarrangements (Raumteiler), Nischenplätze, Ruheliegen (Grundschule). Außenanlage: Sitzgruppen, Liegewiese, Bänke.
5. *Medienbereich* und Schüler:innenbibliothek: Trotz oder gerade wegen der erweiterten Medienerfahrung der jungen Generation gebührt der „pädagogischen Medienerziehung“ besondere Aufmerksamkeit. Das Medium Bücher gehört eindeutig dazu. Räume: Mediothek, Lernatelier, Internetcafe, Freizeitbibliothek.
6. *Bewegungsspielbereich:* Die übliche Sporthalle kann die Bewegungsbedürfnisse nur zu geringen Teilen abdecken. Räume: für Tischtennis, Billard, Tischfußball, Airhockey (Speedhockey). Außenanlage: Korbball, Fußballplatz, Klettergeräte, Tischtennisplatten, Lauf- und Freispielflächen.
7. *Sozialerfahrungsbereich:* Um Soziales Lernen zu ermöglichen, sind für Teilhabe und Mitwirkung an Tätigkeiten/Aktionen Räume zu schaffen: für Projekte, für Schüler:innenvertretung, Aula (Theaterbühne), Bauschuppen, Werkstätten. Außenanlage: Freilichtbühne, Schulgarten, Bauspielplatz.
8. *Musisch-technische Bereiche:* Es ist unbestritten, dass das Angebot an Arbeitsgemeinschaften, Hobbygruppen, Projektvorhaben, kulturellen Angeboten an Ganztagsschulen weit gefächert sein muss. Räume: Lehrküche, Instrumentalräume, Schneiderwerkstatt, Töpferei, Weberei, Werkräume für Holz-, Metall- und Kunststoffbearbeitung, Zeichensaal, Fahrrad-/Motorwerkstatt.

Von einer „Lernfabrik" zu großzügigen, abwechslungsreichen Aktions- und Begegnungsflächen und ruhigen Zonen – sowohl draußen als auch im Gebäude.

These 15: In der inklusiven Schule wird niemand ausgeschlossen.

„Inklusion" meint: Jede Schule respektiert die Einmaligkeit jedes:r Einzelnen und nutzt zugleich die Unterschiedlichkeit zu wechselseitiger Unterstützung. Niemand wird ausgeschlossen. Es geht um unterschiedliche Ausprägungen der persönlichen Entwicklung, der körperlichen und geistigen Stärken wie Schwächen. Die Inklusionsforderung zielt also nicht nur auf die Einbeziehung behinderter Menschen, sondern thematisiert alle Diskriminierungen – des sozialen oder migrationsbedingten Hintergrunds, des Geschlechts u.a. Aus dem täglichen Kontakt mit der Unterschiedlichkeit der Menschen erwachsen – eine entsprechende Förderung vorausgesetzt – soziale, kognitive und emotionale Qualifikationen, die ohne diese Erfahrungen gemeinsamen Lernens nicht möglich wären. Die Ergebnisse anderer Länder zeigen, dass dies auch und gerade für ausgesprochen leistungsstarke Kinder und Jugendliche gilt. Nutznießer der räumlichen Erweiterungen einer inklusiven Schule werden *alle* Schüler:innen – vorausgesetzt, es sind ausreichend personelle und flächenmäßige Ressourcen gegeben (Montag Stiftung Jugend und Gesellschaft, 2017, S. 311 ff.; Kricke et al., 2018).

Von getrennten Schulstandorten zum gemeinsamen barrierefreien Lebens- und Lernort.

These 16: Lehrer:innen arbeiten nicht als „Einzelkämpfer", sondern im multiprofessionellen Team.

Zusammenarbeit in funktionsfähigen kleinen Teams ist ein entscheidender Schlüssel zur Verbesserung der Schulqualität.[5] Vom kollektiven Erfahrungsschatz eines multiprofessionellen Kollegiums können alle profitieren. Heutigen Anforderungen an den Arbeitsplatz Schule wird allerdings das „Lehrerzimmer" mit dem früher üblichen Flächenansatz von rund einem Quadratmeter pro Lehrperson nicht gerecht. Kleine Besprechungsräume oder Zonen, die die Zusammenarbeit von Lehrkräften oder gar multiprofessionellen Teams waren nicht vorgesehen. Schulsozialarbeiter:innen, Mitarbeiter:innen im Ganztag, Inklusionsbegleiter:innen u.a. wurden bei der Berechnung des Flächenbedarfs gar nicht einbezogen. Zusammen mit der notwendigen Vergrößerung der Flä-

5 S. https://deutsches-schulportal.de/dossiers/kooperation-in-der-schule/ (Zugriff: 11.9.2025).

che für das „Lehrerzimmer" bedarf es zudem einer räumlichen Trennung von unterschiedlichen Funktionen, die allen Professionen gemeinsam zur Verfügung steht (vgl. Seydel, 2023a, S. 108–125).

Vom überlasteten zentralen Lehrerzimmer zu einer Trennung von ruhigen Arbeitsbereichen, gemeinsamem Treffpunkt und Besprechungsbereichen.

6. Nachspann

These 17: Schule ist nie fertig.

Wie unsere Welt angesichts der hoch dynamischen Prozesse von Digitalisierung und Globalisierung in 20, 30 Jahren aussehen wird, können wir nur vermuten. Die Doppelaufgabe der Ganztagsschule angesichts dieser offenen Zukunft: pädagogische Konzentration auf elementare Fähigkeiten und Anpassungsfähigkeit auch der Raumnutzung an sich verändernde Rahmenbedingungen.

Statt am niedrigsten Niveau orientierter Planung: räumliche Puffer für morgen sowie Umnutzungs- und Erweiterungspotenziale für übermorgen vorsehen.

Literatur

APPEL, Stefan (2017). Raum- und Ausstattungskonzepte an Ganztagsschulen. Die ganztägig geführte Schule als Lern- und Lebensort. https://www.ganztag-hessen.de/sites/default/files/170522_Raum_und_Ausstattungskonzepte.pdf (Zugriff: 11.9.2025).

BRÄGGER, G., Posse, N. & Israel, G. (Hg.) (2008). Bildung und Gesundheit. Argumente für eine gute und gesunde Schule. Bern: hep.

BUND DEUTSCHER ARCHITEKTEN BDA, Deutsche Bundesstiftung Umwelt, Montag Stiftung Jugend und Gesellschaft, Technische Universität Kaiserslautern, Unfallkasse NRW & Verband Bildung und Erziehung VBE (Hg.) (2017). Brandschutz im Schulbau – Neue Konzepte und Empfehlungen. https://issuu.com/montagstiftungen/docs/brandschutz_im_schulbau_interaktiv?fr=sZDNkOTY2NzQwNzg (Zugriff: 11.9.2025).

COELEN, T., Heinrich, A. J. & Million, A. (Hg.) (2015). Stadtbaustein Bildung. Wiesbaden: Springer VS.

DERECIK, A. (2014). Informelles Lernen in Ganztagsschulen. Eine sportpädagogische Untersuchung zur sozialräumlichen Aneignung von Schulhöfen. In R. Hildebrandt-Stramann (Hg.), Bewegung und Sport in der Ganztagsschule. Baltmannsweiler: Schneider, S. 289–324.

DERECIK, A. (2019). Rückzugs- und Kommunikationsräume für Jugendliche. Empirische Ergebnisse zur Planung, Gestaltung sowie Öffnung von Fluren und Aulen für die Mittagsfreizeit von Ganztagsschulen. In Diskurs Kindheits- und Jugendforschung 14 (14), S. 39–45.

DBU (Deutsche Bundesstiftung Umwelt & TUM (Technische Universität München) (2024). Zukunftsfähiger Schulbau. Kongressdokumentation (Videoaufzeichnung). https://www.symposium-schulbau.com/ (Zugriff: 11.9.2025).

FISCHER, N., Holtappels, H.-G., Klieme, E., Rauschenbach, T., Stecher, L. & Züchner, Ivo (Hg.) (2011). Ganztagsschule. Entwicklung, Qualität, Wirkungen. Längsschnittliche Befunde der Studie zur Entwicklung von Ganztagsschulen (StEG). Weinheim & Basel: Beltz Juventa.

HILDEBRANDT-STRAMANN, R. (2014). Zeit- und Raumkonzepte. Interpretation zu Bewegung und körperlicher Aufführungspraxis in Ganztagsschulen. In R. Hildebrandt-Stramann, R. Laging & J. Teubner (Hg.), Bewegung und Sport in der Ganztagsschule – StuBSS. Ergebnisse der qualitativen Studie. Studie zur Entwicklung von Bewegung, Spiel und Sport in der Ganztagsschule (StuBSS). Baltmannsweiler: Schneider, S. 422–463.

KASISCHKE, T. (2021). Der Raum macht die Geschichte. Eine Reportage aus dem Projekt „LeseOasen – Leseförderung im Ganztag". In Save the Children Deutschland e.V. (Hg.): Erfolgreich Leseförderung im Ganztag gestalten. Ergebnisse und Beobachtungen aus dem Projekt „Leseoasen – Leseförderung im Ganztag". Berlin, S. 27–34.

KIELBLOCK, St., Reinert, M. & Gaiser, M. (2020). Die Entwicklung multiprofessioneller Kooperation an Ganztagsschulen aus der Perspektive von Expertinnen und Experten. Eine Qualitative Inhaltsanalyse. Journal for educational research online 12 (1), S. 47–66. www.pedocs.de/volltexte/2020/19118/pdf/JERO_2020_1_Kielblock_Reinert_Gaiser_Die_Entwicklung_multiprofessioneller_Kooperation.pdf (Zugriff: 11.9.2025).

KRICKE, M., Reich, K., Schanz, L. & Schneider, J. (Hg.) (2018). Raum und Inklusion. Neue Konzepte im Schulbau. Weinheim & Basel: Beltz Juventa.

MONTAG Stiftung Jugend und Gesellschaft (Hg.) (2017). Schulen Planen und Bauen 2.0. Grundlage, Prozesse, Projekte. Berlin: Jovis.

REICH, K. (2010). Systemisch-konstruktivistische Pädagogik. Einführung in die Grundlagen einer interaktionistisch-konstruktivistischen Pädagogik. Weinheim & Basel: Beltz Juventa.

SCHULVERBUND „Blick über den Zaun" (Hg.) (2007). Was ist eine gute Schule? Leitbild und Standards. Siegen: Universität Siegen. https://blickueberdenzaun.de/ (Zugriff: 11.9.2025).

SCHNEIDER, J. & Seydel, O. (2019). Neue Räumliche Konzepte für den Mint-Unterricht. https://frankfurt-macht-schule.de/sites/default/files/mediathek/doku_fachtag_mint.pdf (Zugriff: 11.9.2025).

SEYDEL, O. (2010). Wie werden unsere Kinder lernen? Acht Thesen zur Schule der Zukunft. Bericht der Bundesstiftung Baukultur 2010. Basel: Birkhäuser. https://www.schulentwicklung-net.de/images/stories/Anlagen/502_KinderLernen_Thesen_070212.pdf (Zugriff: 11.9.2025).

SEYDEL, O. (2015). Überlegung zur Beziehung von Schule und Stadt. In T. Coelen, A. Heinrich & A. Million (Hg.), Stadtbaustein Bildung. Wiesbaden: Springer VS. https://www.schulentwicklung-net.de/images/stories/Anlagen/517_Stadtbaustein%20Bildung%20OS_060615.pdf (Zugriff: 11.9.2025).

SEYDEL, Otto (2019). Abschaffung der Schule. Pädagogische Konsequenzen der digitalen Revolution. In Burow, O.-A. (2019), Schule digital – wie geht das?. Weinheim & Basel: Beltz Juventa, S. 129–138. https://www.schulentwicklung-net.de/images/stories/Anlagen/523_Abschaffung%20der%20Schule%20Vortragsmanuskript%20OS_041217.pdf (Zugriff: 11.9.2025).

SEYDEL, Otto (2023a). Anforderungen an ein Schulgebäude. Lernräume – Arbeitsräume – Lebensräume. Hannover: Kallmeyer.

SEYDEL, Otto (2023b). Vor der Schulhaustür – an der Garderobe – auf der Toilette. Nebenflächen sind Hauptflächen – aus Sicht der Schülerinnen und Schüler. In C. Kohlert (Hg.), Die menschliche (Hoch)schule – Human(e) Education. Wiesbaden: Springer VS, S. 95–124.

TRAUMBERGER, Eva (2023). Beziehungsarbeit in der Schule – Der Schlüssel zum Erfolg. Lehrer-News (3.2.2023). https://www.lehrer-news.de/blog-posts/beziehungsarbeit-in-der-schule-der-schlussel-zum-erfolg (Zugriff: 11.9.2025).

Autor:innen

ANGELA ANDERKA arbeitet am Zentrum für Lehrerinnen- und Lehrerbildung der Universität Bamberg im Referat Diversität und Inklusion und leitet dort den Erweiterungsstudiengang Individuelle Förderung von Schülerinnen und Schülern. Sie bringt vielfältige Praxiserfahrungen als Lehrkraft und Schulpsychologin mit und interessiert sich für die Professionalisierung von Lehrkräften im Umgang mit Heterogenität. Kontakt: angela.anderka@uni-bamberg.de

JANA BERKEMEYER studierte Erziehungswissenschaft an der TU Dortmund. Zunächst am Institut für Schulentwicklungsforschung beschäftigt, wechselte sie 2012 zur Friedrich-Schiller-Universität in Jena, an der sie promovierte. Sie arbeitet derzeit am Lehrstuhl für Schulsystementwicklung. In der universitären Lehre vertritt sie im bildungswissenschaftlichen Studium den Schwerpunkt Schulpädagogik. Kontakt: jana.berkemeyer@uni-jena.de

NILS BERKEMEYER habilitierte 2012 im Fachbereich Erziehungswissenschaft und Soziologie der TU Dortmund. Seit März 2012 ist er Inhaber des Lehrstuhls für Schulsystementwicklung an der Friedrich-Schiller-Universität Jena und verknüpft in seiner Arbeit zentrale Themen der Schulpädagogik mit einer bildungssoziologisch orientierten Perspektive auf die Analyse des Schulsystems und Fragen zur demokratischen Weiterentwicklung von Schule. Kontakt: nils.berkemeyer@uni-jena.de

FRANZISKA BOCK ist wissenschaftliche Mitarbeiterin am Institut für Pädagogik an der Carl von Ossietzky Universität Oldenburg. Ihre Arbeitsschwerpunkte sind Orientierungen des pädagogischen Personals an Ganztagsschulen und Kooperation an Ganztagsschulen. Kontakt: franziska.bock@uni-oldenburg.de

LAURIN BREMERICH ist wissenschaftlicher Mitarbeiter an der TU Dortmund und am ITES (Institut für Theorie und Empirie des Sozialen e. V.). Sein Arbeitsschwerpunkt liegt auf der Ganztagsbildung in der Primarstufe, mit besonderem Fokus auf das Qualitätsverständnis in ganztägigen Bildungssettings. Zudem beschäftigt er sich mit quantitativen Forschungsmethoden in der Sozialpädagogik. Kontakt: laurin.bremerich@tu-dortmund.de

ANNALENA DANNER war wissenschaftliche Mitarbeiterin am Institut für Sozialpädagogik, Erwachsenenbildung und Pädagogik der frühen Kindheit an der TU Dortmund im Forschungsprojekt Laien als Akteur*innen im Ganztag sowie am Institut für Theorie und Empirie des Sozialen in Kassel. Aktuell ist sie als Projektleitung bei der Montag Stiftung Jugend und Gesellschaft im Handlungsfeld Inklusive ganztägige Bildung tätig. Ihre Arbeitsschwerpunkte sind Ganztagsbildung, Professionalisierung und quantitative Forschungsmethoden sowie Mixed-Methods-Designs. Kontakt: annalena.danner@ites-werkstatt.de

ULRICH DEINET war bis 2021 Professor für Didaktik/Methoden der Sozialpädagogik an der Hochschule Düsseldorf. Er ist Mitherausgeber des Online-Journals „sozialraum.de" (www.sozialraum.de), Co-Leiter des Instituts ISPE e.V. (https://ispe-net.de/), freiberuflicher Kindheits- und Jugendforscher, Seminarleiter sowie Berater und Referent. Seine Forschungsthemen umfassen: Kooperation von Jugendhilfe und Schule, Schulsozialarbeit, Ganztagsbildung und offene Kinder- und Jugendarbeit. Kontakt: ulrich.deinet@ispe-net.de

BARBARA DRECHSEL ist Professorin für Psychologie in Schule und Unterricht an der Otto-Friedrich-Universität Bamberg mit den Arbeitsschwerpunkten Motiviertes und Selbstreguliertes Lernen, Theorie-Praxis-Relationen in der Lehrkräftebildung sowie Beratung im schulischen Kontext. Kontakt: barbara.drechsel@uni-bamberg.de

NATALIE FISCHER ist Psychologin und Professorin für Erziehungswissenschaft mit dem Schwerpunkt Soziale Beziehungen in der Schule an der Universität Kassel. Sie forscht zur (Ganztags-)Schul-, Angebots- und Unterrichtsqualität (bes. pädagogische Beziehungen und multiprofessionelle Kooperation) bezogen auf die Entwicklung fachübergreifender Kompetenzen sowie zur Professionalisierung von Lehrpersonen. Kontakt: natalie.fischer@uni-kassel.de

NICOLE J. FRITZLER erforscht und entwickelt an der Universität Bielefeld diversitätssensible Beratungs- und Schulungsangebote zur Unterstützung von lernbeeinträchtigten Schüler:innen durch Eltern und Fachkräfte. Die wissenschaftlich fundierten Erkenntnisse fließen direkt in ihre praxisorientierte Lehre sowie die Beratung unterschiedlicher Adressat:innen bei schulischen Verhaltensauffälligkeiten ein. Kontakt: nicole.fritzler@uni-bielefeld.de

KATHARINA GOSSE ist Professorin am Fachbereich Sozial- und Kulturwissenschaften der Hochschule Düsseldorf. Ihre Arbeitsschwerpunkte sind Theorien, Geschichte und Handlungskonzepte der Jugendförderung, d.h. der Kinder- und Jugendarbeit, der Schulsozialarbeit, der Ganztagsschule und des erzieherischen Kinder- und Jugendschutzes. Kontakt: katharina.gosse@hs-duesseldorf.de

GUNTHER GRASSHOFF ist Professor für Sozialpädagogik am Institut für Sozial- und Organisationspädagogik der Stiftung Universität Hildesheim. Seine Forschungsthemen sind Kinder- und Jugendhilfe, Ganztagsbildung und Migration. Kontakt: grasshof@uni-hildesheim.de

KAREN HAGEMANN ist James G. Kenan Distinguished Professor of History an der University of North Carolina at Chapel Hill in den USA. Sie hat breit zur modernen deutschen, europäischen und transatlantischen Geschichte geforscht und publiziert. Zu ihren Publikationen gehört: K. Hagemann & Konrad H. Jarausch (Hg.) (2015). Halbtags oder Ganztags? Zeitpolitiken von Kinderbetreuung und Schule nach 1945 im europäischen Vergleich. Weinheim & Basel: Beltz Juventa. Kontakt: hagemann@unc.edu

BJÖRN HERMSTEIN ist Professor für Bildungssoziologie in der Sozialen Arbeit an der Ostfalia Hochschule für angewandte Wissenschaften. Seine Arbeitsschwerpunkte liegen in der Forschung zu kommunaler Bildungspolitik und -verwaltung, Ungleichheiten, Institutionen und Organisationen der Sozialen Arbeit. Kontakt: b.hermstein@ostfalia.de

AMINA KIELBLOCK ist wissenschaftliche Mitarbeiterin am DIPF | Leibniz-Institut für Bildungsforschung und Bildungsinformation. Sie forscht über die Gestaltung eines kind- und jugendorientierten Ganztags und arbeitet in diesem Kontext designbasiert mit Ganztagseinrichtungen an deren Weiterentwicklung. Weitere Schwerpunkte: professionelles Handeln in Ganztagsangeboten, Genese von Qualität im Ganztag. Kontakt: a.kielblock@dipf.de

STEPHAN KIELBLOCK ist wissenschaftlicher Mitarbeiter an der Carl von Ossietzky Universität Oldenburg. Sein Forschungsschwerpunkt ist die Ganztagsschule. Er beschäftigt sich insbesondere mit der Entwicklung von Qualität außerunterrichtlicher Angebote und der multiprofessionellen Kooperation. Kontakt: stephan.kielblock@uol.de

BETTINA KÖNIG arbeitet am Lehrstuhl für Grundschulpädagogik der Universität Bamberg. Arbeitsschwerpunkte sind die Didaktik des Schriftspracherwerbs, Professionalisierung von Lehrkräften, Ganztagsschule und Kooperation mit Eltern im Kontext Schule. Sie leitet die GrundschulWerkstatt der Universität Bamberg und ist besonders an der Theorie-Praxis-Verzahnung in der Lehrer:innenbildung interessiert. Kontakt: bettina.koenig@uni-bamberg.de

ZOE NICOLAI ist wissenschaftliche Mitarbeiterin und Promovendin am Lehrstuhl für Schulsystementwicklung der Friedrich-Schiller-Universität Jena. Kontakt: zoe.nicolai@uni-jena.de

MANUEL NIEMANN ist wissenschaftlicher Mitarbeiter am Lehrstuhl für Theorie und Empirie der Sozialpädagogik von Prof. Dr. Markus N. Sauerwein an der Technischen Universität Dortmund. Seine Arbeitsschwerpunkte: Mediatisierung und Digitalisierung, Beteiligung und Partizipation, professionelles Handeln in der Sozialen Arbeit, Qualifizierung angehender Erzieher:innen in der Fachschulausbildung. Kontakt: manuel.niemann@tu-dortmund.de

SEBASTIAN RAHN ist Nachwuchsprofessor für Sozialisation, Erziehung und Bildung über die Lebensalter an der htw saar. Seine Forschungsschwerpunkte liegen in der Kinder- und Jugendarbeit, der Schulsozialarbeit, den Lebensphasen Kindheit und Jugend sowie der Konstruktion von Adressat:innen in der Sozialen Arbeit. Kontakt: sebastian.rahn@htwsaar.de

HOLGER RENNER ist Diplom-Sozialpädagoge und seit über 20 Jahren in der Ernährungsbildung tätig. Nach langjähriger Erfahrung in der Planung und Begleitung von Schulmensen sowie als pädagogischer Fachberater für Schulkindbetreuung und als Fortbildner arbeitet er aktuell als Koordinator für Qualifizierung und Qualitätsentwicklung in der Kindertagespflege. Sein fachlicher Schwerpunkt liegt auf praxisnaher Ernährungsbildung in Bildungseinrichtungen. Kontakt: holger.renner@posteo.de

CHRISTIAN REUTLINGER ist seit 2023 Professor für Stadt und Gesundheit an der FNHW Fachhochschule Nordwestschweiz. Seine Arbeitsschwerpunkte sind die Gesunde Stadt, Kinder und Jugendliche im öffentlichen Raum, Partizipative Forschung, Sozialpädagogische Sozialraumarbeit und Sozialraumforschung. Kontakt: christian.reutlinger@fhnw.ch

DANIEL ROHDE ist wissenschaftlicher Mitarbeiter am Institut für Sozial- und Organisationspädagogik der Universität Hildesheim. Seine Forschungs- und Arbeitsschwerpunkte sind Kooperation und Multiprofessionalität im Kontext Schule, (Ganztags-)Schulentwicklung sowie Schulsozialarbeit. Kontakt: daniel-rohde@uni-hildesheim.de

PIA ROTHER ist wissenschaftliche Mitarbeiterin an der Johannes Gutenberg-Universität Mainz am Institut für Erziehungswissenschaft. Ihre Arbeitsschwerpunkte liegen in der Ganztagsschulforschung, der Kooperation von Kinder- und Jugendhilfe mit Schulen, der Forschung zu Bildungsbenachteiligung und -ungleichheit sowie qualitativen Methoden der Sozialforschung. Kontakt: prother@uni-mainz.de

MARKUS SAUERWEIN ist Professor für Theorie und Empirie der Sozialpädagogik an der TU Dortmund. Seine Arbeitsschwerpunkte sind Schule und Sozialpädagogik, Kinder- und Jugendhilfe, Profession und Professionalisierung, Wissenstransfer und Un-/Systematic Reviews. Kontakt: markus.sauerwein@tu-dortmund.de

ANNA-MARIA SEEMANN ist Vorstandsmitglied der Akademie für Ganztagspädagogik e. V. und 2. Bundesvorsitzende des Ganztagsschulverbandes e.V. Sie verantwortet in der Akademie den Bereich Fortbildungen und das Ganztagsangebot an zwei Gymnasien. Außerdem ist sie als Dozentin zu Ganztagsthemen tätig und begleitet Forschungsprojekte, z.B. zum Sozialen Lernen im Ganztag. Kontakt: a.seemann@afg-im-netz.de

OTTO SEYDEL war 26 Jahre Lehrer und Mitglied der Schulleitung der Schule Schloss Salem. 2001 gründete er das Institut für Schulentwicklung Überlingen. Projekte: Arbeitskreis „Blick über den Zaun", Deutscher Schulpreis, Schulinspektion des Landes Bremen, Schwerpunkt ab 2010: Schulbau. Er ist Mitglied des Expertenteams der Montag Stiftung, die vielfältige Anregungen für den Schulbau bereitstellt. Kontakt: otto.seydel@t-online.de

RAPHAELA SCHLICHT-SCHMÄLZLE ist wissenschaftliche Mitarbeiterin am DIPF | Leibniz Institut für Bildungsforschung und Bildungsinformation. Ihre Forschungsschwerpunkte sind die vergleichende Bildungssoziologie und -politik. Außerdem koordiniert sie verschiedene Projekte zum Austausch und der Kooperation zwischen Bildungsforschung und Schulpraxis. Kontakt: r.schlicht-schmaelzle@dipf.de

ALESSA SCHULDT ist wissenschaftliche Mitarbeiterin an der Fakultät für Erziehungswissenschaft an der Universität Bielefeld. Ihre Forschungs- und Arbeitsschwerpunkte liegen im Bereich der Multiprofessionellen Kooperation, Professionsforschung, Lehrer:innenbildung sowie inklusiven Schul- und Unterrichtsentwicklung. Kontakt: alessa.schuldt@uni-bielefeld.de

LEA STAHL ist wissenschaftliche Mitarbeiterin im Fachgebiet Soziale Beziehungen in der Schule an der Universität Kassel. Sie forscht zu den Bereichen multiprofessionelle Kooperation, Ganztagsschulqualität und schulischem Wohlbefinden und ist in der Lehrer:innenausbildung tätig. Kontakt: lea.stahl@uni-kassel.de

DÉSIRÉE THEIS ist wissenschaftliche Mitarbeiterin in der Abteilung „Lehr- und Lernqualität in Bildungseinrichtungen" am DIPF – Leibniz-Institut für Bildungsforschung und Bildungsinformation. Dort befasst sie sich im Rahmen ihrer Tätigkeit mit der Qualität von schulischen Lernumgebungen, der Entwicklung von Evaluationsdesigns und partizipativen Formen des Wissenstransfers zwischen Bildungsforschung und Schulpraxis. Kontakt: d.theis@dipf.de

ULRICH WEHNER ist Professor am Institut für Frühpädagogik an der Pädagogischen Hochschule Karlsruhe und leitet dort den BA-Studiengang Pädagogik. Seine Arbeitsschwerpunkte sind Bildungs- und Erziehungstheorien, Pädagogische Ansätze, Bildung für nachhaltige Entwicklung und Philosophieren mit Kindern. Kontakt: ulrich.wehner@ph-karlsruhe.de

ELKE WILD ist Professorin für Pädagogische Psychologie und Leiterin der pädagogisch-psychologischen Beratungsstelle der Universität Bielefeld. Sie forscht zu Gelingensbedingungen inklusiver Bildung und Elternarbeit an Schulen, entwickelt Weiterbildungen zur (außer-)schulischen Förderung von benachteiligten Schüler:innen und trägt in der Lehre zur entsprechenden Professionalisierung angehender Fachkräfte bei. Kontakt: elke.wild@uni-bielefeld.de

ANDREAS WILDGRUBER ist wissenschaftlicher Referent am Staatsinstitut für Frühpädagogik und Medienkompetenz (IFP). Sein Schwerpunkt ist Ganztagsbildung mit Fokus auf Tageseinrichtungen für Große Kinder. In Forschung und Entwicklung befasst er sich insbesondere mit Themen wie den Bedürfnissen dieser Kinder, Partizipation, Hausaufgabenbegleitung, Kooperation mit der Schule, Übergang sowie mit der Qualität von Fachkraft-Kind-Interaktionen. Kontakt: andreas.wildgruber@ifp.bayern.de